2012年湖南经济展望

ANNUAL REPORT ON HUNAN'S ECONOMY PROSPECT (2012)

湖南省人民政府经济研究信息中心
主　编／梁志峰
副主编／唐宇文

社会科学文献出版社
SOCIAL SCIENCES ACADEMIC PRESS (CHINA)

图书在版编目（CIP）数据

2012年湖南经济展望/梁志峰主编．—北京：社会科学文献出版社，2012.4
（湖南蓝皮书）
ISBN 978-7-5097-3240-3

Ⅰ.①2… Ⅱ.①梁… Ⅲ.①区域经济-经济分析-湖南省-2011 ②区域经济-经济预测-湖南省-2012 Ⅳ.①F127.64

中国版本图书馆CIP数据核字（2012）第047924号

湖南蓝皮书
2012年湖南经济展望

主　　编／梁志峰
副 主 编／唐宇文

出 版 人／谢寿光
出 版 者／社会科学文献出版社
地　　址／北京市西城区北三环中路甲29号院3号楼华龙大厦
邮政编码／100029

责任部门／皮书出版中心（010）59367127　　责任编辑／高　启　桂　芳
电子信箱／pishubu@ssap.cn　　责任校对／马　剑
项目统筹／邓泳红　桂　芳　　责任印制／岳　阳
总 经 销／社会科学文献出版社发行部（010）59367081　59367089
读者服务／读者服务中心（010）59367028

印　　装／北京季蜂印刷有限公司
开　　本／787mm×1092mm　1/16　　印　　张／26
版　　次／2012年4月第1版　　字　　数／445千字
印　　次／2012年4月第1次印刷
书　　号／ISBN 978-7-5097-3240-3
定　　价／79.00元

主要编撰者简介

梁志峰　湖南省人民政府经济研究信息中心主任，管理学博士。历任中共湖南省委办公厅秘书处秘书，中共湖南省委高校工委组织部长，湘潭县委副书记，湘潭市雨湖区委书记，湘潭市委常委、秘书长、组织部长。主要研究领域为资本市场和区域经济学，先后主持多项省部级研究课题，发表CSSCI论文20多篇，著有《资产证券化的风险管理》、《网络经济的理论与实践》等。

唐宇文　湖南省人民政府经济研究信息中心副主任，研究员。1984年毕业于武汉大学数学系，获理学学士学位，1987年毕业于武汉大学经济管理系，获经济学硕士学位。2001～2002年在美国加州州立大学学习，2010年在中共中央党校一年制中青班学习。主要研究领域为区域发展战略与产业经济。先后主持国家社科基金及省部级课题多项，近年出版著作有《打造经济强省》、《区域经济互动发展论》等。

摘 要

本书是由湖南省人民政府经济研究信息中心组织编写的年度性报告。全书分为主题报告、总报告、综合篇、区域篇及专题篇。主题报告是湖南省领导关于湖南经济社会发展全局性、前瞻性问题的精辟论述。总报告是湖南省人民政府经济研究信息中心课题组对湖南省2011～2012年经济形势分析预测的研究成果。综合篇、区域篇是湖南省相关部门和市州领导从宏观和区域层面对2011年湖南经济进行深入分析，并提出2012年发展思路及重点。专题篇汇集省内专家学者对当前经济运行热点、难点的研究成果。

2011年湖南经济保持平稳较快发展，GDP达到19635.19亿元，比上年增长12.8%，经济总量排名全国第9位，比2010年前进了1位。2012年，世界经济复苏继续放缓，经济下行风险加剧；我国经济增速稳步回调，转型调整任重道远；但湖南仍处于快速增长的发展轨道，总体上看，2012年湖南经济仍将保持平稳较快增长，预计地区生产总值增长12.5%以上，物价上涨4%左右。促进湖南经济平稳较快发展的建议包括：把握中央“稳中求进”的总基调，着力扩大内外需求，增强经济增长内生动力；加大经济结构调整力度，加快转变发展方式；推进主体功能区建设，统筹区域协调发展；加强社会管理创新，促进社会和谐稳定。

总　序

2011 年是“十二五”时期的开局之年。在党中央、国务院的坚强领导下，全省干部群众团结拼搏、奋发进取，克服国内外经济形势复杂多变、省内旱涝灾害比较严重、电力和资金等生产要素供应持续偏紧等困难，全面推进“四化两型”建设，全省经济社会保持又好又快发展，呈现增长较快、结构优化、效益提升、民生改善、协调发展的良好态势，实现了“十二五”时期的良好开局。全年实现地区生产总值 19635.2 亿元，比上年增长 12.8%，总量排在全国第 9 位；实现财政总收入 2523.9 亿元，增长 34.3%。全省综合经济实力显著提升，地区生产总值、金融机构存款余额、规模工业主营业务收入接近或突破 2 万亿元，全社会固定资产投资、县域经济总规模、非公经济增加值均突破万亿元大关。转方式调结构取得新成效，产业结构不断优化，工业主导地位进一步增强，现代农业加快发展，现代服务业发展迅速，金融保障能力显著增强。全省过千亿元产业达到 11 个，其中千亿元工业产业 8 个，千亿元工业子产业 3 个，千亿元产业集群 2 个，千亿元园区 3 家，粮食实现连续 8 年增产，文化、旅游分别增长 20.8% 和 25%，移动电子商务等新兴业态快速增长。自主创新能力进一步提高，全年共取得各类科技成果 800 多项，21 项重大科技成果获国家科技奖励，按推荐单位排序连续 6 年排全国前 5 位。两型社会建设扎实推进，长株潭试验区第二阶段改革建设全面启动，长株潭城市群获批全国“两化融合”试验区，湘江流域重金属污染治理实施方案在全国第一个获国务院批准并启动实施，节能减排、环境保护和生态建设力度加大。区域经济协调发展，环长株潭城市群、湘南地区、大湘西地区三大区域板块全部纳入国家区域发展战略规划。改革开放取得新成效，新引进世界 500 强企业 8 家，入驻湖南的世界 500 强企业达到 119 家。社会大局和谐稳定，人民生活进一步改善，城乡居民人均收入分别达到 18844 元和 6567 元，增长 13.8% 和 16.8%。

过去的一年，我们全面推进经济建设、政治建设、文化建设、社会建设、生态文明建设和党的建设，各项事业协调推进、全面发展，全省上下心齐气顺、风清气正。11 月 18 ~22 日，胜利召开省第十次党代会，选举产生了新一届省委和省纪委领导班子，进一步明确了全省未来发展的总任务和总战略。总任务就是“两个加快”、“两个率先”，即加快建设全面小康社会，努力在中部地区率先实现全面小康目标；加快建设两型社会，在全国率先走出一条两型社会建设的路子。总战略就是“四化两型”、“四个湖南”建设，即大力推进新型工业化、农业现代化、新型城镇化和信息化，加快建设资源节约型、环境友好型社会，加快建设创新型湖南、绿色湖南、数字湖南、法治湖南。

2012 年是“十二五”时期承上启下的重要一年，是全面贯彻落实省第十次党代会精神的重要一年，是我们党召开第十八次全国代表大会的一年。全省发展面临一系列前所未有的重大发展机遇，但也面临不少困难和挑战。从国际看，经济全球化深入发展的趋势没有改变，但世界经济复苏艰难曲折，国际金融危机还在发展，一些国家主权债务危机短期内难以缓解。从国内看，我国发展仍处于重要战略机遇期，在较长时期内继续保持经济平稳较快发展具备不少有利条件，但解决体制性结构性矛盾，缓解发展不平衡、不协调、不可持续的问题任务很重。从省情看，湖南省正处于工业化、城镇化快速发展阶段，面临国家宏观政策支持、国际和沿海地区产业转移加快、长株潭试验区改革建设、三大区域板块全部纳入国家区域发展战略规划等重大机遇，但也面临经济增长内生动力不足、要素保障持续偏紧、保障和改善民生任务艰巨等挑战。我们要科学判断和准确把握形势，认真贯彻稳中求进的工作总基调，牢牢把握主题主线，紧紧围绕“两个加快”、“两个率先”目标，全面推进“四化两型”建设，保持经济社会又好又快发展。要进一步扩大投资、促进消费，加大项目建设力度，加强经济运行调节和生产要素保障，保持经济平稳运行。要着力加快转方式、调结构，大力调整经济结构特别是产业结构，推进节能减排和生态环境建设，推进城乡区域协调发展，进一步深化改革开放，切实提高发展的全面性、协调性和可持续性。要着力推进“两型社会”建设，精心组织长株潭试验区第二阶段改革建设，以试验区改革建设带动全省“两型社会”建设，加快建设绿色湖南。要着力提高自主创新能力，认真落实《创新型湖南建设纲要》，全面组织实施九大创新工程，推动经济社会发展迈上创新驱动、内生增长的轨道。要按照“加快建设”、“走在前列”的要求，大力推进文化强省建设，切实加强社会主义核心价值体系建设，深入开展学雷锋活动，加强优秀文化产品创作生产，加快发展公益性文化事业和文化产业，深入推进文化体制改革，不断推动文化大发展大繁荣。要切实加强以改善民生为重点的社会建设，深入实施《湖南省保障和改善民生实施纲要》，扎实推进为民办实事工程，大力发展社会事业，加强和创新社会管理，维护社会和谐稳定。要深入实施《法治湖南建设纲要》，进一步完善立法、加强执法、深入普法、强化监督，大力推进依法执政、依法行政、公正司法和人人守法，为推进科学发展、富民强省营造良好法治环境。

湖南省政府经济研究信息中心编纂的2012年《湖南蓝皮书》系列丛书，系统分析介绍了全省年度发展情况，真实记录了湖南改革发展的进程，对于更好地研究、宣传和推介湖南，让更多的人了解湖南、投资湖南，对于凝聚各方面智慧和力量，积极投身“四化两型”、“四个湖南”建设，实现“两个加快”、“两个率先”，都有着重要的积极作用。希望蓝皮书精益求精、越办越好，真正成为全面反映湖南的翔实资料、推动湖南科学发展的重要智库、宣传推介湖南的重要载体。

“天时人事日相催，冬至阳生春又来”。正值春回大地，三湘四水处处生机勃勃，锦绣潇湘处处春潮涌动。让我们更加紧密地团结在以胡锦涛同志为总书记的党中央周围，以邓小平理论和“三个代表”重要思想为指导，深入贯彻落实科学发展观，坚定信心、抓住机遇、迎难而上，扎实做好经济社会发展的各项工作，以优异成绩迎接党的十八大胜利召开。

周强

二〇一二年三月十九日

目 录

𝔹Ⅰ 主题报告

𝔹Ⅱ 总报告

𝔹Ⅲ 综合篇

BⅣ 区域篇

BV 专题篇

CONTENTS

B I Keynote Reports

BⅡ General Report

BⅢ Comprehensive Reports

BⅣ Region Reports

B V Specific Reports

主题报告

Keynote Reports

B.1

坚定信心　抢抓机遇　迎难而上　保持经济平稳较快发展

周　强*

中央经济工作会议全面总结了2011年我国经济社会发展取得的重大成就，科学分析了当前国内外经济形势，深刻阐述了今后一个时期经济工作要把握的重大原则，明确提出了2012年经济工作的总体要求、大政方针和主要任务。我们要全面把握会议精神，结合湖南实际，结合贯彻省第十次党代会精神，认真抓好贯彻落实，扎实做好2012年经济社会发展的各项工作，确保经济平稳较快发展。

一　2011年湖南经济工作

2011年是"十二五"时期开局之年，是国内外经济形势复杂严峻的一年，也是我们攻坚克难、经济社会发展取得显著成绩的一年。

---

* 周强，中共湖南省委书记、省人大常委会主任。

面对各种矛盾与困难，我们坚持以邓小平理论和“三个代表”重要思想为指导，深入贯彻落实科学发展观，全面贯彻落实党中央、国务院各项决策部署，正确处理保持经济平稳较快发展、调整经济结构、管理通胀预期的关系，牢牢把握经济工作主动权，团结带领和紧紧依靠全省人民，开拓进取，扎实工作，实现了“十二五”时期良好开局。

我们坚持把抓当前与抓长远结合起来，按照中央要求，多做打基础、利长远的事情，对“四化两型”、“四个湖南”建设进行深入部署，制定和实施《湖南省保障和改善民生实施纲要》、《法治湖南建设纲要》、《数字湖南建设纲要》、《关于加强和创新社会管理的意见》，正在抓紧制定《创新型湖南建设纲要》、《绿色湖南建设纲要》，推进“四化两型”、“四个湖南”建设不断取得新进展和新成效。

我们坚持突出主题、贯穿主线，加强对经济形势的研判，加强生产要素保障，加大解决突出问题的力度，尤其是加大调煤保电，克服全年降雨偏少、电力持续偏紧等困难，全省经济社会发展呈现增长较快、结构优化、效益提升、民生改善、协调发展的良好态势。

（一）经济平稳较快增长，效益进一步提升

2011 年全省地区生产总值达到 19635.19 亿元，比上年增长 12.8%。财政总收入 2460.66 亿元，增长 30.98%。省国资委监管企业实现营业收入 3263 亿元，增长 35.3%；实现利润 127.8 亿元，增长 49.7%，均创历史最好水平。三大需求稳定增长，全年固定资产投资突破 1 万亿元，增长 27.9%；社会消费品零售总额增长 17.9%；出口增长 24.4%。在经济稳定增长的同时，物价逐步回落趋稳，全年居民消费价格累计上涨 5.5%。

（二）产业结构不断优化

战略性新兴产业加快发展，信息产业实现产值过千亿元，全省产值过千亿元的工业产业达到 8 个。文化、旅游产业保持较快发展，移动电子商务、手机阅读等新兴业态发展迅速，全年中国移动电子商务支付平台交易额达 121 亿元，中国联通数字阅读基地实现业务收入 3.74 亿元，多点支撑的产业发展新格局正在形成。农业生产再获丰收，粮食实现连续 8 年增产，蔬菜、生猪等大宗农产品生产

供给稳定。自主创新能力进一步增强，全年共取得各类科技成果800多项，21项重大科技成果通过国家评审，排全国第5位，新增国家级重点实验室7家、国家工程技术研究中心3家、两院院士3名。服务业快速发展，金融对经济发展的支撑作用进一步增强，全省金融机构各项贷款年末余额增长18.1%，其中新增贷款2080.8亿元，资本市场直接融资802.16亿元。全省10家企业首发上市，三一重工H股上市获批，方正证券在主板成功上市，保险资金入湘步伐加快。

（三）“两型社会”建设扎实推进

长株潭试验区第二阶段改革建设全面启动。长株潭城市群获批国家级信息化和工业化“两化融合”试验区，湘江流域重金属污染治理实施方案在全国第一个获得国务院批准，亚欧水资源研究与利用中心启动运行，湘潭九华工业园升格为国家级经济技术开发区，为试验区改革建设搭建了新平台、增添了新动力。试验区示范带动作用增强，全省“两型社会”建设全面推进，节能减排、环境保护和生态建设力度加大，绿色湖南建设取得新进展。

（四）区域经济协调发展

全省三大区域全部纳入国家区域发展战略层面，环长株潭城市群列入国家“十二五”规划，湘南地区获批国家级承接产业转移示范区，大湘西地区31个县（市）列入国家武陵山片区区域发展与扶贫攻坚试点，湘东6个县（市）列入国家罗霄山片区扶贫开发规划，区域经济呈现竞相发展、协调发展的良好态势。

（五）改革开放取得新成效

重点改革全面推进，“两型社会”建设综合配套改革、省属国企改革、省直管县财政体制改革、医药卫生体制改革、集体林权制度改革等各项改革不断深入，在全国率先启动水利综合改革试点。开放型经济提速发展，新引进世界500强企业8家，入驻湖南的世界500强企业达到119家，全年实际利用外商直接投资增长18.6%，实际对外直接投资增长158.5%。

（六）人民生活进一步改善

认真实施《湖南省保障和改善民生实施纲要》，年初确定的为民办实事任务全面完成。全省城乡居民人均收入分别比上年增长13.8%和16.8%（扣除价格因素，实际增长7.9%和10.6%），农民收入增幅高于城镇居民收入增幅、省内务工收入增幅高于省外增幅。就业、教育、医疗、社会保障等工作扎实推进，保障性住房开工46.6万套，完成国家下达任务的106.8%。特困群体救助和扶贫解困力度加大，率先在全国启动少数民族地区高寒山区扶贫解困工作。

总体来看，2011年国内外经济形势复杂多变，省内旱涝灾害比较严重，电力和资金等生产要素供应持续偏紧，物价高位运行压力很大，改革发展稳定任务艰巨繁重。在复杂困难的背景下，能取得这样的成绩来之不易，积累的经验十分宝贵。在认真总结成绩的同时，我们也要清醒地看到，当前经济发展还存在不少困难和问题，短期问题与长期积累的结构性矛盾相互交织，发展中不平衡、不协调、不可持续的问题仍然突出，特别是能源、资金等要素保障持续偏紧，部分企业生产经营困难，经济增长下行压力加大，节能减排形势严峻，公共安全和安全生产存在不少隐患，民生领域还存在不少难点问题，社会建设和管理的任务很重，等等。对此，我们要高度重视，采取有力措施加以解决。

二　2012年湖南经济形势

湖南经济已越来越广泛地融入经济全球化之中，国内外经济形势和市场需求变化对湖南的影响越来越深刻。做好经济工作，必须科学把握国内外经济形势，把湖南的发展放在国际国内两个大局中来谋划和推进。

总的来看，做好2012年经济工作，湖南有不少有利条件和重大机遇，但也面临不少困难和挑战，机遇与挑战并存，机遇大于挑战。从国际看，和平、发展、合作仍是时代潮流，经济全球化深入发展的趋势没有改变，但受国际金融危机特别是欧元区债务危机影响，2012年世界经济形势总体上仍将十分严峻复杂，世界经济复苏的不稳定性、不确定性上升，国际经济环境难以明显好转。从国内看，我国发展仍处于重要战略机遇期，在较长时期内继续保持经济平稳较快发展具备不少有利条件，但经济发展中不平衡、不协调、不可持续的矛盾和问题仍很突出，经济增长存在下行压力，物价上涨压力仍然较大，部分企业生产经营困难加重，节能减排形势更趋严峻，经济发展中出现了一些新的阶段性特征，宏观调控面临更多的“两难”选择。从省内看，湖南正处在工业化、城镇化快速发展

阶段，“四化两型”、“四个湖南”建设成效显著，发展态势良好，发展潜力巨大，但也面临经济增长下行压力加大、经济增长内生动力不足、要素保障持续偏紧、保障和改善民生任务艰巨等新情况新问题。要科学判断和准确把握形势，既要充分看到有利条件，又要清醒认识困难挑战，坚定信心，抢抓机遇，发挥优势，趋利避害，迎难而上，保持经济平稳较快发展。

（一）要坚定信心

目前湖南的发展已站在一个新的历史起点，保持经济平稳较快发展的基础更加扎实、优势更加凸显、支撑更加有力。一是科学发展思路更加清晰。这些年，湖南深入贯彻落实科学发展观，把加快经济发展方式转变与推进“两型社会”建设紧密结合起来，以建设“两型社会”作为加快经济发展方式转变的目标和着力点，全面推进“四化两型”建设，走出了一条符合湖南实际的科学发展、转型发展之路。省第十次党代会集中全省人民智慧，确定了“两个加快”、“两个率先”的总任务和“四化两型”的总战略，湖南科学发展的思路更加明确，路径更加清晰。全省四级党委换届圆满完成，各级领导班子蓬勃向上，干部群众精神振奋，干事创业的劲头足、氛围浓，呈现出协力同心谋发展的良好局面。二是综合经济实力更加扎实。经过改革开放 30 多年特别是近些年来的加快发展，为我们打下了比较扎实的物质基础。2011 年全省地区生产总值和银行存款余额均接近 2 万亿元，全社会固定资产投资达到 11431.48 亿元。湖南经济的块头越来越大，抗风险、抗冲击的能力越来越强。三是产业基础更加坚实。近些年来湖南发展的一个突出亮点，就是新型工业化加快推进，工业经济规模快速壮大，形成了一批具有较强科技竞争力、市场竞争力和国际竞争力的优势行业和骨干企业，五矿湖南有色营业收入过千亿元，华菱钢铁、中联重科、三一重工、中烟湖南公司等企业稳步向千亿元企业迈进，全省共有千亿元产业 11 个，其中工业千亿元产业 8 个。大宗农产品生产实力较强，超级稻百亩试验田亩产达到 926.6 公斤，居世界领先地位，油菜收获面积、油茶林面积和油茶产业的产值居全国第 1 位。文化、旅游产业走在全国前列，形成了一批有市场、有影响、有效益的文化、旅游产品和品牌。“十一五”期间湖南布局了一大批重大产业项目，潜力将陆续释放出来，汽车、信息等产业都有望成为重要的新的增长点，加上“十二五”新布局的一批重大产业项目，湖南的产业实力将越来越坚实。四是基础设施保障更加有力。这些年，湖南基础设施特别是交通设施显著改善，区位交通优势进一步凸显。武广高铁开通运营，沪昆高铁正在加快建设，广深高铁已正式开通运营，长沙到深圳只需三小时，湖南与粤港澳联系更加紧密，更多的物流、资金流、信息流、人流将集聚湖南。2011 年新增高速公路通车里程 262.3 公里，2012 年将新增 1000 公里，全省高速公路通车里程将达到 3600 公里。基础设施的日益完善，将极大地带动相关产业尤其是旅游产业发展。黄花机场新航站楼竣工运营，总面积居全国第 5 位，年旅客吞吐能力提升至 2000 万人次，2011 年旅客吞吐量达到 1368.47 万人次。以长江为依托、洞庭湖为中心、“一纵五横十线”为骨架的高等级航道网正在积极推进，现代化的立体交通运输体系正在形成。五是科教人才优势更加突出。湖南科技成果获奖数在“十一五”期间居全国第 5 位，2011 年继续保持第 5 位，发明专利授权总量连续多年居中西部地区前列，国家超级计算长沙中心一期工程正式投入运营，全省现有 15 家国家级重点实验室和 15 家国家工程技术研究中心，有两院院士 54 人；湖南教育比较发达，人才资源丰富，劳动力素质较高，这些是湖南的核心竞争力所在。六是湖南影响力和吸引力更加广泛。湖南良好的发展势头、巨大的发展潜力和发展前景，越来越受到国内外投资者的广泛关注，影响力和吸引力不断增强。富士康、花旗银行、意大利菲亚特、日本三菱汽车等一批世界 500 强企业纷纷入驻湖南，中国五矿、中国建材、神华集团等一批中央企业纷纷对接湖南，中联重科、三一重工、湘电集团等一批省内优势企业成功走出去，湖南的开放度、美誉度不断提高。我们要充分看到湖南的优势和潜力，提振经济信心。

（二）要抢抓机遇

抢抓机遇、发展自己，这是近些年湖南谋发展的一条重要经验。当前湖南发展仍面临一系列重大机遇。一是国家宏观经济政策取向的机遇。2011 年我国宏观调控的首要任务是防通胀，2012 年首要任务是稳增长。宏观经济政策取向总的是实施积极的财政政策和稳健的货币政策，根据形势变化适时适度预调微调，进一步增强宏观调控的针对性、灵活性和前瞻性。财政政策的基调没有变，但力度和重点做了适当调整，财政支出更加注重向民生领域倾斜，更加注重支持重点领域改革，更加注重加强薄弱环节，更加注重有保有压，实施结构性减税；货币政策的基本要求是总量适度、审慎灵活、定向支持，加强对在建续建项目和保障

性住房建设，符合产业政策、有市场需求的企业特别是中小企业的信贷支持，使信贷资金更好地服务实体经济。中央强调2012年要保持投资合理稳定增长，重点是保重大基础设施在建续建项目，加大“三农”、保障性住房、社会事业等领域的投入，继续支持欠发达地区、科技创新、节能环保、战略性新兴产业、企业技术改造等，中央重点保障、重点支持的领域，都是湖南需要加强的、正在重点推进的领域，争取政策支持的潜力很大。二是国家区域发展战略的机遇。近年来国家相继批准实施了一系列重大区域规划，我国区域政策体系不断完善，区域发展政策不断细化、实化、差别化。湖南有促进中部崛起、环长株潭城市群改革发展、湘南地区承接产业转移、大湘西地区发展与扶贫纳入国家区域发展战略。国家深入实施区域发展战略，湖南将广泛受益。湖南是全国农村信息化科技示范试点省，长株潭城市群是全国“两化融合”、“三网融合”试验区，衡阳是国家现代服务业综合改革试点城市，张家界是国家旅游综合改革试点城市。这些国家区域发展战略和试验试点，将为湖南带来强大的政策支持，有力促进相关区域和相关产业的发展。三是国内外经济形势变化中蕴涵的机遇。国内外经济形势变化的过程，是生产要素重新组合、产业重新布局和国际分工重新调整的过程，要善于在变化调整中把握机遇，在不利因素中寻找积极因素，着力趋利避害、化危为机。国际市场低迷、外需减弱对湖南经济会造成影响和冲击，但与沿海地区比，这种影响既有共同的方面，也有不同的特点。从时间上看，沿海地区出口比重较大，外需减弱首先会影响到沿海地区，然后传导到中西部地区，中间有一个过程和时间差，湖南有更多的回旋时间。从方式上看，外需减弱首先直接影响出口，然后再影响到国内需求尤其是基本建设。从领域上看，外需减弱对湖南钢铁等行业影响较大，但对食品等刚性需求产品的影响不大；对湖南科技含量低、附加值不高的产品影响较大，但对轨道交通、大容量变压器等科技含量高、竞争力强的产品和文化旅游产业影响不大；对欧美等传统出口市场影响较大，但对东盟、非洲、中东等新兴出口市场影响不大。欧洲主权债务危机短期内难以有效解决，有利于湖南优势企业走出去，积极开展国际并购，引进先进技术和一流人才。所以，湖南要增强机遇意识，抢抓机遇，用好机遇。只有把握机遇，才能抢占先机、化危为机。

（三）要迎难而上

做好2012年经济工作，各种有利条件很多，但面临的困难和挑战也不少。

随着国内外经济形势的变化，经济工作中可能随时会出现各种新情况新问题。对此我们一定要保持清醒头脑，充分估计形势的复杂性和严峻性，充分做好攻坚克难、迎难而上的思想准备和工作准备。要有迎难而上的信心、勇气、智慧和办法，把困难估计得更加充分一些，把措施考虑得更加周全一些，把工作做得更加扎实一些，未雨绸缪，科学应对，掌握主动，奋发有为。

三　2012 年湖南经济工作的总体要求和主要目标

2012 年是实施“十二五”规划承上启下的重要一年，是全面贯彻落实省第十次党代会精神的重要一年，党中央将召开十八大。做好 2012 年经济工作，保持经济社会良好发展势头，具有十分重要的意义。2012 年全省经济工作的总体要求是：全面贯彻落实党的十七大和十七届三中、四中、五中、六中全会、中央经济工作会议精神及省第十次党代会精神，以邓小平理论和“三个代表”重要思想为指导，深入贯彻落实科学发展观，牢牢把握主题主线，紧紧围绕“两个加快”目标，全面推进“四化两型”建设，着力扩大内需，着力调整经济结构，着力加强自主创新，着力推进节能减排，着力深化改革开放，着力保障和改善民生，着力强化经济运行调节和保障，保持经济平稳较快发展和物价总水平基本稳定，保持社会和谐稳定，以经济社会发展的优异成绩迎接党的十八大胜利召开。

做好 2012 年经济工作，根据中央的要求，结合湖南的实际，要贯彻落实好稳中求进的工作总基调。稳，就是要坚决贯彻中央宏观经济政策，保持经济平稳较快发展，保持物价总水平基本稳定，保持社会大局稳定。进，就是要着力推动又好又快发展，在转变经济发展方式上取得新进展，在深化改革开放上取得新突破，在保障和改善民生上取得新成效，在推进“两个加快”、“两个率先”① 上迈出新步伐。

实现稳中求进，要坚持统筹兼顾，把稳增长、调结构、强保障、抓改革、惠民生、促和谐更好地结合起来。要在保持经济平稳较快发展的基础上，大力推进转方式调结构，提高经济增长的质量和效益；强化生产要素保障，进一步破解电

---

① 加快建设全面小康，努力在中部地区率先实现全面小康目标；加快建设两型社会，在全国率先走出一条两型社会建设的路子。

煤、资金等瓶颈制约，强化市场供给保障，保持物价总水平基本稳定；深入推进重点领域和关键环节的改革，以改革创新增强发展的动力与活力；精心办好重点民生工程，让改革发展成果更多更好地惠及全省人民；正确处理改革、发展、稳定的关系，促进社会和谐稳定，营造良好的发展环境。

2012 年湖南经济社会发展的主要预期目标是：地区生产总值比 2011 年增长 11%，财政总收入增长 13% 以上，全社会固定资产投资增长 22%，社会消费品零售总额增长 15%，进出口增长 18%，城镇居民人均可支配收入和农民人均纯收入分别增长 10% 和 11%，新增城镇就业 60 万人以上，城镇登记失业率控制在 4.6% 以内，居民消费价格上涨 4% 左右，人口自然增长率 7‰。研发投入、教育投入占生产总值的比重明显提高，全面完成国家下达的节能减排约束性指标。

四　2012 年湖南经济工作的重点任务

（一）着力扩大有效需求，增强自主增长能力

保持经济平稳较快发展，扩大消费是基础，稳定投资是关键。从湖南的情况看，稳增长首先必须抓关键、稳投资。2012 年将进入“十二五”投资高峰期，必须着力抓好项目建设，保持投资稳定较快增长。要全力推进“三个一”[①] 行动计划，抓好一批在建续建项目，积极创造条件新开工一批重大项目，抓紧启动大托铺机场搬迁，规划论证洞庭湖生态经济圈建设和保护、衡邵干旱走廊治理等重大后备项目，争取有更多项目进入国家“笼子”。要着力优化投资结构，加大对基础设施、改善民生、“三农”、水利、节能环保、自主创新、战略性新兴产业等领域的投资，提高投资质量和效益。要进一步激活社会投资，认真落实鼓励和引导民间投资的各项政策，支持民间投资进入铁路、市政、能源、社会事业等领域。要进一步推动银政银企合作，积极争取银行信贷支持，扩大信贷总量，调整信贷结构，确保信贷平稳增长。要大力推动资本市场发展，支持企业境内外上市和上市公司再融资，支持私募股权投资基金规范发展，加快社

---

① 在“十二五”期间，力争完成 10 万亿元的投资、100 个重点工程、1000 个重大项目。

保基金、保险资金入湘步伐。要优化金融发展环境，规范民间融资行为，有效防范金融风险。

消费是拉动经济增长最稳定最持久的动力。要合理增加城乡居民特别是低收入群众收入，提高中等收入者比重，努力提高居民消费能力。要完善促进消费的政策，加强城乡市场流通体系建设，改善城乡消费环境，让群众方便消费、放心消费、安全消费。要稳步推进汽车、商品房、家电消费，大力推动文化、旅游消费，积极促进健身、养老、家政等服务消费，培育新的消费热点。要创新消费产品和消费服务，创造新的消费需求，发展新的消费业态。

（二）调整优化产业结构，构建现代产业体系

坚持把推进产业结构调整作为加快经济发展方式转变的重要途径，深入实施重点产业调整和振兴规划，着力构建特色鲜明、竞争力强的现代产业体系。要加快推进新型工业化，深入实施“四千工程”①，培育发展战略性新兴产业，改造提升传统产业，发展壮大特色优势产业，构建多点支撑的产业发展新格局。要着力扶持企业发展，落实结构性减税政策，突出做大做强一批过千亿元、过百亿元的骨干企业，支持中小微型企业蓬勃发展，形成千帆竞发、百舸争流的生动局面。要加强产业园区建设，提升园区产业层次，增强园区综合配套服务功能，促进产业集群发展。要加快创新型湖南建设，加大科技投入，整合科技资源，加快实施重大科技专项，推进协同创新和科技资源开放共享，促进产学研结合，提高科技成果转化率，着力在增强自主创新能力方面取得新突破。要坚持生产性服务业与生活性服务业并重、现代服务业与传统服务业并举，促进服务业发展提速、比重提高、水平提升。大力推动信息化与工业化深度融合，加强“两化融合”、“三网融合”、长沙超算中心、智慧城市、智能交通等项目建设，扩大农村信息化试点，加快发展信息产业，加快数字湖南建设步伐。

（三）加强“三农”工作，推进农业现代化

“三农”工作事关经济社会发展全局。要进一步巩固农业基础地位，全面落

① 按照科学发展观要求，以加快经济发展方式转变和结构调整为主线，努力壮大一批千亿元产业、发展一批千亿元集群、培育一批千亿元企业、打造一批千亿元园区。

实强农惠农富农政策，健全农村发展体制机制，促进农业增产、农民增收、农村发展。要着力增加农产品供给，毫不放松地抓好粮食生产，切实保护农民种粮积极性，实施国家新增千亿斤粮食产能工程，抓好蔬菜、生猪等主要农产品生产，加快推进新一轮“菜篮子”工程建设。要大力加强农业现代园区建设，抓紧实施农产品加工振兴计划，着力抓好一批标准化农业生产基地，培植一批农业龙头企业和知名品牌。要坚持科教兴农战略，加强农业重大技术创新，大力推进以良种繁育为重点的农业生物工程和农产品精深加工重大技术攻关，健全基层农业技术推广服务体系。要抢抓国家大兴水利和湖南水利改革试点机遇，加快启动建设一批重大水利工程，新建一批高标准农田，加强防汛抗旱重点工程建设，严格落实耕地保护制度，提高农业综合生产能力和防灾减灾水平。要深入推进社会主义新农村建设，着力加强农村基础设施建设和公共服务，抓好饮水安全、道路建设、电网改造、环境整治和农村危旧房改造，改善农民生产生活条件。认真落实中央新十年扶贫开发纲要，以武陵山片区和罗霄山片区为重点，以湘西自治州为主战场，切实加大扶贫开发力度，不断提高“两不愁、三保障”① 水平。

（四）扎实推进“两型社会”建设，提高生态文明水平

要全面推进长株潭城市群“两型社会”综合配套改革试验区第二阶段改革建设各项工作，加快实施基础设施建设、“两型”产业振兴、节能减排全覆盖、湘江流域综合治理、示范区建设、城乡统筹示范、综合交通运输一体化、“三网融合”和数字湖南建设等八大工程，深入推进资源节约、环境保护、土地管理、投融资、行政管理等重点领域和关键环节的改革，力争取得新的重大突破。要认真总结和推广长株潭试验区的实践经验，带动和促进全省“两型社会”建设。要强力推进节能减排工作，严格目标责任和管理，完善节能减排工作机制，完善评价考核机制和奖惩制度，强化节能减排政策引导，加强重点领域节能减排和生态保护。巩固洞庭湖污染治理成果，加强湘江流域重金属污染治理、重点流域水污染治理和农业面源污染治理，加强城镇污水垃圾处理设施建设和运营管理，开展农村环境综合治理。深入开展万家企业节能低碳行动，大力发展绿色节能建

---

① 《中国农村扶贫开发纲要（2011～2020年）》提出“稳定实现扶贫对象不愁吃、不愁穿，保障其义务教育、基本医疗和住房”。

筑，积极开展循环经济示范行动，加强“城市矿产”示范基地、餐厨废弃物利用试点和再制造示范基地建设，全面推行清洁生产。加快发展节能环保产业，促进绿色低碳发展。探索建立生态补偿机制和生态环境共建共享机制，加强生态建设和环境保护，积极创建全国生态省。

（五）加快推进新型城镇化，促进城乡区域协调发展

城镇化是扩大投资、促进消费的重要渠道，是新时期经济增长的重要发动机。要坚持走新型城镇化道路，继续做大做强长株潭城市群和区域中心城市，大力支持县城和中心镇发展，促进不同规模和类型城镇科学布局、合理分工、功能互补、集约发展。完善城镇基础设施体系，加强和改进城市管理，提高公共服务水平，提高城镇综合承载能力。放宽中小城市落户条件，促进农村劳动力就近转移，着力解决好农民工特别是新生代农民工融入城镇的问题。

要统筹推进区域协调发展。抓住湖南三大区域全部纳入国家区域发展战略的机遇，以主体功能区规划和区域政策为杠杆，推动区域经济协调互动发展。环长株潭城市群要在转型发展、创新发展上下工夫，加快产业升级和体制创新，优先发展现代服务业、先进制造业、高新技术产业，努力提高经济发展质量，增强在全省经济发展中的支撑作用和对其他地区的辐射带动作用。湘南地区要加快开放开发步伐，大力推进国家承接产业转移示范区建设，加强综合交通体系和社会化服务体系建设，加强与粤港澳、北部湾经济区和东盟对接合作，努力成为全省新的经济增长极。湘西地区要抓住武陵山片区区域发展与扶贫攻坚试点的机遇，深入实施新一轮扶贫开发，着力在加强基础设施建设、培育特色优势产业、加强生态建设和环境保护等方面下工夫，不断缩小与全省平均水平的差距。加大对革命老区、民族地区、库区水淹区、边远山区、林区、少数民族地区高寒山区的扶持力度。抓紧研究洞庭湖生态经济圈发展规划，支持岳阳城陵矶临港新区加快发展。

要加快县域经济发展。继续推进扩权强县改革，完善财政省直管县体制。统筹推进县域城乡规划、产业布局、基础设施建设、生态环境保护和公共服务一体化，构建县域经济发展新格局。大力发展县域特色产业，培育发展一批特色鲜明的经济强县。

（六）着力深化改革，不断扩大开放

要深入推进重点领域和关键环节的各项改革，加快构建有利于科学发展的体制

机制。深化财税体制改革，完善县级基本财力保障机制，推进营业税改征增值税、房产税、消费税、资源税和环境保护税的改革。深化投融资体制改革，深入推进农村信用社改革，积极培育面向小型微型企业和“三农”的金融机构，完善促进民间投资体制。继续调整和完善所有制结构，突出推进国有资产监管体制改革和国企改革，鼓励非公有制经济加快发展。深化农村改革，抓好集体林权制度配套改革，促进农村土地自愿、有序、合理流转，鼓励发展农民专业合作社，健全农村社会化服务体系。深化文化体制、行政管理体制、价格体制和收入分配体制改革。

要大力推进开放崛起战略，提升开放型经济水平。推进外贸扩总量、转方式，巩固骨干企业、传统市场和优势品牌，深度开发新兴市场，培育新的外贸增长点，保持外贸稳定增长。大力推进招商引资和承接产业转移，全面深化区域经济合作和与央企对接合作，创新招商模式，着力引进战略投资者，提高招商质量和效益。鼓励和引导优势行业和企业“走出去”开展境外并购、投资合作、工程承包、劳务合作、设立工业园区，拓展国际市场，带动工程机械、装备制造产品出口。

（七）切实保障和改善民生，提高人民生活水平

要坚持富民优先，深入实施《湖南省保障和改善民生实施纲要》，加快推进重点民生工程建设，继续开展为民办实事。实施更加积极的就业政策，扶持就业容量大的现代服务业和小型微型企业发展，加强对高校毕业生、农村进城务工人员、城镇就业困难群体和退役人员的就业指导、培训和扶助，深入推进创业带动就业和创业型城市创建工作。完善各类社会保障体系，实现新型农村合作医疗保险和城镇居民养老保险全覆盖，进一步提高城乡低保、五保供养、困难群体救助水平，保障低收入居民生活。推动义务教育均衡发展，加快发展城乡学前教育，部署实施农村义务教育学生营养改善计划，加强校车安全管理等工作。继续推进医药卫生体制改革，加快县级公立医院综合改革试点步伐，不断完善公共卫生服务功能。实施文化惠民工程，深化公益性文化事业单位改革，推动文化资源向基层、农村倾斜。扎实推进保障性住房建设，鼓励支持中小户型、中低价位的普通商品住房建设，促进房地产市场健康发展。坚持综合施策，完善价格监管，保持物价总水平基本稳定，认真落实最低生活保障、失业保险标准与物价上涨挂钩联动机制。

（八）加强和创新社会管理，维护社会和谐稳定

要认真落实中央关于加强和创新社会管理的各项决策部署，深入推进省委、

省政府《关于加强和创新社会管理的意见》的实施，健全党委领导、政府负责、社会协同、公众参与的社会管理格局。加强社会矛盾隐患排查和风险评估，畅通信访渠道，妥善解决群众合法合理诉求，坚决纠正损害群众利益行为，从源头上预防和减少社会矛盾。要严格落实安全生产责任制，切实抓好矿山、交通、消防、建筑施工、食品药品、烟花爆竹、化工等重点领域和学校、商场、车站码头、娱乐休闲等场所安全监督，全面排查和消除安全隐患，有效防范和坚决遏制重特大事故发生。加快建立社会信用体系，建立健全守信激励、失信惩戒制度。加强社会治安防控体系建设，严厉打击各类违法犯罪活动，不断提高人民群众的安全感幸福感。扎实做好新形势下的群众工作，创新群众工作方式方法，提高群众工作针对性和实效性。

五　加强和改进党对经济工作的领导

做好 2012 年经济工作，必须加强和改进党对经济工作的领导，加强统筹协调，强化保障措施，狠抓工作落实。

（一）要着力提高领导科学发展的能力

各级领导班子和领导干部要进一步加强学习，提高理论素养，更新知识结构，把握经济社会发展规律，不断提高推动科学发展、协调利益关系、驾驭复杂局面、促进社会和谐的能力水平。党委换届之后，一大批新的同志和年轻干部走上领导岗位，尤其要加强学习培训，提升能力素质。要加强对经济运行的监测、研判和调度，密切跟踪国内外经济走势，及时协调解决经济运行中的新情况新问题，加大生产要素保障力度，促进经济平稳健康运行。要注重统筹兼顾，处理好各方面重大关系，科学配置资源和力量，统筹推进经济建设、政治建设、文化建设、社会建设和生态文明建设，促进协调发展。要坚持正确用人导向，深化干部人事制度改革，优化人才发展环境，鼓励支持创新创造创业，营造团结和谐、干事创业的良好氛围。

（二）要着力强化政策保障

要结合贯彻落实中央经济工作会议精神，将省第十次党代会确定的目标任务

和战略举措细化、具体化，将“两个加快”总任务、“四化两型”总战略转化为具体工作规划和政策措施，落实到具体工作和具体项目上。要加强对关系经济社会发展全局的重大问题的研究，2012 年要重点加强对武陵山片区区域发展与扶贫攻坚试点、湘南地区国家承接产业转移示范区建设、新型城镇化、县域经济及城乡统筹发展、文化旅游产业发展、小微型企业发展等重大问题的研究，制定相应规划，完善扶持政策，作出专门部署。要针对不同产业、不同企业的实际情况，有针对性地采取支持措施，帮助解决生产经营中的实际困难和具体问题。要加强对中央宏观经济政策的研究分析，深刻领会精神实质，用好用足政策机遇，争取更多的政策支持，创造更好的发展条件。

（三）要着力优化发展环境

良好的发展环境是一个地方重要的软实力，是经济开放和市场成熟的重要标志。新形势下的区域发展竞争，归根到底是发展环境的竞争。要继续解放思想，切实转变观念，强化开放包容、合作共赢意识，牢固树立服务理念，营造重商、亲商、安商、富商的文化环境。要把法治环境作为优化发展环境的制高点，深入实施《法治湖南建设纲要》，深入推进依法执政、依法行政、公正司法和人人守法，坚持按法律按制度办事，按程序按规矩办事，不断提高经济社会各个领域的法治化水平。要加快转变政府职能，认真贯彻落实《湖南省行政程序规定》、《湖南省政府服务规定》等规章，认真组织开展政府绩效评估工作，进一步减少审批事项，强化优质服务，提高办事效率，努力为各类经济主体营造机会均等、公平竞争的市场环境和社会环境。要加大专项治理力度，严肃查处破坏经济发展环境的人和事，下大力解决损害经济发展环境的突出问题，依法维护投资者和人民群众的合法权益。

（四）要着力改进工作作风

要坚持求真务实，真抓实干，强化执行，作出的决策、定下的工作要一项一项抓到位，一件一件抓落实，力戒形式主义、官僚主义。要深入基层、深入一线，在基层一线研判形势、寻求对策。企业对经济形势变化最敏感，对市场变化反应最快捷，最有发言权。抓经济工作要经常到企业中去，到生产经营一线中去，增强决策的科学性、针对性和有效性。要坚持以人为本、执政为民，深入贯彻落实省委关于深入基层深入群众、进一步密切党群干群关系的规定要求，狠抓蹲点调研、民情台账、进村入户等制度的落实。要大力弘扬艰苦奋斗精神，厉行勤俭节约，反对铺张浪费，精简会议和文件，减少迎来送往，把有限资源和财力用在发展经济、改善民生上。要真情关心爱护干部，严格教育管理干部。2012年地方人大、政府、政协换届，要教育引导各级干部讲政治、顾大局、守纪律，自觉服从组织安排，正确对待个人进退留转，严格遵守换届纪律，确保换届圆满顺利、风清气正。要深入开展党风廉政建设和反腐败斗争，严明党的纪律，确保中央和省委、省政府重大决策部署的贯彻落实，以党风廉政建设的实际成效保障经济社会发展。

B.2
握紧拳头保发展重点 集中力量办民生大事

徐守盛*

中央经济工作会议指出，2012 年经济工作的总基调是“稳中求进”。实现“稳中求进”，就是要做到“四稳三进”。“四稳”，就是保持宏观经济政策基本稳定、保持经济平稳较快发展、保持物价总水平基本稳定、保持社会和谐稳定。“三进”，就是在转变经济发展方式上取得新进展，在深化改革开放上取得新突破，在改善民生上取得新成效。湖南要实现稳中求进，必须把思想和行动统一到中央对国际国内形势的判断上来，统一到中央“稳中求进”的工作总基调上来，统一到省委经济工作会议的部署上来，创造性地开展工作。

一 2011 年全省经济工作有力有序有效，取得成绩来之不易

在党中央、国务院的坚强领导下，按照省委决策部署，我们采取一系列保运行、保重点、保民生、保稳定的措施，完成年初确定的各项目标任务。

（一）坚决贯彻中央宏观经济政策

把稳定物价作为首当其冲的任务，物价单月涨幅从高于全国平均水平 1.2 个百分点，转变为连续 5 个月低于全国平均涨幅。抓住中央适时适度进行预调微调的有利时机，引导生产要素向两型社会，向战略性新兴产业，向实体经济聚集。经过努力争取，湘南国家级承接产业转移示范区获批，31 个县（市、区）进入

---

* 徐守盛，中共湖南省委副书记、省人民政府省长。

国家武陵山片区扶贫攻坚试点，环长株潭、湘南、大湘西地区三大经济板块，全部进入国家战略层面。

（二）千方百计加强运行保障

坚持管当前、谋长远，从年初就组织调煤保电，加大省外购电，启动气化湖南工程，与神华等大型中央能源企业开展战略合作。坚持“两条腿”走路，一方面争取中央加大转移支付力度，另一方面努力扩大信贷规模，提高直接融资比重。实行最严格的耕地保护制度，严控“两高一资”、低水平重复建设和新上项目，基本满足建设用地需求。以整顿和规范矿产资源开发秩序为突破口，清查整改矿山422个，查处违法行为1173起，关闭矿山35家。狠抓用工保障，积极推动校企合作，抓好园区配套，引导劳动力返乡就业，有效缓解用工紧张的局面。

（三）突出抓好重点项目和重点领域改革

启动实施“三个一”行动计划，集中力量抓好重大在建、续建，以及保障性安居工程、黄花国际机场新航站楼、长岭炼油改扩建、广汽菲亚特乘用车等重大项目。全年固定资产投资突破1万亿元，比上年增长27.9%，对经济增长的贡献率达到65%以上。集中精力抓好两型综合配套、省属国企、财政省直管县、医药卫生体制、集体林权制度、文化体制、乡镇机构、水利水运、事业单位分类等改革。

（四）着力推进转方式调结构

大力发展“两符三有产业”和战略性新兴产业，重点调度的48家战略性新兴产业企业产值增长超过50%。工业对GDP的贡献率达56.1%。启动湘江流域重金属污染治理规划，113家企业列入关闭计划，全省规模工业单位增加值能耗下降9%。环长株潭地区对全省经济增长的贡献率达80%以上；湘南地区承接产业转移和实际利用外资占全省的比重均接近30%。

（五）持之以恒保障和改善民生

着重推进城乡居民养老保险试点、医改、保障性安居工程建设等民生工程，以及省委、省政府为民办实事项目。启动社会救助和保障标准与物价上涨挂钩的

联动机制。全力抗旱救灾，把人畜饮水安全放在第一位，重点保障城乡居民生活用电，优先保障农业生产、医院、学校等涉及民生的重要用户用电。高度重视处理来信、来访，加大对各类犯罪的打击力度。出台整治水上餐饮、河道采砂、水上交通安全等系列措施，全力确保全省安全发展。

目前，湖南还存在一些需要高度重视的问题，主要是：经济增长和管理方式比较粗放，精细化管理水平不高，资源、环境约束进一步加剧；新的经济增长点仍然不多，围绕创新培育经济增长点的合力不够；经济抗风险能力较弱，企业经营困难；加强和创新社会管理任务重；城乡之间、地区之间、不同行业之间的差距较大；保障和改善民生的欠账多，贫困面较大；发展环境需进一步优化，工作作风有待进一步改进。

二　贯彻中央经济工作会议精神，扎扎实实“稳中求进”

当前，形势更加复杂、更加严峻，对统筹利用两个市场、两种资源提出了新的考验。国内经济运行出现新情况新变化，要求进一步增强驾驭复杂局面的能力，握紧拳头保发展重点，集中力量办民生大事，做到稳中求进，稳增长、稳物价、稳大局，牢牢把握2012年经济工作的主动权。

（一）稳中求进要求我们加快实现总量、均量、质量“三量齐升”

抓经济工作，既要结合湖南实际，做大总量，注重经济的外延式扩张，更要提高经济运行的质量，注重经济的内涵式提升。一是我国宏观经济的良好预期有利于保持一定的增长速度。2011年以来，我国实施一系列适时适度的调控措施后，经济在较高增速区间平稳回调，经济正由政策刺激向自主增长有序转变。未来数年，我国经济依然会保持年均8%左右的经济增长。这种经济趋稳的态势，是我们一心一意谋发展、聚精会神搞建设的重要前提。二是我国宏观政策惠民导向更加明确。2012年国家将加大力度惠民生，把保障和改善民生放在更加突出的位置。这种以人为本的财政政策，将直接提高湖南民生水平。我们扩大内需，就是要按国家要求加大民生投入，把重点放在提高低收入群众的购买力上。三是国家转方式调结构的力度更大。2012年国家把处理好保持经济平稳较快发展、调整经济结构、管理通胀预期的关系放在首位。这要求我们，把更多的人力、物力、财力，放在转方式调结构上，加快转变粗放的增长方式。

（二）稳中求进要求我们自觉按照湖南经济运行内在规律办事

近几年，湖南是在应对各种经济危机和自然危机中走过来的。2008 年国际金融危机爆发以后，我们面临的经济形势越来越复杂，外部环境的不利因素不断增多。即使在这种环境下，“十一五”期间湖南仍然保持了年均 14% 的增速，2011 年也增长 12.8%，实现了增幅始终高于全国增幅 2 个百分点以上的目标，办成了一批多年想办而没有办成的大事、难事，建成了一批事关全局和长远的大项目、好项目。更重要的是，在历届省委、省政府打下的坚实基础上，积累了成功应对各种困难和突发情况的能力和经验，形成了以“四化两型”为代表的湖南特色的科学发展路子。这充分表明，贯彻中央“稳中求进”的总基调，就是要深刻把握经济运行内在规律，明确“稳”是手段，“进”是目的，在“稳”字上下工夫，保持一定的增长速度；就是要正视湖南经济增长方式粗放、精细化管理水平不高、产业发展层次还较低的现实，在“进”字上下工夫，力争在转变经济发展方式上取得新进展；就是要顺势而为，把工作重点放在扩大内需上，把工作重心放在挖掘自身优势和潜力上，在“两个加快”上下工夫，努力加快科学发展、富民强省步伐。

（三）稳中求进要求我们加速培育多极、多元支撑的发展格局

从区域发展看，湖南目前仅有长株潭这个带动力较强的增长极。从产业发展看，除了加快发展以工程机械为代表的机械装备制造业规模外，还要加快培育更多上规模的产业集群。从企业发展看，需要加快形成大型企业“顶天立地”、中小企业“铺天盖地”的格局。保持经济持续发展，必须百花齐放、百业兴旺、百舸争流，一业独大、单点支撑是不能保证经济持续、全面、协调发展的。稳中求进，落实到区域发展上，就是要求我们充分利用湘南国家级承接产业转移示范区、武陵山片区区域发展与扶贫攻坚试点两个平台，在区域协调发展方面取得新的进展；落实到产业企业发展上，就是要求改变一业独大的局面，紧紧依靠科技进步和自主创新，加快培育新的经济增长点，努力培育未来发展新优势。

三　握紧拳头保发展重点，抓住时机转方式调结构

湖南发展的任务很重，必须收拢五指、形成拳头，引导生产要素向创新聚集，不断增强发展的协调性和可持续性。

（一）促进工业转型创新发展

改造提升“两符三有”传统产业。机械装备，重在核心部件的自主研发和零部件配套；钢铁有色，重在高性能产品开发，推进清洁生产和资源高效利用；石化，重在配套延伸和改造升级，加快发展精细化工、煤化工、新能源化工和化工材料装备；食品，重在创品牌、上规模，提高龙头企业带动能力；轻工，重在调整产业、企业、产品结构，支持优势企业创品牌、拓市场。加快培育战略性新兴产业。立足自主创新，抢占产业链高端环节，有选择、有重点、有步骤、有目的地培育一批适应市场需要、拥有核心技术、机制灵活的优势企业。增强自主创新能力。把创新贯穿到技术、制度、管理和工作方法等各个层面。把投资与创新结合起来，突出抓好产学研用相结合的协同创新，形成集成、协同创新优势。发展壮大县域工业。集中力量发展具有比较优势的县域主导产业，不断拓展产业链条，引导企业向工业园区集中，坚决防止“村村点火、镇镇设园”。

（二）提高农业现代化水平

稳定粮食等主要农产品生产，力争粮食总产稳定在600亿斤以上，扶持蔬菜、生猪生产，建设城镇专用菜地和蔬菜产业化基地。坚持走产业化的路子，发展富民农业，采取“农户＋基地＋龙头企业＋市场经营运作”的模式，做到利益共享、风险共担。做好新农村建设和农民工进城两篇大文章，完善城乡统一的建设规划，推进生态环境和社会管理的城乡同治，为进城农民工解决劳动报酬、子女就学、公共服务、住房租购、社会保障等方面的实际问题。

（三）加快两型社会建设

正确处理好经济发展、结构调整和节能减排的关系，确保老百姓喝上干净水，呼吸上新鲜空气，吃上安全食品。加快推进长株潭试验区第二阶段改革建设，率先探索建设两型社会的指标体系，落实节能、节水、环保产品消费政策，形成全社会投身两型建设的良好氛围。坚决完成节能减排任务。坚决实现还清去年旧账、不欠新账的目标，对没有完成任务的地区，实行区域限批。要抓紧湘江流域重金属污染治理，做好堵源、治理重点地区、逐步推广的工作。加强生态环境保护治理，加大治山、治水、治污力度，抓好地质灾害防治和矿山生态环境恢复治理。

（四）统筹区域协调发展

从总体上谋划环长株潭、湘南、大湘西地区协调发展，促进区域发展总体战略与主体功能区建设相结合。长株潭地区要突出新型工业化和新型城镇化，加快人口和产业聚集，进一步增强核心增长极作用。洞庭湖生态经济圈要加快出台具体的措施和办法。湘南地区要突出开放开发，加快开放型经济发展，重点发展加工贸易、资源精深加工和现代农业。大湘西地区要突出生态保护，走绿色发展、可持续发展路子。

（五）全面启动新一轮扶贫开发

落实国家新十年扶贫开发纲要，继续将湘西自治州作为全省扶贫攻坚主战场，积极开展武陵山片区区域发展与扶贫攻坚试点，协调推进罗霄山区扶贫开发。坚持开发式扶贫与农村社会保障两手抓，促进扶贫开发与农村低保有效衔接，稳定实现扶贫对象不愁吃、不愁穿。促进扶贫开发与新农村建设相结合，推动水、电、气、路、房和环境治理“六到户”。实施精细化扶贫，把扶贫政策和资金落实到具体项目、落实到每一家农户，促进专项扶贫与行业扶贫、社会扶贫相结合，形成扶贫攻坚的强大合力。

四　坚定不移扩大内需，持续优化发展环境

进一步明确扩大内需特别是消费需求的重点，促进投资与消费协调拉动经济增长，有序推进项目建设。

（一）把城镇化作为扩大内需的巨大潜力

这是我们最现实、最可靠，也是老百姓最欢迎的内需增长点。要把重点放在

发展中小城镇上，既扩大内需，推动当前发展，又形成众多增长点，为未来发展奠定基础。要加快中小城镇扩容提质，抓紧研究制定中长期城镇化发展规划和政策措施，加快编制城乡一体的县城（域）总体规划、县域村镇规划和村镇整治建设规划。要与发展县域经济相结合，以中小城镇为载体，整合各方面的资金、资源等生产要素，形成县域经济和中小城镇发展的良性互动。要与新一轮扶贫开发相结合，结合中小城镇建设，创造条件易地扶贫，让贫困群众有能力、有条件生存发展下去；逐年抓几个片区，让老百姓见到实效。

（二）把发展服务业作为扩大内需的现实产业支撑

营造良好政策环境，落实服务业用电、用水、用气、用热与工业同价政策，积极争取国家营业税改革试点权限，促进服务业发展提速、比重提高、水平提升。增强服务业承载消费的能力，高铁、航空等交通条件的迅速改善，预计今后会有更多消费者来湖南旅游观光、休闲度假，我们要在改善基础设施、提高服务档次等方面做好准备。创新服务业发展模式，在紧贴市场、根据市场创新服务内容和方式的同时，要在体制机制、科技应用等方面下工夫，形成自己独特的优势。

（三）把投资消费作为扩大内需的主要途径

要把保持合理投资规模作为重中之重，确保今年投资增长22%以上，完成固定资产投资1.39万亿元左右。积极扩大消费，落实国家收入分配改革的各项政策，从扩大就业、完善社保体系等方面入手，多途径增加居民收入，增强群众的消费信心和能力，形成以消费促发展的良性循环。促进投资消费与产业发展相结合，把以政策优惠和财政补贴形成的购买力，转化为推动经济发展的动力。

（四）把项目建设作为扩大内需的着力点

项目是发展的载体。要与转变发展方式紧密结合起来，把重点放在事关全局发展的重大产业、重大基础设施项目上，引导资金投入到重要基础设施、自主创新、战略性新兴产业、节能环保，以及民生、“三农”等重点领域和薄弱环节，避免简单重复传统发展方式，严防落后产能、过剩产能扩张。凡是审批不落实、资金不落实、不具备条件的“短平快”项目，决不能开工。要做好项目前期工作，加快项目建设进度，力争形成更多实物量，早日投产，早点发挥效益。要加强项目的资金、用地、能源、人才等方面保障。

（五）把优化环境作为扩大内需的有力保障

要优化投资环境，最关键的是要坚持以诚招商，以高效服务和信守承诺体现诚心诚意。要优化企业发展环境，帮助企业解决融资难、用工难、出口难、协调难等问题，在降低成本、改善服务、提高效率等方面提供个性化服务，坚决整治乱收费、乱罚款等不正之风。要优化施工环境，各级各部门必须坚持依法依规办事，坚决、及时、果断、依法处置违法阻挠施工的人和事。既要维护好群众的合法权益，又要坚决制止无理取闹和过分要求。

五　扎实推进各项改革，提高开放发展水平

改革开放是推动经济社会发展的根本动力，必须向改革开放要活力、要办法。

（一）加大改革的力度

要旗帜鲜明，只要有利于解放和发展生产力，有利于推动经济社会发展，我们就朝那个方向努力。按照中央对医药卫生体制改革、乡镇机构改革、事业单位改革、文化体制改革、水利改革的要求，不但要明确任务书、路线图，还要有时间表，确保不折不扣改革到位。要坚持市场化改革方向不动摇，从顶层设计做起，在选择改革的路径、方案时，兼顾公平、效率与和谐，以调动各方面的积极性，赢得人民群众的拥护支持。要分类施策，在总结改革经验的基础上，制定科学的改革方案，做到先易后难，分阶段实施。要勇于担当，只要能增进群众的切身利益，只要有利于全省发展，我们就要义无反顾，勇往直前。

（二）加快发展开放型经济

开放型经济仍然是湖南的“短腿”。必须持之以恒、扎扎实实地抓下去，做到一步一个脚印，一级一级爬坡。要加强对形势的研判，弄清国内外环境变化对湖南扩大开放的影响，做好充分的应对准备。要把握优势、保持优势，找准提高

开放发展水平的突破口，突出长株潭试验区和湘南示范区建设，充分发挥其在开放型经济发展中的示范带动作用。要努力开拓市场，无论多么艰难，多年苦心经营的国际市场，决不能轻言放弃，要妥善解决外贸企业面临的实际困难。要积极扩大进口，认真落实国家鼓励进口的政策措施，注重发挥进口在缓解资源和环境压力、促进技术进步等方面的作用。

六　集中力量办民生大事，统筹推进社会事业发展

正确处理好发展经济和改善民生的关系，集中资源、集中资金为民办实事，让老百姓得到实实在在的好处。

（一）继续把稳控物价放在突出位置

要加强物价走势的预判预研，密切关注气候变化、产品供给，以及省内外物价走势，提高价格分析研判和监测预警能力。抓好对群众消费量大、影响民生程度深、周期性波动大的生猪、粮食、蔬菜等农产品的调控，分门别类研究制定具体的政策措施，确保供给稳定、价格稳定。适时适度采取灵活的价格干预措施，各有关部门要根据交通条件的改善，合理调整和确定商品价格，并积极探索如何把基础设施完善后带来的社会效益传导到每一个老百姓身上的有效途径。推进价格惠民，落实社会救助和保障标准与物价上涨挂钩的联动机制，保障城乡困难群众生活水平不因物价上涨而降低。

（二）加大改善民生力度

坚持尽力而为、量力而行，有多大能力就办多大的事。要加大民生投入，优化财政支出结构，把能够整合的资金都整合起来，挤出资金优先投向民生领域，集中力量做几件事，办成几件大事。要区分轻重缓急，突出工作重点，多雪中送炭，少锦上添花，努力办好群众急需的事、关系全局的事、惠及长远的事。要坚持勤俭办一切事情，讲究投入产出，精打细算、锱铢必较，不开空头支票、许空头愿。要提高民生工程质量，全面摸清民生工程质量、运营管理、配套建设等方面的情况，确保工程管理完善、运行有序、正常发挥作用。

（三）统筹发展社会事业

在安排项目和配置资源时，尽量向社会事业倾斜，让人民群众切实享受到社会事业发展的成果。促进文化大发展大繁荣，全面完成文化体制改革任务，实施基础文化设施全覆盖工程，统筹城乡文化事业和产业发展。积极扩大就业，支持创业带动就业，健全政策扶持、创业培训和创业服务三位一体的服务体系，促进高校毕业生就业，引导农村劳动力转移就业，帮助就业困难群体就业。落实财政教育支出占公共财政支出比重的目标，完善家庭经济困难学生资助政策。加快发展卫生事业，全面推进医药卫生体制改革，健全基层医疗卫生服务体系，加强重大传染病防治，加大对特殊困难群体的医疗救助力度。

（四）切实做好开年工作

认真盘点2011年和精细谋划2012年各项工作，加强煤、电、油、气、运等资源要素的调度，抓好城乡居民生活用电、用水的保障工作，确保湘江沿岸城市用水安全。加强农田水利建设和冬季农业生产，抓紧谋划粮食生产和产业结构调整，抓好越冬作物的田间管理和春耕备耕工作。积极组织市场物资供应，深入开展春节走访慰问活动，把预防和解决农民工工资拖欠作为当前的重要工作，确保春节前基本无拖欠。努力营造安定的社会环境，始终保持对各类违法犯罪的高压态势，加强社会治安联防联控。把安全生产责任落实到人、到岗，对敷衍塞责的，要严查重处；深入开展重点行业和领域的专项整治，加强对桥梁、车站、渡口的防控，落实矿山采空区、尾矿库、煤矿瓦斯等重大安全隐患治理措施，抓好中小学校校舍安全工程、校车安全，确保生产安全、交通安全、矿山安全、食品安全和学生安全。

做好2012年经济工作，意义十分重大。我们要紧密团结在以胡锦涛同志为总书记的党中央周围，贯彻中央经济工作会议精神，按照省第十次党代会部署，开拓创新，扎实工作，加快建设“四化两型”，加快建设全面小康，以优异成绩迎接党的十八大胜利召开！

B.3

突出重点　真抓实干　推动经济社会又好又快发展

于来山*

一　2011 年是湖南经受了重大挑战，取得重大成就的一年

2011 年，面对国内外严峻复杂的经济环境，全省上下在党中央、国务院和省委、省政府的正确领导下，深入贯彻落实科学发展观，团结奋斗，攻坚克难，战胜了历史罕见的严重干旱，克服了能源紧张、资金紧张、通胀压力加大等不利影响，各方面都取得了显著成绩，实现了“十二五”良好开局。

（一）经济平稳较快发展，运行质量不断提高

用四组数据来衡量：一是 GDP 接近 2 万亿元。全省 GDP 达到 19635.19 亿元，增长 12.8%，比全国高 3.6 个百分点。农业生产再获丰收，粮食生产实现“八连增”，产量创下新的历史纪录，蔬菜、生猪等大宗农产品生产供给稳定；工业结构进一步优化，规模工业增长 20.1%，比全国高 6.2 个百分点，规模工业中的高加工度工业、高技术产业增加值占规模工业的比重同比分别提高 2.3、0.5 个百分点。二是投资规模迈上万亿元新台阶。全年完成固定资产投资 11431.48 亿元，增长 27.9%，投资对经济增长的贡献率达到 65% 以上，进入全国投资过万亿元的大省行列。三是财政收入迈上了 2000 亿元的台阶。全省财政总收入 2007 年突破千亿元，2011 年迈上了 2000 亿元的台阶，达到 2460.66 亿元，比上年增长 31%，同比增幅提高 7.7 个百分点，其中地方财政收入达到

* 于来山，湖南省人民政府常务副省长。

1456.12 亿元，比上年增长 34.6%，同比增幅提高 8.84 个百分点，均为近年新高。四是城乡居民收入显著增加。全省城镇居民人均可支配收入达到 18844 元，增长 13.8%，同比增幅提高 4 个百分点；农民人均纯收入达到 6567 元，比上年增加了近 1000 元，增长 16.8%，同比增幅提高 2.3 个百分点。

（二）“三个一”行动计划全面启动，重大项目建设成效显著

2011 年，湖南首次启动了“三个一”行动计划，即在“十二五”期间，力争完成 10 万亿元的投资、100 个重点工程、1000 个重大项目，全年共组织实施 819 个重大项目，完成投资 4800 亿元，占全省投资总额的 42%。一大批多年想干而没有干成的重大项目启动实施，为 2012 年乃至今后湖南的发展打下了坚实的基础。一是“气化湖南”加快推进。2011 年 9 月，湖南与中石油签署了《“气化湖南工程”战略合作框架协议》，主管线建设已经开工，到 2020 年，天然气管道将达 5000 多公里，年供气量将由现在的 13 亿立方米增加到 80 亿立方米。二是湘江重金属污染治理启动。2011 年 3 月，《湘江流域重金属污染治理实施方案》成为全国第一个获国务院批准的重金属污染治理试点方案，规划项目 927 个，总投资 595 亿元。三是交通基础设施建设进一步加强。全省完成交通固定资产投资 926.5 亿元，创交通投资历史新高，年初确定的“4513”交通基础设施建设目标全面实现。宜凤、潭衡西、随岳、道贺 4 条高速公路建成通车，新增通车里程 262 公里，全省高速公路通车总里程达到 2649 公里，新建和改造国省干线 2001 公里，新建农村公路 15222 公里，全省建制村通畅率达到 86%，较“十一五”末提高 4.5 个百分点，全省交通基础设施网络进一步完善。四是产业项目建设取得突破。全省一大批产业项目开工建设，有力拉动了产业结构升级和经济发展。如富士康（衡阳）工业园动土起基，项目一期 13 万平方米厂房已竣工，2012 年有望实现产值约 50 亿美元；广汽菲亚特乘用车、三一建筑机械技改、蓝思科技显示屏功能玻璃面板生产基地、介面光电等重大项目取得新进展；湘投金天“三钛”项目、光琇干细胞技术产业化、兴业太阳能光伏基地建设等重点项目部分建成投产，有色总部和福田汽车长沙新厂落户湖南等。

（三）生产要素保障有力，调煤保电取得阶段性胜利

2011 年，湖南遇到自 1910 年有实测记录以来的最大干旱，全年降雨量仅

970毫米，比历年均值减少了33%，出现了春夏秋冬连旱。由于湖南电源结构不合理，水电装机占总装机的比例高达45%，降雨严重偏少，使发电任务必须由火电企业全力承担，造成电煤消耗猛增，而2011年全国性电荒造成电煤供应更加紧张，加之市场煤、计划电的矛盾使火电企业长期亏损，发电的积极性普遍不高，国家紧缩银根，火电企业生产经营维持困难，部分电厂存煤不足3天，随时面临停机，全省电力供应危机。2011年1~9月，全省城乡拉闸限电频繁，特别是广大农村地区经常停电，给全省经济发展、居民生活和社会稳定带来了很大影响。面对前所未有的电力供应紧张形势，省委、省政府成立省长挂帅的调煤保电工作领导小组，完善各级各部门联动协作机制，发扬“千山万水、千言万语、千方百计、千辛万苦”的“四千精神”，强化省内资源调控，加强省外煤炭调运，组织电厂开辟“海进江”运煤新通道，调煤保电工作取得显著成效，努力促成国家加快理顺煤电价格机制，加快调整拓宽湖南运煤通道，长期制约湖南产业大发展的能源瓶颈问题得到有效缓解，圆满完成调煤保电第一阶段目标任务，确保全省用电需求，全省电煤库存由2011年9月底的127万吨增加到2012年初的360多万吨，全省城乡连续近4个月未拉闸限电。同时，面对国内宏观调控力度加大、银根持续紧缩，采取一系列行之有效的措施，多渠道筹集资金。2011年，全省银行业金融机构各项贷款余额1.35万亿元，同比增长18.06%，增速快于全国平均增速2.4个百分点；新增贷款2080.84亿元，同比多增68.8亿元；全省货币、资本市场实现融资2883亿元，与2010年基本持平，保障了重点领域、重点行业、重点项目和薄弱环节，特别是“三农”和小型微型企业的资金需求。

（四）物价过快上涨势头得到有效控制，物价涨幅逐步回落

面对不断加大的通胀压力，全省各级各部门把稳定物价总水平作为宏观调控的首要任务，正确处理好保持经济平稳较快发展、调整经济结构和管理通胀预期的关系，构建稳价安民长效机制，在没有刻意打压农产品和工业品价格的情况下，采取扶持生产、保障供应等办法，有效遏制物价过快上涨势头，实现防通胀与保增长双赢。全省CPI涨幅从年初高于全国1.2个百分点逐步回落到12月份低于全国0.5个百分点，全年CPI累计上涨5.5%，由高到低列全国第15位、中部六省第4位，为2012年实施稳中求进的方针赢得了价格调控的主动权。

二 2012年是充满机遇与挑战的一年，必须抢抓机遇，乘势而上，保持湖南又好又快的发展势头

2012年是实施“十二五”规划承上启下的一年，这一年将召开党的十八大。湖南经济社会发展既面临着严峻的挑战，也面临着难得的发展机遇。

从国际上来看，世界经济形势复杂多变，国际金融危机仍在发酵，欧元区债务危机还在恶化，新兴经济体面临增速放缓和通货膨胀的双重压力，但经济全球化深入发展的趋势没有改变。从国内来看，我国经济发展面临许多新情况新问题，遇到一些“两难”难题，但是，我国经济长期向好的趋势没有改变。从湖南来看，虽然经济发展总体水平还不高，综合竞争力还不强，转变经济发展方式的任务十分艰巨，但是，湖南正处在工业化、城镇化快速发展阶段和结构转型升级时期，发展的势头十分强劲，多年形成的发展能量蓄势待发，新的竞争优势正在形成，进一步发展的潜力巨大。特别是2012年还面临着一些难得的发展机遇：

一是中央把“稳增长”作为首要任务，宏观经济政策趋于积极，将为湖南经济快速发展营造较为宽松的宏观环境。2011年经济工作的首要任务是控物价、防通胀，2012年国家的总基调是“稳中求进”，把稳增长摆在经济工作第一位，强调要保持投资合理稳定增长，重点保在建项目和续建项目，支持纳入“十二五”规划的重大项目开工建设，2012年的经济发展环境总体上要好于2011年。在宏观政策上，2012年国家继续实施积极的财政政策和稳健的货币政策，货币政策在操作上从收缩流动性调整为“总量适度、审慎灵活、定向支持”，并强调保持社会融资规模合理增长，加强对中小微型企业、战略性新兴产业、重大基础设施建设和民生等领域的信贷支持力度，预计全年信贷可能达到7.5万亿元到8万亿元。从财政政策来讲，总量方面，2012年国家将增加预算内投资200亿元，增发地方债券500亿元；投向方面，重点支持保障性安居工程、“三农”、医疗卫生等社会事业及其他民生领域建设，继续支持重大基础设施建设、节能环保和生态建设、自主创新和战略性新兴产业发展，同时在安排的时间上大幅度提前。鉴于中央宏观经济政策重点保障、重点支持的各个方面，都是目前湖南省迫切需要加强的，或正在重点推进的，预计2012年湖南经济发展的环境有望比2011年得到改善。

二是国内外经济增长放缓凸显投资的重要性，契合当前湖南经济投资拉动的发展特征，有利于扩大湖南投资。当前国际经济形势错综复杂，美日经济复苏不及预期，欧元区债务危机短期内难以有效解决，新兴经济体增长放缓。总体来看，2012 年世界经济复苏整体放缓。虽然国内经济长期向好的趋势没有改变，但影响我国经济发展的深层次问题尚未有效解决，推动物价上涨的因素长期存在，企业经营压力日益加大，产业结构优化升级仍面临众多挑战，消费需求增长乏力。综合预计，国内经济仍将在主动调控中继续回落。在外需萎缩、消费短期内难以大幅增加、经济下行压力加大的情况下，保持经济平稳增长的关键还是在于投资。为此，中央明确提出投资是扩大内需的关键，要充分发挥投资对扩大内需的重要作用。这对湖南来说是一个难得的机遇。湖南经济投资拉动的特征明显，2011 年投资对经济增长的贡献率达到 65% 以上。牢牢把握好金融危机以来又一次抓投资的良好时机，加快在建项目建设，争取新开工一批重大项目，获批更多的新项目，通过投资带动省内相关的产业，必将为保持当前和未来湖南经济的快速发展打下坚实的基础。

三是国家区域发展战略深入推进，政策效应叠加为湖南加快发展提供政策支持。近年来，国家加强对区域政策的分类管理和功能定位，出台一系列重大区域发展战略规划。国家深入实施区域发展战略，湖南将广泛受益。对湖南而言，中部崛起战略已经并仍将在较长时间内促进湖南发展；全国主体功能区规划中，湖南在国家城市化、农业、生态安全三大战略格局中均占据非常重要的战略地位，可以在国家的功能定位中寻找到新的发展空间；长株潭“两型社会”实验区改革已经进入第二阶段，对湖南经济结构调整和产业转型升级的示范带动效应明显；湘南国家级承接产业转移示范区获批，武陵山区区域发展与扶贫攻坚试点启动，下阶段将有更清晰更有力的政策措施出台，将为相关区域发展带来实实在在的支持。此外，“两化融合”和“三网融合”试点、国家现代服务业综合改革试点、国家旅游综合改革试点等，将极大促进湖南相关地区、相关产业加快发展。面对这一系列区域发展的战略机遇，通过深刻把握国家各项区域发展战略的初衷，站在国家的层面加强对策研究和项目策划，把各项政策用好、用活、用足，将为湖南加快发展提供强有力的支持。

四是经济结构调整和产业转型升级蕴涵着新的发展机遇。经济结构调整和产业转型升级，意味着生产要素的重新组合、产业的重新布局以及分工的重新调整。外需疲软和劳动力等要素成本上升，推动东部沿海地区产业加速向中西部地区转移，湖南在劳动力、环境容量和区位方面具备较强的比较优势，承接产业转移将成为带动湖南投资增长和经济发展的新动力。国家战略性新兴产业相关规划陆续出台，战略性新兴产业为湖南“后发赶超”提供了机遇，先进装备制造、新材料、文化创意、生物、新能源、信息和节能环保等产业加快发展，将拓宽新的投资空间，为湖南经济发展提供新的增长动力。此外，国家加大对中小企业支持力度，“新非公36条”政策措施逐步落实，有助于湖南民间投资和民营经济的稳步增长。

综合各方面因素，2012年的宏观形势是机遇大于挑战，可能是湖南又一个难得的发展机遇年。如果应对恰当，抓住了机遇，就会使湖南抢占新一轮发展制高点，实现后发赶超，增强长远竞争力。“十一五”湖南正是抓住了国家扩大内需的机遇，开工建设了一大批重大项目，办成了一批大事，促进了经济又好又快发展。2012年将又是湖南抓住机遇、加快发展的关键年，我们继续坚持又好又快发展，乘势而上，周密应对，把可以上的项目尽早批回来，资金尽快落实下来，符合条件的项目尽早搞上去，把湖南的经济发展再推上一个新的台阶。

三 集中精力，突出重点，加快推进湖南经济社会又好又快发展

做好2012年的经济工作，促进湖南经济又好又快发展，必须准确研判形势，把握有利机遇，积极应对挑战，认真落实湖南省《政府工作报告》提出的各项工作任务，保持较强的投资力度和强度，通过大投入实现大发展、快发展，通过项目建设推动“四化两型”建设和城乡居民生活水平的改善。重点突出以下四个方面。

（一）进一步加强水、电、路、气等基础设施建设

基础设施建设是一个地方发展的基本条件，也是这个地方综合实力和现代化程度的重要标志。近年来，湖南加快以交通为重点的基础设施建设，“瓶颈”制约得到有效缓解。但由于起点较低、欠账较多、底子较薄等原因，总体而言，湖南基础设施仍然薄弱，还不能完全适应经济社会快速发展的需要。要继续坚持基

础设施先行战略，按照适度超前、优化布局、完善网络、综合提升的原则，加快构建现代化的基础设施体系，全面提升支撑保障能力。一是加强水利基础设施建设。水情是湖南最大的省情，但水患也是湖南最大的隐患。近年来湖南水量越来越少、水质越来越差、水灾越来越多，要抓住国家加大水利基础设施建设的重大机遇，继续加大农田水利基础设施建设，尽快启动衡邵干旱走廊综合治理、洞庭湖生态经济圈建设等一批重大规划和项目，抓紧湘江流域重金属污染治理；要夯实农业基础和淡水资源保护与利用，确保人民群众用水安全。二是加快交通运输基础设施建设。当前湖南路网不配套，开工的高速公路还需要几年才能建成，要继续加快以高速公路为主战场的交通建设，实施"1263"工程，即以建成通车1000公里高速公路为重点，加快推进3801公里在建项目建设；以新改建完成国省干线2000公里为重点，新开工2500公里，全面完成1474座危桥改造任务；以建成6000公里农村公路为重点，年底全省建制村通畅率达89%；投资30亿元，重点实施24个水上项目。三是强化能源供给保障。保障能源供给事关全省经济社会发展全局，事关民生和社会和谐稳定。当前湖南能源供给保障形势依然严峻，要继续抓好调煤保电工作，再接再厉、乘势而上，继续保持来之不易的大好形势。进一步加强组织领导，强化工作责任，确保全省城乡2012年不再拉闸限电；严格执行政策，注重顶层设计，从战略角度、制度层面来研究解决问题，逐步形成全省调煤保电的长效机制，确保能源安全；加强督促检查，及时发现问题，化解矛盾，确保政令畅通，全面完成各阶段调煤保电的目标任务；立足现有资源扩大生产，加快小煤矿整合，加快推进煤电一体化项目建设，合理安排电力生产；加快推进蒙西、山西、陕西、河南至湖南的煤运铁路等通道、"气化湖南"项目、交直流特高压输电通道、省内500千伏以上主干输电环网、智能电网建设。

（二）进一步推动"三个一"行动计划

目前，投资仍是拉动湖南经济增长最有效的手段，同时也是促进结构调整、推动发展方式转变最直接的方法。虽然近年来湖南投资已进入快车道，但任务依然艰巨。全省近十年的投资占经济总量的比重只有48.3%，比全国平均水平低了近10个百分点；人均投资不到1.2万元，只相当于全国的67%。目前，全国各地上马了一批具有较大规模效应的大项目，如海南工业"一号项目"的100

万吨乙烯项目，总投资预计超过300亿元；武汉的国家生物产业基地项目，总投资230亿元；重庆的巴斯夫化工项目，总投资也将达到80多亿元，大项目投资面临不进则退的局面。因此，2012年要继续把项目建设作为经济社会发展的重要抓手，进一步推动“三个一”投资行动计划，力争“三个一”重大项目投资占总投资的比重由2011年的42%上升到45%左右。一是加快项目建设进度。要采取有效措施，做好重大项目的协调服务，强化重大项目的跟踪督办，千方百计推进在建项目进度，争取项目早投产、早发挥效益。二是努力解决项目建设资金的瓶颈制约。从目前各部门、各市州提出的盘子看，2012年计划安排重大项目约1000个，年度投资5000亿元。确保这些项目按期开工建设，在继续争取国家支持、扩大银行信贷的基础上，千方百计启动民间投资，继续加大直接融资力度，努力争取企业债券发行额度，研究出台鼓励BOT、BT、PPP、融资租赁、创业投资等直接融资的政策措施。据测算，目前全国社保基金和保险资金总规模达到6.65万亿元，根据国家规定，可用于基础设施及保障性住房建设领域的大约有5500亿元，要认真落实省委、省政府“两金入湘”的战略，以项目为抓手，促进“两金”落地。三是做好项目开发储备。加强对项目的科学论证，着眼长远，开发储备一些对全局对长远发展有利的项目，如基础设施项目、环境治理和生态建设项目等；讲求效益，开发储备一些为全省经济社会发展增添活力和动力，能产生集聚效应、带动效应、引领效应，促进集约化生产、产业化带动、节约化发展，促进财政税收增长的大项目、好项目；以人为本，开发储备一些对老百姓有好处的民生项目，真正让人民群众得到实惠。

（三）进一步加快新型城镇化建设

扩大内需是我国经济社会发展的战略基点，而扩大内需的最大潜力在于城镇化。目前，湖南在推进新型城镇化方面大有潜力可挖，全省城镇化率为45%左右，低于全国平均水平5个百分点左右。据测算，湖南城镇化率每提高一个百分点，可吸纳农村人口近70万；每转化一个市民，可增加消费需求8000元左右。到“十二五”末期，如果湖南城镇化率比现在再提高5个百分点，达到50%以上，相当于可以吸纳农村人口350多万，可增加消费需求280多亿元。所以有必要积极推进新型城镇化建设，加快新型城镇化步伐。一是做大做强区域性中心城市。进一步提高环长株潭城市群发展水平，使环长株潭地区建设成全省新型城镇

化、城乡一体化发展的重要引擎。进一步提高区域中心城市地位，增强城市吸引力，科学合理规划发展，完善城市功能，增强区域中心城市在经济、金融、信息、商贸、科教和文化等方面的服务、辐射和带动作用。二是提高县城和中心镇发展水平。要把县城和中心镇作为统筹城乡发展、推进城乡一体化的关键节点和重要纽带，建设成为生产要素集聚和承载农村人口转移的重要区域。研究制定中长期城镇化发展规划和政策措施，加快编制城乡一体的县城（域）总体规划、县域村镇规划和村镇整治建设规划。提高县城及中心镇的基础设施水平，改善生活条件和提高城市最低生活保障，加快县（市）城扩容提质步伐，增强城镇综合承载能力，提升产业发展水平，完善公共服务，使之成为县域经济社会发展的核心。在集中抓好34个统筹城乡发展示范镇建设的基础上，加快建设一批特色名城、商贸重镇。三是加强县城工业布局和产业园区建设。积极创造条件，努力提高县城的产业支撑能力，促进劳动力的就近就地转移，支持县城产业向园区集中，立足资源禀赋，积极承接产业转移，促进与区域中心城市的产业配套，形成县域经济和园区发展的良性互动。

（四）进一步加大民生工作力度

民生连着内需、连着发展、连着公平。保障和改善民生，既能拉动消费，又能增加投资，是扩大内需的重要举措和有效途径。当前，湖南人均GDP已达到4618美元，人民群众对保障和改善民生的需求正日益增长，民生领域巨大的内需潜力也将持续释放。要突出抓好保障性住房建设、农村危房改造、农民工进城、医疗卫生体制改革等工作，继续提高城乡低保补差和五保供养水平，进一步完善社会保障体系。在2012年物价仍有可能继续保持高位运行的情况下，要特别关心、关注低收入群体，完善社会救助和保障标准与物价上涨挂钩的联动机制，及时发放价格临时补贴，保障低收入群体的基本生活，确保低收入群体基本生活不因物价上涨而受到影响。千方百计为民办实事，在就学、就业、就医、养老等方面寻求新突破，解决一批老百姓关心、最急迫、最为难的现实问题。

B.4

不断培育新的市场主体 推进“四化两型”建设

——以湖南深入开展的“万企联村、共同发展”活动为例

李微微*

根据省委常委学习中心组的计划安排，围绕“加快转变经济发展方式，推进‘四化两型’建设”这个主题，结合统一战线服务“四化两型”的实践，省委统战部、省工商联深入有关市县和企业、农村、项目点等就深化开展的“万企联村、共同发展”活动进行了较为系统的调查研究。调研表明，“万企联村、共同发展”活动在不断拓展深化中，培育壮大了市场主体，促进了城乡统筹发展，对全省转变经济发展方式、加快“四化两型”建设正在起到积极推动作用；重视和发挥市场主体作为经济运行的微观基础和经济发展的直接动力作用，对于推动“四化两型”战略具有基础性支撑作用。

一 “万企联村、共同发展”活动在促进城乡统筹发展的生动实践中，不断提升、造就、催生了一大批市场主体

2007年年初，省委统战部对开展达13年之久的光彩事业进行全面提质扩容，与省工商联牵头发起开展“万企联村、共同发展”活动，组织引导广大非公有制企业、海内外工商界人士和统一战线代表人士，通过产业联村、项目带村、智力扶村、捐助帮村等形式，围绕产业延伸、连锁经营、资源开发、基础设施、劳动力转移等重点，与广大农村开展合作对接，实现以工促农、以城带乡、

* 李微微，中共湖南省委常委、省委统战部部长。

优势互补、共同发展。通过成立活动领导小组、统一组织推进，开展活动、广泛宣传，成立专家顾问团、进行具体化指导，总结推广典型、加强表彰激励等一系列有针对性的组织引导工作，不仅省内的非公有制企业广泛参与，许多省外企业以及港澳台、海外工商企业也积极参与，不仅各民主党派组织以及民族宗教等社会团体组织主动参与，许多高等院校、科研院所的专家学者也踊跃参与，统一战线内外力量得到广泛调动，资源得到有力整合，活动取得明显成效。目前，参与活动的非公有制企业达6100多家，对接自然村9500多个，实施合作对接项目6500多个，投入资金近350亿元，覆盖乡镇1100多个、农村人口1200多万。

随着“万企联村、共同发展”活动深入开展，村企合作深入推进，工农、城乡之间的资源、产品、信息、资金、人才、技术、市场等各种生产要素不断优化组合，促进了工业与农业的融合、企业与农民的携手、城市与乡村的联动，在统筹城乡发展的生动实践中培育了以企业、专业合作组织、新型农民为主的市场主体，壮大了“转方式、建两型”的基础力量。

（一）壮大提升了一批非公有制企业

一批非公有制企业通过与农村优势资源对接，建设稳定的产品原料、企业用工基地，实现规模化生产、产业化经营，拓展发展空间，延伸产业链，优化产业结构，降低生产成本，增加企业效益，使企业自身不断得到发展壮大，综合发展能力得到显著提升。湖南熙可食品有限公司在参与活动中，先后对接永州市零陵区、东安县等56个村，建设16万多亩标准化柑橘等原料基地，实行标准化生产、产业化经营，企业生产销售以年均20%以上的速度增长，2010年生产果蔬产品7.5万吨，实现产值7.1亿多元，出口创汇5000多万美元，产量、产值、出口创汇都居全国柑橘罐头行业首位，过去仅靠从事柑橘片生产的农产品加工企业，如今已成长为国家级农业产业化重点龙头企业。

（二）打造创办了一批新兴企业

一批非公有制企业和企业主着眼于资源开发、项目合作的有效运作，着眼于用工业的方式发展现代农业，着眼于与农民结成紧密的利益共同体，纷纷成立新的股份合作制企业等，推动企业在联村中发生裂变，在对接中孕育新的企业。香港祥盛投资公司看准现代农业发展的无限潜力，注资创建湖南二一现代农业发展有限公司，在长沙市望城区丁字镇流转土地6000多亩，实现优质稻的规模化种植、机械化生产。醴陵市华鑫电磁电器有限公司为解决对接村三铺村周边富余劳动力就业难题，先后创办了切割片厂、运输公司、建筑公司等多家企业，安排农村劳动力就业1000多人。

（三）催生发展了一批专业合作组织

随着农业产业化企业标准化生产、规模化经营的向前推进，一些以龙头企业为依托，引导农户加入的各类农业产业协会、专业合作社应运而生。2007年袁隆平农业高科技股份有限公司牵头发起成立湖南首家农民专业合作社——湖南隆平米业种粮专业合作社，目前已推动全省各地建立隆平种粮专业合作社25家、吸纳1万多户种粮大户入社。同时，随着产业的拓展和延伸，隆平高科相继发起和正在组建玉米种植专业合作社、蔬菜种植专业合作社、棉花种植专业合作社等各类合作社，实现产业延伸到哪里，合作社就建立到哪里。2007年以来，郴州市桂阳县在联村企业带动下，发展油茶、楠竹、无公害蔬菜等专业合作社16家，入社会员3800多户。

（四）培养训练了一批新型农民

活动中，许多在人力资源开发、技术培训等方面有条件的企业积极开展劳动力转移技能培训和农村实用技术人才培训，提升农村劳动力的劳动技能和自主创业能力，许多企业家及企业管理人员回乡兼任村支部书记、村主任或经济顾问，将生产技术、经营管理、市场开拓等新观念、新知识、新技能传输给村民，通过这些技能培训、智力帮扶等方式，培养了大批产业工人、科技示范户、专业种植户、农村经纪人、自主创业者等新型农民，提升了他们就业创业能力和市场竞争能力。湖南广安生物技术有限公司与湖南农业大学等举办“广安班”，已培训300多名养殖实用人才，大部分成长为养殖专业户。

二 市场主体在合作对接中创造了许多成功模式，对农业现代化起到了直接推动作用

“万企联村、共同发展”活动培育壮大了市场主体。这些市场主体坚持以

市场为导向、以产业为支撑、以项目为纽带、以共赢为目的，创造出丰富多彩的合作对接模式。许多合作对接模式经过实践检验、市场考验，其成长性、创新性、示范性得到不断显现，成为农业现代化的直接推动力量。最具有典型意义、效果比较显著的有以下几种。

（一）推动企业转型升级的“非农企业+现代农业”模式

一些非农企业特别是一些房地产开发、矿产资源开发类企业利用自身积累的资金，对接农村、农业资源，用工业生产的理念发展现代农业，成功实现了转产、转业、转型。湖南省圣毅园置业投资有限责任公司将过去从事房地产、建筑业等累积的3亿多元资金，全资注入组建圣毅园现代农业发展有限公司，规划流转长沙市长沙县北山镇6个村3万多亩土地资源，建设圣毅园现代农庄，实施现代农业综合开发。公司以土地流转为基础实行集约经营，计划融资50亿元，分步建设优质粮油、水产品、茶叶、板蓝根、有机肥等生产基地和粮油、果品、蔬菜等加工技术研发中心，实施凉茶饮料、优质稻精深加工、植物叶蛋白和超氧化物歧化酶（SOD）系列产品开发等项目，形成种养基地+新技术研发+产品深加工的现代农业发展模式。所有项目建成后年产值可达120亿元，实现年利税20亿元以上。

（二）加快农业产业化发展的“龙头企业+原料基地”模式

一些农业产业化龙头企业采取“公司+基地+农户”的形式，建设标准化原料生产基地，推进规模化生产、产业化经营，加快了农业产业化发展步伐。湖南恒盾集团有限公司在湘潭、怀化等地建设了10万亩楠竹原料基地，与2万多户农户签订楠竹购销合同，在保证原料供应的同时，相继开发出了五大系列70多个品种的“恒盾”牌产品，现已形成年产优质竹菜板100万块、竹制工艺品2万套、竹汁饮料1000吨的生产能力，产业化带动作用十分明显。张家界市桑植县康华粽叶有限公司在桑植县周边18个乡镇20个村建立3万多亩粽叶种植基地，已开发出康华牌干、鲜粽叶品种20多个，实行粽叶产业化生产，产品销售覆盖全国30多个大中城市，并远销到了美国、加拿大、东南亚等国家和地区。

（三）推进产学研结合的“涉农新技术+成果转化基地”模式

一些涉农科技型企业，一方面积极开展自有技术、创新技术的推广应用，对接农村土地资源建设产业化基地，推动新技术转化为现实生产力；一方面积极与大专院校、科研院所实行深度科研合作，加快对现有技术产品的升级改造，打造具有自主知识产权的优势技术和产业，在产学研结合中增强持续自主创新能力。湖南天泉科技开发有限公司运用企业引进、开发的无土基质移动式草毯新技术在浏阳市金田村等建立产业化生产基地，年产天泉系列草毯200多万平方米。公司为推动核心技术和产业的可持续发展，又与中国科学院武汉植物园合作成立“湖南省园林植物工程技术研究中心”，先后开发出高效复合营养基质生产工艺技术、复合基质草皮卷机械化生产技术等16项发明专利和专有技术，形成了拥有系列自主知识产权的高科技企业。2010年，企业依托独有的生态草业栽培系列技术，在长沙市岳麓区莲花镇立马村开发建设“天泉草业生态园”，流转该村农田、山地、林地等土地8000多亩，规划建设生态草业标准化基地、有机蔬菜种植基地、养殖和有机肥厂区、有机食品加工园、生态休闲园、生态林地等7大功能区。企业在依靠科技进步发展壮大的过程中，探索了生态、循环经济发展模式。

（四）促进农村城镇化建设的“民营资本+整体开发”模式

一些有实力的非公有制企业依靠资本、技术、管理等优势，以土地流转为基础，在中小城镇结合部实行综合开发，推动村民变市民、村组变社区，提高中小城镇对农村发展的承载能力、带动能力和辐射能力，促进了农村城镇化建设。2007年，湖南大汉集团在邵阳市双清区高崇山镇实施综合开发，按“新城镇、新生活”的愿景，规划总投资1.2亿元，通过租用农民土地、统一规划、统一排污、统一集中安置农民住房等方式，开发建设农产品加工基地、科普教育基地、养老院、垂钓休闲山庄、生物能源基地等项目，为小城镇建设注入了活力。大汉集团还将按照“修好一条发展路、建设一座致富城、营造一个温馨园”的“三个一”链条式开发模式在全国参与开发建设100个中小城镇。2008年，湖南新华雅实业集团与岳阳市平江县盘石洲村签订整村开发协议，计划投资7亿元，按照“新农村、新景区、新山寨”的定位，推动村民集中居住、产业集中发展、农民就地就业，力争用3年时间，把该村打造成为以旅游产业为核心、具有辐射带动效应的社会主义新村镇。

（五）发展农村现代物流的“企业配送+连锁经营”模式

一些商贸零售企业利用自身的品牌、市场、销售网络等优势，将经营触角

延伸到农村的广阔市场，通过建立规模化、现代化的物流配送中心，积极开展连锁经营，发展农村现代物流，拓展农村消费市场，使内需向农村延伸，实现工业品下乡、农产品进城，促进需求结构调整。湖南十三村食品有限公司是一家批发零售企业，公司投入300多万元在岳阳市临湘市城区建立了一个面向农村市场的物流配送中心，同时，先后投入1000多万元，在江南镇、黄盖镇等地建立无公害蔬菜基地、水产养殖基地，在羊楼司镇建立农副产品深加工工厂，按统一品牌、统一管理、统一加工、统一配送、统一标志的“五统一”模式，建立了210多家“十三村”农家超市或农家店，带动农村消费额达3000多万元。慈利芙蓉实业有限公司则投入500多万元，建设全省领先的县级物流配送中心，按照统一配送、统一价格、统一管理、统一形象、统一服务的模式，先后在全县建立了300多家“芙蓉”乡村连锁超市，吸纳就业近2000人，农村市场年销售额6000多万元。

（六）带动连片开发的“政府基础投入＋现代产业进驻”模式

一些地方拿出地理地貌相近、特色资源集中、区位优势明显的区域，由当地政府进行整体规划及基础设施初步投入后，引导企业进驻，实施项目，发展产业，推动成片开发。益阳市资阳区长春镇东北部的黄家湖，周围分布着6个行政村，总面积14.38平方公里，人口近万人。益阳市将其整体规划为黄家湖新农村建设示范片，先期加强对水、电、路等基础设施的配套改造。随后，通过市、区两级统战部门、工商联组织牵线搭桥，先后引进深圳福中福公司、益阳森华林业公司、湖南森润富隆林业公司与黄家湖周边6个村合作对接，开发生态高效农业。其中，深圳福中福公司投资4.5亿元建设黄家湖福林花园生态旅游项目，湖南森润富隆林业公司投资5000万元开发建设800亩花卉、名贵苗木旅游观光带，益阳森华林业公司投资1.08亿元开发建设红旗垸生态观光休闲农业示范园项目。目前，6个行政村都修通了水泥路，排灌、水渠等整修一新，沼气、垃圾站、太阳能路灯等一应具备，统一风格的居民新村整齐美观，改厨、改厕、改圈、改水、改庭院等“五改”，能源清洁化、生活污水处理洁净化、禽畜粪便处理无害化、生活垃圾处理资源化、生活饮用水清洁井水化等“五净化”已全面实施，有机农业、特种养殖、苗木花卉、休闲观光等产业竞相发展。

三　加快推进“四化两型”战略，必须高度重视市场主体的作用发挥

“万企联村、共同发展”活动作为统一战线服务党委政府中心工作的有益尝试，不仅在解决“三农”问题、推动城乡统筹发展上发挥了积极作用，在培育市场主体、推动非公有制经济与农业现代化方面同样发挥了积极作用。这给我们一个重要启示：市场主体是推动统筹城乡发展的主力军，也是推动“四化两型”的基础力量。加快经济发展方式转变和经济结构战略性调整，市场主体潜力无限，我们要不断创新思路、加大资源整合、搭建多种平台，加强对市场主体的培育，通过激发市场主体的内在活力，促进湖南“四化两型”战略的全面实施。

（一）把培育市场主体作为富民强省目标、“四化两型”战略的基础工作来推进

近年来，湖南经济社会获得了跨越式发展，但作为中部内陆省份，发展不充分、不平衡仍是不争的事实。根本原因在于市场主体发育不快、总量不多、规模不大、素质不高、核心竞争力不强、抗风险能力弱。“四化两型”必须只能建立在加快发展的基础上，而发展要靠多而壮、大而强的各类市场主体来支撑。后金融危机时代孕育着新一轮发展竞争，要掌握竞争的制高点，必须坚定不移推进“四化两型”战略，把培育更多、更强、更大的市场主体作为科学跨越、富民强省的基础工作来突破。“万企联村、共同发展”活动探索出了一条整合各种资源、调动各方力量、推动市场主体发展的有效途径。2011 年 9 月，省委办公厅、省政府办公厅联合下发《关于支持“万企联村、共同发展”活动省级示范项目建设的意见》，对活动的融资平台、财政支持、建设用地等方面作出明确要求。今后，要抓住贯彻落实文件精神的有利时机，在深化实践中进一步拓展活动的理念、内容、范围、方式、措施等，使之更好地成为培育市场主体、促进“四化两型”的强有力载体。

（二）按照发展规律和发展阶段的要求切实加快市场主体的培育发展

湖南刚刚进入工业化的中期阶段，既需要增加物质资本积累，更需要提高发

展质量。新型工业化、农业现代化、城镇化路径选择，只能是按照科学发展观的要求，依靠信息化来提升，依靠“两型”产业来带动，依靠科技创新、人力资本来推动。市场主体的培育也要按照这一阶段特征来确定目标，既着眼于总量的扩张，更着眼于质量的提升。要在科学发展观的指导下，真正按照发展规律和市场规律，发挥市场机制作用，让千百万非公有制企业茁壮成长。既培育成千上万有科技含量、适应市场经济体制机制的中小企业，又按照培育战略性产业和集约化发展要求着力打造非公企业领军企业、航空母舰，并注重整体提升人力资源潜力。当前，要进一步在政策措施落实、市场环境优化、服务平台建设等方面着力，切实解决制约非公有制企业发展的主要瓶颈问题。适当调整政策支持、资金补贴，研究制定由农业产业化龙头企业领办专业合作组织、开展农民技术培训的具体政策措施，形成龙头企业、专业合作社、农民三方之间紧密联系、互为依托、共同发展的良性循环。

（三）加大政策扶持和公共服务力度，引导市场主体在“四化两型”中发挥作用

认真贯彻落实国家和湖南省产业调整振兴规划及实施方案，引导各类市场主体走高新化、规模化之路，发展特色产业，打造特色品牌，生产特色产品，实现转型升级。进一步放开市场准入，降低门槛，从财税、招投标、政府采购以及融资、土地使用、公共技术服务等方面给予平等待遇和政策支持。进一步优化发展环境，提供更多政府公共服务，使各类市场主体在公平、公正、法治的环境里充分发挥推动“四化两型”的重要作用。特别是加大对非公有制企业技术创新方面的支持鼓励，在新技术研发、高端人才引进、产学研结合等方面给予切实的资金引导和政策扶植。采取培训国有大中型企业负责人的方式，将规模以上非公有制企业负责人纳入整体培训计划，列出专项培训资金，依托社会主义学院、党校等开展集中培训，全面提高他们的整体素质。支持非公有制企业到农村创办低碳、循环经济示范项目、示范园，设立一定的引导资金和奖励资金，通过示范效应带动整体转方式、建两型。

B.5

发展低碳交通运输　加快“四化两型”建设

韩永文*

发展低碳交通是应对全球气候变暖、能源短缺和低碳经济的客观要求，是贯彻落实中央关于积极推动能源利用方式变革，全面推行绿色交通模式的战略决策，节约使用能源的迫切要求，也是贯彻“四化两型”战略，推动湖南交通发展方式转变的必然要求。

一　在推进交通运输建设中注重构建湖南低碳交通运输体系

在湖南的能源消耗结构中，交通运输行业的石油消耗量约占全社会的39%。据统计，2011年全省营运车辆超过54万辆，约占全省汽车保有量的8%，成为石油消耗和碳排放的重要来源之一。深化交通领域节能减排，建立以低碳为特征的交通运输体系，提高交通运输的能源效率，改善交通运输的用能结构，优化交通运输的发展方式十分重要。近年来，湖南以实施“一化三基”、“四化两型”建设战略为目标，在大力推进交通建设中，注重发展低碳交通运输，在推进交通运输结构调整、技术、应用和改进管理等方面探索走资源节约型、环境友好型交通建设发展之路，取得了较大进展。

（一）交通基础设施网络化明显提高

“十一五”以来，湖南交通建设取得了令人瞩目的成就。截至2011年底，

* 韩永文，湖南省人民政府副省长。

全省公路通车总里程 232190 公里，其中高速公路 2649 公里，一、二级公路 10415 公里，基本形成了以“一纵三横”高速公路为主骨架、7 条国道和 64 条省道为主干线的公路网络，实现了乡乡通公路和 99.8% 的行政村通公路，99.7% 的乡镇和 86% 的行政村通水泥（沥青）路；汽车客运一级站 39 个，二级站 113 个，农村客运站 1207 个，农村客运招呼站 749 个；全省航道通航总里程 11968 公里，其中等级航道 4215 公里，生产性码头泊位 1889 个（其中千吨级以上泊位 91 个），基本形成了以洞庭湖为中心、湘资沅澧四水干流为主干的航道网络。公路技术等级提升，路网结构逐步优化，通航条件不断改善，发展节约能源和低碳交通的基础条件显著改善。

（二）交通运输结构调整加快

截至 2011 年年底，全省共有道路客车 46267 辆、货车 446655 辆、运输船舶运力 273 万吨；乡镇和行政村通班车率分别达到 100% 和 85.9%；公路水路客运量、货运量分别占全社会运输量的 95% 和 95.4%。近年来，湖南积极推进运输装备现代化，加快淘汰高耗能的老旧车辆船舶，引导营运车辆船舶向大型化、专业化方向发展，加快运输车辆柴油化进程、推广使用混合动力和清洁能源。目前，全省营运性客车中的大中型客车占 50%，营运性载货汽车中的大型、重型载货货车占 49%。新能源汽车渐成气候，目前在长株潭地区投入运营的新能源汽车达 1816 台。株洲市 2010 年 9 月底完成公交电动化三年行动计划，已置换 627 台公交车，实现城区公交车电动化率达到 100%，成功建成全国首个“电动公交城”。株洲市还实施了城区“公共自行车租赁系统”建设，已建成覆盖城区的公共自行车租赁网络，倡导市民低碳出行。船舶大型化、专业化趋势十分明显，最大的内河货船吨位达 5600 吨，集装箱船舶达 4621 标准箱。

（三）交通节能技术应用力度加大

近年来，交通系统积极开展了推荐车型、客运车辆等级评定和内河船型标准化工作，推进交通行业信息化和智能化建设，加快现代信息技术和组织管理技术的集成应用，推动运输生产效率和行业节能水平持续提高。在交通基础设施建设和运营中，研发推广节能减排先进技术；开展就地沥青温拌热再生技术、不停车收费系统研发应用；生物酶土壤固化筑路关键技术研究与示范；推行绿色照明工程等等。2010年，怀新高速公路船溪隧道节能项目，被国家发改委和交通运输部列为节能试点项目。高速公路服务区采用生态人工快速渗滤技术实施污水处理，降低了污水处理能耗，并实现中水回用，为节约水资源、打造低碳服务区提供了示范。

（四）交通运输组织管理水平提升

在交通运输组织方式上，注重大力发展先进运输组织形式。加快发展第三方物流和第四方物流，推进多式联运、集装箱、拖挂和甩挂运输发展；加强客运的运力调控，严格执行实载率低于70%的客运线路不新增运力等政策。在市场监管方面，注意强化交通市场监管，促进运输市场体系的完善，注意提升交通系统运行效率和运输组织管理水平；初步建立了行业能源管理机构，形成了交通运输系统节约能源的制度环境。

二 湖南低碳交通发展面临的主要矛盾

尽管湖南低碳交通发展取得了一定的成绩，但仍面临不少问题和制约矛盾。

（一）能源消耗大，能源使用效率低

2011年全省公路营运车辆、船舶和城市客运油耗总量约达276万吨，其中公路运输营运车辆油耗占机动车辆油耗比重总体呈上升趋势，汽柴油总量由2000年的107.43万吨上升到2011年的约225万吨。水路运营船舶油耗近年来增长迅速，2011年共消耗柴油17.29万吨，柴油消耗比上年增长19.1%，高于全国平均水平。能源使用效率较低的矛盾也很突出。比较发达国家，载货汽车百车公里油耗高30%左右，内河航道船舶单位油耗高20%以上。尽管公路运输百公里油耗，水运每航行千瓦小时、千吨公里能耗下降的趋势比较明显，但与发达地区相比还有很大差距。

（二）综合运输结构不尽合理

没有很好地发挥各种运输方式的组合效用，一些具有比较优势的资源没有得到有效发挥，特别是内河航运节能环保的比较优势未能得到很好发挥，综合运输

枢纽建设滞后，不同运输方式之间缺乏有效衔接，效率损耗大。交通设施供给能力仍比较薄弱，高速公路一些路段路况质量不高，维修率很高，影响车辆顺畅通行；国省干线局部路段交通拥堵、绕行等不合理运输现象时有发生；内河高等级航道偏少，码头泊位大型化、专业化和现代化水平还有待提升，水路运输和港口生产节能的规模化、集约化效应不高。运输装备结构不尽合理，普通货运车船运力供给过剩，老旧车船比重偏高，技术状况差，汽车甩挂运输发展滞后。

（三）交通节能技术创新、推广和节能监管能力比较薄弱

总体上看，行业节能意识不强，节能科技研发投入不足，创新激励机制不够完善，节能技术和节能产品推广应用慢；节能技术服务体系尚未建立，节能服务市场运行还不规范；节能政策法规和标准规范体系不完善；运营组织方式比较粗放，企业经营集约化、规模化水平低，公路运输组织化程度和组织效率低，空驶率居高不下；节能统计监测等基础工作薄弱，绩效评价考核体系尚未建立。

三　加力推动湖南低碳交通运输发展上新台阶

湖南作为一个能源短缺尤其是石油资源短缺的省份，近年来能源供给紧张的矛盾已开始凸显出来，燃油供应受到了前所未有的压力，尤其是柴油已出现经常性供应紧张的局面。无论是从推进湖南“四化两型”建设大战略出发，还是从缓解能源供应紧张、保护环境改善生态的要求出发，推动低碳交通建设都是湖南“十二五”期间转变经济发展方式的重大任务。按照《湖南国民经济和社会发展“十二五”规划纲要》，“十二五”期间，湖南营运车辆单位运输周转量能耗将下降8%左右，营运船舶单位运输周转量能耗将下降10%左右，运营车船单位运输周转量二氧化碳排放量将下降6%左右；全省交通运输行业基本完成从数量扩张向质量提高，从粗放型发展向质量效益、环保节约型发展的转变。为了更好地实现上述目标，需要突出做好以下工作。

（一）科学规划，统筹布局，提高公路水路网络化水平

坚持“布局合理、规模合适、外连内畅、成线成网”的原则，编制高水准的《湖南省交通运输发展“十二五”规划》及《湖南省高速公路网规划》等交

通运输专项规划，合理布局高速、国省干线、农村公路和站场及内河水运建设，改善交通基础设施条件，注意发挥好交通运输网络整体效益。到“十二五”末，基本建成全省高速公路骨架网、国省干线公路网和农村公路通达通畅网，省内现有国家高速公路全部建成通车，全部县市区在30分钟内上高速公路；省际通道和市州骨架公路网基本达到二级以上公路标准，相邻县市区间和省内重点景区全部以二级以上公路连接；实现所有具备条件的建制村通水泥（沥青）路，完善农村公路安保设施，提高农村公路整体服务水平。以发挥湘江的经济社会效益为重点，切实加强水运建设与发展，力争湘江高等级航道达标率87.5%，沅水（省境）达标率67.7%，1000吨级以上港口泊位达到132个。

（二）强化实行立体化发展理念，着力构建综合交通运输体系

将综合交通运输理念贯穿到规划、设计、建设、运营各个环节，加快构建多种运输方式高效衔接、城市交通与城际交通相互融合的综合交通运输枢纽，基本实现“零距离换乘、无缝衔接”。支持与铁路货站、港口、物流园区相衔接的货运枢纽建设。在长株潭城市群率先开展综合运输一体化试点，将长沙机场地区综合枢纽、高铁地区综合枢纽率先打造成全国首批集公路、铁路空运输方式为一体的“零距离换乘、无缝衔接”枢纽。以长株潭组合枢纽和衡阳、岳阳、常德、邵阳、郴州、吉首、怀化7个国家级公路运输枢纽城市为重点，按一体化概念推进综合交通运输枢纽建设。

（三）发挥好水运资源优势，加快水运体系建设

水上运输是绿色、环保交通的重要载体，湖南水运资源丰富，发展潜力巨大。“十二五”期间，应该采取措施，着力加快水运建设，使其尽快发挥低碳运输的效用。初步设想，力争用10年左右的时间，建成以长江为依托，以洞庭湖为中心，以湘江、沅水、淞虎—澧资航道、资水、澧水、涟水，以及藕池河、华容河、耒水、渌水、浏阳河、汨罗江、南茅运河、塞阳运河、酉水、马凌航道等航道为骨架，重点将湘江打造成东方的“莱茵河”，以长沙、岳阳等内河主要港口和其他重要港口为节点，以标准化、专业化、大型化的船舶为载体，以现代化的支持保障、救助系统为保障，实现与其他运输方式无缝衔接，畅通、高效、平安、绿色的现代化内河水运体系。

（四）用信息化技术统领和优化运输组织方式，大力推进智慧交通建设

加强顶层设计和总体规划，建设交通运输通信专网，形成广辐射、全覆盖。深化公路管理、道路运输等8大业务领域应用，建立交通出行信息服务、交通运输安全应急管理等综合应用系统。统筹推进创新能力、重大课题研究以及成果推广应用和标准化建设。到“十二五”末，初步建成智能化交通运输系统，实现80%的公路水路重点基础设施监控覆盖；100%的载运工具实现动态定位跟踪监测覆盖；60%以上的高速公路应用不停车收费系统；95%的行政许可实现在线办理；长株潭城市群率先实现交通一卡通服务，交通运输科技贡献率达到55%。交通信息服务覆盖全省，惠及全省老百姓。

（五）深化改革，积极创新，进一步理顺管理体制和运行机制

综合运用政策激励、法律法规、标准规范、市场准入、监督管理、信息服务、宣传教育等手段，充分发挥政府对交通运输节能的主导作用。进一步明确交通运输建设管理的事权和责任，实现省、市州、县市及乡镇对交通运输分级负责，探索建立全面、科学、可行的低碳交通发展考核体系，调动和增强各级各部门发展低碳交通运输的积极性、主动性、紧迫性。以市场为导向，探索建立有效的融资体制，引导社会资本投入，解决建设资金不足的矛盾，充分发挥市场配置资源的基础性作用，充分调动企业作为节能主体的作用，注重发挥行业协会的积极作用，形成以政府交通运输部门为主导、交通运输企业为主体、全行业共同参与的交通运输节能长效机制。进一步完善交通管理法规。按照低碳交通发展新要求，及时修订和完善交通法规，完善节能政策法规和标准规范体系，实现有法可依、依法行政，形成安全有序、低碳高效的运营格局。完善统计监测体系。进一步完善交通运输统计制度，加强对设施、工具、流量、节能、安全等各个方面的统计与动态监测，建立比较完整和准确的交通基础数据库，加强对交通运输规律的分析和把握，为交通科学管理和决策提供可靠基础。

（六）选准突破口，下力气推进重点领域节能减排工作

一是实施公交优先战略，加快推进现代公共交通体系建设，加强快速公交系

统（BRT）和轨道交通等大容量公共交通设施的规划和建设，积极引导社会公众形成健康的交通消费理念，鼓励和推动发展非机动绿色出行方式，引导私人交通转向公共交通。二是宣传贯彻“原生态”理念，通过最大限度地保护、最小限度地影响、最强力度地恢复，促进交通与自然环境的和谐。三是以营业性公路、水路运输为重点领域，把握主攻方向，组织实施重点工程，抓好重点企业节能，带动全局。在全省广泛深入持久地开展“车、船、路、港”百家企业低碳交通运输专项行动，重点组织实施甩挂运输试点工作，继续推广节能驾驶技术，开展节能驾驶竞赛；组织实施长江和湘江干线船型标准化工作，推广应用船舶营运油耗分析与优化系统；进一步推进 ETC 联网工程，开展高速公路运营节能技术应用示范工程，推进路面材料循环利用技术的应用；推广轮胎式集装箱门式起重机“油改电”和靠港船舶使用岸电技术。四是积极推进长沙市试点“基于物联网技术的城市交通智能化”重大示范工程，启动和推广长株潭低碳交通运输体系城市试点工作。

B.6

发挥科技支撑引领作用 加快富民强省建设

李友志*

欧元区债务危机的爆发，使2008年开始的世界经济危机仍在继续加深、发酵、蔓延，消费者和投资者信心进一步受挫，贸易保护主义抬头，汇率对抗加剧，全球贸易环境恶化，相互之间的各种贸易壁垒加强，世界经济深陷泥淖，至今还没有明显复苏迹象。为摆脱危机影响，美国、欧盟、日本等许多国家和地区纷纷实施科技创新战略，积极培育和发展以新能源技术、生物技术、信息技术和纳米技术等为主要支撑的新兴产业，增加研发投入，出台人才延揽措施，实行有利于创新的财税政策，以期通过科技创新推动经济发展，全球进入空前的创新聚集和产业振兴时代。美国总统奥巴马高调宣布要重振美国制造业，将“再工业化”作为重塑竞争优势的重要战略，并推出了鼓励科技创新、大力发展新兴产业等政策措施，加快产业升级和结构调整。日本、欧盟等国家和地区也纷纷效仿，制定出台了一系列科技发展计划。2011年7月，欧盟发布了史无前例的科技创新激励计划，重点支持环保、信息通信技术、纳米技术、健康等领域的科技项目，旨在通过创新激励，形成事实标准和专利壁垒；日本着眼于今后10年竞争发展，正在实施以“绿色”（环境、能源）和“生活”（健康）两大领域为重点的“第四期科学技术基本计划（2011~2020年）”，提出要以技术创新为基础，提高潜在增长力。新一轮科技浪潮已初露端倪、蓄势待发。正是基于这一认识，党中央、国务院果断做出转方式、调结构的战略部署，通过强化科技创新、培育战略性新兴产业、构建新的经济增长引擎来抢占未来发展制高点和主动权。省委、省政府审时度势，立足实际，适时作出建设创新型湖南的战略决策。推进创新型湖南建设，就科技而言，必须抓好五项基础工作。

---

* 李友志，湖南省人民政府副省长。

一 培育创新型企业

建设创新型湖南，着力点就在于激发企业的创新活力，充分发挥企业在技术研发、科研投入、成果转化与应用等方面的主体性功能，有效整合产学研结合创新资源，加快创新成果产业化，提升产业核心竞争力。实践反复证明，凡是创新企业多的地方，区域创新就活跃，创新能力就强，经济发展势头就好，质量也优。培育创新型企业，就是培育市场主体，就是培育创新动力，就是培育经济活力和发展后劲。三一重工，从一个四个大学生创办的小工厂，经过20多年发展，成长为享誉世界的大企业，这是长期培育的结果。因此，必须紧紧围绕湖南战略性新兴产业发展和传统产业转型升级，精心选择和培育一批创新型企业，使其成为带动湖南自主创新的领头雁。

（一）强化企业技术创新的主体作用

企业直接面对市场，对市场的需求最为敏感，也最清楚自己需要什么技术。培育创新型企业，一定要引导企业主动开展科技攻关来满足自身技术需求。当前，一方面要抓好省级创新型企业试点工作，另一方面要培育一批有条件的高新技术企业进入国家级试点行列，扩大试点范围，探索建立促进企业成为技术创新主体的有效模式。要支持企业与高校、科研院所联合组建研发机构，着力攻克一批全局性、前瞻性的关键技术瓶颈，特别是要通过整合资源，协同创新，重点在现代工程机械关键零部件、新型轨道交通装备、风电装备、国防装备等高端装备制造、动力电池、高性能数字芯片、智能电网等领域突破一批核心关键技术。要积极争取国家科技型中小企业技术创新基金项目支持，促进科技型中小企业和微型企业创新创业，尽快形成一批创新能力强、机制灵活、市场前景好的企业集群。

（二）强化企业研发投入的主体作用

现在，一些企业目光短浅，舍不得技术投入，不愿脚踏实地搞研发，他们信奉的是拿来主义，一味地跟踪模仿别人，更有甚者急功近利，假冒仿造，这样的企业不在少数。短期来看，这些企业好像红红火火，但从长远来看，是没有前途的，一旦遇到产品技术升级，很快就会被市场淘汰。据统计，目前湖南企业研发

经费支出占全社会研发经费支出的比重只有60%，而同为中部省份的山西，这一比重已达到80%以上，江苏、广东等地比重更高，差距非常明显，必须采取措施扭转这种局面。同时，要充分发挥财政科技投入"四两拨千斤"的作用，创新投入方式，落实扶持优惠政策。总之，只有企业真正成为研发投入主体，才能激发企业自主创新的内生动力。

（三）强化企业创新成果应用的主体作用

湖南每年的科研项目不少，成果也不少，但真正将科研成果转化为实实在在生产力的却不多，一个重要原因，就是企业参与不够，产学研结合不够紧密。如果成果不能转化，形不成产业，就是废纸一张。要坚持以成果转化和产业化为价值导向，突破制约科技成果转化的观念和体制机制瓶颈，建立健全科技成果转化服务体系，充分利用市场机制，促进科技成果转化和产业化，有效解决科技与经济"两张皮"、成果转化率不高等问题。总之，研发也好、投入也好、应用也好，企业都是主体，是主力军。只有发挥了企业主体作用，实现了与产业和资本的结合，才能引导创新型企业千帆竞发、百花齐放，形成全省创新型企业"铺天盖地"的格局。

二　搭建创新平台和创新基地

创新平台和基地既是创新的重要载体，也是凝聚创新人才、开展创新活动的基础条件。没有创新平台和基地，就难以产生创新成果、培养创新人才、搭建创新团队。搭建创新平台和基地，关键是要做好两篇文章，即做大"增量"、盘活"存量"。

做大"增量"，就是要在湖南优势和特色领域，加快组建一批国家级、省级重点实验室、工程（技术）研究中心和企业技术中心，完善人才、项目、资金等资源向创新平台集聚机制，充分发挥创新平台在稳定人才队伍、集聚科研力量、提升创新能力等方面的重要作用。现在，一个重点实验室或工程技术中心，动辄需要几百万元、上千万元，甚至上亿元的资金投入，不管是企业为主建设，还是政府为主建设，都要加强统筹规划，避免重复建设，使有限的资金真正用在刀刃上。同时，要加强创新基地建设，重点在工程机械、轨道交通装备、先进矿山装备、航空航天装备、通用电机、新能源装备、新材料、生物医药、节能环保等高新技术产业领域，布局建设一批国家和省级高新技术产业化基地、园区，培育形成一批国内或国际领先的产业集群，进一步提升高新技术产业的集群化水平和整体竞争力，把高新技术产业园区率先建设成湖南新型工业化和“两型”产业园区。

盘活“存量”，就是要盘活现有平台资源，提高平台利用率，实现共建共享。现在，我们有很多平台，国家和省里花了不少钱，但各自封闭，不对外开放，不愿意拿出来共享，平台的利用率很低。一台上百万元甚至上千万元的仪器设备，一年到头就开几次、用几天，这是巨大的浪费，令人痛心。比如食品安全检测，很多单位和部门都提出要购买检测设备，实际上，这些检测设备湖南并不缺，只是分散在不同部门、行业、系统，部分高档设备利用率很低，有的长期处于闲置状态。因此，必须下决心整合平台资源，尽快建立科研平台开放共享机制，通过开放合作、联合共建、绩效考核等形式，不断提高平台的利用率，提升平台创新服务能力。只要整合得当，激励得当，分散、闲置的平台资源就能迅速转化为现实创新能力。

三　培养创新团队

随着科技学术各领域的不断融合、交叉、渗透，创新活动社会化、集成化程度不断加深，依托一定平台，以领军人才为核心、以重大项目为载体、由结构合理的人才梯队组成的创新团队，具有攻克创新前沿阵地的综合能力，是开展创新活动最重要的力量。正因为有袁隆平、黄伯云、杨学军等科学家领衔的创新团队，才有湖南杂交水稻、高性能碳/碳材料、天河一号超级计算机等重大科技成果，才有湖南科技事业在全国乃至世界的位置。我们要在他们打好的基础上，加大中青年科技领军人才团队培养引进力度，形成新的亮点，让中青年科技人才接上班。这对于集聚创新要素、转化创新成果、实现人才资源优化配置、加快提升自主创新能力具有重要的现实意义，也是当前科技创新工作最迫切的任务。

（一）加大本土创新团队培养力度

要认真落实国家和湖南中长期人才发展纲要，组织实施好湖南科技领军人

才、青年拔尖人才、创新型企业家等计划，加强青年科技人才、实用工程人才、卓越工程师、科技成果转化服务人才等创新团队的培养。要组建一批产业技术创新战略联盟，依托联盟技术创新模式，推进企业、高校、科研院所等创新人才间的协同创新，形成企业与国内外高校、大院大所联合，跨国界、跨省域、跨部门、跨学科的“大兵团”联合攻关。

（二）加大高层次创新团队引进力度

要抓住金融危机国际人才大迁徙、大流动的机遇，组织实施好国家千人计划和湖南百人计划，吸引一批海外高层次创新型人才来湘创新创业。同时，积极聘请国际一流的科学家、工程师指导或参与湖南重大创新项目，特别是要支持长沙等国家高新区建立“人才特区”，探索实施鼓励创新创业的财税金融、人才管理与服务等特殊政策，促进各类高层次人才聚集。

（三）建立健全创新团队使用管理工作机制

要建立健全与国家有关部门对接、省直相关部门相互衔接的工作机制，协调推动各类科技人才政策措施和相关科技人才计划的实施。要加快建立科研机构创新绩效综合评价制度，引导科研机构和高等学校建立以科研质量和创新能力为导向的科技人才评价机制和重实绩、重贡献的薪酬激励机制。要探索建立人力资本产权激励机制，鼓励创新团队和科技人员以专利、技术、知识等投资入股并参与分配。要在工商注册、科技项目、创业扶持资金、知识产权质押融资、国有企业股权激励、人才居留、子女入学、配偶安置工作等方面，加大对创新创业人才的扶持力度，为创新团队提供良好的发展环境。

四　研究制定和落实好科技创新政策

改革开放30多年的发展历程告诉我们，改革进程中几乎所有的重大进展、突破，无一不是解放思想、大胆进行制度创新的结果，科技领域尤其如此。从我国第一个长期科技发展规划《1956～1967年科学技术发展远景规划纲要》（简称“十二年科技规划”），到1978年第一次全国科学大会提出“科学技术是生产力”、“知识分子是工人阶级的一部分”等重要论断，到“科技攻关计划”、“星火计划”、“火炬计划”、“推广计划”、“863 计划”、“973 计划”，再到 2006 年中央召开全国科学技术大会，明确提出“自主创新、重点跨越、支撑发展、引领未来”的科技工作指导方针，把我国科技工作推进到了一个新阶段，取得了一系列令世界瞩目的科技成就。从某种意义上讲，科技政策不仅能解放生产力，而且其本身就是生产力。因此，结合经济社会发展特点，制定“适宜”的科技政策，并付之于实践，具有重大的现实意义。

（一）贯彻落实好现有科技政策

近几年，湖南在国家出台政策的基础上，先后出台了《关于促进产学研结合增强自主创新能力的意见》、《关于强化企业技术创新主体地位的意见》、《关于发挥科技支撑作用促进经济平稳较快发展的实施意见》、《关于加快培育发展战略性新兴产业的决定》等一系列政策文件，各地也相应地制定了一些配套措施。但这些政策落实的怎样，大家心里没数，要对近年来国家和湖南出台的科技政策做一次认真盘点，哪些政策落实了，哪些政策落实得不好，哪些政策还停留在纸上根本没有落实。特别是对科技投入、企业研发费用加计扣除、科技企业孵化器和大学科技园税收政策、高新技术企业认定、科技人才激励机制等重点政策，要进行重点盘查，坚决督促落实到位。

（二）研究制定适应新形势的科技政策措施

要结合创新型湖南建设的要求，加强与经济、财税、行业管理等部门的协调，研究制定“两型社会”技术规范和技术标准，重点完善鼓励产学研协同创新、科技成果转化和产业化、中小微型企业创新创业、科技人员股权激励等政策措施。各地各有关部门要结合自身实际和特点，在新体制、新机制、新政策等方面先行先试，在重点工作上先行试点取得突破，形成示范效应。当然，政策措施的制定，不要贪多求全，要精干，起到实效，并注意政策之间的衔接。

（三）加大财政科技投入

没有投入，就没有产出。近年来，湖南各级财政加大了对科技创新的投入，并建立了财政科技投入稳定增长机制，但由于历史欠账太多，湖南财政科技投入总体规模偏小，与湖南科技实力在全国的排名不相适应。必须按照《科技进步

法》的要求，加大财政科技投入，确保科技经费增长幅度明显高于财政经常性收入的增长幅度。要加大对资金使用的管理，资金投到哪里，监管措施就要跟到哪里，确保专款专用。要创新资金使用方法，发挥财政资金杠杆作用，向资本市场要资金。同时，要适时调整科技投入结构，用好用活资金。比如，刚刚下发的中央一号文件，其主题是农业科技，这是新中国成立以来首次对农业科技进行专题部署，意味着国家将加大对农业科技的投入，对农业大省而言，这是一个重大“利好”。在市场经济条件下，农业是我们的劣势，也是我们的优势。依靠科技把农业的潜力挖掘出来，劣势就会转化为优势。因此，必须抓住这个机遇，一方面加强与国家相关部委特别是科技部、农业部的对接，争取更多的项目进入国家“笼子”；另一方面要尽快调整湖南科技投入结构，加大对农业科技项目支持力度。

五　提升领导和驾驭科技工作的能力与水平

科技的发展，不仅是一条战线、一个领域的问题，更是涉及经济社会发展的全局问题和战略问题。全省各级各部门要把科技工作放在经济社会发展全局的重要位置来谋划，特别是要把科技工作与“稳中求进”的工作总基调结合起来，与“四化两型”建设结合起来，一同研究、一同部署、一同推进。要跳出科技抓科技，跳出部门抓科技，用“大科技、大协同”的思路来指导科技管理工作，创新管理理念和方式方法，努力提升科技宏观管理水平和科技公共服务能力，当好科技工作的“后勤部长”。要强化对科技工作的组织领导，建立健全科技创新评价考核体系，实行目标管理、绩效考核，形成推动科技工作的有力抓手。同时，各级科技行政部门要切实转变工作作风，领导干部要带头求真求实，一步一个脚印、一级一级爬坡，少谈认识，少讲空话、套话，多做打基础、利长远、促发展的实事。要加强科技管理知识学习，把握科技工作内在规律，做一个科技工作的“内行人”；要强化宏观管理，谋全局，抓大事，该管的要管好，不该管的要坚决放手，把更多的精力、注意力放在发展规划、政策引导、环境营造和公共服务上来。

总 报 告

General Report

B.7 2012年湖南经济发展趋势预测

湖南省人民政府经济研究信息中心课题组*

2011年，面对复杂的国内外经济环境，省委、省政府沉着应对，科学决策，深入推进“四化两型”建设，全省经济保持平稳较快增长，实现了“十二五”时期良好开局。2012年，世界经济复苏不确定、不稳定因素增多，国内外经济下行风险加大，湖南必须深入贯彻中央、省委经济工作会议以及省第十次党代会精神，着力调结构、转方式、促改革、惠民生，稳中求进，促进经济平稳较快发展，以优异的成绩迎接党的十八大召开。

一 2011年湖南经济运行的主要特点

（一）经济平稳较快发展，主要经济指标增速高于全国

2011年，湖南经济克服资金短缺、能源紧张、自然灾害等多重困难，继续

* 课题组组长：梁志峰；课题组成员：谢坚持、唐正、李学文。

保持平稳较快发展，实现了“十二五”时期良好开局。全年GDP达到19635.19亿元，比上年增长12.8%，GDP继2008年起连续3年居全国第10位之后，进一步上升到全国第9位，GDP增幅尽管比2010年回落1.8个百分点，但仍处于较快发展区间，比全国高3.6个百分点；规模工业增加值增长20.1%，比全国高6.2个百分点；固定资产投资增长27.9%，比全国高4.1个百分点；社会消费品零售总额增长17.9%，比全国高0.8个百分点；进出口总额增长29.6%，出口增长24.4%，进口增长35.9%，分别高出全国7.1、4.1和11个百分点；实际利用外商直接投资增长18.6%，比全国高8.9个百分点。

（二）发展质量不断提高

一是地方财政收入加快增长。全省财政总收入增长31%，同比加快7.7个百分点，其中地方财政收入增长34.6%，同比加快8.84个百分点。二是城乡居民收入稳步提高。全省城镇居民人均可支配收入增长13.8%，同比提高4个百分点；农民人均纯收入增长16.8%，同比提高2.3个百分点。三是企业效益大幅提升。全省规模以上工业企业实现利润增长43.9%，比全国高18.5个百分点。

（三）结构调整稳步推进

一是产业结构调整成效显现。高加工度、高技术行业增长强劲，全省规模以上工业中高加工度工业、高技术产业增加值分别增长28.8%和32.4%，分别比规模工业增速快8.7个和12.3个百分点。二是投资结构继续改善。全省非国有投资增长34.2%，分别比固定资产投资、国有投资增速快6.3个和16.1个百分点；工业投资、高新技术产业投资、技术改造和扩建投资分别增长36.7%、28.3%和37.2%。三是出口结构进一步优化。机电产品和高新技术产品出口增长强劲，全省机电产品出口增长32.1%，比全省出口增速快7.7个百分点，占全省出口比重的36%，同比提高2个百分点；高新技术产品出口增长38.3%，比全省出口增速快13.9个百分点，占全省出口比重的8%，同比提高0.8个百分点。加工和服务贸易发展良好，全省加工贸易进出口增长51.2%；服务外包合同执行金额同比增长51%。对新兴市场进出口实现较快增长，对东盟、巴西、秘鲁、南非、中东和印度等新兴市场出口同比增长分别为77.5%、76.5%、75.5%、67.4%、52.4%和35%。

（四）民生保障持续改善

一是民生支出大幅增长。全年用于社会保障和就业、医疗卫生、城乡社区事务、农林水事务、住房保障等方面的财政支出1498.83亿元，同比增长28.3%，占财政支出的比重达43.2%。二是城乡保障性安居工程建设进展顺利。全年改造农村危房113423户，完成年度目标任务的283.6%；改造国有林场危旧房20495套，完成年度目标任务的102.5%；国家下达湖南各类保障住房任务44.72万套全部开工，同比增长55.44%，竣工达52%；新增廉租房115372套，完成年度目标任务的134.2%。三是医疗保障能力不断提升。全年新型农村养老保险参保人数达到1306.25万人，完成年度目标任务的130.6%；居民医保门诊统筹的县市区达115个，完成年度目标任务的157.5%；统筹地区新农合政策范围内住院费用平均补偿率73.2%，完成年度目标任务的122.0%；农村五保对象在县乡级新农合定点医疗机构住院实行基本医疗费用实现100%全免。四是城乡就业积极推进。全年实现城镇新增就业71.5万人、失业人员再就业36万人、就业困难人员再就业12.5万人，分别完成年度目标任务的119.17%、120%、125%；农村新增劳动力转移就业82.67万人，完成年度目标任务的120%。

在湖南经济运行中也存在一些突出问题，主要表现在：一是部分经济指标增速逐步放缓，经济下行压力增大。固定资产投资各季末累计增速分别为32.7%、30.2%、29.8%和27.9%，增速逐步下滑。出口总额各季末累计增速分别为43.7%、31.1%、28.3%和24.4%，增速下滑势头明显。汽车和居住类商品消费回落明显，限额以上批发和零售业零售的商品中，汽车类商品零售额全年增长22.8%，增幅同比回落16.4个百分点；家具类、建筑及装潢材料类、家用电器类商品零售额分别增长29%、36.6%和31.1%，增幅同比回落23.6个、7.8个和8.2个百分点。二是发展后劲有待增强。资金、能源、劳动力、土地等要素供应持续偏紧，对湖南经济增长造成不利影响。固定资产投资新开工项目和施工项目个数2011年下半年一直为负增长，全年湖南施工项目数和新开工项目数分别下降6.7%、7.0%，将影响2012年投资增速。贷款增速回落，全省金融机构本外币贷款余额增长18.1%，同比回落2.9个百分点。三是企业经营困难增大，景气度下降。国内外需求放缓、用工成本上升、能源等原材料价格高位波动等多重因素导致企业经营困难增大。2011年，全省企业景气指数、企业家信心指数分

别为 128.3 和 133.9，分别比上年下降 1.1 个和 0.9 个百分点；分季度看，1～4 季度，全省企业景气指数分别为 131.7、129.0、126.8、125.9，企业家信心指数分别为 140.4、134.7、133.7、126.7，均呈逐季小幅回落态势。四是物价涨幅较高。2011 年全省居民消费价格上涨 5.5%，其中食品类、居住类价格分别上涨 11.2% 和 6.6%；工业品出厂价格上涨 8.5%，其中生产资料价格上涨 9.1%，生活资料价格上涨 6.2%，37 个大类行业中有 35 个行业产品出厂价格呈不同程度上涨。未来物价走势将面临农副产品价格长期上涨，资源性产品价格和土地、劳动力等要素价格以及环境保护成本长期刚性上涨的趋势，物价上涨压力仍然较大。

二 2012 年湖南经济发展环境分析和走势预测

（一）2012 年湖南经济发展环境分析

1. 世界经济复苏继续放缓，经济下行风险加剧

在日本突发大地震、欧美发达国家主权债务危机持续和高通胀压力下，2011 年全球经济复苏虽有放缓，但仍保持着 3.8% 的增长（国际货币基金组织预测数据）。2012 年，国际政治经济环境总体上仍严峻复杂。欧洲债务危机虽然年初初露企稳迹象，欧元区各经济体的 PMI 指数、消费者信心指数等领先指标有所回升，但仍低于其长期平均水平；即便欧元区债务危机真正企稳，受主权利率上升、银行去杠杆化对实体经济产生的效应以及欧元区政府财政整顿带来的不利影响，短期内经济也难以好转，全年欧元区将陷入轻度衰退。美国经济继续温和扩张，劳动力市场出现进一步复苏，居民消费支出继续增长，制造业再造成效显著；但失业率仍然较高，企业固定资产投资放缓，住房部门仍然低迷，预计全年经济仍将温和增长。日本经济将在灾后重建的拉动下结束衰退，但受外需疲软、财政赤字严重、国内电力供应紧张等因素制约，经济前景不容乐观，反弹力度将低于预期。新兴经济体经济仍将保持较快增速，但由于外部环境的恶化，以及宏观经济政策紧缩效果强于预期，导致国内需求增长减缓，经济增长放缓的幅度将大于预期。总体来看，2012 年世界经济仍将延续复苏整体放缓态势。国际货币基金组织和世界银行在 2012 年 1 月份发布的报告分别预测 2012 年世界经济增速增长 3.3% 和 2.5%，较其对 2011 年预测值分别下降 0.5 个和 0.2 个百分点。

世界经济下行风险加剧。首先，最大的风险来自欧元区债务危机。欧元区主权债务与银行融资压力之间的恶性循环加剧，导致更大规模、更持久的银行去杠杆化过程以及信贷和产出的大幅收缩，各国紧缩财政、减少支出将抑制近期需求和增长。其次，美国和日本在制定中期财政整顿计划方面进展不足。在预期公共债务水平中期内上升，并且没有明确和可信的财政整顿战略的情况下，全球债券和货币市场就有可能出现动荡。目前日本国债市场已初显不安，而美国选举带来的政治经济将导致近期内财政过度紧缩。再次，部分新兴经济体经济存在硬着陆的风险。在前期货币紧缩政策和国外需求下降的作用下，如果房地产和信贷市场走势趋弱，则可能对经济活动带来严重破坏。此外，由于地缘政治因素引起的石油供给风险增加，对世界经济复苏将产生不利影响。

2. 我国经济增长稳步回调，转型调整任重道远

2011 年，外需因发达国家债务危机影响而疲软，内需在物价高涨、紧缩性货币政策和房地产调控等因素影响下减弱，但我国经济仍实现 9.2% 的快速增长。展望 2012 年，CPI 涨幅将有较大幅度回落，全球需求下行、国内经济增速放缓、持续宏观调控效果显现和基数较高导致物价涨幅下行；但全球流动性依旧泛滥，大宗商品价格将保持高位震荡，我国经济正处在成本上升阶段，资源要素和公共服务价格改革深入推进，食品价格周期性大幅波动的深层次矛盾尚未有效解决，决定了 2012 年物价出现反复和反弹的压力依然存在。货币政策维持稳健基调，但货币资金供给状况比 2011 年将略有宽松；结构上将进行针对性调整，对中小微型企业、战略性新兴产业、重大基础设施建设和民生等领域的信贷投放力度将进一步加大。财政政策将更加积极，政策重点由政府扩大支出转向通过结构性减税、保障民生、促进消费来增强经济发展的内生动力，推动发展方式转变。

从三大需求来看，出口方面，世界经济下行风险加剧导致外需减弱，贸易保护主义抬头，加上我国经济发展的内生性矛盾、要素成本上升、人民币升值等因素，出口增速将有所放缓；但我国对巴西、俄罗斯和南非等新兴经济体的出口快速增长且潜力巨大，对外贸易转型升级有序推进，对出口增长将形成较强支撑。投资方面，固定资产投资增速将有所回落，其中制造业投资受出口减慢、实体经济经营困难和企业利润增幅下降影响而放缓；房地产市场调整进入实质性阶段，开发企业融资难度增大，待售面积处于较高水平，商品房投资将会明显放慢，保障房比 2011 年减少 300 万套也影响住房投资；但基础设施建设投资有望上升，

政府提出确保在建、续建项目资金需求，新增贷款规模提升和信贷投放、货币供应增速稳定增长，将维系投资活动的活跃度。消费方面，物价的适度回落有利于消费实际增速的提高，汽车消费在经过 1 年多的调整后有望适度回升，家电下乡等消费延续政策有望出台，但当前经济增长放缓带来的收入增长预期降低，房地产调控带来的相关产业链消费的下滑，将在一定程度上影响消费的提高。

目前，影响我国经济发展的深层次问题尚未有效解决，对经济增长前景不能过于乐观。一是扩大内需仍是以投资为主，消费受社会保障、医疗教育、物价和收入水平等因素制约难以快速增长。二是产业结构优化升级仍面临众多挑战，战略性新兴产业尚未形成经济支撑点。三是城乡二元经济结构、区域经济不均衡发展、贫富差距、资源能源要素市场等方面体制机制改革和其他社会问题的存在依然制约着经济的转型调整。国际货币基金组织、世界银行、国务院发展研究中心、国家信息中心、中国社会科学院分别预计 2012 年我国经济同比增长 8.2%、8.4%、8.5%、8.7%、8.9%，较 2011 年分别回落 1.0 个、0.8 个、0.7 个、0.5 个和 0.3 个百分点。

3. 湖南经济仍处于快速增长的发展轨道

一是从发展阶段看，当前湖南正处于 GDP 从 1 万亿元到 2 万亿元、人均 GDP 从 3000 美元到 5000 美元的发展阶段，从东部沿海发达省市的发展趋势看，广东、江苏、山东、浙江等省 GDP 从 1 万亿元到 2 万亿元用了 4 ~ 5 年时间，GDP 年均增速分别达到 13.3%、14.4%、14.6%、12.8%；浙江、江苏和广东同时于 2005 年人均 GDP 突破 3000 美元，2005 ~ 2010 年 3 省 GDP 年均增速均达到 12% 以上。2012 年湖南 GDP 总量将跨越 2 万亿元，人均 GDP 将超 5000 美元，经济仍处于快速发展阶段。二是从发展趋势看，2006 年以来，湖南 GDP 增速一直都在保持在 12% 以上，“十一五”年均增长达到 14%，2011 年在复杂的国际国内形势下仍实现了 12.8% 的增长。这一快速发展的良好势头短期内不会发生根本改变。三是从发展动力来看，当前湖南新型工业化、新型城镇化快速发展，消费结构加速升级，仍将是拉动经济增长的持久动力。同时，科技创新、加快培育发展战略性新兴产业将为经济发展提供新的增长动力。四是从发展机遇来看，国家继续大力实施中部崛起战略，长株潭“两型社会”建设加速推进，湘南国家级承接产业转移示范区获批，武陵山片区区域发展与扶贫攻坚试点启动，这一系列政策机遇必将促进湖南经济快速发展。

但是2012年湖南经济发展也面临诸多挑战：土地、拆迁、资金等因素加大了项目建设推进的难度；房地产市场调控加大了投资及相关行业增长的难度；资金、水、电等要素的制约和环保成本的增加加大了实体经济发展的难度。

（二）2012年湖南经济发展前景预测

1. 经济保持快速增长势头，GDP增长在12.5%以上

综合考虑湖南经济发展面临的国内外环境，以及近年来湖南经济发展趋势，2012年，若国际经济形势不再进一步恶化，省内不发生重大自然灾害和突发事件，在投资稳定增长、消费继续活跃、进出口虽有回落但幅度有限、工业生产形势良好等情况下，结合各指标增速测算，2012年湖南经济仍将保持平稳较快发展，增长速度可达到12.5%以上。

2. 投资增长稳定，固定资产投资增长25%左右

从有利条件来看，在外需减弱、消费增势平稳的情况下，投资仍然是现阶段拉动湖南经济增长的第一动力，2012年湖南“十二五”规划项目进入集中建设期，将在一定程度上带动投资较快增长；国家战略性新兴产业相关规划陆续出台，将拓宽湖南新的投资空间；国家加大对中小企业支持力度以及“新非公36条”政策措施逐步落实，将有助于湖南民间投资稳步增长；国内外产业加速向中西部地区转移，将成为带动湖南投资增长的新动力。从不利因素来看，国家宏观调控尤其是房地产调控对投资影响较大，资金、土地等方面要素制约不断加强，企业效益下滑影响投资能力，2011下半年以来湖南固定资产投资施工项目个数和新开工项目数一直是负增长，将导致投资后劲不足。从增长趋势来看，2000~2010年，湖南全社会固定资产投资年均增长24.9%，拉动GDP年均增长12.2%；2011年，湖南固定资产投资增长27.9%，拉动GDP增长12.8%。在宏观环境没有大改变的情况下，按照增长惯性，预计2012年固定资产投资仍能保持近年来的平均增长速度。从要素保障来看，在资金方面，预计2012年全省财政性资金、银行贷款和直接融资、利用外资共计可达3435亿元，按照湖南近年来建设资金的构成结构，这部分资金约占全部资金的25%，若企业自筹的75%的资金能够跟进，以此测算，能支撑1.4万亿元以上的投资规模；在土地方面，2012年全省新增建设用地指标仍为1万公顷，通过进一步争取国家指标、盘活存量土地，基本可以支撑25%的投资增速。

3. 消费市场继续活跃，社会消费品零售总额增长 18%左右

2012 年，随着消费环境、市场秩序、居民收入、社会保障日益改善和提高，以及城镇化进程不断加快、居民消费结构升级，促进湖南消费增长的有利因素仍然较多，特别是国家扩大消费需求的政策因素所产生的叠加效应有望推动湖南消费品市场加快增长。从增长趋势来看，“十一五”期间，湖南社会消费品零售总额名义增速年均增长 18.7%，实际年均增长 15.2%，2011 年消费名义增长 17.9%，由于消费具有一定刚性，变化幅度不会太大，预计 2012 年社会消费品零售总额名义增长仍将维持在 18%左右。从支撑因素看，城镇化率稳步提高拉动消费增长，2000 年以来，湖南城镇化率年均提高 1.25 个百分点，2012 年有望提高 1.5 个百分点，可新增城镇人口 100 万以上，按照目前城乡人均消费水平差距 7515 元测算，可增加消费 80 亿元，拉动消费增长 1.2 个百分点；居民收入增加刺激消费增长，“十一五”期间，湖南农民人均纯收入年均增长 12.5%，城镇居民人均可支配收入年均增长 11.7%，社会消费品零售总额年均增长 18.7%，2012 年如果湖南城乡居民收入增长在 10%以上，将拉动社会消费品零售额增长 17%以上。在现有基础基本稳定的情况下，城镇化、收入提高及社会保障体系的完善，将支撑湖南社会消费品零售总额增长 18%左右。

4. 出口增速回落，进口快速增长，全年进出口总额增长 25%左右，其中进口增长 30%，出口增长 20%

从发展环境看，2012 年世界经济下行风险加剧导致需求减弱，贸易保护主义、企业生产成本上升、人民币升值等因素将使得湖南出口增速减慢；受人民币升值、国际大宗商品价格维持高位的影响，在省内新型工业化提质对高新技术、先进设备等产品旺盛需求的推动下，进口将保持较高增速。从发展趋势看，2005～2010 年湖南进出口总额年均增长 19.6%，其中进口年均增长 24%，出口年均增长 16.3%，2011 年在日本大地震、欧洲债务危机和世界经济复苏放缓的影响下，湖南进出口总额同比增长 29.6%，其中出口增长 24.4%，进口增长 35.9%；按照这一趋势，尽管 2012 年世界经济仍将持续低迷，湖南进出口总额仍有望保持 25%左右的增长，其中出口、进口同比分别增长 20%和 30%。从对外依存度来看，2000～2010 年，湖南对外依存度一直在 5%～8%之间徘徊，近两年维持在 6.3%左右且呈逐步上升的发展态势，如果按照对外依存度 6.4%测算，2012 年湖南进出口总额增速将达到 25%左右。

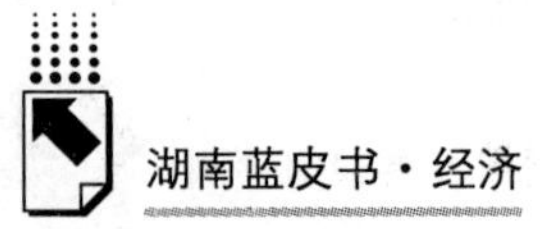

5. 规模工业发展势头良好，全年规模工业增加值增长20%左右

从发展趋势看，2001～2010 年，湖南规模工业增加值年均增长 20.2%，2011 年在信贷投放偏紧和需求减弱的情况下增长 20.1%；2012 年，尽管国内外经济增长仍在放缓，电力紧张的局面难以有效解决，生产成本还处于上升趋势，但考虑到近年来建设的一大批项目有望年内投产，湘南获批的国家级产业转移示范区和长株潭两型试验区建设加快推进，承接产业转移工业项目有望形成新的增长点，预计湖南规模工业增加值增速仍将延续近年来快速增长的良好趋势，全年增长 20% 左右。从规模工业贡献率分析，“十一五”以来，湖南规模工业对 GDP 的贡献率呈逐年递增走势，2010 年达到 36.9%，2011 年达到 41.4%，按照规模工业贡献率达到 43% 测算，2012 年湖南规模工业增加值增速应能保持在 20% 左右。

6. 财政收入增长较快，财政总收入、地方财政收入分别增长 22% 和 25% 左右

财政收入与经济增长高度相关。近十年湖南财政总收入占 GDP 比重约为 11.1%，“十五”、“十一五”分别为 10.5% 和 11.6%；地方财政收入占 GDP 比重约为 6%，“十五”、“十一五”分别为 5.7% 和 6.4%。2011 年，在经济较快增长和较高的物价涨幅支撑下，湖南财政总收入增长 31%，其中地方财政收入增长 34.6%，占 GDP 比重分别达到 12.5% 和 7.4%。近年来湖南财政总收入占 GDP 比重逐渐上升，预计 2012 年财政总收入、地方财政收入占 GDP 比重将达到 12.8% 和 8% 左右，湖南财政总收入和地方财政收入将分别增长 22% 和 25% 左右。从增长趋势看，“十一五”湖南财政总收入、地方财政收入年均分别增长 22.5% 和 25.1%，尽管 2011 年两者增速都在 30% 以上，但考虑到 2011 年的高基数以及成本上升导致企业利润下滑、物价水平下降、减税减负政策等因素的影响，2012 年财政总收入和地方财政收入增速可能出现一定幅度的回落，但良好的经济发展势头以及非税收收入稳定增长将对财政收入增长提供支撑，预计 2012 年湖南财政总收入、地方财政收入有望达到 22% 和 25% 的平均增长速度。

7. 城乡居民收入稳步增加，城镇居民人均可支配收入、农民人均纯收入实际分别增长 8% 和 9% 以上

从增长环境分析，财政减税、加大民生投入和居民收入倍增计划从整体上将促进城乡居民收入较快增长。城镇居民可支配收入方面，鼓励创业和个体私营经

济环境的改善促进城镇居民经营性收入快速增长，政府扩大转移支付力度有利于居民转移性收入较快增长，投资理财渠道增多增加居民财产性收入，但占收入主体的工资性收入受经济环境和企业效益的影响增收难度加大，城镇居民收入增长有放缓趋势。农民人均纯收入方面，尽管各项惠农政策基本已落实，转移支付力度难以大幅提高使得农民转移性收入增长趋稳；但劳动力短缺使得农民在省外和省内的务工工资有较大幅度上涨，新一轮农产品价格上涨、产量增加导致第一产业纯收入快速增加，预计农村居民收入涨幅仍将保持高于城镇居民收入涨幅的发展态势。从发展趋势来看，近年来湖南城乡居民收入增长总体呈逐渐加快的发展趋势，“九五”、“十五”、“十一五”期间，湖南城镇居民人均可支配收入年均增速分别为 5.76%、8.9% 和 11.71%，2011 年更是达到 13.8%；农民人均纯收入增速分别为9.04%、7.25%和12.51%，2011 年达到16.8%。扣除物价因素，过去的五年湖南城镇居民人均可支配收入、农民人均纯收入年均实际增长 8.3% 和 9.5%。由于国家将进一步加大民生投入、提高城乡居民收入水平，预计未来一段时间湖南城乡居民收入仍将保持较快增长，按照过去五年的平均增速以及收入增长逐步加快的趋势测算，2012 年湖南城镇居民人均可支配收入、农民人均纯收入实际增长速度可分别达到 8% 和 9% 以上。

8. 物价逐步回落，全年 CPI 上涨 4% 左右

从影响因素看，2012 年，经济增速放缓、猪肉价格上涨周期趋于结束、楼市调控政策的累积效应、流动性不断收紧以及翘尾因素作用逐渐减弱等因素有利于减轻物价上涨的压力，使得物价涨幅将延续 2011 年 7 月以来的回落态势。但从长期来看，影响价格上涨的一些长期因素短期内无法得到根本消除。一是劳动力成本将持续上升；二是通胀预期仍然较强；三是资源价格改革将支撑物价涨幅保持较高水平；四是输入型通胀压力将长期存在。从 CPI 构成因素来看，据测算，2011 年价格上涨对 2012 年湖南 CPI 的翘尾影响约为 0.7 个百分点。而在新涨价因素方面，2012 年居住价格涨幅将明显趋缓；食品中的个别品种如猪肉价格可能出现回落，但导致农产品价格周期性大幅波动的深层次矛盾尚未有效解决，劳动力成本仍在上升，进而影响服务业价格，资源品价格改革逐步推进、水、电、油、气价格纷纷上调，湖南物价上涨压力仍然较大，预计 2012 年新涨价因素为 3.3 个百分点，全年 CPI 将上涨 4% 左右。

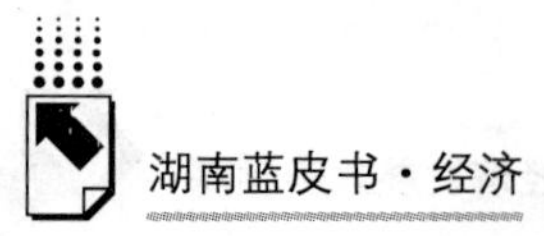

三　2012年对策建议

（一）把握中央“稳中求进”的总基调，保持经济平稳较快发展

2012年国际国内形势更加复杂、更加严峻，要结合湖南仍属后发地区的实际情况，贯彻落实中央“稳中求进”的工作总基调，处理好“稳”与“进”的辩证关系，坚持“进”字当头，“稳”字保底。及时把握政策微调带来的机遇，积极顺应国家即将和已经出台的调控政策，从扩大需求、优化结构、提质升效、深化改革、改善民生等方面，适时、适地、适度进行主动调控。对多年来经济发展形成的好经验、好做法加以总结推广，好政策、好措施抓好落实，保持政策的连续性，避免因地方党委换届、领导调整而造成发展思路的变动。加强对经济运行的监测预测，密切跟踪国内外经济形势，积极主动及时协调解决经济运行中的新情况新问题，在不确定中抢抓机遇，在不稳定中因势利导，努力保持湖南经济平稳较快增长。加强对煤、电、油、气、运以及土地、资金等生产要素的监测调度，确保企业生产正常运转。加强对物价的监测和调控，把握好能源资源价格改革的时机和力度，稳定农副产品供应，打击投机炒作行为，保持物价基本稳定，确保城乡低收入群体生活水平不因物价上涨而降低。

（二）着力扩大内外需求，增强经济增长内生动力

1. 保持投资对经济增长的第一拉动力作用

2012年，在国家加强和改善宏观调控情况下，要保持投资适度较快增长。一要加强项目建设。加强项目的策划、包装、论证、报批等前期工作，尝试重金引进国内外著名咨询公司、规划设计机构参与项目策划、包装，提高项目包装的质量、成熟度和吸引力，提高项目融资的成功率。加强对项目的调度、协调与督察，对已开工项目要加快项目进度；对于未开工项目，要抓紧落实开工条件，细化工作目标，尽快开工；对于签约项目，要加快组织论证和审批进度，使之尽快落地；对于停工、半停工项目，要逐一分析解决其矛盾和问题，尽快复工。二要进一步优化投资结构。引导投资投向“三农”、保障性安居工程、教育卫生、节能减排、生态环保、自主创新和战略性新兴产业等领域。三要拓宽融资渠道。加

强与国家各部委沟通衔接，积极争取国家资金投入和项目安排。加强银企合作，加大与各商业银行总行的协调力度，努力提高湖南的信贷额度，鼓励和支持银行增加对湖南重大产业项目和基础设施建设的贷款投入。加快推动“险资入湘”，积极引导保险资金投入基础设施、重点工程项目建设，使保险资金成为湖南新的常态化、规模化融资渠道。加快构建多层次资本市场，大力引进境外省外商业银行，加快发展地方性中小银行，组建政策性中小企业发展银行，扩大小额贷款公司试点，稳步发展担保机构，拓宽间接融资渠道；规范改造地方政府投融资平台，组建地方金融控股公司，提高地方政府的投融资能力；鼓励金融创新，发展信托、租赁融资、资产证券化等产品；积极发展创业投资、风险投资和私募股权基金，着力推动股权投资，设立区域性场外交易市场；扩大企业债券发行规模，大力支持企业上市融资和再融资，扩大直接融资比重；深化农村信用社改革，组建农村商业银行，扩大村镇银行试点，发展农业保险，创新农村金融产品，完善农村金融体系，为“三农”发展提供现代金融服务。四要促进民间投资增长。尽快完善和落实国家和湖南关于鼓励和促进民间投资发展的政策措施，切实放宽民间投资准入限制，规范投资准入门槛，同时制定合理合法的投资退出机制，消除部分民间资本的后顾之忧，优化政府服务水平，创造公平竞争、平等准入、合理退出的市场环境，引导民间资本进入实体经济领域。

2. 增强消费对经济增长的拉动作用

（1）当前湖南已进入了消费结构快速升级的阶段，除了改革收入分配制度、完善社保外，应将工作重心放在出台新政策、培育新热点、发展新业态上。一是加快实施居民收入倍增计划，将国民收入分配进一步向劳动者倾斜，完善工资增长和支付保障机制，努力实现居民收入与经济发展同步增长，提高城乡居民收入，增强居民消费能力。二是完善促进消费政策，加强城乡市场流通体系建设，改善城乡消费环境，注重食品、用品安全，提高居民消费意愿。三是在深挖房、车、日用品消费潜力的同时，扩大居民文化消费，推动外来旅游消费。根据当前“80 后”、“月光族”、重视健康的消费者以及老年人等消费主体需求，积极促进健身、养老、家政等服务消费，培育消费新热点。四是创新消费产品和消费服务，大力发展电子商务，鼓励超市、商场、专业门店等传统业态开拓网上销售，开设网店，创造新的消费需求，发展新的消费业态。五是加快推进新型城镇化进程，鼓励农民进城，融入城市消费群体，培育城市消费新生力量。

(2) 国家实施扩大消费需求政策，从宏观面上讲能对经济增长产生拉动作用。但考虑到湖南的产业结构不匹配，最终消费产品竞争力不强，扩大消费政策对湖南制造业的发展难以产生明显的直接拉动作用。加上国家增值税消费税转型改革渐行渐近，将对湖南产业发展带来较大的冲击。为了抢抓扩大消费的政策机遇，同时预防税制转型改革带来的冲击，一是加快转型，大力发展文化、旅游等新兴服务业，优先发展金融保险、现代物流、工业设计、信息服务等生产性服务业，改造提升住宿餐饮、家政服务等传统服务业，鼓励发展最终消费产品制造业。二是通过扩大消费需求，提高湖南产品市场占有率。出台符合市场规则、符合 WTO 要求的鼓励消费湖南产品的政策措施，加大政府对本省产品的采购力度，鼓励支持省内企事业单位优先采购本省产品。三是积极争取国家优惠政策，适当调整奢侈品消费税收政策，通过借鉴国外和海南机场退税商店等模式，将更多高端消费需求购买力留在湖南，同时大力提升商品档次，鼓励和支持引进国际一线品牌入湘，应对奢侈品消费严重外移现象。

3. 大力发展开放型经济

一是继续实施“市场多元化”的出口战略。虽然当前欧美等发达经济体对湖南传统产品需求下降，但对高新技术、高附加值产品需求依然未减，而新兴经济体对湖南传统产品需求正在不断增加，要引导企业提高产品科技含量和附加值，进一步开拓欧盟、美国、日本等传统发达国家出口市场，同时深度开发中东、东盟、拉美、非洲等出口潜力大的新兴市场，为传统产品开拓新销路。二是深入推进“大经贸”发展战略。在扶持国有大中型企业发展外贸的同时，加大对民营企业和外商投资企业出口信贷、出口信用保险支持力度，充分发挥民营企业和外商投资企业对推动进出口的巨大作用。三是适应国内外形势的新变化，加快转变外贸发展方式，不断优化出口产品结构，大力扶持机电产品、农产品深加工和高新技术产品出口。四是拉长加工贸易短腿，推动加工贸易转型升级，大力承接服务外包，实现由一般贸易独大到一般贸易与加工贸易均衡发展的转变。五是继续贯彻进口促进战略，发挥进口对经济结构调整的重要作用，扩大关键设备、先进技术、稀缺性资源、重要能源原材料产品、消费品进口。六是抓住欧美发达国家经济不景气的有利时机，加大企业“走出去”的政策支持力度，鼓励和引导省内优势企业通过上市、并购、参股、投资等方式“走出去”，在国外建立原材料生产基地、营销中心、研发机构等，实现由产品输出向资本输出、技术输出、标准输出的转变，带动进出口较快增长。

（三）加大经济结构调整力度，加快转变发展方式

1. 大力推进新型工业化

总体来看，湖南正处于工业化中期阶段，新型工业化仍是富民强省的第一推动力。要深入实施重点产业调整和振兴规划，构建现代产业体系，加快实施“四千工程”。一是构建多点支撑的产业发展新格局。加快战略性新兴产业发展，努力将其打造成支柱产业，抢占产业链高端环节，改造提升以传统制造业和生活服务业为重点的传统产业，发展壮大装备制造、食品等特色优势产业。二是大力培育大企业。鼓励和扶持湖南拥有知名品牌、适应市场需要、掌握核心技术、发展潜力大的优势企业开展强强联合，整合产业资源，促进优势互补、资源共享，抓住低成本扩张机遇不断发展壮大，形成一批过千亿元、过百亿元的骨干企业。三是加强对中小企业扶持力度。重点落实国家支持中小微型企业各项政策措施，加大对符合湖南产业政策和“两型社会”建设要求以及提供就业岗位较多的服务、装备制造等的中小企业扶持力度，进一步提高企业增值税和营业税的起征点，扩大中小企业专项资金规模，进一步清理、取消、减免部分涉及企业的收费项目，降低企业经营和融资成本。四是加快产业园区建设。加强对园区的规划引导，提升园区产业层次，延伸产业链条，突出产业特色，杜绝“摊大饼”式的无序建设，增强园区综合配套服务功能，加快相关征地拆迁工作，提高基础设施配套相关项目审批进度，促进产业集群发展。五是积极承接产业转移。充分抓住湘南地区获批国家级承接产业转移示范区的战略机遇，加大面向央企、沿海省市、外商的招商引资、战略合作和资本重组力度，大力优化发展环境，创新承接模式，提高承接能力，尽量保障转移产业企业的用地、用工、信贷需求。

2. 加快发展现代农业

一是进一步巩固农业基础地位。深入落实国家强农惠农富农政策，通过加大农业投入和补贴力度、提升农村金融服务水平、完善农村土地政策、提高农业综合生产能力，提高农民种养积极性，稳定粮食、生猪、蔬菜等主要农产品供给。二是提高农业科技水平。推进产学研、农科教相结合，集中力量在农产品生产、加工、物流等环节突破一批关键技术，进一步完善农业技术研发与推广体系，加强农业科技转化和推广应用，加快推进粮食高产创建活动和“种三产四”丰产工程。三是积极推进农业现代化经营。加快推进农业规模化、集约化、产业化、标准化，建设特色分明、布局合理、互补平衡的特色产业带，继续探索和推行农民专业合作组织、“企业＋农户”和“企业＋合作组织＋农户”等多种经营模式，以规模效益降低生产成本、抵御分散经营风险，增强农民应对农产品价格大幅波动和议价定价的能力。四是加快农产品现代流通体系建设。加大对农产品流通销售环节的设施投入和补贴力度，大胆创新农产品销售模式，兴建公益农贸市场和农产品平价直销店，将农产品流通作为改善民生的公益事业来抓，加快大型农产品物流园区、加工配送中心、冷链物流建设，努力实现仓库布局最优化、预选分级标准化、装卸搬运机械化、配送运输信息化，提高农产品流通效率，降低流通成本，稳定农产品价格。

3. 积极促进创新创意

面对国内外经济环境更趋复杂的新形势，湖南应加快推动经济发展由“投资驱动”向“创新驱动”转变，通过转变发展方式来提高发展的质量和效益，把建设创新体系、促进创新创意作为推进结构调整、实现经济发展方式转变的中心环节，培育新的经济增长点。一是加大科技创新投入。政府加大产业技术研发和转化环节资金投入的同时，通过实施税收激励、政府采购等政策措施，使企业成为创新投入的主体，进一步鼓励社会投入，加快建立比较完善的创业投资风险机制，形成财政引导、民间资本参与的多元风险投资体系。二是科技自主创新要集中力量突破瓶颈。湖南自主创新能力较强，但科技成果转化率较低，这是科技自主创新的瓶颈。要把推进科技成果转化作为增强自主创新能力的重要抓手，构筑覆盖全面、配套齐备、运转高效、服务优质的科技成果转化政策服务体系、技术服务体系、人才服务体系和投融资服务体系。加大财政对科技成果转化的支持力度，建立政府控股的种子投资基金，积极推进科技资源与金融资源对接，带动社会资金投入，解决科技成果转化融资难的问题。围绕湖南支柱产业和战略性新兴产业，建立技术创新公共服务平台、初试中试公共基地和科技创新企业孵化基地，解决科技成果转化平台少的问题。加强以企业为主体的技术创新体系建设，加强技术信息服务，完善技术交易市场，解决科技成果游离于企业之外的问题。三是文化创意产业要实现二次创业。湖南文化产业具有较好的基础，“文化湘军”享誉全国，但面临的竞争越来越激烈，动漫产业由全国第一不断向后滑位的现实告诉我们面临的形势相当严峻。湖南文化创意产业要抢抓机遇，巧借春

风，推动文化创意产业二次创业。目前，影视、出版、文艺、动漫等单线发展的竞争力越来越单薄，要强化“大文化”的理念，加快文化体制改革，加大政策扶持力度和文化资源整合力度，推动影视、出版、文艺、动漫融合发展、互动发展，扩大发展空间，增强核心竞争力。将工业设计、广告包装设计、建筑规划设计等创意产业纳入重点扶持范围，依托湖南大学设计学院为龙头、湖南超算中心为技术支撑，打造全国的工业设计中心；依托湖南工业大学为龙头，大力发展广告包装设计产业；依托湖南大学建筑学院、省建筑设计院、省交通规划设计院及驻湘中央规划设计单位为龙头，打造全国的建筑规划设计中心。四是打造创新创意型人才汇聚的洼地。出台引进和培育创新创意型领军人才的政策，提供优惠条件面向国内外招揽优秀人才，重点引进善于组织研发、成果转化的科技企业家，以及站在科技发展前沿、拥有科研成果、研发能力强的学科或技术带头人，建立人尽其才、才尽其用的人才使用机制，营造尊重知识、尊重人才、尊重创新的良好社会氛围。

（四）推进主体功能区建设，统筹区域协调发展

按照国家“十二五”规划和全国主体功能区规划，湖南在国家城市化、农业、生态安全三大战略格局中占据着非常重要的战略地位。在国家“两横三纵”为主体的城市化战略格局中，环长株潭地区是长江中游地区的三大城市群之一，位于沿长江通道横轴和京哈、京广通道纵轴的交会处，与武汉经济圈、鄱阳湖生态经济区构成一个大的“金三角”。在国家“七区二十三带”为主体的农业战略格局中，湖南大部分地区被纳入到长江流域主产区。在国家“两屏三带”为主体的生态安全战略格局中，湖南湘西、湘南地区纳入南方丘陵山地带范围，进入武陵山片区生物多样性及水土保持生态功能区、南岭山地森林及生物多样性生态功能区，大湘西地区发展与扶贫纳入国家区域发展战略，这为湖南实现富民强省带来了良好的发展机遇。一要深刻把握湖南在国家层面主体功能区的功能定位，以更加开阔的视野、更加战略的眼光，主动融入国家主体功能区寻找新的发展机遇，特别是对长江中游地区“金三角”给予更多的关注。站在国家主体功能区层面加强对策研究和项目策划，力争把国家关于主体功能区的政策用好用活用足。二要按照全国主体功能区规划的要求，深入研究湖南主体功能区的发展思路，编制省域主体功能区规划及相关专项规划，出台相关政策，实行分类指导和

分类评估，支持各功能区立足特色，强化功能，实现集约发展、协调发展和优化发展，特别是要加快制定洞庭湖生态经济圈发展规划，研究出台具体实施措施和方法。环长株潭城市群要全面推进新型工业化、新型城镇化、农业现代化、信息化，增强产业和要素聚集能力，力争把环长株潭城市群打造成全国重要的先进制造业基地和具有国际品质的现代化生态城市群，成为中部地区崛起的重要增长极，增强对湖南经济发展支撑和对周边地区的辐射带动作用；湘南地区要进一步加快开放开发步伐，夯实综合交通体系和社会化服务体系基础，重点对接粤港澳、北部湾经济区和东盟自由贸易区，提升合作层次和水平，大力发展加工贸易、资源深加工、农产品加工等产业，加强生态环境保护，提高生态产品供给能力，把湘南地区打造成对外开放的引领区、产业承接的先导区和新的经济增长极，努力成为全省新的经济增长极；大湘西地区要深入实施新一轮扶贫开发，抓住武陵山片区区域发展与扶贫攻坚试点机遇，重大项目和优惠政策给予适当倾斜，扶持老、少、边、山、库区发展，大力改善基础设施条件，加强生态建设和环境保护，发展生态旅游和民族文化旅游，增强自我发展能力，打造大湘西生态文化旅游经济带。三要在主体功能区框架内扶持县域经济加快发展，改善县域基础设施和基础条件，加快县域城镇化进程，增强县城或县级市的承载能力和吸纳能力，同时根据资源禀赋，大力发展县域特色产业，发展壮大一批县域支柱产业和骨干企业，培育发展一批特色鲜明的经济强县，促进一批县城或县级市发展成为非农人口超过 20 万的中等城市，成为推动区域经济发展的新增长极。

（五）加强就业和社会管理创新，促进社会和谐稳定

1. 探索经济转型期的就业增长新模式

一是发掘新的就业增长点。传统产业转型升级要兼顾劳动密集和技术密集相结合，稳定就业容量；大力发展战略性新兴产业和现代服务业，扩大就业空间；加快推进创业型城市试点建设，推动创业带动就业；完善优惠政策，将减税规模、扶持力度与企业在稳定和增加就业方面的贡献挂钩，鼓励和支持中小微型企业吸纳就业；推动新型城镇化拉动就业。二是促进就业转型，解决就业结构失衡问题。建立城乡就业组织和区域劳动力调剂机制，实现要素的合理流动；开展普惠型职业培训，解决好人力资源开发和就业能力提升问题；转变就业发展方式，

大力促进柔性就业、绿色就业和体面就业。三是完善公共就业服务体系。加强基层公共服务平台建设，积极主动地为大学生、农民工等提供创业就业咨询服务；制定和完善吸引大学生到基层、企业和边远地区就业的各项政策和配套措施，并使之落到实处；正确引导大学生、“新生代农民工”等求职群体转变就业观念，切实提升自身素质和技能；提高对就业困难群体的安置能力，进一步加大公益性岗位开发力度，强化城乡就业困难人员的帮扶培训，妥善解决城镇化进程中农民变市民后的就业问题。四是挖掘劳动力供给潜力，缓解“用工难”问题。在进一步吸引外出农民工返乡务工的同时，挖掘留守妇女、老人等潜在闲置劳动力，鼓励企业创新用工模式，到“村头”建厂招工，将农村闲置建筑改造成车间，把初加工环节转移到村里的代工点，条件允许的企业还可按量计酬，允许白天要照顾老人、小孩的妇女晚上回家工作，这样既解决了企业用工的问题，也为留在家中的农村劳动力提供了就业机会，充分释放劳动力本地供给潜力。

2. 进一步完善城乡社会保障体系

要不断完善社保制度，提高医疗、失业、工伤、生育保险统筹层次，扩大社保覆盖面，逐步提高社保水平，完善社保待遇与物价上涨的联动机制，缓解物价上涨对低收入群体冲击。扎实推进城乡居民养老保险全覆盖，未启动城镇居民社会养老保险试点的县（市、区）要尽快完成数据采集和登记参保信息，力争年内发放养老金，继续提高企业退休职工养老保险待遇，妥善解决历史遗留问题。实现新型农村合作医疗保险全覆盖，加快推进城镇居民基本医疗保险，全面解决国有关闭、破产企业退休退养人员医疗保障问题，减少社会不稳定因素。继续推进医药卫生体制改革，进一步提高基本公共卫生服务水平。建立健全面向全体群众适度、普惠的社会福利公共服务体系，加强城乡社会救助服务。加快城镇保障性住房建设，加强督查，充分落实保障性住房土地供应，适当时候可考虑将廉租房、公租房和经济适用房实施并轨运行，统一规划建设、资金使用和分配管理。

3. 加强创新社会管理

提高领导干部善待善用善管媒体的能力、应急管理能力和做群众工作的水平，切实改进作风，密切党同人民群众的血肉联系；不断改善民生，提高服务群众的水平，提高人民群众的满意度。强化基层自治管理创新，提高城乡基层组织自治和服务功能。加大对社会组织的培育和扶持力度，发挥社会组织在社会管理中的积极作用。加大信息化在社会管理创新中的应用，提高社会管理服务的效率。加快推进法制湖南建设，加强社会管理的综合治理，加强社会矛盾隐患排查和风险评估，完善群众诉求表达机制、社会矛盾调解机制、社会舆论引导机制、社会心理疏导机制，加大对损害群众利益行为的问责力度，努力把各类社会矛盾化解在基层和萌芽状态，从源头上预防和减少社会矛盾，确保社会和谐稳定。

综　合　篇

Comprehensive Reports

B.8

2011 年湖南经济形势分析及 2012 年展望

胡衡华*

一　2011 年湖南经济社会发展基本情况

2011 年，在省委、省政府的坚强领导下，在省人大的监督支持下，全省上下成功应对国际金融危机的持续冲击，努力克服物价高企、资金趋紧、能源制约"三碰头"的严峻挑战，大力推进"四化两型"、"四个湖南"建设，完成了省十一届人大五次会议确定的目标任务，实现"十二五"良好开局。

（一）强化保障供给，经济运行达到较好预期

严格政府工作报告分工责任制，多措并举调控物价、全力以赴调煤保电、千方百计筹措资金，牢牢把握经济工作的主动权。增长速度虽有所放缓，但没有出

* 胡衡华，湖南省发展和改革委员会主任。

现大幅下滑，2011 年实现地区生产总值 19635.19 亿元，比上年增长 12.8%。物价涨势得到有效遏制，回落至 5.5%，与全国基本持平，但高于预期 1.5 个百分点。经济质量和效益大幅提升，2011 年财政总收入增长 31%，规模工业企业利润增长 43.9%。

（二）注重有扶有控，转型升级步伐明显加快

农业方面，粮食又获丰收，生猪、蔬菜等大宗农产品稳定增长，产业化加速推进，新增省级以上龙头企业 167 家，农产品加工业销售收入增长 21.9%。工业方面，传统产业加速升级、高耗能行业得到有效抑制。规模工业增加值增长 20.1%，高技术产业增长 32.4%，信息产业跨入千亿元行列。服务业方面，在旅游、文化等生活性服务业稳定增长的同时，物流、金融等生产性服务业蓬勃发展，占比达到 46%，提高 1 个百分点。

（三）狠抓项目建设，投资总量突破万亿元大关

大力实施“三个一”重大项目行动计划，坚持“一月一调度、一季一讲评”，各地抓项目、促发展氛围空前浓厚。2011 年，完成固定资产投资 11431.48 亿元，增长 27.9%，对经济增长的贡献率超过 65%。建设资金得到较好保障，积极争取中央支持，努力扩大信贷规模，着力提高直接融资比重。2011 年货币、资本市场实现融资 2882.96 亿元。投资结构出现积极变化，非国有投资占全部投资比重接近 70%；工业投资占全部投资比重达到 42.2%，高于往年 7 个百分点左右。一批关系国计民生的重大项目取得积极进展，黄花机场新航站楼、超算中心一期主机系统投入运行，4 条高速公路建成通车，农网改造升级、气化湖南开始启动，湘江综合枢纽、广汽菲亚特等进展加快，涔天河水库扩建等抓紧开工准备。同时，消费需求稳定扩张，社会消费品零售额增长 17.9%。

（四）坚持统筹协调，区域发展整体纳入国家战略

长株潭城市群，获批国家级信息化和工业化融合试验区，湘江流域重金属污染治理方案获国务院第一个批准实施，加大生态绿心立法保护，核心增长极作用和“两型”示范作用进一步增强。大湘南地区，正式获批为国家级承接产业转移示范区，2011 年承接产业转移和实际利用外资占全省比重均超过 30%。大湘

西地区，新十年扶贫开发正式启动，31 个县（市、区）纳入国家武陵山片区扶贫攻坚试点。

（五）突出民生优先，人民生活得到较好改善

2011 年，出台实施保障和改善民生实施纲要，9 个方面的 32 项为民办实事项目完成或超额完成。就业形势稳中向好，新增城镇就业 71.6 万人、农村新增劳动力转移就业 82.67 万人；城镇居民人均可支配收入 18844 元，农民人均纯收入 6567 元，分别增长 13.8% 和 16.8%。保障性住房提前完成目标，共开工 46.6 万套，基本建成 22.7 万套。11.4 万户农村危房改造验收交付。社会保障面继续扩大，养老保险试点覆盖 96 个县（市、区），新农合和城镇居民医保参保率分别达到 97.2% 和 95%。教育、科技、文化等社会事业取得新的成效。

（六）深化改革开放，发展后劲进一步增强

坚持把改革开放作为增强湖南后发优势的关键环节来抓。“两型”综合配套改革、省属国企、省直管县财政体制、医药卫生体制、集体林权制度等各项改革不断深入，在全国率先启动了水利综合改革试点。开放型经济全面发展，2011 年完成进出口总额 190 亿美元，增长 29.6%；新引进世界 500 强企业 8 家，为近年来最多；实际利用外资居中部第一。出台《法治湖南建设纲要》，省人大组织开展长株潭城市群“一条例一决定”执法检查等，行政效能进一步提升，发展环境更加优化。同时，创新型湖南建设成效明显，2011 年取得 800 多项科技成果和 16000 多件授权专利。

二　2012 年经济发展环境的判断和把握

对于 2012 年的国内外形势和宏观经济政策取向，可从以下方面加以把握。

（一）金融危机远未结束，国际环境难以明显好转

各类风险因素还在进一步增多，复苏的不确定性不稳定性上升。一是欧元区债务危机持续发酵。从欧元区边缘国家向核心国家扩散，从公共财政领域向银行体系扩散，旧疾新伤相互交织。二是增长动力明显减弱。主要发达国家居民消费

能力下降、失业率居高不下，新兴市场国家通胀压力不减、政策刺激受限，传统产业过剩矛盾突出，新兴产业主导尚待时日。三是贸易保护主义愈演愈烈。各国在能源资源、金融改革、货币汇率等方面分歧加大、摩擦增多，大宗商品和金融市场震荡加剧，制约世界经济整体复苏。

（二）国内经济下行压力加大，调控政策倾向积极

整体呈现“五落一升”的态势，工业、出口、投资、制造业采购经理指数、工业品出厂价格回落，部分大中城市失业率上升。面对复杂严峻形势，中央经济工作会议释放出一些新的政策信号。一是总体基调稳中求进。宏观调控由“防通胀，调结构，保增长”调整为“稳增长，调结构，防通胀”，把保持经济平稳增长放到首要位置。二是财政政策更加积极。2012 年，将增发地方债 500 亿元，增加中央预算内投资 200 亿元，主要用于保障性住房和在建项目建设。着力实施结构性减税，支持小微型企业发展，加快化解地方政府存量债务。三是货币政策突出灵活性。由“积极稳健、审慎灵活”调整为“总量适度、审慎灵活、定向支持”，由注重收缩流动性转变为明确提出货币总量调控不宜再紧，保持社会融资规模合理增长。

（三）省内经济增长制约增加，但仍处于重要战略机遇期

目前，湖南正处于快速发展的上升期，与国际经济的低迷期、国内经济的加快调整期相遇，市场空间争夺加剧，资金、能源保障压力越发突出。湖南省通过这些年努力，加快发展的基础进一步坚实。一是社会需求处在旺盛期。工业化、城镇化快速发展，孕育的投资、消费潜力巨大。二是产业升级处在活跃期。新兴产业快速成长、传统产业不断升级，效益和潜力将集中释放，自主增长动力不断增强。三是区域发展处在机遇期。长株潭“两型”示范、湘南产业承接带动、武陵山片区协作开发，区域发展活力迸发。加上新一届党委换届到位，各地抓发展、上项目、开新局的劲头更足。

三　2012 年湖南经济和社会发展主要任务

做好 2012 年经济工作，要坚持“稳中求进”的总基调，在稳增长、稳物价、稳大局的同时，力争转方式、惠民生、促改革取得新的进展；紧紧围绕省十

次党代会“两个加快”目标要求，全面推进“四化两型”建设；抢抓危中之机，迎难而上，实现做大经济总量、提高人均均量、提升经济运行质量“三量”齐升。按照省委、省政府的总体要求和任务部署，经济工作突出把握以下几个重点。

（一）加强重大项目建设，有效扩大投资规模

一是保在建、促开工、抓前期。全力推进1.5万个在建项目，特别是520个“三个一”结转续建项目建设，确保尽快建成投产。有序启动一批“十二五”规划项目，逐月、逐项推进，确保按期实施。抓紧一批前期项目的规划论证，完善相关条件，促使尽快落地。二是破瓶颈、拓融资、保用地。全力争取中央资金，加大内联引资和利用外资工作力度，积极争取银行信贷支持。特别是大力拓宽直接融资渠道，积极培育扩大企业债，吸引保险资金、社保基金“两金入湘”，创新公共基础设施融资模式，通过股权转让、合作等方式，盘活地方政府优质存量资产。认真落实国家鼓励和引导民间投资发展的“新36条”，进一步激活社会投资。优化用地结构，加快闲置地清理，加快土地周转使用，力争“三个一”项目应保尽保。三是抓重点、打基础、促民生。围绕新型工业化，重点支持战略性新兴产业、重大技改和承接产业转移项目，计划投资5900亿元；围绕基础设施，重点支持交通干线、水运枢纽、能源通道、信息网络、市政工程等建设，计划投资2600亿元；围绕民生改善，重点支持保障性住房、农林水利、生态环保等建设，计划投资1300亿元，确保2012年保障性住房新开工38.77万套，竣工15.15万套。

在保持投资较快增长的同时，积极扩大消费。加快收入分配制度改革，合理增加城乡居民收入特别是低收入群体收入，提高居民消费能力；鼓励旅游、健身、文化、家政和养老消费，培育新的消费热点；完善城乡流通体系，落实产品质量安全责任制，切实优化消费环境。进一步稳定外需，优化出口产品结构，加大先进设备、高新技术引进。

（二）加快新型工业化提质升级，稳步增强整体竞争力

一是加快构建多点支撑的产业发展格局。继续实施重点产业振兴投资专项，抓住技术改造和兼并重组两个重要环节，改造提升“两符三有”传统产业，推

动向价值链高端集聚。高度重视汽车、消费类电子、食品工业发展，全面落实战略性新兴产业相关规划和政策措施，启动战略性新兴产业示范基地建设。二是着力扶持企业发展。对大企业大集团，继续实施一企一策，鼓励做大做强主业。对中小企业，完善信用担保、风险补偿等机制，拓展创投基金、集合债、企业债等融资渠道，推动建立一批公共服务平台。三是加强产业园区建设。进一步提升省级以上园区产业层次，加快工业集中区整合提质，构建特色鲜明、功能完善、分工协作的产业园区体系。四是着力加强技术创新。集中建设一批创新平台，实施一批科技专项，推动组建创新联盟，提高科技成果转化率。

（三）加快发展现代农业，进一步巩固农业基础地位

一是加强大宗农产品供给保障。全面落实各项强农惠农富农政策，实施新增46亿斤粮食工程，积极扶持蔬菜、生猪、水产品等“菜篮子”产品生产，努力保障市场供应。二是扶持农业园区发展。重点围绕粮食、畜禽、果蔬等8大主导产业，推进集中连片、专业化、规模化发展，推动形成区域性专业生产带。集中打造知名品牌，培植龙头企业，发展合作组织，提升产业化水平。三是突出农村生产生活条件改善。抓住国家大兴水利机遇，做好“一湖四水”堤防加固和大型灌排泵站更新改造，加快中小河流治理，全面启动新一轮小型水库除险加固，推动衡邵干旱走廊治理。整合支农资金，加强农村电网、乡村道路、饮水安全、清洁能源、信息通信等基础设施建设，改善农村居住环境。

（四）加快发展现代服务业，进一步扩大服务业总量

一是营造良好政策环境。全面落实鼓励类服务业用水、用电、用气与工业同价政策，深入推进各项改革试点工作。落实国家促进物流业发展的政策措施，切实减轻物流企业税收负担。二是重视培育新业态。培育服务业龙头企业，鼓励制造业分离发展服务业。大力发展会计咨询、研发设计、电子商务等生产性服务业，全面提升商贸集聚区、社区服务连锁等生活性服务业。突出强化衍生制造，壮大文化、旅游特色产业。三是加强服务业平台建设。组织实施好高技术服务产业化专项，建设一批省级国际服务外包示范区，构建物联网、信息网等信息平台。

（五）加快推进新型城镇化，培育经济增长的新动力

一是高度重视县城和中心镇的发展。尽快研究出台加快县城发展的指导意见，在集中抓好重点示范镇建设的基础上，加快建设一批特色名城、商贸重镇。二是提高城镇产业聚集能力。没有产业就无法做大城镇，没有城镇就无法聚集产业。积极创造条件，支持每个县城建好一个园区，立足资源禀赋，积极承接产业转移，促进与区域中心城市的产业配套，形成县域经济和园区发展的良性互动。三是着力提升城镇综合承载能力。加强公共交通、水电气热、医疗卫生、文化教育、污染防治等设施建设。推进农村劳动力就近就地转移，探索建立转户的常态机制，推动城镇社会保障、医疗卫生、教育文化等公共服务覆盖到农民工。

（六）统筹推进区域发展，强化板块发展的内生动力

一是环长株潭城市群。强力推动第二阶段改革建设，突出由制度层面带动实践层面，确保专项方案和专项规划落实；突出由生产层面转向生活层面，加快两型理念由产业领域延伸到建筑、交通、消费、民生等领域；突出由城市群扩至全省，加快既有试点经验推行。二是湘南地区。以获批国家级承接产业转移示范区为契机，加快综合交通体系、社会化服务体系建设，创新体制机制，深化区域合作。三是大湘西地区。把新一轮湘西开发和新十年国家扶贫攻坚试点工作结合起来，突出旅游产业和特色产业发展；加大扶贫开发力度，重点抓好武陵山和罗霄山片区区域发展与扶贫攻坚，把各项扶持政策落实到具体项目、落实到每个户头。此外，抓紧研究环洞庭湖生态经济圈发展规划，提升湖区发展的核心竞争力。

（七）强化能源保障供给，下大力气抓好节能减排

一是加强煤、电、油、气、运的保障能力建设。对接大型中央能源企业，加快气化湖南、农网改造等工程建设；推进电源点、输送通道、储备基地等项目进度，有序发展生物质能、风能等可再生能源。完善建立调煤保电的长效机制，着力拓宽煤源市场和运输渠道。二是突出重点领域节能减排。启动万家企业节能低碳行动，开展重点用能单位能耗在线监测体系建设试点。大力发展绿色节能建筑，实施节能产品惠民工程。加快湘江流域重金属污染治理、农村面源和重点流

域水污染治理，加强城镇污水、垃圾处理设施建设和运营管理。积极推广循环经济典型模式示范，加强城市矿产示范基地、餐厨废弃物利用试点、再制造示范基地建设。三是建立健全节能减排长效机制。抓紧出台能源消费总量控制实施方案，严格实施固定资产投资项目节能评估和审查制度。建立能效领跑者制度，推动企业技术进步。编制温室气体排放清单及应对气候变化规划，分解落实碳减排指标。严格考核奖惩机制，推进绩效管理。

（八）加快推进重点民生工程，进一步提升全民幸福感

一是多渠道扩大就业。加大对高校毕业生等重点群体就业扶持，加强农民工就业培训，支持自主创业。二是健全社会保障体系。力争新农保和城镇居民养老保险基本实现全覆盖。逐步提升社会保险统筹层次，稳步提高参保人员待遇水平。继续实施与物价上涨挂钩的社保联动机制，保障低收入群体基本生活。三是促进教育、卫生事业发展。加快普及学前教育，完善特殊教育，推动义务教育均衡发展，构建职业教育骨干体系，提升高等教育质量和创新水平。深化基层医疗卫生机构综合改革，加快县级公立医院综合改革试点步伐，推进医疗卫生服务体系建设。四是推进文化大发展大繁荣。引导深化公益性文化事业单位改革，大力发展文化产业。实施文化惠民工程，推动文化资源向基层、农村倾斜。五是加强和创新社会管理。强化以社区为核心的基层社会管理服务平台建设，完善社会治安、安全生产、应急管理体系，妥善解决群众合法、合理诉求，维护社会和谐稳定。

B.9

2011年湖南财政运行情况及2012年展望

史耀斌*

一　2011年湖南财政运行情况

2011年是“十二五”规划的开局之年。全省各级财政部门深入实践科学发展观，坚决贯彻落实中央和省委、省政府的决策部署，充分发挥财政职能作用，围绕中心，服务大局，奋力拼搏，扎实工作，实现“十二五”财政工作开好局、起好步的目标。全省完成财政总收入2460.66亿元，比上年增加581.95亿元，增长30.98%，其中地方一般预算收入1456.12亿元，增加374.43亿元，增长34.62%；上划中央收入1004.54亿元，增加207.52亿元，增长26.04%。完成财政总支出3465.84亿元，增加763.36亿元，增长28.25%。

（一）全力支持和促进经济平稳较快发展

为应对紧缩的宏观经济环境，各级财政部门主动转变观念，采取有效措施，努力筹集资金，积极服务和支持全省经济发展。一是控制物价上涨。大力支持粮食、生猪等生产能力建设，保持粮食连续8年增产，保障了大宗基础农产品的有效供给。免收鲜活农产品运输车辆通行费，开展收费公路专项清理，加强储备物资市场调控。启动实施社会救助和保障标准与物价上涨挂钩的联动机制。二是扩大财政投融资。为缓解重大工程建设资金紧张的矛盾，省财政筹集资金320亿元，促进交通和保障性安居工程建设。积极引导协调金融机构增加融资平台贷款，仅湖南发展集团股份有限公司、湘铁集团有限公司、省公路建设投资有限公

* 史耀斌，湖南省财政厅厅长。

司获得银行新增贷款就达70多亿元；安排涉农贷款增量奖励和定向费用补贴资金2.03亿元，鼓励金融机构增加涉农贷款；争取国外贷款1.5亿美元，支持重点项目建设。三是推动经济结构调整。省财政安排8亿元引导资金，支持新型工业化、战略性新兴产业发展。统筹整合专项资金1.21亿元，支持“数字湖南”建设，发展现代信息产业。筹措资金1.1亿元，引导优势服务业发展。安排引导资金1亿元，牵头设立文化旅游产业基金，专项支持文化产业发展。统筹安排5.8亿元，支持科技进步和自主创新。专项安排3.1亿元，支持国家超级计算长沙中心建设。筹措资金11.2亿元，支持新能源、节能技术改造、清洁生产和淘汰落后产能等项目建设。安排资金4.2亿元，支持湘江流域重金属污染治理，并开展了长株潭排污权交易试点。同时，通过积极争取，已将长沙市列入全国首批“节能减排财政政策综合示范”试点城市。四是扩消费促开放。认真落实个人所得税工薪所得减除费用标准，并调整税率结构，当年直接减轻中低收入者税负2亿多元。落实对城乡低收入群体的各项补贴政策，增加居民的转移性收入，提高了居民的消费购买能力。省财政共安排家电、汽车以旧换新和家电、摩托车下乡补贴资金29.5亿元，带动家电和汽车、摩托车销售300多亿元。统筹设立3亿元专项资金，支持开放型经济发展。五是扶持企业发展。省财政筹措资金4.09亿元，做好省属国有企业改革扫尾工作。安排奖励资金5000万元，引导银行增加对中小企业贷款，鼓励担保机构提供融资担保。探索财政资金股权投资模式，扩大创业投资引导基金规模，重点扶持了高新技术企业发展。积极做好重大装备企业退免税服务，并为中联重科、三一重工等企业免征关税和进口环节增值税36.2亿元。积极争取将湖南部分重点再生资源回收产品纳入国家资源综合利用增值税优惠目录，促进资源综合利用企业的发展。

（二）大力扶持和服务“三农”

各级财政部门心系“三农”，积极将公共财政资源向“三农”倾斜分配，促进了城乡协调发展。一是支持粮食生产。认真落实种粮补贴政策，2011年全省安排粮食直补、良种补贴、农资综合补贴和农机具购置补贴资金67.4亿元。安排奖励资金14.24亿元，调动粮油生产大县和粮食生产先进县生产粮食的积极性。安排资金1亿元，实施粮油“千亿产业工程”，推进粮油产业发展。积极争取中央取消4.7亿元湖南粮食风险基金配套资金，并增加粮食风险基金规模

4.44亿元，一次性消化粮食政策性财务挂账66.6亿元。二是大力支持水利建设。大幅度增加财政水利投入，重点支持病险水库除险加固、农村安全饮水、中小河流治理、小型农田水利等水利项目建设，推动了水利改革与发展。据初步统计，全年各级财政水利投入达到149.25亿元，增长55.4%，其中省本级投入26.15亿元，增长80.8%。三是支持农业产业化。统筹农业综合开发、现代农业生产发展资金18亿元，集中支持了优质稻、生猪、柑橘、油茶、蔬菜、茶叶等优势特色产业发展。统筹安排资金1200万元，支持现代种业发展。四是加大扶贫开发投入力度。各级财政安排扶贫资金15.65亿元，增长19.64%。以武陵山区、罗霄山区为重点，以湘西自治州为主战场，在全国率先开展对少数民族地区高寒山区进行扶贫解困试点工作。全面落实移民后扶政策，省财政安排移民后扶资金14.5亿元，努力改善移民生产生活条件。五是完善农村社会化服务体系。省财政安排资金1亿多元，支持发展农民专业合作组织和农村现代物流网络建设。扩大农业保险范围，2011年省财政安排农业保险保费补贴达到10.22亿元。安排资金4300万元，支持农村金融服务体系建设。六是加大农村综合改革力度。全面推进乡镇机构改革，着力转变乡镇政府职能、控制机构和编制，做好乡镇富余人员分流安置和生活保障工作。集体林权制度主体改革已全面完成，配套改革正积极推进。扩大“一事一议”财政奖补范围，奖补资金达到15.5亿元，受益行政村由33%扩大到50%，直接惠及2500多万农民。稳步推进农村义务教育及其他债务化解工作，已化解债务17亿元，基本完成了农村义务教育债务化解任务。有序推进乡村干部垫交农业两税债务清理化解工作。巩固村级组织运转经费保障机制，全面实现村均运转经费4万元的目标。

（三）着力保障和改善民生

各级财政部门把民生支出作为安排重点，更加注重保障和改善民生，彰显了公共财政的民生民本特色。一是加大民生投入力度。据初步统计，2011年全省涉及民生的财政支出2274.3亿元，增长30.9%，占财政总支出的比重达到65.6%。其中，教育支出521.59亿元，增长29.39%；医疗卫生支出255.16亿元，增长41.41%；住房保障支出121.99亿元，增长49.22%；社会保障基金补助184.87亿元，增长36.05%。二是扩大民生保障范围。新型农村社会养老保险试点范围由44个县（市、区）扩大到96个县（市、区），并同步启动了城镇居民社会养老保险试点。国家基本药物制度以及农村危房改造已覆盖到所有县（市、区）。支持建立社区运转和办公用房保障制度。扩大农村计划生育家庭奖励扶助范围，免费开放美术馆、公共图书馆、文化馆（站）等“三馆一站”。启动实施高校化债和生均提标、学前教育发展等财政扶持政策。三是提高民生保障标准。2011 年，省财政增加资金投入 60 多亿元，提高了 10 多项政策的补助标准。其中，企业退休人员基本养老金连续 7 年提高，月人均水平由 2005 年的 570 元增加到 2011 年的 1290 元左右；全省新型农村合作医疗、城镇居民医保的人均财政补助标准由 120 元提高到 200 元；基本公共卫生服务人均补助由 17.5 元提高到 25 元。四是完善民生保障机制。完善就业扶助机制，着力支持以创业带动就业，增强社会就业容纳能力。完善基本医疗保障制度，稳步推进基层医疗卫生机构综合改革，增强了公共卫生服务能力。完善城乡义务教育保障机制，针对农村义务教育薄弱启动学校改造计划，支持城区义务教育学校扩容改造，促进了城乡义务教育均衡发展。健全社会保障体系，完善城乡养老保险制度，提高城乡低保补助水平，加大社会救助力度，保障了困难群体的基本生活。

（四）努力深化和完善财政改革

推进预算制度改革，继续完善部门预算，启动省本级国有资本经营预算。全面取消预算外资金，将政府性收入纳入财政管理。按照保障与激励相结合的原则，构建了“6+2”的财力性转移支付体系，加大对市县的财力性转移支付力度。2011 年，省财政安排市县转移支付资金 1451.3 亿元，增长 18.8%。深化国库集中支付改革，实施范围已覆盖大部分市县。积极推进公务卡结算制度改革，全省公务卡发卡量达到 110 万张。全面清理整顿财政专户，减少了财政资金安全隐患。省财政安排资金 8.7 亿元，提高基层政法单位经费保障能力，巩固了政法经费体制改革成果。深化政府采购改革，积极推进协议采购、合同采购和电子化政府采购，认真做好公务车辆定点维修、应对《政府采购协定》（GPA）谈判等工作。2011 年，全省政府采购规模达到 246 亿元，节约支出 34 亿元，综合节支率达到 12.14%。

（五）强力推进财政科学化精细化管理

加强法治财政建设，出台了《湖南省国有资源有偿使用收入管理办法》、

《湖南省水利建设基金筹集使用管理办法》等重要财政法规制度，推动了《湖南省国有产权交易管理办法》、《湖南省车船税实施办法》的立法进程，广泛有效地开展财政普法宣传教育活动。积极稳妥推进预算公开，省级已公开 50 项重大民生专项资金，并在 4 个省直部门和 2 个市县开展了预算公开试点工作。采取专项资金限时办结等措施，开展结余资金清理，加快了预算执行进度。建立省直部门正常运行经费保障机制，提高了省直部门预算经费保障水平。推进预算绩效管理，制订管理办法，开展重点项目绩效评价。加强非税收入管理，坚持依法征收、应收尽收、纳入预算、统筹安排、规范管理，完善非税收入年度预算编制，在省本级全面启动非税收入执收成本核定工作，并将非税收入执收工作列入了政府绩效考核的内容。2011 年，全省纳入一般预算管理的非税收入达到 549.98 亿元，增长 56.75%。加强彩票销售管理，全年彩票销售收入达到 64 亿元，增长 49.5%。全面强化财政监督，加强监督机构建设和力量配备，组织开展全省会计信息质量、财政收入质量和企业职工基本养老保险基金等重大专项监督检查；深入开展“小金库”专项治理，顺利完成三年集中整治任务，建立和完善防治“小金库”的长效机制。全面开展省级行政事业单位资产清查，摸清了底数，截至 2010 年年底，省级行政事业单位资产总量达到 2459.77 亿元。加强会计管理，制订会计人才发展规划，认真组织会计考试和职称评审，加强会计行业监管，促进注册会计师、资产评估机构诚信执业和做大做强。加强财政投资评审，出台全省财政投资评审管理的指导性意见，拓宽了财政投资评审范围。全年完成评审项目 2.1 万个，审查金额 782.67 亿元，审减率 20.99%。强化乡村财政财务精细化管理考评和乡镇财政资金监管，开展标准化财政所创建活动，加大乡镇财政干部培训力度，乡镇财政“两基”建设进一步加强。积极推进财政信息化建设“三年行动计划”，省与市（州）本级已全面完成了应用支撑平台一期建设，全省财政视频会议系统也已开通使用。

二　2012 年湖南财政工作目标和重点

准确把握经济社会发展形势，是谋划和做好财政工作的基本前提。总的来看，做好 2012 年财政工作的有利因素较多：中央继续实施积极的财政政策和稳健的货币政策，特别是强调采取适时适度、预调微调的灵活措施，有利于缓解紧缩的宏观经济环境；湖南正处于快速发展的上升阶段，深入推进调结构、转方式，经济增长的内生动力逐步增强；大力实施“四化两型”战略，建设一批基础好、后劲足的重大项目；环长株潭、湘南、大湘西三大经济板块和武陵山片区、罗霄山区扶贫开发相继进入国家战略层面；等等。同时，也要清醒地看到，湖南财政经济运行面临的制约因素也不少：资源环境约束趋紧，要素制约仍然突出，发展方式仍然粗放，经济增长存在下行风险，特别是结构性减税和房地产调控政策，将集中形成叠加的减收效应；加大教育、医疗卫生、社会保障等民生事业的投入力度，保障交通、水利、保障性安居工程等重大项目的资金需求，偿还地方政府债券本息等，财政支出压力较大。因此，要对各种困难考虑得更加充分一些，要把应对措施准备得更加全面一些，既不能盲目乐观，更不能畏难等待。要有强烈的危机意识和进取意识，以创新的思维和创新的理念，破除发展制约，推动工作前行。

根据省委、省政府的总体部署，结合对财政形势的综合判断，2012 年财政工作的指导思想是：深入实践科学发展观，认真贯彻中央和省委、省政府重大决策部署，落实积极财政政策，充分发挥职能作用，着力支持稳增长、调结构，培育经济自主增长机制，促进经济又好又快发展；着力保障和改善民生，推进基本公共服务均等化，切实增进民生福祉；着力推进财政改革，完善体制机制，不断提高财政管理水平，为推进“四化两型”、加快科学发展、实现富民强省提供有力的财力支撑。

按照上述指导思想和积极平衡理念，2012 年全省财政总收入增幅按 13% 安排，达到 2780.6 亿元，其中地方一般预算收入 1645.4 亿元，上划中央收入 1135.2 亿元。

（一）把稳增长作为重要任务，主动服务经济发展大局

稳中求进是 2012 年经济工作的总基调，2012 年财政工作的一大重要任务就是促进经济平稳增长。一是落实结构性减税政策。落实提高增值税、营业税起征点政策。实施对小型微利企业所得税优惠政策。扎实做好营业税改征增值税的准备工作。实施新的车船税税额标准。落实国家房地产税收调控政策，稳步推进存量房评估纳税。对蔬菜的批发和零售免征增值税。清理取消不合理、不合法的涉企收费项目，免征小型微型企业 32 项行政事业性收费。二是支持重大项目建设。

保持适度的财政投资强度，积极争取中央代发行地方债券的额度，重点支持水利、交通、保障性住房、教育文化、节能减排和生态建设等重大工程项目建设，保持投资对经济增长的拉动作用。落实调煤保电财政奖补政策，缓解能源供应矛盾。三是扩大消费需求。认真落实各项惠农补贴政策，实现新型农村社会养老保险和城镇居民社会养老保险制度全覆盖，提高城乡低保、企业离退休人员基本养老金水平，增加居民转移性收入。积极培育特色旅游、文化产业等新兴消费热点。大力支持商贸流通体系建设，努力改善消费环境。支持扩大网上购物、在线交易等新型消费方式。四是促进开放型经济发展。充分发挥开放型经济发展专项资金作用，支持开放型经济发展主要领域的重要平台搭建、重点项目建设、重大活动开展。大力支持湘南承接产业转移示范区建设，加快会展经济和现代物流发展，推进综合保税区、出口加工区、电子口岸等建设。积极争取国外贷款，加强国外贷款管理，完善还贷准备金制度。

（二）把调结构作为长远之计，着力培育经济增长内生动力

调结构是转变经济发展方式的必然要求。要充分发挥财政在促进结构调整中的主导作用，增强经济发展的后劲。一是提高科技创新能力。加大科技资金投入，创新科技资金投入方式，支持构建多元化的科技投入体系。调整优化科技支出结构，重点支持科研基础设施、关键技术攻关、科研成果转化和知识产权保护项目。二是推进产业结构转型升级。发挥新型工业化资金的引导和带动作用，重点支持优势企业和产业集群发展。创新战略性新兴产业引导资金管理，着力支持电子信息、生物医药、新能源、新材料等新兴产业发展。整合企业技术改造等专项资金，推动传统产业转型升级。继续支持重点园区建设，加快县域经济发展。增加旅游产业资金投入，支持旅游产业提质升级。三是推进“两型社会”建设。加大支持长株潭城市群“两型社会”综合配套改革试验区建设的力度。继续加强节能减排重点工程建设，推进重点领域节能，促进淘汰落后产能。深入推进节能产品惠民工程，建立节能环保产品推广的长效机制。加大财政“以奖代补”政策的实施力度，推动能源清洁化利用。完善节能减排的政府采购政策，加大绿色政府采购力度。支持重金属污染防治，加强对城镇污水处理设施配套管网建设，继续完善排污权交易有偿使用试点。推进农村环境综合治理，支持森林生态公益林建设，巩固退耕还林成果。

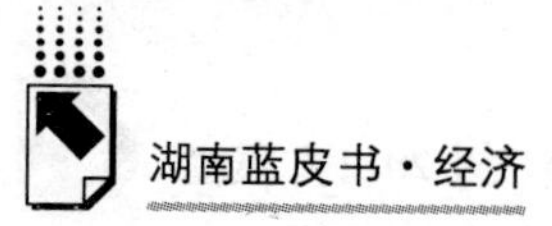

（三）把惠“三农”作为关注重点，大力推进农村改革发展

要继续完善和强化支农政策体系，发展和繁荣农村经济。一是加强农业综合生产能力建设。全面落实加快水利改革发展的各项政策，继续加大水利建设投入，改善水利基础设施条件。依托农业综合开发，大力推进中低产田改造，在52个粮食主产县全面推行高标准农田建设。整合支农资金，围绕优势特色主导产业，推进优质农产品基地建设。培育壮大农业产业化龙头企业，大力发展农产品精深加工。完善农村流通体系。二是促进农民增收。完善惠农补贴政策体系，加强补贴资金发放管理，确保补贴资金落实到位。加强农民就近就地就业培训，提高农民生产技能和转移就业能力，拓宽农民就业渠道，促进农民转移就业。三是完善农业发展支撑体系。大力扶持农民专业合作组织发展。加强农业技术推广、动植物疫病防控、农产品质量监管、农村金融等公共服务机构建设。支持农村公路建设，推进农村公路养护社会化试点。强化农业保险功能，取消种植业保险承保面限制，完善巨灾风险准备金制度，增强农业防范风险能力。四是深化农村综合改革。全面深化乡镇机构、农村义务教育、县乡财政管理体制和集体林权制度改革。在总结农村义务教育化解债务经验的基础上，稳妥推进清理化解乡村干部垫交税费等公益性乡村债务试点。加大村级公益事业建设“一事一议”财政奖补力度，提高奖补比例和奖补标准，完善村级公益事业民办公助机制。进一步增强村级组织运转经费保障能力。五是加大扶贫开发力度。落实新一轮扶贫纲要要求，大幅增加扶贫投入。在总结凤凰县腊尔山扶贫试点经验基础上，实施连片特困地区扶贫攻坚，着力抓好24个少数民族县高寒山区脱贫解困工作。继续推进特困移民避险解困，改善水库移民生产生活条件。

（四）把保民生作为头等大事，不断增进百姓实惠和幸福感

要把保障和改善民生放在更加突出位置，让人民群众共享改革发展成果。一是促进教育均衡发展。加大教育投入，努力落实中央核定的财政教育投入目标。完善农村义务教育经费保障机制，加快中小学校舍安全工程、义务教育合格学校建设和义务教育薄弱学校改造进度。完善城市义务教育扩容改造长效机制，支持城区中小学扩容改造，提高就学承载能力。加快发展学前教育，实施农村闲置校舍改扩建幼儿园等工程，缓解农村学前教育入园难问题。支持中小学、幼儿园校

车安全建设。落实财政奖补资金，巩固高校化解债务成果，确保完成高校化解债务和生均提标任务。加快推进职业教育办学模式改革，继续提高职业院校经费保障水平。二是推动文化大发展大繁荣。加强广播电视村村通、农家书屋、农民体育健身等农村文化重点工程建设，建立覆盖城乡的公共文化服务体系。推进文化体制改革，加强国有文化企业资产管理，加快经营性文化事业单位转企改制步伐，支持符合条件、有发展潜力的文化企业改制上市。发挥文化产业专项资金的引导作用，重点支持湖南动漫、广电、出版等文化产业做大做强。加大体育事业投入，促进全民健身和竞技体育均衡发展。三是加快医疗卫生事业发展。进一步完善基本医疗保险制度，全面落实政府对新型农村合作医疗和城镇居民医保人均 240 元补助标准。扩大门诊统筹实施范围，提高重大疾病治疗保障水平。全面推进基层医疗卫生机构综合改革，进一步健全补偿机制，强化公共卫生服务的绩效考核。加快推进公立医院改革，在抓好株洲市改革试点基础上，选择部分县级医院开展综合改革试点。完善计划生育利益导向机制，继续实施农村部分计划生育家庭奖励和计划生育家庭特别扶助制度，认真落实城镇独生子女父母奖励办法。四是加强社会保障和就业工作。完善城乡救助制度，提高社会救济能力。完善物价联动机制，适时提高补助标准，保障困难群众生活水平不因物价上涨而降低。继续实施农村危房改造试点和敬老院改扩建。支持实施更加积极的就业政策，进一步落实“七补两贷一扶持”等措施，健全政策扶持、创业培训、创业服务“三位一体”的就业创业服务体系。五是大力支持保障性安居工程建设。加大财政投入和政策支持力度，落实资金来源和税费减免优惠政策。创新财政支持方式，通过投资补助、贷款贴息等方式，吸引银行贷款、社会资金参与保障性安居工程建设。

（五）把改革作为持久动力，加快完善财政管理体制机制

要坚持用改革的思维和办法解决发展中的问题，通过深化改革增强财政体制机制活力，提高财政管理水平。要推进预算制度改革。继续完善财政体制，认真研究解决“省直管县”财政体制改革中的新情况和新问题；进一步完善转移支付制度，加大对县乡基层和困难地区的转移支付力度，促进基本公共服务均等化。深入推进国库集中支付改革，年底前覆盖全省所有预算单位、所有财政资金。扩大预算公开范围，省本级要有序公开部门预决算、“三公经费”和行政经费。加强支出绩效管理，扩大绩效评价范围，在省直单位全面开展预算绩效管理试点。深化政府采购改

革，继续扩大政府采购范围和规模，积极开展政府采购信用担保试点。要支持国有企业和事业单位改革。积极筹措改革资金，认真做好中央下放企业和省属企业改革后续工作，推进厂办大集体改革，落实国有企业职教幼教退休教师待遇。积极稳妥推进事业单位绩效工资改革。要强化基础管理。加强法治财政建设，完善财政法规制度体系，扎实推进财政“六五”普法。加强会计管理，全面启动全省会计领军人才选拔培养工作，推行会计从业资格无纸化考试，加强注册会计师和资产评估行业诚信建设和监督管理。完善行政事业单位国有资产管理制度，严格公务用车管理，规范国有产权交易市场，促进国有资产动态、有序管理。加强乡镇财政管理，稳步提高乡镇基本财力保障水平。加快市县公务员津补贴第二步改革审批步伐。加强财政信息应用支撑平台建设。要严格财政监督。组织开展重大项目资金监督检查，重点加大对民生资金的检查力度。积极探索和推进绩效监督，促进绩效评价与监督工作的有效结合。加强监督成果的运用，提升财政监督的效果。要加强政府债务管理。继续规范地方政府融资平台管理，研究出台加强全省地方政府债务管理的意见，妥善处理存量债务，严控新增债务，着力防范和控制财政风险。

（六）把抓队伍作为根本保障，强化财政事业发展的人才支撑

做好财政工作，必须加强干部队伍建设，努力打造一支政治过硬、业务熟练、作风优良的干部队伍。要不断提高干部队伍的思想政治素质。结合财政工作实际，抓好政治理论学习，强化科学理论武装，增强贯彻执行党的路线、方针、政策的自觉性和坚定性。加强党建工作，继续深入开展创先争优、支部共建和共产党员示范创建活动。要切实转变工作作风。牢固树立群众意识和服务意识，坚持深入实践、深入基层，大兴调查研究之风，努力为人民群众解决实际困难。强化责任意识和勤政意识，不断提高干部队伍的执行力，优质高效地完成好各项工作任务。要继续推进财政文化建设。以社会主义核心价值体系为引领，继续深入推进财政行为文化、财政制度文化、财政精神文化建设，提升财政部门整体形象，增强干部队伍凝聚力。要始终加强党风廉政建设。要以确保财政资金安全和干部廉政安全为目标，建立和完善以学习教育为抓手，以制度规范为根本，以监督管理为保障，以带头自律为第一要求的机关廉政建设机制。强化廉政意识，自觉落实党风廉政建设责任制，严格遵守党员领导干部廉洁从政准则和廉洁自律的各项规定，依法理财，廉洁理财，建立反腐倡廉的长效机制。

B.10

2011年湖南工业和信息化发展形势分析及2012年展望

谢超英*

近年来，随着湖南新型工业化的强力推进，一批具有国际竞争力的大企业和企业集团迅速崛起，一批发展前景看好的中小企业迅速成长，一批具有世界眼光的企业家脱颖而出，全省人民梦寐以求建设工业强省的愿望正在成为现实。工信部最新公布的全国工业发展质量与运行监测评价体系研究成果显示，湖南工业发展质量位居全国第12位，在中部六省处于领先水平。2011年全省规模工业主营业务收入突破2万亿元大关，达25395.64亿元，比上年增长41%；工业对全省经济增长贡献率达56.1%。

2011年是“十二五”开局之年，从湖南工业和信息化发展情况来看，工业经济在外部环境极其复杂的形势下保持了较快增长，产业结构在确保平稳较快发展的前提下实现了持续优化，能源保障在供需矛盾日益突出的困境中做到了总体平衡，“数字湖南”建设在强化顶层设计中取得了积极进展。

一 充分肯定成绩，进一步增强发展信心

（一）看增速，持续保持较好态势

2011年，湖南规模工业实现增加值8122.76亿元，增长20.1%，增幅比全国平均水平高出6.2个百分点。据初步预测，2011年湖南非公经济实现增加值突破万亿元，达到1.1万亿元左右，增长14.5%左右；中小企业实现增加值8156

* 谢超英，湖南省经济和信息化委员会主任。

亿元，增长16.7%。之所以能够保持这种良好势头，得益于强化经济运行调控，重点调度115家企业，举办10多场产业对接洽谈会，举办湖南—甘肃经济合作对接会；得益于深入开展企业服务，帮助解决100个重大问题，帮助企业核定进口免税额度12.32亿美元，协调提高省产药品在湖南基本药物目录中的比重，开通湖南国际汽车产业链综合服务平台，组织签署全国首个工程机械行业自律公约，建立湖南省中小企业融资超市，举办中小企业融资服务对接会；得益于组织开展中小企业管理巡诊等活动，推进工业企业质量品牌建设，推进以质量安全为核心的食品工业企业诚信体系建设；等等。

（二）看结构，优化升级成效显著

传统产业转型转出新天地，新兴产业培育培出新亮点，整个产业结构在日趋优化，运行质量在不断提升，发展后劲在明显增强。截至2011年年底，电子信息产业成为全省工业领域第8个千亿元产业，电工电器产业成为第2个千亿元子产业，岳阳石化产业集群成为第2个千亿元集群，株洲高新区成为第3家千亿元园区，晟通科技、蓝思科技、唐人神跻身百亿元企业行列，全省百亿元企业达到15家。机械产业主营业务收入突破5000亿元，达5873.74亿元，增长45.1%；食品产业实现主营业务收入2920.33亿元，增长43.9%；全年完成新产品产值3100亿元，增长25%，规模工业企业新产品产值率提高到13%。这种厚积薄发的喜人态势，离不开扎实的推进。主要是围绕战略性新兴产业，率先全国制定专门的考核统计体系，出台专门的资金管理奖励措施，成立专门的高规格专家委员会，组织举办银企对接、上市融资、人才供需、项目推进等四大主题活动；围绕企业技术改造，加快传统产业向高端化、两型化方向发展，机械装备、食品、建材等产业综合实力明显提高，建材行业中新型干法熟料比重超过75%，切实完成国家下达的淘汰落后产能任务；围绕企业转型发展，新认定一批省级企业技术中心，突破一批行业关键技术，推动一批具有领先水平的新产品成功投产，中联重科获批国家首批技术创新示范企业，湘计海盾获国家级创新平台授牌，等等。

（三）看项目，推进力度不断加大

以“四千工程”为主要抓手，着力推进项目建设，项目库不断完善，一批

项目纳入省重点建设项目计划，一批重大项目建设实现新突破。比如，通过大力推进技改项目建设，带动全社会完成技改投资 4000 亿元以上，增长 30%，新开工技改项目达 9500 多个，广汽菲亚特乘用车、三一建筑机械技改、蓝思科技显示屏功能玻璃面板生产基地、介面光电等重大项目取得新进展，湘投金天“三钛”项目、光琇干细胞技术产业化、兴业太阳能光伏基地建设等重点项目部分建成投产。又如，通过支持科技成果转化项目 10 个，支持生产企业物流项目 25 个，支持重点节能项目 384 个，支持 18 个中小企业创业基地建设，支持 200 多个中小企业项目建设，对巩固保持良好势头和形成新的增长点发挥了关键作用，作出重大贡献。

（四）看举措，手段方式创新完善

在强化能源供应方面，推动成立省长挂帅的调煤保电工作领导小组，完善各级各部门联动协作机制，发扬“千山万水、千言万语、千方百计、千辛万苦”的“四千精神”，强化省内资源调控，加强省外煤炭调运，组织电厂开辟“海进江”运煤新通道，调煤保电工作取得显著成效。同时，积极主动协调新华社、中央电视台等中央媒体对湖南调煤保电工作进行深度报道，引起中央高度重视，促成国家加快理顺煤电价格机制，加快调整拓宽湖南运煤通道，长期制约湖南产业大发展的能源瓶颈问题将得到有效缓解。在加快信息化建设方面，创新举措推进信息化与工业化融合，《数字湖南规划》发布实施，《数字湖南建设纲要》正式出台，长株潭城市群国家级“两化融合”试验区授牌，13 个省级“两化融合”试验区完成布局，长沙国家超算中心建成开通，全国最大的卫星产业园、国家中小企业信息化公共服务平台（湖南物流分中心）落户湖南。实施企业信息化“登高计划”，1400 家“数字企业”创建目标任务全面完成，全省“两化融合”综合指数达到 0. 512。在凝聚发展合力方面，牵头做好省“推新领导小组”交办的各项工作，成功举办省“加速推进新型工业化十件大事”评选、党代表以及人大代表视察新型工业化等主题活动，在全系统深入开展“勇当‘四化’主力军、争做‘两型’排头兵”调研献策活动，营造了良好氛围，展示了系统风采，提升了对外形象，全系统的凝聚力、战斗力和创造力得到进一步增强。

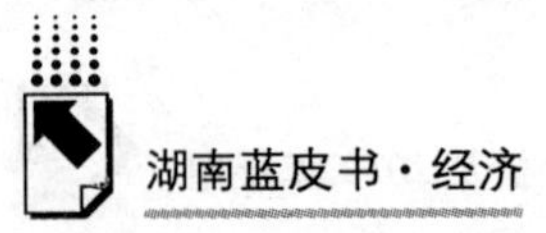

二　明确工作目标，进一步突出发展重点

2012 年全省工业和信息化发展的主攻方向是：紧紧围绕加快实现工业强省目标，加快构建多点支撑产业发展新格局，在继续支持机械装备制造业做大做强，努力打造湖南第一个万亿元产业的同时，大力发展食品、新材料、电子信息、文化创意等优势支柱产业，加快培育新的经济增长点，努力培育未来发展新优势，确保湖南工业经济良好发展势头。

（一）2012 年湖南工业和信息化发展的基本目标

2012 年湖南工业和信息化发展的基本目标是：立足于稳增长，全力确保工业经济平稳较快发展，力争全部工业增加值增长 14%，规模工业增加值增长 16%。立足于调结构，促进全省产业、企业、产品和区域结构优化升级，力争“四千工程”实施取得新的成果，技术改造投资增长 30%，规模工业单位增加值能耗和二氧化碳排放量各下降 4.5%，规模工业单位增加值用水量降低 5%。立足于惠民生，抓中小微企业富民、抓“数字湖南”建设惠民，力争“两化融合”综合指数达到 0.55 以上，中小企业和非公经济增加值分别增长 13.5% 和 14%。立足于强保障，加强调煤保电，加大资金支持和人才培训，确保全省能源和要素平稳有序供应。

（二）2012 年湖南工业和信息化发展的工作重点

2012 年湖南工业和信息化发展的工作重点是：坚持培育发展战略性新兴产业和改造提升传统产业“两手并重”。大力发展新材料、电子信息等战略性新兴产业，推动产业规模扩张和集聚集群发展，力争新材料产业完成产值 3000 亿元以上，电子信息产业规模突破 1700 亿元，新增 2 家百亿元企业、2 条（个）百亿元产业链和集群基地。积极对接工信部工业转型升级行动计划，把机械装备、食品产业作为重点，优先支持、集中支持，力争机械装备制造业产值突破 7000 亿元，食品产业产值过 4000 亿元，其中岳阳食品产业集群成为千亿元集群。坚持做大做强制造业和大力发展新兴服务业“双轮驱动”。

着力改造提升传统优势制造业，培育壮大先进制造业，增强全省制造业整体

竞争实力，支持华菱向千亿元企业迈进，形成一批先进制造业集聚区。抓住新技术、新业态、新模式带来的新机遇，大力发展现代物流业、软件和信息服务业等新兴服务业，促进新兴服务业与制造业融合互动。坚持壮大一批龙头企业与大力扶持中小微企业和非公经济发展“两头兼顾”。以“四千工程”规划的企业为重点，布局和实施一批技术改造和关键技术攻关项目，支持企业做大做强主业，开展兼并重组和跨国并购，加快培育一批产业龙头骨干企业。参与工信部组织实施的“中小企业服务年”计划，大力推动全民创业，制定扶持中小微企业的具体政策措施，加强中小企业服务体系建设，开展中小企业管理升级活动，为中小企业特别是小微企业送政策、送服务、送温暖。坚持自主创新和质量品牌建设“双措并举”。对接工信部实施的“百项技术创新推进计划”，以战略性新兴产业为重点，加强关键核心技术和共性技术攻关，加快科技创新成果转化力度，加强创新体系建设，加快建设一批国家级、省级产业技术开发平台。大力实施质量和品牌振兴战略，加强质量品牌建设，推广先进质量管理方法，开展“质量对标”、“质量兴企”、“质量兴业”活动。总结食品工业企业诚信体系建设试点经验，开展诚信评价，推动建立诚信奖惩机制。

坚持节能降耗和淘汰落后产能“双管齐下”。落实工信部“工业能效提升计划”，抓好全省 500 家重点用能企业节能管理，大力推进重点节能工程，推进 100 家企业开展自愿性清洁生产审核，推动“两型”企业创建工作，推进机电产品再制造试点，加快全省工业与综合利用监测管理系统建设，逐步实现重点用能企业能源消耗情况的实时监测。加大政策执行力度，加大资金支持力度，加大考核督查力度，加大舆论引导力度，防止落后产能“死灰复燃”。加大“关小”工作力度，推动关闭小企业工作制度化、规范化。坚持信息化与工业化“两化融合”。认真落实《数字湖南规划》和《数字湖南建设纲要》，加强重点区域行业的宏观指导，推动重大工程的规划建设，加快建设新一代信息基础设施，加速培育新一代信息技术产业，着力推进经济领域、政务领域和民生领域信息化。跟踪工信部“两化融合深度行计划”，推进信息技术在制造业领域深度应用，推动装备制造、工业产品和服务向高端发展。大力推动长株潭和 13 个省级“两化融合”试验区建设，探索区域信息化发展新模式。实施中小企业两化融合“登高计划”，年内建设 3500 家“数字企业”。

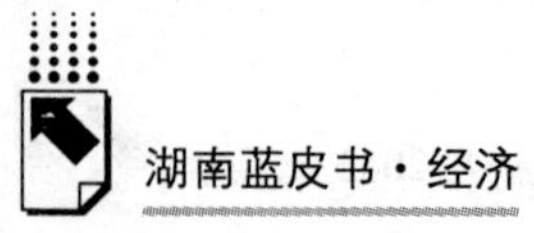

三　强化工作举措，进一步加快发展步伐

（一）突出抓项目

切实抓好“四千工程”项目库建设，认真对照工信部《工业转型升级投资指南》和《战略性新兴产业要素指南》，抓好项目推荐申报，继续从项目库筛选300个技术改造项目和100个战略性新兴产业项目，作为主攻重点，集中力量推进，加快广汽菲亚特乘用车、比亚迪汽车、富士康衡阳生产基地和长沙的研发基地、蓝思科技星沙基地和榔梨基地、介面光电二期等一批重大项目建设。

（二）突出抓服务

建立完善“四千工程”和战略性新兴产业综合调度分析制度，加强运行监测。抓好苗头性、倾向性问题的深度研究，深入开展调研献策活动。协调落实国家支持中小微企业的财税、金融新政策等，强化政策扶持。继续开展产业对接合作，积极搭建装备制造、食品、电子信息、新材料等优势特色产业和优强企业的合作平台，组织好2012年5月在长沙举行的甘肃—湖南产业合作对接会。

（三）突出抓保障

突出调煤保电，全力以赴保障能源供应，力争满足全社会1400亿度以上用电需求，省内电煤供省网电厂达到1650万吨，省外调入电煤2000万吨以上。想方设法破解企业融资难题，研究建立中小微企业信贷补偿机制，推动金融机构加大对中小企业信贷支持，加强与银行、担保、投资机构的对接，扩大中小企业直接融资规模。继续加强人才培养培训。推进校企合作对接，鼓励企业与职业院校合作办学，加快培养适应湖南企业和产业发展需要的技能型人才。

（四）突出抓队伍

更加注重提高履职能力，深入抓好省第十次党代会精神的贯彻落实，加强学

习型机关、学习型党组织建设，不断提升干部职工的综合素质，确保思想、观念、能力跟上时代发展步伐。更加注重系统凝智聚力，加强系统内部交流，做到情况互通、信息共享、工作互助。更加注重工作落实，确保下达的每一项任务、部署的每一项工作，都有人负责、有人落实。更加注重班子队伍建设，强化法制意识、大局意识、廉政意识，树立经信系统良好形象。

B.11

2011年湖南农业农村经济形势分析及2012年展望

刘宗林*

一 2011年湖南农业农村情况的基本估价

2011年，全省上下全面贯彻落实中央1号文件和省委、省政府的决策部署，加大“三农”工作力度，出现了粮食稳定增产，农民收入快速增加，农村民生持续改善，农村社会和谐稳定的好形势。

（一）主要农产品产量登上新台阶

党的强农惠农富农政策充分调动了农民种粮积极性，农业科技改革创新充分挖掘了粮食生产潜力。2011年湖南粮食总播种面积7796.2万亩，比上年增加100.3万亩，增长1.3%。超级杂交稻实现“百亩片”亩产926公斤。全年粮食增产18.4亿斤，实现历史性的“八连增”。生猪规模养殖比重达63%。蔬菜、水果、棉花、茶叶、油茶、油菜等主要农产品增产。水稻产量、生猪年调出量、油茶种植面积和产量、油菜播种面积及苎麻产量均居全国第一。

（二）农民收入实现新突破

在务工创业拉动、农产品价格带动、惠农政策推动下，全省农民人均纯收入达到6567元，增长16.8%，扣除物价因素，实际增长10.6%。贫困地区农民人均纯收入达到3400元，增长15%。全省有1315万农村劳动力转移就业。休闲农业实现经营性收入112亿元，增长25%。

---

* 刘宗林，中共湖南省委农村工作部部长、省政府农办主任。

（三）农村基础设施建设迈出新步伐

全省争取国家水利建设资金超过100亿元，实施了洞庭湖治理、涔天河水库扩建等一批骨干项目，农村安全饮水、山塘清淤扩容等民生水利工程加快推进。完成造林394万亩，森林覆盖率达到57.13%。水稻耕种与收综合机械化水平明显提高。

（四）农村民生呈现新气象

启动实施“百城千镇万村”新农村建设示范工程，冷水江市整体推进新农村建设试点取得成效。各项民生工程顺利推进，农村文化、教育、卫生等各项公共事业加快发展。尤其是农村社会保障得到加强，“新农合”覆盖率在97%以上，“新农保”试点县继续扩大。农村环境进一步改善，农民生活质量进一步提高。

（五）农村改革取得新进展

农业农村规模化生产、集约化经营稳步扩大，全省累计流转耕地面积超过1000万亩，土地集中率达21%左右。全省累计发展农民专业合作社10289家，成员154万多户。集体林权制度改革主体任务全面完成，1.8亿亩林地落实了产权归属，林改发证率超过95%。农村金融改革、农村综合改革等其他各项改革稳步推进。“十二五”农业农村工作开局良好，为湖南国民经济发展和社会稳定创造了条件，提供了支撑，作出了贡献。

二　当前湖南农业农村问题面临的发展环境

2011年农业农村好的形势，主要是政策、价格、科技等多种因素综合作用的结果。2012年保供给、促增收的任务相当艰巨。可以概括为“五大挑战”：一是外部环境复杂。我国经济已和世界经济融为一体，农业和其他产业也相互融合，世界经济稍有“风吹草动”，对农业农村都有影响。特别是农产品已成为一种金融衍生品，由于受到资本炒作，极易带来农产品价格的大起大落，严重波及农业和农村的稳定。二是内生动力不足。农业比较效益一直偏低，挤压了农业生产关系调整给农民带来的实惠，农民工资性收入已超过农业经营性收入，农民种田积极性难以持续提高。三是政策瓶颈制约。从收入结构分析，湖南城乡居民收入差距，主要差在财产性收入上。农民现有的一些资源如土地承包经营权、宅基地等若要变成资本，形成财产性收入，都需要现有的法律和政策有所突破。四是双重风险难测。农业靠天吃饭的状况仍未根本改变，市场信息不及时、不对称，容易形成农产品价格“过山车”现象，农业生产不稳定因素增多。五是安全压力加大。农业点多面广，国家对农产品质量安全要求越来越严格，消费者的关注度越来越高，农产品质量安全事件防范难度也越来越大。

在分析湖南农业农村经济面临严峻形势的同时，也要看到难得的发展机遇。一是国家一系列重大支农惠农富农政策正在不断得到强化，特别是2011年中央对水利建设的投入力度前所未有，为湖南保障粮食安全、农产品供给，发挥农产品总量优势带来新机遇。二是湖南经济实力不断增强，具备了工业反哺农业、城市支援农村的物质基础，为创新农业农村发展机制、解决民生问题提供了有力保障。三是中央为湖南搭建了长株潭“两型”社会建设试验区和湘南承接产业转移示范区发展平台，尤其是国家连片集中扶贫攻坚，惠及湖南近1/5的农村人口，为湖南贫困地区乃至全省农村发展提供了千载难逢的机遇。四是农村改革稳步推进，农业农村内部体制机制逐步建立健全，为农业农村经济发展注入了活力。

三　2012年湖南农业农村发展展望与建议

2012年湖南农业农村工作基本思路是：认真贯彻落实中央农村工作会议和省委经济工作会议精神，以科学发展观为统领，以农民增收为目标，按照省第十次党代会提出的“两个加快”方针，大力推进“三化同步”、“四化两型”，围绕强科技促发展、强生产保供给、强民生保稳定，加快农业现代化建设，确保农业农村发展稳中求进开新局。

（一）坚定不移保供给

把保供给作为“三农”工作的重中之重。一是切实保障粮食等大宗农产品

供给。坚持科技兴粮，充实“粮袋子”。严格耕地保护，落实优惠政策，严肃工作责任，确保粮食总产量在稳定的基础上继续保持增长态势。巩固生猪、蔬菜等大宗农产品在全国的优势，建好菜园子，丰富“菜篮子”，提升质量安全水平。推进农村土地流转，发展农民专业合作社，建设一批跨乡镇、跨县（市）的特色农产品原料、鲜活产品销售基地。二是千方百计拓宽农民增收渠道。继续做大做强传统优势产业，加大农民素质教育，培养现代农民和新型产业工人，引导农民工就地就近就业，鼓励返乡创业。切实促进各地特别是老、少、边、库和高寒山区平衡发展，加快这些地方增收脱贫步伐。三是搞活农产品流通。发展农村现代流通业，健全市场预警机制，平衡农产品供给，实施“新网”工程，开展农超对接和大户经营。继续开辟和扩大“绿色通道”。

（二）下大气力强基础

坚持不懈加强农村水利建设，继续把水利建设作为农业基础设施建设的优先领域。在抓好洞庭湖治理、四水流域综合治理等骨干重点工程建设的基础上，全面完成病险水库和病险水闸除险加固。继续推进小型农田水利重点县建设和大型灌区续建配套和节水改造，广泛开展骨干山塘清淤扩容和沟渠疏浚，完成洞庭湖区千万亩基本农田田间水利设施配套改造完善。大力推广高效节水灌溉新技术，建设一批节水灌溉工程，提高水利设施的利用率。全面推进水利改革，逐步建立新型水务管理、水利投融资、水利工程建设管理与运营、水价形成等机制，促进水利建设又好又快发展。切实加强耕地质量建设，全面改造中低产田，提升耕地持续增产能力。提高农业防灾减灾能力。把加强农村气象灾害防御体系建设和农业气象服务体系建设纳入各级“三农”工作目标考核内容。加强中小河流治理和山洪地质灾害防治，支持在关键农时、重点区域开展防灾减灾技术指导和生产服务，认真落实动、植物重大疫病防控和森林防火各项措施，提高农业农村防灾减灾能力。加快推进农业机械化。利用湖南新型工业化技术成果和装备制造业优势，扎实推进农机产业园区建设，大力发展农机工业，积极开发适地、节能、安全、高效、环保的农业机械新产品，规范农机具购置补贴，扶持发展农机大户和服务合作组织，提升农机社会化服务能力，提高主要农作物生产全程机械化水平。加强农村生态建设。大力开展植树造林，加强对林地、湿地及生态脆弱区的保护和修复，建立生态补偿机制，提高生态公益林补助标准，确保全省森林覆盖率稳定在57.1%以上。进一步加强农村面源污染治理，建立农村环境监测体系，加快农村新型能源推广应用，突出抓好大中型沼气、太阳能、污水净化处理等生态节能工程，2012年新建10万口户用沼气池。

（三）扎实推进农业科技创新

加快推进农业技术创新，一方面着眼长远，做好顶层设计，超前部署农业前沿技术和基础研究，为湖南农业未来发展提供技术储备；另一方面着眼农业农村现实发展需要，着力突破技术瓶颈，重点在良种培育、节水灌溉、疫病防控、加工贮运、循环农业、农村民生等方面，加强技术研发和攻关，力争全省取得一批重大农业科技创新成果。省委、省政府已决定将种业作为战略性新兴产业的首选项目，通过集中扶持，着力培育一批具有自主知识产权和市场前景广阔的优良品种，打造一批"繁育推一体化"大型骨干企业，提升种业研发能力。各地应加强种子生产基地和种子监管体系建设。加快推进农业科研体制创新。有效整合科技资源，建设一批农业科技创新平台，提升农业科技创新能力。建立农业科技创新基金，鼓励信贷资金、风险投资等社会资金参与农业科技创新，提升农业科技创新活力。按照事业单位和分类改革的要求，深化农业科研院所改革，完善农业科研院所保障政策，建立研发、推广、示范相衔接的省市县农业科研网络，提升农业科技集成应用能力。加快推进农业技术服务组织创新。加快农业科技推广网络建设，解决农技推广"最后一公里"问题。进一步加强基层农业技术推广体系改革和建设，大力发展社会化农技推广服务组织，鼓励科研机构参与农技推广服务，深入实施农村科技特派员行动，支持农业科技人员创新创业，推进"农科教"、"产学研"、"科工贸"紧密结合，加快农业科技成果转化运用。加快推进农村信息化。加快国家农村信息化科技示范省建设，整合农村信息资源，搭建"三农"综合网络信息平台，开辟"三农"新型信息传播渠道，培育农村信息人员，完善农业农村信息收集发布机制，以农村信息化助推农业现代化建设。

（四）紧紧围绕统筹城乡发展推进新农村建设

坚持"三个理念"，念好"三字经"。坚持以工促农，念好"促"字经。重点建好"五个一批"，即建立一批具有湖南特色的农产品生产基地，扶持一

批技术集约、装备集成、效益集聚的农产品加工的龙头企业，发展一批以现代农业为基础的休闲农业产业园，培育一批新型的现代农业经营主体，建设一批农业现代化示范县。坚持以城带乡，念活“带”字经。在办点示范的同时，组织实施好“百城千镇万村”新农村建设工程，实现率先发展。坚持城乡改革互动，念实“改”字经。加快农村土地制度、集体产权制度、农村金融制度等方面改革，以改革促发展，不断建立和完善统筹城乡发展，推进新农村建设的体制机制。

B.12

2011 年湖南人力资源和社会保障情况及 2012 年展望

彭崇谷*

“十二五”开局之年，湖南各级人力资源和社会保障部门深入贯彻落实科学发展观，认真贯彻落实省委、省政府的决策部署，围绕中心、服务大局，坚持“民生为本，人才优先”工作主线，更加注重统筹协调、安全平稳和工作创新，取得显著成绩，为实现“十二五”时期人力资源和社会保障事业科学发展奠定了坚实基础。

一　2011 年湖南人力资源和社会保障情况

（一）统筹城乡就业稳步推进

各级党委、政府把扩大和促进就业作为经济社会建设的中心工作和保障改善民生的第一要务，坚持实施扩大就业的发展战略，以落实就业扶持政策为重点，以加强公共就业服务为抓手，统筹推进城乡就业，全省就业局势保持基本稳定。全省实现城镇新增就业 71.5 万人、失业人员再就业 36 万人、就业困难人员再就业 12.5 万人，分别完成年度任务的 119.17%、120%、125%；城镇登记失业率为 4.18%。一是就业扶持政策全面落实。全年筹措就业专项资金 33.6 亿元，进一步完善资金管理办法，研究制定了就业促进税收优惠政策在湖南的实施办法，全面兑现落实各项就业扶持政策，就业专项资金的使用效益进一步增强。二是创业工作成效显著。加强创业孵化基地建设，出台了湖南省促进就业创业孵化基地

---

* 彭崇谷，中共湖南省委组织部副部长、省人力资源和社会保障厅厅长、省编办党组书记。

认定办法，确定了144个省级创业孵化基地。积极开展创业型城市创建工作，4个国家级创业型城市创建工作在国家评估中位居前列，5个省级创业型试点城市创建工作进展顺利。加大小额担保贷款工作力度，在上半年货币政策紧缩、下半年经济增速放缓的严峻形势下，全年发放小额担保贷款20亿元，比上年增长55.5%，完成年任务的200%，担保贷款工作进入全国中上游水平。全年共扶持3.4万人成功创业，带动增加就业岗位14万个。三是重点群体就业保持稳定。坚持把高校毕业生就业放在就业工作的首位，安排了5000万元专项资金支持高校毕业生创新创业，组织开展高校毕业生就业服务专项活动，精心实施“三支一扶”和就业见习计划，高校毕业生初次就业率保持在81.57%，比2011年提高了1.98个百分点，位居全国前列。大力推进就业困难人员就业援助工程，认真做好城镇零就业家庭、“一湖四水”上岸定居渔民、城镇军队退役人员、关闭破产独立工矿区失业人员等困难群体就业工作，全年援助零就业家庭3900户。扎实开展有组织的劳务输出工作，在全省34个县（市、区）开展农村劳动力转移就业服务体系基础设施建设试点工作，继续推行培训、维权、就业三位一体的工作机制，全年新增农村劳动力转移就业77万人，完成年计划的128.3%，劳务输出规模达到1315万人，创劳务收入1300亿元。四是职业培训不断增强。加强面向城乡全体劳动者的职业培训制度建设，完善实施“两后生”劳动预备制培训补贴办法，健全职业培训服务体系，形成了职业培训与就业相互促进的良好局面。全年就业培训141.7万人，完成年任务的118%，47.78万人次取得国家职业资格证书。五是公共就业服务体系建设稳步推进。全省共建立街道、乡镇、社区平台6032个，其中，305个街道全部建立了基层平台；2191个乡镇建站率达99.3%；3508个社区建站率为93.9%。依托基层服务平台，大力开展“春风行动”、“就业援助月”、“民营企业招聘周”、“产业转移企业用工专场招聘会”等一系列专项就业服务活动，积极为企业和劳动者搭建供需平台，努力缓解“就业难”和“招工难”问题。

（二）社会保障制度平稳运行

认真贯彻落实《中华人民共和国社会保险法》，在化解历史遗留问题的同时，加强社会保险长效机制建设，不断扩大社会保险覆盖面，稳步提高社会保险待遇水平，使社会保险的“安全网”和“减震器”作用充分发挥。一是政策制度进一步完善。积极推进城镇居民和非公有制经济组织从业人员、困难企业职工、灵活就业人员以及领取失业保险金期间的失业人员等人群参加基本医疗保险。医疗保险市级统筹稳步推进。城乡居民养老保险试点已覆盖96个县市区，其中农业人口2589万，城镇人口1313万。调整完善了湖南特殊工种和因病提前退休基本养老金发放政策，出台了困难企业欠费清缴政策。出台了大集体职工和小集体职工纳入企业养老保险统筹政策方案，解决了45万最困难群体的基本养老保障问题。修订完善《湖南省实施〈工伤保险条例〉办法》，老工伤人员纳入工伤保险统筹工作稳步推进。除国务院批准东部试点七省（市）外，在全国其他省（市）中率先扩大失业保险基金支出范围。二是覆盖范围进一步扩大。企业养老保险新增参保人数62万，完成年度任务的155%，参保人数达到778万；医疗保险参保人数达到1930万，参保率巩固在95%以上。工伤、生育和失业保险参保人数分别达到634万、534万、420万。三是待遇水平进一步提高。企业退休人员养老金人均每月增加149元，调整后月人均养老金达到1290元；给企业新中国成立前参加革命工作的老工人按每人每月350元的标准增发了生活补贴。居民医保政府财政补贴提高到人均每年200元；职工医保、城镇居民医保政策范围内统筹基金最高支付限额达到当地职工年平均工资、当地居民可支配收入的6倍以上；职工医保政策范围内报销比例达到80%以上；居民医保政策范围内报销比例达到70%左右；普遍开展居民医保门诊统筹，最高支付限额内的门诊医疗费用比例达到50%。生育保险实现政策范围内分娩零自付。工伤保险进一步扩大了支出范围和标准。四是管理服务能力进一步提升。全面推进信息化建设，在居民医保信息系统基础上，整合基本医疗系统、扩充新农合经办功能，研发建立了省市两级管理、异地就医联网结算子系统，形成了覆盖经办机构、参保单位、医疗机构、协议药店、经办银行等终端的“大医保系统”；重新研发建立了全省统一的基本养老保险信息系统，建立省市两级数据中心，实现了全省经办联网，数据向上集中，报表自动生成，实时预警评估。创新拓展服务方式，开通了网上业务经办查询，开发了面部识别生存认证系统等，实现了社保经办从粗放式管理向精细化服务的转变。

（三）人力队伍建设积极推进

以贯彻落实湖南中长期人才发展规划为主线，大力实施人才强省战略，全省

人才队伍总量达 460 万，其中高技能人才总量达 85 万，为经济社会发展提供了坚实的人才和智力支撑。一是专业技术人才队伍建设进一步加强。拟定了《湖南省专业技术人才队伍建设中长期发展规划（2010～2020）》和《湖南省博士后工作“十二五”规划》。继续组织实施 121 人才工程、科技领军人才培养工程、专业技术人才知识更新工程。认真做好国务院和省政府特殊津贴专家选拔推荐工作、第三届优秀博士后和博士后管理先进单位评选表彰工作、全省第二次特别优秀人才高级职称评审工作。进一步深化职称制度改革，启动了中小学教师职称制度改革扩大试点工作。积极支持企业创建博士后科研流动站协作研发中心，深入实施湘西特聘专家岗位制度，努力为贫困地区搭建科技平台，全力推动专家服务企业、服务基层工作。二是高技能人才队伍建设进一步加强。制订了《湖南省高技能人才队伍建设中长期规划（2010～2020）》，组织实施高技能人才振兴工程和“百千万”工程。加强高技能人才培养基地建设，确定了高职院校、技工院校和企业培训中心等 35 家单位为省级高技能人才培训定点机构，大力推动“技能大师工作室”建设，安排了 1500 万元扶持 6 个省级高技能人才培养基地建设。认真开展高技能人才表彰工作，10 人获得“湖南省技能大师”称号，30 人被评为“第十届湖南省技术能手”。启动 2011 年战略性新兴产业人才和智力支撑服务系列活动，举办了现场交流会，发布了《2011～2012 年湖南省战略性新兴产业企业人才需求目录》，开辟了网上人才交流专区。三是国外智力引进工作进一步加强。全年执行国家和省级引智项目 470 个，新建国家引智示范单位 1 个，省级引智基地和示范单位 5 个，“一村一品”引智示范村（镇）10 个；引进海外高层次人才 62 名，聘请外国专家 4734 人次，外国经济技术类专家 2546 人次；申报执行出国（境）培训项目 38 个，选送 700 人出国（境）培训。

（四）公务员队伍建设不断加强

一是公务员制度建设进一步加强。组织公务员法实施五周年系列活动，开展全省公务员法执行情况检查，整理汇编了《湖南省公务员管理政策法规汇编》，出台了《关于公务员管理有关职责分工的意见》，形成了党委组织部门与政府公务员管理部门“共同规划、共同研究、共同部署、共同推进”的公务员管理工作新机制。二是公务员考录工作进一步规范。坚持凡进必考和四级联考制度，实施统一划定笔试成绩最低合格分数线和职位调剂制度，全年招录公务员 5137 名。

坚持从基层选人的导向，全省共招录140多名优秀干部充实到乡镇机关，公开遴选54名基层公务员到省直机关工作，选拔214名优秀高校毕业生到乡镇基层锻炼。开展省直招录公务员集中面试工作，实行考生、考官双抽签制度，3194名考生9天内全部完成面试。三是公务员队伍考核培训进一步增强。深入开展创先争优、争做人民满意公务员活动，组织开展第五届全省人民满意的公务员集体和人民满意的公务员评选。积极探索建立公务员绩效考核制度，大力推行精细化管理和目标责任考核，形成了地方特色的公务员绩效考核模式。认真做好公务员教育培训工作，出台了《2011～2015年湖南省公务员培训规划》，组织做好公务员四类培训工作，全年共培训公务员4万多人次。四是绩效评估和为民办实事工作深入开展。扩大了绩效评估范围，将14个市（州）政府、56个省直和中央在湖南单位纳入评估范围，科学制订了实施方案和指标体系，加大了督查指导力度，各项评估指标完成情况良好，成为省委、省政府“抓工作、促发展、保民生、促和谐”的重要抓手。

（五）人事制度改革不断深化

一是事业单位人事制度改革顺利推进。岗位设置工作取得重要进展，省直事业单位的岗位设置方案审批工作基本完成，14个市（州）进入方案审批阶段。出台了《湖南省事业单位公开招聘人员试行办法》，明确了“大口径”、“全覆盖”的原则，全年公开招聘1218人。积极推进基层医疗卫生事业单位人事制度改革工作。二是军转安置任务顺利完成。继续深化军转干部安置改革，采取指令性分配与双向选择相结合、组织推荐与竞争择优相结合的办法，全面完成中央下达湖南1671名军转干部的安置任务。认真做好自主择业干部退役金发放工作，为2240人发放退役金1.2亿元，为96人发放边区津贴13.5万元。不断提高自主择业干部管理服务水平，自主择业干部就业创业率达到84%。

（六）收入分配制度改革成效显著

一是公务员津补贴制度进一步完善。调整了一至三类艰苦边远地区津贴标准，一、二类地区月人均分别增资50元和80元；调整了纪检监察办案人员等特殊岗位津贴标准，月人均增资240元；落实省属政法机关人民警察加班补贴政策，月人均加班补贴350元。二是机关事业单位工资收入分配制度逐步完善。圆

满完成公共卫生与基层医疗卫生事业单位绩效工资实施工作，月人均增资约 500 元。研究制定了全省其他事业单位绩效工资实施意见。妥善处理机关事业单位改革中的系列工资福利问题。三是企业工资调控力度进一步加大。积极推进工资集体协商“彩虹计划”，2.5 万户企业建立了工资集体协商制度。严格执行最低工资、工资指导线和人力资源市场工资指导价位制度，月最低工资标准提高到 770 ~ 1020 元，工资增长基准线为 15%。完善建筑行业农民工工资支付保障制度，开设工资保障金专户 5000 户，累计存入工资保障金 40 多亿元，惠及农民工 80 多万人次。

（七）劳动关系基本和谐稳定

一是劳动关系工作稳步推进。全面贯彻《中华人民共和国劳动合同法》，积极开展“春暖行动”和小企业劳动合同制度实施专项行动，全省规模企业动态劳动合同签订率稳定在 98% 以上。协调劳动关系三方机制进一步完善，县级以上普遍建立了政府、企业、劳动者协调劳动关系三方机制。二是劳动人事争议仲裁工作得到加强。积极推进仲裁机构实体化建设，建立完善企业预防调解工作机制，劳动人事仲裁调解能力进一步提升，全年结案率达 90% 以上。三是劳动保障监察执法力度不断增强。开展农民工工资支付、清理整顿人力资源市场秩序、企业用工等专项执法检查活动，有力维护了劳动者合法权益。劳动监察“两网化”管理工作和文化建设工作全面推进。

二　2012 年湖南人力资源和社会保障形势展望

2012 年，全省人力资源和社会保障部门将紧紧围绕稳增长、惠民生、保稳定的工作大局，坚持“民生为本、人才优先”的工作主线，更加突出改革创新、加强管理、夯实基础、创造特色和务求实效，努力推动全省人社工作实现新发展。

（一）努力扩大就业

把促进就业作为经济社会发展的优先目标，实施更加积极的就业政策，实现就业增长与经济增长、产业结构调整良性互动。实现城镇新增就业 60 万人、失业人员再就业 30 万人、就业困难人员再就业 10 万人、农村劳动力转移就业 60 万人。认真落实相关扶持政策，组织创业培训 15 万人，建设创业孵化基地 150 家，发放小额担保贷款 15 亿元，充分发挥创业带动就业的倍增效应。完善面向全体劳动者的职业培训体系，组织职业培训 120 万人，提供高技能人才培训政府补贴 2.5 万人。

（二）完善社会保障制度

在全省全面实施新农保和城镇居民养老保险制度，将小集体企业职工群体纳入企业养老保险统筹，实现养老保险城乡全覆盖。继续提高企业退休人员养老金待遇；建立完善抚恤待遇和病残津贴制度。进一步强化社保扩面征缴政府目标管理责任，积极探索基金市级统收统支管理模式，确保各项社保基金应收尽收。加快社会保障卡发放进度，着力提升社保经办能力水平，全面实现养老保险全省经办数据省级集中管理和“大医保”信息系统全省联网。继续巩固全民医保，着力强化医保基金监管，加强监管队伍建设，开展专项执法检查，严肃查处违法违纪行为，确保医保制度的持续运行。

（三）着力构建和谐劳动关系

把预防和解决农民工工资拖欠作为当前一项重要工作摆在突出位置，全面落实农民工工资保障金和工资集体协商制度，努力把拖欠降到最低限度。大力推进工资集体协商制度建设，已建工会企业建制率达到 80%。加大企业工资收入分配宏观调控力度，着力健全劳动关系三方协调机制、法律实施机制、矛盾调处机制，努力构建和谐劳动关系。

（四）深化绩效考核工作

进一步拓展评估考核范围，完善评估考核体制机制，健全相关制度，加强平时考核督查，强化考核结果的应用，形成湖南特色的绩效评估制度。

（五）做好人事人才工作

围绕推进“四化两型”战略、推进文化大发展大繁荣和战略性新兴产业发展，做好高层次人才的培养、引进和服务工作，完善人才评价激励机制和人才开

发政策。加大对基层事业单位岗位设置和实施绩效工资工作的指导力度。全面推行事业单位公开招聘。继续深化专家服务基层工作。切实做好军转安置和部分企业军转干部解困维稳工作。

（六）加强公务员管理

抓好公务员培训、考核、表彰等工作，完善公务员公开考录和集中面试制度，大力宣传人民满意公务员和集体先进事迹，提高群众满意度。

B.13

2011年湖南国土资源形势分析及2012年展望

方先知*

一　2011年湖南国土资源形势回顾

2011年，在省委、省政府和国土资源部的坚强领导下，湖南国土资源系统深入贯彻落实科学发展观，紧紧围绕全省经济社会发展大局，统筹推进土地资源（一方地）、矿产资源（一块宝）、测绘地理信息（一张图）各项管理，有效保护了资源，促进了湖南经济社会又好又快发展。

（一）土地管理卓有成效

一是合理用地需求实现应保尽保。全年争取国家下达新增建设用地计划21.85万亩、增减挂钩指标1.8万亩，审批建设用地33.94万亩，有效保障了重大基础设施、保障性安居工程、城镇建设、产业发展、重大招商引资项目等合理用地需求。供应土地43.55万亩，实现土地价款850亿元，分别比上年增长37%、36%。为36家中央和省属国有企事业单位改革改制处置土地241宗，盘活资产18.4亿元。二是耕地保护与建设得到加强。全面完成2010年度86个省以上投资农村土地综合整治项目，建成高标准农田94.3万亩。其中，环洞庭湖基本农田建设重大工程的16个子项目全部竣工。启动实施了2011年度148个省以上投资项目（含环洞庭湖基本农田建设重大工程2011年度18个子项目）。严格落实占补平衡和先补后占制度，补充耕地13.8万亩，连续12年实现占补平衡，在全国耕地年度占补平衡考核中排名第四，在国务院五部局组织的5年耕地

* 方先知，湖南省国土资源厅厅长。

保护责任目标总考评中排名第五，获评全国先进级别。三是节约集约用地机制逐步建立。省政府出台《关于节约集约用地的若干意见》。加强建设用地审核和定额标准管理，核减不合理用地规模 5.7 万亩。加强土地利用动态监测监管，加大闲置土地清理处置力度，强化供地率考核，全省 2008～2010 年平均供地率提高到 74%。开展节约集约模范县市创建活动，武冈、临澧、望城、汨罗被评为国家级节约集约模范县。推介了长沙黎托片区立体开发、隆平高科技园高层厂房、武冈农民集中连片建房、宁乡开发区“四个集中”等节约集约用地模式。土地有偿使用制度改革深入推进，国有土地使用权网上招拍挂在全国处于领先地位。

（二）地质矿产工作不断加强

一是矿产资源管理不断规范。省政府颁布《湖南省矿产资源开采登记条件规定》，使矿权审批、矿业权市场交易、储量管理、中介机构监管等矿政管理制度进一步健全。主管副省长亲自部署深入整顿规范矿产资源开发秩序工作，强力推进治乱、治散、治弱、治本。取缔非法矿点 481 处、停产整顿矿山 84 个、关闭矿山 52 个，刑事拘留 25 人、行政处罚 48 人，无证勘查开采、超深越界开采、领导干部插手办矿等违法行为得到有效遏制。基本完成新一轮矿产资源开发整合，煤、铁、有色等主要资源逐步向“探采选冶一体”的优势企业聚集。狠抓矿产资源节约与综合利用，获中央专项资金 2.04 亿元，着力提高煤、低品位铁矿、铅锌等资源利用效率。全面推进矿业权进场交易和网上交易，省级两权价款达 8.8 亿元，连续两年保持 50% 以上增幅。二是地质找矿取得重大成果。投入地质勘探资金 8.5 亿元，组织实施地质勘探项目 142 个，取得一批重大找矿成果。花垣初步探获铅锌资源量 1000 万吨、永州铜山岭矿区初步估算钨资源量 26 万吨，均具有超大型矿床远景。攸县桃花矿区实现红层下找煤重大突破，探获煤炭资源量 5500 万吨。湘西地区页岩气勘查纳入国家规划。16 个危机矿山找矿项目全面完成，黄沙坪、宝山、柿竹园、水口山、锡矿山等一批国有老矿山重获新生。省（境）外找矿迈出坚实步伐，争取国家境外风险找矿资金 2.4 亿元，已在四大洲 14 个国家部署地质勘探项目 118 个。三是地质灾害防治和地质环境保护扎实有效。省政府出台《关于加强地质灾害防治工作的意见》。进一步加强建设用地地质灾害危险性评估和矿山地质环境影响评估。成功应对旱涝急转等复杂气象环境，避让地质灾害 16 起、避免伤亡 282 人、避免直接经济损失 1505 万

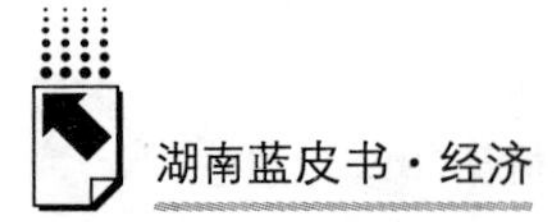

元，灾害数量及因灾伤亡人数均为近年新低。按期高质量完成53个为民办实事地灾防治项目，消除地质灾害隐患78处，保护群众5100户2.6万人。

（三）测绘与地理信息事业健康快速发展

“数字湖南”基础工程纳入全省“十二五”重大发展战略。基础测绘“十二五”规划、“数字湖南”地理空间框架建设规划获批并组织实施。省地理信息公共服务平台投入使用，“天地图”湖南节点加快建设，卫星定位连续运行基准站系统全面建成，地理信息更新效率和共建共享水平大幅提升，累计提供各类地形图5.7万幅，为经济社会发展提供了大量地理信息服务。已有11个市（州）、2个县开展数字城市建设，其中数字郴州、数字益阳已基本建成。自主研制出国内先进水平的无人机航摄系统，在南县等地抗旱救灾中发挥了重要作用。测绘资质管理和市场监管不断强化。深入开展地理信息市场和“问题地图”专项整治行动，实现对互联网地图网络的实时监控。地理信息产业发展势头良好，地理信息技术和资源支持新一代互联网、物联网等新兴产业发展。

（四）执法监察、依法行政和维护权益工作成效明显

2010年，土地矿产卫片执法检查实现“零问责”，全省违法占用耕地比例下降至3.6%。扎实推进新开工项目用地清理、超深越界专项整治等行动，全年查处土地违法案件2378件、矿产违法案件692件，党纪政纪处分22人、刑事处罚56人。依法行政深入推进，全年精简行政审批事项7个、清理行政执法事项228个、办理应复应诉62件。征地程序不断规范，全年完成征地15万亩、拆迁集体土地上房屋1585万平方米，发放补偿款201亿元、安置农民18.6万人，基本实现保发展与维权益的双赢。在14个市（州）同步开展宅基地登记发证试点，农村集体土地确权工作加快推进。信访工作不断加强，建立了重大事项风险评估机制，省厅受理群众来信725件、来访1069批3003人次，化解信访积案130件。

（五）基层基础工作和队伍建设得到加强

《湖南省“十二五”国土开发规划》经省政府颁布实施，土地利用总体规划修编、矿产资源总体规划编制、第二次土地调查、矿业权实地核查、矿产资源潜力评价、矿产资源利用现状调查等重大基础业务工作基本完成。坪宝地区和长株

潭地区地质资料“两化”试点进展顺利。国土资源信息化水平得到提升，各类专业数据库不断完善，省市县三级政务内网实现互联互通，网上办文、网上审批、网上招拍挂全面推行。财务保障能力进一步增强，专项资金使用管理更加严格。科技工作取得新进展，一批重大专项成果获得省部级奖励。成功承办第一届“全国地勘钻探职业技能大赛”并获优秀组织奖。成功举办“土地整治三湘行”等重大宣传活动。深入开展创先争优活动，落实《关于加强全省国土资源系统领导班子和干部队伍建设的意见》，党的建设、领导班子建设、廉政建设、作风建设得到加强。

二　当前湖南国土资源工作面临的形势

（一）中央领导同志高度重视国土资源工作

去年以来，胡锦涛总书记、温家宝总理、李克强副总理等中央领导同志在中央政治局集体学习、国务院常务会议、中央经济工作会议、中央农村工作会议等多个重要场合发表重要讲话。胡锦涛总书记强调，土地问题始终是现代化进程中一个带有全局性、战略性、根本性的问题，要以对国家对人民高度负责、对子孙后代高度负责的精神，建立完善最严格的土地管理制度，十分珍惜和合理利用每一寸土地，促进经济社会发展与土地资源利用相协调。要切实坚持和完善最严格的耕地保护制度，建立耕地保护考核体系，严格土地管理责任追究制，确保国家粮食安全。实行最严格的节约用地制度，把节约用地作为转变经济发展方式和土地利用方式的重要着力点。切实维护群众土地合法权益，规范征地拆迁管理，健全土地权益纠纷调处机制，形成和谐土地利用和管理关系。加快征地制度、国有土地有偿使用制度、土地税费制度改革。建立党委领导、政府负责、部门协同、公众参与、上下联动的工作格局。温家宝总理强调，实行最严格的耕地保护制度和节约用地制度，事关民族生存发展和子孙后代长远生计，没有任何讨价还价的余地。要推进征地制度改革，保障农民土地财产权，分配好土地非农化和城镇化产生的增值收益。2012 年要基本完成覆盖农村集体各类土地的确权发证工作。要落实节约优先战略，坚持开源与节流并重，注重资源保护与合理开发，统筹利用国际国内两个市场、两种资源，大幅提升各类资源保障程度。李克强副总理强调，测绘地理信息是经济社会活动的重要基础，事关国家主权、安全和利益。要按照“构建数字中国、监测地理国情、发展壮大产业、建设测绘强国”的总体战略，完善体制，加快发展基础测绘事业和地理信息产业，更好的服务大局、服务社会、服务民生。

（二）湖南国土资源管理正面临难得的政策机遇

党中央国务院高度重视国土资源工作，相继出台一系列重要文件，对“十二五”乃至今后一段时期的国土资源工作作出了重大决策部署。在土地管理方面：颁布实施《全国土地整治规划（2011～2015年）》，部署建设4亿亩高标准农田，建设全国土地整治示范省。将节约优先上升为国家战略，要求“十二五”期间实现单位国内生产总值建设用地下降30%。积极开展国土资源节约集约模范县（市）创建活动，促进土地利用方式转变。部署开展征地制度等改革工作。在地质矿产资源管理方面：颁布《找矿突破战略行动纲要（2011～2020年）》，将地质找矿确定为国家战略，大力提升各类资源保障程度。出台《关于加强地质灾害防治工作的决定》，加大投入，加快构建地质灾害调查评价、监测预警、防治、应急四大体系。部署开展矿产资源节约和综合利用示范工程，提高资源利用效率。在测绘管理方面：构建地理国情监测、“天地图”、数字城市三大服务平台，加快数字中国建设步伐。将地理信息产业打造为战略性支柱产业。将国家测绘局更名为国家测绘地理信息局，完善测绘地理信息管理体制。

综合来看，湖南国土资源工作面临良好机遇，具备大有可为的广阔空间。第一，湖南是全国粮食主产区，耕地保护水平处于全国前列，环洞庭湖基本农田建设等耕地保护重大工程受到国家重点支持和充分肯定，可望争取国家更多的政策与资金支持。第二，湖南地跨南岭、钦杭、湘西—鄂西三大重要成矿带，成矿条件优越，找矿前景广阔，有色金属等优势资源、页岩气等新型能源资源勘查面临有利机遇。第三，湖南是全国“两型社会”建设综合配套改革试验区，在探索国土资源节约和综合利用方面，具备先行先试的政策环境。第四，湖南是国家重点投向的地质灾害防治区域，有利于夯实地质灾害防治基础，解决一批矿山地质环境历史遗留问题。第五，湖南大力推进“数字湖南”建设，是“数字中国”的有机组成部分，可望获得国家更多的支持。

（三）当前面临的困难与问题

当前，湖南正加快推进“四化两型”建设，国土资源工作保发展、保资源、保民生的任务十分艰巨，面临一些突出矛盾、困难和问题。一是土地供应紧张与闲置浪费并存。每年各地申报用地总量均在 45 万亩以上，远高于国家下达湖南计划数（19 万亩左右），土地供需矛盾十分尖锐。但同时，批而未供、供而未用、土地闲置和粗放利用的现象十分严重，加快转变土地利用方式尤为迫切。二是违法用地问题屡禁不止。从 2011 年的卫星照片执法检查看，土地违法案件呈现量大面广的特点。2012 年国家将卫星照片执法检查与土地利用年度变更调查相结合，检查方式更严格，检查手段更科学，湖南将面临较大问责压力。三是耕地保护压力巨大。建设占用耕地不可避免，占补平衡的任务十分艰巨。在大规模土地综合整治工作中，资金、技术、后期管护等环节均面临很大考验。四是非法采矿时有反弹。个别地方乱采滥挖、超深越界、以采代探等现象屡禁不止，一矿多开、大矿小开现象依然突出，矿业整顿整合任务相当艰巨，能源资源保障能力比较薄弱。五是地质灾害隐患突出，矿山地质环境遗留问题多。全省地质灾害易发区占全省总面积的 91%，其中高易发区占 36%，保护人民群众生命财产安全的责任很重。六是征地拆迁矛盾突出，土地权属纠纷增多，矿地矿农矛盾频发，国土资源信访活跃，保民生保稳定的压力很大。

三　2012 年湖南国土资源工作展望

总体思路是：深入贯彻落实科学发展观，进一步解放思想，开拓创新，牢牢把握“稳中求进”的总基调，紧紧围绕全省“稳增长、控物价、调结构、惠民生、抓改革、保稳定”的发展大局，加快转变资源利用方式，切实规范资源管理秩序，科学保护、合理开发利用资源，有效维护资源权益，不断增强资源管理能力，为推进“四化两型”建设，实现“两个加快”目标，提供强有力的国土资源保障与服务。

（一）保障“四化两型”建设合理用地需求

落实省政府《关于加强土地利用总体规划和计划管理的通知》，完善差别化用地政策。加大指标争取力度，规范城乡建设用地增减挂钩，开展工矿废弃地复垦调整利用试点，努力盘活存量土地。保持房地产用地调控政策的稳定性和连续性，继续对保障性安居工程实行单独报批，应保尽保。加强土地供应管理，严控“两高一资”和重复建设项目用地。开展省直机关事业单位土地资产清查，完善直属土地管理办法，优化国有企事业单位改革改制土地处置服务。

（二）加强耕地保护与建设

认真抓好环洞庭湖基本农田建设和重大工程项目建设，启动永州市涔天河耕地后备资源开发重大工程，完成三级土地整治规划编制，力争年内建设旱涝保收高标准农田130万亩。严格执行耕地占用计划，严格控制建设占用耕地，对突破计划的地区不予审批用地。加强补充耕地质量建设，确保耕地质量、数量、生态三个平衡。科学划定并严格保护永久基本农田，建设高标准基本农田示范县。扎实推进土地复垦工作。落实生产建设活动复垦义务，完成历史遗留和自然灾害毁损土地调查评价、专项规划编制工作。

（三）大力推进节约集约用地

落实省政府《关于节约集约用地的若干意见》，抓好“十二五”期间单位国内生产总值建设用地下降30%任务的分解落实。全面开展节约集约模范县（市）创建活动，力争3年内所有县（市）都必须达到国家规定的基本标准，2012年完成1/3的达标创建任务。建立完善节约集约用地指标体系和制度框架，加强对市县政府的节约集约用地考核，其结果作为政绩考核的重要内容。开展新一轮开发园区节约集约用地评价，其结果作为园区用地审批和调区、扩区、升级的依据。完善用地定额标准控制，鼓励开发利用地下空间，加快立体开发、高层厂房等节地模式推广应用。推进闲置土地清理处置。实行批地与供地相挂钩制度，严格供地率考核管理，确保前三年及当年土地供应率分别达到80%、60%、40%、20%。对未达到供地率标准的，暂停受理新增建设用地审批并相应扣减其新增建设用地计划。深化国土资源有偿使用制度改革，力争年内所有县（市）实现国有经营性建设用地使用权网上交易。严格控制和规范划拨用地及协议出让。

（四）加大地质找矿力度

制定地质找矿战略突破行动实施方案，明确工作目标，落实工作任务，优化

工作部署，健全保障措施，力求实现找矿重大突破。落实部省合作协议，加强重要成矿区带基础地质工作。开展整装勘查区实施情况评估，适时调整部署，确保进度和质量。突出重要矿种和重点矿山，创新机制，增加投入，解决一批老矿山的接替资源问题。以湘南为重点推进“三稀”矿产勘查，以湘西为重点开展页岩气勘查示范，提高资源能源保障程度。完善政策、信息保障体系，加大资金投入，支持地勘单位和矿山企业走出去，充分利用两种资源、两个市场。

（五）加强矿产资源开发管理，整顿规范矿产资源开发秩序

严格落实《湖南省深入整顿和规范矿产资源开发秩序工作方案》，加大督察力度，确保按时完成各项工作任务，努力实现矿业秩序的根本性好转。着力完善矿政管理制度体系，加强合同管理、中介机构管理、矿山年检、督察，落实开采登记、预审查询等相关制度，促进矿业经济发展，构建矿产资源开发管理长效机制。深入推进矿产资源开发整合，做大做强一批矿业综合经济区。开展矿业权储备试点。健全矿山“三率”指标考核体系，强化矿产资源节约和综合利用项目管理，提高资源利用总体水平。持续加强矿业权市场建设，力争年内全面实现矿业权进场交易和网上交易。

（六）加强地质灾害防治和矿山地质环境保护

落实《国务院关于加强地质灾害防治工作的决定》和《省政府关于加强地质灾害防治工作的意见》，加快建立地质灾害易发区调查评价体系、监测预警体系、防治体系和应急体系。开展重点地区 1∶5 万地质灾害详查，有序实施重点地灾隐患点勘查，逐步推进重要城市地质环境综合调查评价。加快建设省市县三级预警预报信息平台，完善群测群防和应急处理危险体系。加强矿山地质环境监测，严格执行地质环境影响评估制度和恢复治理备用金制度，完善矿山地质环境恢复补偿机制。实施好地质灾害防治惠民工程，科学开展工程治理和搬迁避让，重点解决一批影响范围广、威胁程度大的重大地灾隐患。指导和督促各地建立健全与地质灾害防治需要相适应的专业监测、应急管理和技术保障队伍。严格资质管理，培育骨干队伍，进一步发挥属地化地质勘探单位在技术支撑方面的作用。进一步加强地质环境保护宣传教育培训，提高群众自警自护自救和识灾避灾防灾能力。在全面完成地质遗迹调查工作的基础上，加大重点地质遗迹资源和古生物

化石资源的保护与开发。加强地质公园标准化建设，加快规划修编和达标创建，促进地质公园与地方经济社会协调发展。

（七）加强测绘地理信息工作

落实《数字湖南建设纲要》，加快数据库、应用系统、服务平台等地理信息基础工程建设。出台《湖南省地理空间数据交换和共享管理办法》，深入整合地理信息资源，加强应用示范，将省基础地理信息公共服务平台打造成权威、统一、通用的测绘地理信息服务平台，为政务决策、社会管理及群众生活提供更加便捷的地理信息服务。尽快完成正在实施的数字城市建设工程。启动地理省情普查工作，重点推进长株潭城市群和洞庭湖地区地理省情监测，准确掌握全省地理现状和动态变化。推进测绘科技创新，支持移动位置服务等新兴地理信息产业发展。加快市县测绘地理信息机构和能力建设，完善管理职能，提高监管能力。继续加强资质、成果、质量、保密、测量标志管理，巩固扩大测绘地理信息市场整治成果，维护良好市场环境。

（八）严格国土资源执法监察

扎实做好土地矿产卫星照片执法检查工作，加快形成国土资源违法预防、查处、整改的长效机制。完善基层动态巡查机制，畅通 12336 热线，及时发现并制止违法行为。加强与公安、法院、监察等部门的协调联动，完善联合执法机制，加大土地、矿产、测绘违法案件查办力度，着力解决未批先用、非法勘查开采、无证测绘等违法问题。严格落实执法监察责任，深入整合基层执法力量，稳步提高执法人员政治经济待遇和装备水平，增强基层执法监察能力。

（九）切实保障群众资源权益

全面推进集体土地确权登记发证工作，确保年内基本完成覆盖农村集体各类土地的所有权确权登记发证，切实保障农民土地产权。建立征地补偿标准动态调整机制，逐步提高补偿标准。探索建立征地补偿款预存制度，完善被征地农民住房、用工、留地、社保等多重安置模式和保障措施。对安置不到位、社会保障费未落实的，一律不得批准用地。严肃查处在征地过程中损害群众利益、中饱私囊的行为。探索解决征地纠纷的新途径。以事业单位改革为契机，抓好各级征地拆

迁机构“四定”工作。落实《法治湖南建设纲要》，进一步规范自由裁量权，严格行政审批和执法程序。加强行政复议、裁决和应诉工作，引导群众通过合法渠道解决行政争议。继续加强信访工作。落实信访工作“一把手”负责制、领导接访和包案制度、信访问题限时办结制度，全面实行重大事项信访风险评估制度，探索建立从源头上及时妥善解决信访问题的长效机制。

（十）加强基层基础工作和队伍建设

全面完成土地利用总体规划、矿产资源总体规划、长株潭国土规划编制工作，抓好平江县土地利用总体规划滚动修编试点，完善国土资源规划体系，进一步提高规划的权威性和科学性。加强规费征收和资金争取，严格资金监管和考核，提高财务对国土资源重大工作的支撑保障能力。推进低品位资源高效利用、页岩气勘查等重点科技课题研究，加快地质找矿和测绘地理信息新技术、新方法、新装备的研发与推广应用。加强国土资源标准化工作。继续扩大对外合作与交流，积极做好重大商贸洽谈、重大招商引资项目的跟踪服务。提升地质资料服务水平。继续推进坪宝地区“两化”试点，上半年要向国土资源部提交试点成果。推进长株潭地质补充勘查和地质资料“两化”工作。在矿业经济发展、支持武陵山片区集中连片扶贫开发、土地供应管理等方面形成一批重大调研成果并及时转化应用。落实政务信息和新闻宣传工作责任，加强国土资源政策法规和资源省情的宣传，加大国土资源工作经验总结和推介力度。加强土地、矿产、地理信息市场动态监测和国土资源经济形势分析，提高重大决策的科学性与针对性。继续推进国土资源所规范化建设。进一步加大投入，改善工作条件，增强基层执法监管和服务群众的能力。继续深入推进创先争优活动，加强党的建设和干部队伍建设，选优配强各级领导班子。开展作风建设年活动。

B.14

2011 年湖南住房城乡建设情况及 2012 年展望

高克勤*

一　2011 年湖南住房和城乡建设情况

2011 年，在省委、省政府的正确领导下，湖南住房和城乡建设系统认真落实中央和省里有关重大决策部署，以保障和改善民生为主题，以推进新型城镇化为主线，创造性地贯彻落实国家宏观调控政策，加强预测分析，锐意进取，狠抓工作落实，住房城乡建设工作迎难而进，各项任务圆满完成。

（一）保障性安居工程建设任务圆满完成

国家下达湖南各类保障性住房任务 44.72 万套，较上年增加 15.95 万套，增长 55.44%，居全国第 5 位。建设任务十分压头，上半年由于项目前期准备不足等因素影响，湖南住房保障工作推进艰难，整体进展偏慢。面对严峻形势，下半年通过实施联合审批、驻点督查、媒体通报、约谈考核等措施发力使这一工作快速推进，实现了省委、省政府提出的 10 月底开工 100% 的目标，实际达 106.8%，竣工达 52%。此外，为破解保障性安居工程融资难，省委、省政府还批准成立了省保障性安居工程投资有限公司，搭建政府融资平台，破解保障性安居工程建设融资难的问题。目前，该公司已全面启动运作。

（二）房地产市场平稳发展

2011 年，湖南认真贯彻落实国家宏观调控政策，加强预警分析，理性限购，

---

* 高克勤，湖南省住房和城乡建设厅厅长。

增加棚户区改造，引导房地产开发商进军市县市场，有效防止了市场大起大落，湖南房地产业平稳发展。一是房地产开发投资持续增长，全年完成投资 1896.7 亿元，比上年增长 29.1%；全省商品房新开工面积 7178.9 万平方米，增长 11.1%，新开工量居全国第 12 位。二是房地产销售继续增长，商品房累计销售 4877.7 万平方米，增长 9.1%，销售面积在全国排第 8 位，增速比全国高 4.2 个百分点；完成销售额 1852.2 亿元，增长 31.7%。三是房地产对财政的贡献依然很大，房地产业贡献税收 340 亿元，增长 26.2%，占财政总收入比重的 13.8%，占地方财政收入比重的 23.4%。四是房价基本保持平稳，全省商品住宅销售均价 3526 元/平方米，同比上涨 9%，商品住宅价格在全国排名第 21 位。

（三）新型城镇化积极推进

一是不断强化新型城镇化发展理论研究和政策支持，起草了《关于加快新型城镇化推进城乡一体化的意见》，目前已进入发文阶段。二是积极探索新型城镇化建设途径，优选 10 个县（市）作为推进新型城镇化建设的示范县（市），着力扩容提质。举办了示范县（市）对接座谈会，为县（市）和企业搭建合作平台。三是开展第三轮示范镇建设，努力在城乡统筹、集约节约、绿色低碳、宜居宜业等方面发挥示范作用。与此同时，会同省委组织部举办了新型城镇化建设县（市）长培训班；组织修改完善《环长株潭城市群城镇体系规划》和《长株潭城市群核心区建设管治规划》；针对湖南村镇布局散、乱、差的问题，全面启动县域村镇布局规划编制工作。

（四）重点工程建设迎难推进

2011 年是重点建设推进较为困难的一年，面对国家宏观经济政策调整、建安成本上升、用人荒、电荒煤荒、征地拆迁、阻工等诸多严峻挑战，通过积极协调、落实优惠政策、优化建设环境，全省重点建设完成投资 1560 亿元，超额完成年初确定的目标。黄花国际机场新航站楼、岳阳华能电厂二期、株洲电力机车研究所风电项目等一批重大产业项目顺利推进，增强了湖南经济发展后劲。

（五）建设领域节能减排取得新突破

通过实施城镇污水处理设施建设三年行动计划，全省共建成集中污水处理厂

133座；工作重心转向了运营监管、配套管网建设和提高设施运营效益，污水处理厂负荷达标率显著提高。目前，全省城镇污水处理量达14.5亿立方米，化学需氧量（COD）年削减25万吨，占全省COD削减总量的40%，县城以上城镇污水处理率由2010年的72%增加到75%。生活垃圾无害化处理设施建设加快推进，已建成垃圾处理场75座，处理率达60.9%。积极推广可再生能源建筑应用示范工作取得较好效果，建筑节能来势喜人。全省可再生能源建筑应用示范面积达358.43万平方米，常德、湘潭等分别获批国家可再生能源建筑应用示范城市（县、镇），湖南国家级可再生能源建筑应用示范已形成5市、8县、1镇、15项工程的格局，累计争取国家补助资金近5亿元。

（六）勘察设计业和建筑业加速发展

积极发挥勘察设计在“两型社会”建设中的基础作用，大力倡导和推进节能、低碳、绿色、环保的设计理念，严格执行国家和省节能环保政策及设计标准，勘察设计质量进一步提升，经济效益稳定发展。全年勘察设计收入114.1亿元，为上年度的160.9%。认真贯彻落实《湖南省人民政府关于进一步促进建筑业改革和发展的意见》，加快推进建筑业转型发展，指导企业开展资本运营和拓宽建设领域，大力支持建筑企业转型发展，全省建筑业强劲增长。全年建筑业实现总产值3800亿元，实现增加值1160亿元，解决270万劳动力就业。

（七）风景名胜工作和住房公积金工作成效显著

自设立“世界自然遗产和风景名胜管理办公室”以来，通过大力加强省风景名胜资源的保护利用，湖南风景名胜资源实力不断增强。目前，全省风景名胜区达55个，其中世界自然遗产2个，国家级风景名胜区16个，排名全国第二。全省住房公积金行业通过不断深化规范化管理，加强资金监管，呈现“效率提升、资金安全、管理规范”的良好发展态势。全省住房公积金新增缴存职工41万人，增长18.7%，归集公积金191亿元，发放住房公积金贷款130多亿元，为全省保障性安居工程建设作出了积极贡献。

二　2012年湖南住房和城乡建设工作展望

2011年，国际形势错综复杂，面对宏观调控政策影响、建安成本上升、用

工荒、电荒煤荒等严峻挑战，全省住房和城乡建设工作能取得上述成绩，实属不易。2012 年，住房和城乡建设事业发展仍面临较为复杂的形势。一方面发展大环境比较复杂。从国际上讲，世界经济形势仍然十分复杂，具有很大的不确定性；从国内看，我国经济发展不平衡、不协调、不可持续的问题在逐步显现，经济形势总体还比较严峻。另一方面住房和城乡建设经济自身也面临一些挑战。主要表现在保障房建设、房地产市场维护平稳发展和建筑业转业升级的压力大。在保障房方面，2012 年湖南保障房建设任务为新开工 38.77 万套，基本建成 15.15 万套，任务虽略有减少，但 2011 年结转项目很多，实际建设量达 58 万余套，任务依然艰巨。房地产方面，由于国家坚持房地产调控政策不动摇，预计目前这种量价齐跌的局面将会持续一段较长的时间。2012 年经济发展总基调是“稳中求进”，由于房地产市场与多个行业息息相关，房地产市场萎缩会给投资、消费、财税、相关产业带来影响，如何在大环境不好的情况下，创造性地做好工作，为经济平稳发展作出贡献，难度较大。建筑业方面，由于建筑业是十分典型的传统产业，如何转型升级助推企业走产学研结合、设计施工总承包、依靠人才和技术创新发展的路子还任重道远。此外，湖南城镇化虽然赶超发展的后劲大，但是在推动新型城镇化发展的土地、资金等方面，仍未实现有效突破，如何积极稳妥推进新型城镇化，仍然缺乏强有力的手段。针对上述存在的压力，结合工作实际，2012 年全省住房和城乡建设工作总体思路是：牢牢把握稳中求进的总基调，深入贯彻落实“四化两型”发展战略，以推进新型城镇化为主题，以保障和改善民生为主旨，以创新发展为主线，全力抓好保障性安居工程建设和行业质量安全，大力推进乡村规划编制和城市建设管理，努力实现污水处理设施运营全面达标和垃圾处理设施县城以上全覆盖，促进房地产市场平稳健康发展，促进建筑产业转型升级，切实加强干部队伍建设，力争有更多项目进入全国和全省先进行列，确保全省住房城乡建设事业平稳较快发展，以优异成绩迎接党的十八大胜利召开。

（一）继续加强保障性安居工程建设和农村危房改造工作，着力解决城乡困难群众住房问题

一是确保完成保障性安居工程建设任务。认真落实国家和省各项优惠政策，切实推行商品房项目中配建保障性住房，保证各级财政预算安排资金、土地出让

收入、公积金增值净收益等建设资金按时足额到位；加强巡查督查，加大考核问责，确保建设任务按时完成。严格履行项目建设基本程序，规范招投标行为，落实项目法人责任制、合同管理制、项目监理制等制度，全面实行分户验收，确保质量安全。出台湖南保障性住房运营维护管理的政策性文件，加强分配监管和动态监测，完善运营维护管理机制，强化分配和运营维护管理。积极探索保障性住房并轨运行、租售并举、产权制度改革、多渠道投融资机制、多模式运行维护管理方式改革，促进保障性安居工程可持续运转。二是抓好农村住房建设与危房改造工作。按照“有利生产、方便生活、适度集中、居住安全、群众自愿”的原则，把农村住房建设和改造与旧村改造、农村土地综合整治、迁村并点相结合，实行统一规划，集中安置，引导农民适度集中建住房。着力争取农村危房改造任务，切实加强资金和质量监管，把农村危房改造工作做好。

（二）坚定不移地实施房地产市场调控，推动房地产业持续健康发展

一是认真执行国家有关调控政策，继续支持住房刚性需求和改善性需求，抑制投资性、投机性购房，促进房地产市场健康发展。继续加强房地产市场预测分析和预警预报，研究措施积极应对市场出现的量价齐跌局面。努力增加普通商品房供应，把房地产开发与小城镇建设、新农村建设、棚户区改造、工业园区建设等有机结合起来，出台政策措施，鼓励开发商到中小城市投资，提升城镇住房建设品质，推动县域房地产市场健康快速发展。支持商业、旅游、休闲、养老等房地产发展，支持绿色商品房和初装、精装修商品住宅上市，支持住宅产业化。加快建立健全房地产市场监管及房地产行业信用信息管理、商品房预售管理、城市房屋价格监控体系、房地产统计体系等制度，进一步整顿和规范房地产市场。启动个人住房信息系统省、市、县联网工作。探索推进国有土地上房屋征收新模式，加快出台《湖南省〈国有土地上房屋征收与补偿条例〉实施办法》，引导各地依法、和谐征收。二是继续扩大住房公积金制度覆盖面，重点做好规模以上城镇私营企业、外商投资企业等非公有制企业、民办非企业单位、各类社团组织在职职工的住房公积金归集工作。督促不缴、欠缴单位按规定足额缴存住房公积金，切实维护职工合法权益。逐步扩大利用住房公积金贷款支持保障性住房建设试点范围，重点支持公租房建设。加强和改进住房公积金服务工作。

（三）大力推进新型城镇化，实现城乡统筹发展

坚持走符合各地实际的城镇化发展道路，推动长株潭城市群、市（州）中心城市、省际边界经济重镇、城关镇和中心镇差异发展、特色发展，促进不同规模和类型的城镇科学布局、合理分工、集约发展，加快构建大中小城市和小城镇协调发展的城镇格局。一是提高环长株潭城市群发展水平。加快环长株潭城市群规划编制工作，争取长沙市和衡阳市城市总体规划修改获得国务院批准，娄底市、益阳市城市总体规划获省政府批准。认真实施城乡统筹工程，把环长株潭地区建设成全省新型城镇化、城乡一体化发展的重要引擎。进一步强化其他市（州）所在地城市的区域中心地位，不断扩大城市规模，完善城市功能，突出城市特色，彰显城市个性，增强区域中心城市在经济、金融、信息、商贸、科教和文化方面的服务、辐射和带动作用，使之成为带动区域城乡一体化发展的重要平台和要素集聚中心。二是做大做强县城。坚持把县城和中心镇作为统筹城乡发展、推进城乡一体化的关键节点和重要纽带，建设成为生产要素集聚和承载农村人口转移的重要区域。支持出台县（市）城发展的政策意见，加快县（市）城扩容提质步伐，增强城镇综合承载能力，提升产业发展水平，完善公共服务，使之成为县域经济社会发展的核心。继续做好支持 10 个新型城镇化示范县（市）扩容提质工作。三是加大村镇建设力度。全面启动县域村镇布局规划编制，加强镇区规划和村庄规划编制，逐步解决村镇布局无序问题。加快发展中心镇。制定省、市、县三级扶植发展重点镇规划，出台政策措施，加强基础设施和公共服务设施建设，加快二、三产业发展，增强其自我发展能力，促进人口、产业、资金、技术集聚，壮大城镇规模和实力。大力开展村镇整治工作，重点解决污水横流、垃圾遍地、乱搭乱建等突出问题。

（四）全面提升城乡规划管理水平，继续加强世界遗产和风景名胜区建设

一是加快实现城乡规划全覆盖。制定《湖南省城镇体系规划实施办法》，构建协调发展的城镇体系，优化空间布局。督促设市城市和县城全面完成“十二五”近期建设规划和县城控制性详细规划，明确近期发展方向和建设重点。大力推动长株潭绿道网建设，组织编制《长株潭绿道网总体规划》。开展城镇规划

评价指标体系研究，出台规范城乡规划管理的指导性意见。完善规划督察员管理制度，加强规划督察工作。制定村镇规划管理暂行办法，强化村镇规划管理工作。进一步加强对历史文化名城、名镇、名村和古民居的保护，提升建筑文化内涵。二是积极开展“泰山拓展四岳”和“中国南方喀斯特”申请世界遗产的前期工作。加快国家遗产和风景名胜区创建，不断完善风景名胜区法规政策体系建设，切实加强监督管理。全面推进风景名胜区规划工作，组织编制湖南省世界遗产和风景名胜区体系规划以及湖南省风景名胜区白皮书。大力加强风景名胜区重大建设项目选址方案核准和设计方案审查，积极推进风景名胜区项目工作，充分挖掘世界遗产和风景名胜区文化内涵，提升文化品质，突出地方特色，加强宣传引导，进一步提升湖南风景名胜的综合竞争力。

（五）着力抓好城乡基础设施建设和建筑节能工作，营造宜居宜业环境

一是大力加强城乡基础设施建设。重点加快推进城镇生活垃圾无害化处理设施建设。确保规划新建的102座垃圾处理设施全部投入运行，实现县以上城镇垃圾无害化处理设施全覆盖。推进城市生活垃圾分类收集处理，研究制定城市餐厨垃圾管理办法，支持衡阳、长沙开展餐厨垃圾资源化利用和无害化处理试点。探索“户分类、村收集、镇运转、县处理”运行机制，推进城乡垃圾收集运输一体化设施建设。分期分批将湘江流域简易垃圾场纳入湘江重金属治理范围，启动简易垃圾场整治示范工程建设。继续着力提升污水处理厂运营效率。争取国家资金支持，着力推进重点流域污水配套管网建设；制定出台污水设施运营补贴政策、考核评价办法及排污许可管理办法，建立污水处理设施管理的长效机制，强化设施运营监管。开展污泥处理处置试点，争取列入国家示范项目。启动供水设施提质改造。贯彻实施国家新的《生活饮用水卫生标准》。修订完善供水设施提质改造规划，建立全省供水设施建设项目库，争取省政府印发实施方案，启动设施提质改造工作。指导阶梯式水价试点。开展好节水型城市创建活动。积极创建园林城市和人居环境奖，力争在生态园林城市创建上实现突破。二是提升城市管理水平。按照“政府主管、市场运作”原则，深化城市管理体制改革；开展城市管理立法调研，起草《湖南省城市管理条例》；组织创建依法办事示范窗口，大力加强城市管理执法队伍建设，规范城市管理执法行为，不断改善城市管理队

伍形象；加强城市管理监督考核，提高城市管理效能；大力推广株洲城市管理经验，创新城市管理手段和方式；加快数字化城市管理系统建设，探索建立省级数字化城市管理平台；加强城市地下管线工程档案归集和查询利用，搞好管线普查和信息收集，有效防范和控制各类管线安全事故；严格市政道桥、供水、供气、公园游乐设施等安全生产管理，保障行业安全运行。三是着力抓好建筑节能工作。抓好既有的高能耗机关办公建筑和大型公共建筑节能改造，推行合同能源管理等节能服务模式，全面推进国家机关办公建筑和大型公共建筑节能监管体系建设。发展绿色建筑和低能耗建筑，开展绿色建筑评价标志工作。扩大可再生能源建筑应用规模，加强国家可再生能源建筑应用示范市（县）和示范项目管理，争取更多项目进入国家计划笼子。组织开展建筑节能适宜技术研发、转化和推广，组织制定新材料、新产品专项技术文件，发布推广应用目录。加大宣传力度，提高全社会建筑节能意识。

（六）深化勘察设计业和建筑业改革，推动产业转型升级

一是推进勘察设计业改革和发展。充分发挥勘察设计业的基础性作用，加快行业体制、机制和结构的改革与调整，加快行业技术进步，提高创新能力和市场竞争力，为“两型社会”建设、新农村建设、城乡环境综合治理等提供技术支撑和服务。积极推进科技创新和先进成果的转化应用，创造出更多建筑设计精品。加快信息化监管平台建设，建立统一、开放、公平、有序的勘察设计市场体系。二是推动建筑业转型升级。认真落实《湖南省人民政府关于进一步促进建筑业改革和发展的意见》精神，以资本运营为突破口，积极推动建筑业转型发展。鼓励引导大型施工企业向关联度较高的上下游产业延伸，走产学研结合、设计施工总承包、依靠人才和技术创新发展的路子。调整优化建筑业企业结构，扶持发展一批经营特色明显、科技含量较高、市场前景广阔的专业企业。加大政策引导和宣传推介力度，打造一批品牌劳务企业。引导鼓励大型优势企业进入基础设施和高技术含量的工程施工领域，提升高端建筑市场施工能力。加速拓展高端和外埠市场，巩固省内市场，加大西部市场和中东、非洲等新兴市场的开拓力度。三是强化工程质量安全监管。进一步规范建筑市场秩序，突出行政监督执法和动态监管，继续抓好工程质量安全“三化”工作，深入开展“打非治违”和季度性督查，狠抓社会监理机构管理，将依法履职落实到位，加强建筑市场和施

工现场动态监管，保持安全生产高压态势。大力加强保障性安居工程建设的质量安全监管。认真落实国务院《招标投标法实施条例》，落实招标代理公司比选和招标文件评审等制度，积极推进电子化招投标工作，继续严厉打击围标串标等违法违规行为。认真落实工程建设违法违规行为社会举报制度。加强工程定额标准制定，加强工程量清单计价依据体系建设，加大绿色建筑和保障性住房建设等民生工程的工程造价信息发布，完善工程合同备案制度，培育合同担保市场。强化劳保基金统筹管理，促进行业健康发展。

B.15

2011年湖南交通运输发展形势分析及2012年展望

贺仁雨*

一 2011年湖南交通运输发展形势

2011年是“十二五”开局之年。湖南交通运输系统在省委、省政府的坚强领导下，在省直各部门的大力支持下，团结一心，攻坚克难，全面完成了各项工作任务，确保了发展、安全、稳定的大局，实现了“十二五”开局红。

（一）交通投资创下历史新高

2011年，交通固定资产投资完成926.5亿元，比上年增长5.48%，占全省固定资产投资总额的8.1%，是湖南交通史上投入水平最高的一年，其中高速公路672.53亿元，国省干线132.22亿元，农村公路88.23亿元，水运建设21.04亿元，运输站场12.45亿元。2011年确定的“4513”交通基础设施建设目标全面实现。宜凤、潭衡西、随岳、道贺4条高速公路建成通车，新增通车里程262.3公里，高速公路通车总里程2649公里；新建和改造国省干线2001公里，S202、S209、S223、S302、S304等5条508公里文明样板路创建达标；新建农村公路15222公里，超额5222公里完成省为民办实事目标，全省建制村通畅率达到86%，比2010年提高4.5个百分点。全省公路总里程达232190公里。湘江长沙综合枢纽等水运重大项目进展顺利，全省新增千吨级泊位3个。建成10个二级以上客货站，120个农村客运站。交通基础设施网络进一步完善。

* 贺仁雨，湖南省交通运输厅厅长。

（二）交通资金保障了发展速度

在信贷紧缩和省公路投融资功能受限的困境下，全年争取中央建设资金投入111.26亿元，同比增长36.42%，是历史上中央安排湖南交通建设资金最多的一年；组织高速公路资金585.35亿元，实现交通收费收入97.01亿元，省本级交通资金总盘子达到943亿元。高速公路保证了计量支付；国省干线、农村公路、水上和站场、渡改桥、危桥改造等建设项目下达资金129.49亿元，同比增长64.2%，保障了交通发展速度。特别是去年8月以来，在资金上遇到前所未有的困难，省厅资金组织进入应急状态，省委、省政府主要领导亲自过问，分管省长直接调度，所有厅领导分工负责联系银行；改革创新资本运作方式，启用现代投资融资平台承接在建高速公路；向中石油、中石化转让18对在建高速公路服务区经营权，到账金额30.4亿元；组建全国交通运输系统首家高速公路财务公司，累计归集资金27.2亿元，筹集高速公路建设资金18亿元；支持民营高速公路建设项目组织资金113.85亿元，渡过了资金方面的难关。

（三）彻底改革交通招投标办法

阳光交通建设全面启动，制订“合理定价评审抽取法”，推行“1+9”的招投标规则体系，在全省公路水路交通建设领域全覆盖，全年仅高速公路项目标的总金额就达275亿元，投标企业越来越向大型企业、信誉良好的企业集中，得到部省领导高度评价，省纪委将此作为创新性举措予以通报表彰，社会反响良好。制订并实施项目审批、项目申报制度，目前正在研究出台技术服务类项目招标及委托办法，4项制度将全方位、全过程覆盖交通建设管理。项目申报制度明确了省厅、行业局、市（州）县的职责，省厅公平地安排资源，切块下达；市（州）、县负责按资源排出建设项目的优先顺序，行业局负责核定项目的真实性、准确性，省厅根据市（州）、县排定的优先顺序和行业局的审核意见安排项目、资源，并全部在交通厅门户网站上公开。向社会公开投资计划16个批次7023个项目，国省补助资金64亿元；公开养护计划2个批次，折算标准里程1913.26公里，省专项补助7.3亿元，确保了社会的知情权，强化了社会监督。同时“两重一大”项目在厅务会议集体审定，全年审定188个项目。

（四）交通工程质量总体受控

开展的“工程质量年”活动成效显著，8 项举措和“平安工地”创建措施全面落实。对全省在建的 49 条高速公路、153 条国省干线公路和 13 个水运工程项目经理、总监共 451 人进行全面轮训，从厅直属科研、设计单位抽调 46 名高级工程师到在建高速公路项目任技术副经理或技术代表，加强了技术力量。对高速公路重大质量安全危险源实行台账管理，查找出 32826 处重大危险源，已经销账 22661 处，施工安全形势持续稳定好转。交通建设工厂化生产水平达到新的高度，高速公路 575 个土建合同段建立了 718 个混凝土集中拌和站、542 个桥梁预制厂、918 个钢筋集中加工厂。新工艺新技术得到全面推行，高速公路有 209 个标段采用了预应力智能张拉新技术，普遍采用钢筋定位装置及新工艺。对 39 个在建项目 3340 公里高速公路、75 座特大桥梁、9 座特长隧道的外委检测数据表明：路基压实度、路面弯沉、混凝土强度等合格率都在 98% 以上，隧道衬砌强度 100%，隧道厚度、钢支撑间距、锚杆长度、数量等技术指标达到优良工程水平，钢筋保护层厚度合格率较 2010 年提高了 8 ~ 10 个百分点。2011 年 11 月交通运输部来湖南实地检查检测后，对湖南高速公路作出了工程质量总体受控的评价。

（五）“两型”交通迈出实质性步伐

内河水运现代化全面启动，召开了新中国成立以来全省首次水运工作会议，提出了奋斗 20 年、投资 1700 亿元，重点实施岳阳港、长株潭港口群、洞庭湖岳阳综合枢纽、湘江千吨级航道、沅水能源大通道、涟水复航、湘桂运河等 10 大工程，打造湖南现代内河水运体系的宏伟目标。深入开展“设计回头看”活动，解决了“两型交通”建设的技术理念问题，在设计理念、路线走廊带选择、平纵面控制等方面形成了体系性的指导意见，在 12 条共 857.34 公里高速公路项目上实施，减少概算投资 102.4 亿元，降幅达 12%。交通工程造价管理加强，全年审查各阶段公路水运建设项目 404 个，核减投资 68.77 亿元，项目投资进一步优化。交通运输节能减排稳步推进，全省“车船路港”百家企业低碳交通运输专项行动全面启动，在长沙开展甩挂运输试点，株洲市被交通运输部列为全国第二批“低碳交通示范城市”，开展长株潭综合交通一体化工作和长沙机场地区、高铁地区综合枢纽建设。

（六）交通运输生产平稳有序发展

全年完成公路客运量及旅客周转量分别为161980万人次、7780412万人公里，同比分别增长9.27%、13.82%；完成货运量及货物周转量分别为144240万吨、18785681万吨公里，同比分别增长13%、22%。完成水路客运量及旅客周转量分别为1327万人次、27429万人公里，同比分别增长44.4%、62.33%；完成货运量及货物周转量分别为17955万吨、4202571万吨公里，同比分别增长13.55%、22.83%。城市公交、出租车客运量分别完成308542.6万人次、175140.9万人次，同比分别增长8.6%、5.3%。保证了重点时段、重要物资和鲜活农产品运输，完成了低温凝冻、旱涝急转等重大自然灾害应急运输任务。水上交通安全专项整治和道路交通安全、道路客运隐患排查整治取得阶段性成果，有效遏制了水上交通事故多发势头，促进了道路运输和城市客运安全生产形势持续好转，保障了全省经济平稳有序运行。

（七）交通服务民生取得新的成效

坚持民生优先，解决民生热点问题。一是全面消灭危桥，解决老百姓高度关注的“桥脆脆”问题，一次性下达资金7.68亿元，到2012年全面消灭全省1417座五类危桥，改造国省干线上的57座四类危桥，加快实施渡改桥。同时对存在重大安全隐患的长永高速浏阳河大桥、株洲红星大桥分别采取了拆除重建和加固措施。二是创建星级服务区（站），全面提升公路服务水平。制订规划，建立标准，明确监管职能，联合中石化、中石油，授牌表彰了全省105个公路星级服务加油站。三是大幅提高全省农村公路补助标准，对“老少边穷”地区重点倾斜。对湘西自治州、大湘西地区和国省贫困县、一般地区的建制村通畅工程中的村道补助，由“十一五”的每公里10万~12万元分别提高到30万、25万、20万元，分别增长2.5倍、2.08倍、2倍，通畅工程中县乡道补助标准增长幅度更大。2011年下达的1万公里农村公路建设计划，全部按“十二五”补助标准一次性安排补助到位，加快解决老百姓出行难问题。四是严格落实“绿色通道”惠民政策，全年减免鲜活农产品流通、邮政、电煤运输等车辆通行费7.42亿元。

（八）交通规划体系健全完善

制定了 4500 亿元的“十二五”交通运输发展规划及 3500 亿元的实施方案，确立了交通建设的保底规模和奋斗目标，明确在“紧环境”下先按保底规模实施，保证兑现省委、省政府向社会公开承诺的“三条底线”，即到 2015 年全省所有县（市、区）可在 30 分钟内上高速公路，确保“十二五”期间所有具备条件的建制村通水泥（沥青）路，到 2030 年建成畅通、高效、平安、绿色的现代内河航运体系。智慧交通完成了规划和顶层设计。“十二五”交通运输发展形成了“1 + 11”的规划体系。普通公路建设管理办法、补助标准，加快水运发展的实施意见、船舶通行费收费标准和收费项目等配套政策先后出台，为推进规划实施打下了坚实基础。

（九）交通发展保障进一步增强

法制交通建设扎实推进，《湖南省高速公路条例》颁布实施。依法依规解决了岳长高速投资人招标的合法性认证，树立了依法办事的理念，推动了相关和类似问题的解决，引进资金 240.29 亿元，建设高速公路 288.91 公里。公路航道管养力度加大，特别是对全国干线公路的大检查提升了路况水平；科技强交通的战略深入实施，全年取得科技新成果 30 项，一批科技成果转化成现实生产力。干部队伍建设全面加强，新一轮政府机构改革“三定”工作全面完成。党风廉政建设责任制全面落实，具有交通运输特色的惩防体系进一步完善。文明创建取得实效，全系统有 14 个单位被评为省部级以上文明单位，8 人获得国家级荣誉，75 人受到部省级表彰。创建了 33 个省级“群众满意客运站”。

二　2012 年湖南交通运输发展展望

进入“十二五”时期，湖南交通运输发展的内外部环境发生很大变化，机遇和挑战并存。湖南交通发展的机遇体现在“四个没有变”，即中央和省适度超前加快交通基础设施建设的方针政策没有变，国家对湖南的支持力度没有变，湖南处在重要战略机遇期没有变，全省上下大办交通的氛围没有变。湖南交通发展的挑战表现为“两个面临”，即面临复杂多变的国内外经济局势，面临要素保障的"紧环境"。用好机遇应对挑战，必须牢牢把握稳中求进的总基调。在新的形势和条件下，稳中求进推动湖南交通运输发展，必须更加突出科学发展这个主题、转变发展方式这条主线、结构调整这个主攻方向，坚持"四新"（即创和谐新局面、登发展新台阶、上服务新水平、树交通新形象）引领，路水共进，建管并重，稳步提升，以打造"四个交通"（即综合交通、两型交通、智慧交通、阳光交通）为重点，加快发展现代交通运输业，为推进"四化两型"、服务"两个加快"当好先行。2012 年重点抓好以下工作。

（一）重点实施"1263"工程

投资 750 亿元，以实施"1263"工程为重点，加快交通运输基础设施建设。"1"是以建成通车 1000 公里高速公路为重点，完成投资 570 亿元，加快推进 3801 公里在建项目建设。确保吉茶、炎睦、娄新、长湘、衡桂、桂武、南岳、宁道、浏醴、炎陵分路口至炎陵县城、郴宁、吉怀、通平、大浏共 14 条 1011. 74 公里，力争汝郴、醴茶、永蓝、长浏、澧常 5 条 542. 38 公里高速公路建成通车，年底高速公路通车总里程达到 3600 公里以上。启动潭耒高速公路提质改造，完成长益高速公路提质改造。"2"是以新改建完成国省干线 2000 公里为重点，完成投资 105 亿元，新开工 2500 公里，全面完成 1474 座危桥改造任务。"6"是以建成 6000 公里农村公路为重点，完成投资 36 亿元，年底全省建制村通畅率达 89%。"3"是投资 30 亿元，重点实施 24 个水上项目。加快建设湘江株洲至城陵矶 2000 吨级航道、湘江长沙综合枢纽、湘江土谷塘航电枢纽等工程，力争新开工岳阳煤炭专用泊位等项目。同时，投资 9 亿元，加快道路运输站场、科技、信息化等项目建设。年内建成二级以上客货运站 10 个，农村客运站 120 个，招呼站 2000 个。狠抓资金要素保障。核心抓高速公路资金的到位和水运资金的落实。积极争取中央资金加大对湖南交通的投入；争取银行最大限度增加信贷规模，落实高速公路建设与各银行贷款签约资金；充分发挥高速集团财务公司作用，加强资本运作，盘活存量资产，加强高速公路短期融资券、企业债券、保险资金等 10 大融资产品利用；发挥现代投资筹融资作用；支持盘活省公路建设投资公司；组建省水运建设投资有限公司，推动组建省港口集团，夯实水运发展基础；切实提高高速公路收费实征率，争取交通费收入过百亿；切实做好开征船舶通行费试点工作。

（二）深入推进“工程质量安全年”活动

巩固去年“工程质量年”成果，拓展活动内涵，确定2012年为全省交通运输系统的“工程质量安全年”，在公路水路建设工程重点实施七项举措。一是强力推进公路水运工程标准化建设。通过推进管理程序标准化，操作过程标准化，提高管理效率；继续推进工地试验室治理，加强对拌和站、预制场管理，推进路基路面标准化施工，提升工程质量。在干线公路推广应用高速公路先进成熟施工技术，每个市（州）推出一个干线公路示范项目，带动提升整体建设管理水平。二是推广沥青混凝土拌和站管控一体化系统。加强对工程施工中原材料进场、混合料生产及出厂、试验检测等关键环节的智能监控，通过数据自动采集、传输、存储、自动报警等先进手段，堵塞拌和站技术数据管理漏洞，实现工程施工质量实时在线监控。应用基层早期破坏防治技术，优化交通组织，控制运输荷载，实行基层分散拌和，防止基层早期破坏，严防低温施工、冒雨施工以及交叉作业带来的层间污染。三是推广预应力管道注浆智能控制系统。减少预应力注浆人工误差，提高注浆饱和度，解决预应力注浆难题；继续推广预应力智能张拉。四是强力推行安全风险评估。通过对项目和工程进行安全风险评估，对不同级别的安全风险源制定安全专项施工方案，确保施工安全。五是继续推行“三集中”生产、钢筋间距及保护层厚度控制、特大桥及特长隧道动态监控和外委检测。六是继续实施设计“回头看”的做法，解决国省干线公路设计缺项问题，把“绿化工程、安保设施”列入设计规定项目。对公路水路运营出现的安全问题，在设计优化中予以重点解决。七是举办公路水运项目经理和总监培训班，重点培训项目管理和廉政建设两方面的内容，切实提高项目管理水平。严格项目建设管理考核，实行项目法人问责制。

（三）改革开放破解发展难题

全面开放、规范交通建设市场。向民间资本领域全面开放交通建设市场，形成统一开放、公平公正、竞争有序的交通建设市场格局，争取更多的资源汇入湖南交通。鼓励交通科研、设计、施工、监理等企业大胆走出去，积极参与国内外竞争。依法依规加强对BOT项目的管理。健全完善公路水运建设市场信用评价体系，搭建统一的项目信息和涵盖所有从业单位、人员的信用信息管理平台，建立科学合理的信用评价机制，把从业单位、人员的诚信履约情况作为市场准入的重要依据。

推动普通公路、航道建管养运新模式。加快完善普通公路养护机制，按照养护、应急、服务“三位一体”的要求，设立县级中心养护站，形成“中心养护站+养护道班”的养护格局。大中修实行项目工程制，小修工程对中心养护站实行计量支付，日常养护实行班组责任制；开展为期三年的农村公路“管理养护年”活动，建立健全“省级指导、市级考核、县为主体”的农村公路养护管理体制，推动乡镇一级100%设立农村公路管理机构或明确责任职能部门，严格农村公路养护考核，开展农村公路养护示范路活动，每个县级单位创建2个以上农村公路管养示范乡镇，选取10%以上的县道、5%以上的乡村道创建文明示范路，促进农村公路管养工作常态化、规范化；逐步推行航道中心站或航道管理处管理模式，切实加强航道行政管理，加快建立航标遥控遥测系统和重点浅滩、重点航段的视频监控系统以及水文自动测报系统，提高航道应急保畅能力。

建立高速公路运营管理新机制。按照“以块为主、条块结合，投资主体相同、线路相连，方便管理、精简高效，立足当前、兼顾长远”的原则，全面落实高速公路运营管理机构设置方案，变过去的“一路一公司”为以区域划分为基础的管理分局模式，管理幅度由过去的50～100公里提高到300～500公里，由管理分局对养护、征费、路政、监控、服务等实施统一管理，力争年内改革到位，保证新通车项目按新机制运行。

（四）全面开展文明创建活动

创建星级公路服务区（站）。按照规划和创建标准，新投入运营高速公路服务区21对，联合中石化、中石油，全年新改造高速公路服务区3对，新拓展服务功能的普通公路加油站63个；高速公路服务区创星达标比例100%，其中三星级达标比例65%、四星级20%、五星级10%；普通公路完成168个星级服务加油站创建任务，普通公路加油站创星达标比例100%。

创建文明样板路、文明样板航道。严格落实《湖南省普通干线公路文明样板路创建标准（试行）》和《“四纵五横”文明样板路创建方案》，按照“成线成网、统筹推进、因地制宜、彰显特色、注重长效、展示形象”的原则和“畅、安、绿、美”的要求，落实创建责任，形成创建合力，构建常态化的创建机制，

全年完成文明样板路创建里程 1243 公里。制订文明样板航道创建规划、标准，在湘江大源渡至衡阳 62 公里和沅水茅草街至鲇鱼口 73 公里 2 条千吨级航道开展试点，推进文明创建工作。

创建群众满意客运站、收费站。在全省继续深入开展"群众满意客运站"创建活动，一级站创建率 60%，二级站创建率 30%。在全省收费公路开展"群众满意收费站"创建活动，高速公路在张家界、马家河、长沙西、德山 4 个收费站，普通公路选择 2 个收费站进行试点，力争 3 年内全省所有收费站点创建达标。

（五）强化交通运输保障

大力发展综合运输。加快长沙高铁地区、机场地区综合运输枢纽建设，实质性推进长株潭综合交通一体化工程；总结推广长沙市甩挂运输试点工作经验，力争年内改造 3 家满足甩挂运输作业要求、装备先进的货运站场，探索形成适合不同区域、不同货类的甩挂运输运营模式。统筹规划农村客运站点和城乡客运线路布局，合理配置城乡客运资源，鼓励"农村班车进城、公交客车下乡"，推动城乡道路客运一体化发展；鼓励各类运输企业和个体经营业户发展建制村农村客运线路，加快农村客运公交化改造，采取片区运营、循环运营等多种方式方便农民群众乘车。

着力规范运输市场。深入贯彻落实《湖南省人民政府关于进一步加强城市公共客运管理的意见》。加强道路班线客运管理，完善道路运输市场准入和退出机制，建立驾驶员培训、机动车维修服务质量监测和考核体系，抓好道路运输驾驶员诚信考核、客运业户和客运车辆质量信誉考核工作。开展出租汽车行业服务质量信誉考核及和谐劳动关系创建活动。推动建立汽车租赁业服务网络。加大水路运输、港口经营市场监管力度，严把市场准入和退出关，强化从业人员、企业、船舶市场准入资格审核。以客船、危险品船管理为重点，建立经营资质预警和动态监管制度。继续深入开展运输市场"打非治违"专项行动，切实解决运输市场突出问题。

推进交通运输节能减排。落实"公交优先"战略，加快发展城市公共交通。支持长沙市申报全国"公交都市"示范城市，支持株洲市建设全国"低碳交通示范城市"，选择 2 ~ 3 个城市开展全省"低碳交通示范城市"试点。严格实施营运车船节能减排限值标准，完善行业节能减排统计监测考核体系，继续开展全省“车船路港”百家企业低碳交通运输专项行动，加快发展绿色运输。

（六）努力提高科技信息化水平

加强科技支撑保障。一是坚持开门开放选课题，让基层、一线的工程技术人员将实践中急需解决的技术难题提出来，把交通建设中的重点难题、技术问题作为课题提出来。二是把结合交通建设实际应用的重大课题列入交通厅科研立项计划，力争进入部省科研立项计划，依托重点工程开展重大课题研究，今年争取重点在公路软基处治、山区公路边坡地质灾害危险源识别与灾害预警、高陡横坡条件下桩柱式桥梁设计与施工、人—道路—环境系统和谐度解耦及工程控制等方面取得成果。三是加大科技成果的推广力度，一些合适的科技成果加快产品化，要重视科技成果的工业化设计，如将预应力管道注浆智能控制仪等一批先进成熟技术形成系列商标品牌，推向全国市场。四是加强标准化工作，继续开展二次张拉钢绞线技术应用于箱梁腹板竖向预应力、预制钢筋砼通道、涵洞设计及施工等标准制定工作。切实抓好“两型”科技示范工程，发挥示范引导作用。

加快“智慧交通”发展步伐。制订“十二五”交通运输信息化规划实施方案、投融资计划和信息化建设项目管理办法，加快湖南交通信息化地方标准体系建设。以“智慧交通”手段促进交通运输安全运行，建成公路资源整合、交通指挥中心监控资源整合系统；完成特大桥隧视频监控建设任务；完成湖南安装10000台北斗卫星车载终端示范工程任务；保证今年3月底前全省800座重要渡口、1200艘客渡船全部安装视频监控设备，建成省、市、县三级监控中心；扩大高速公路联网不停车收费ETC系统覆盖面；启动交通运输信息化基础支撑体系、高速公路路网运行监测与管理信息系统、交通建设项目综合管理信息系统等项目建设。加快建设交通运输公共信息服务平台，重点推进公众交通信息服务系统建设，完成交通出行服务系统1∶2000的加密电子地图的匹配。实施“智慧交通”项目，要大力推行购买服务的方式，以最小的投入，实现最大的效益。

（七）加大依法行政和安全监管力度

全面推进依法行政。加快《湖南省农村公路条例》立法进程，认真执行《湖南省行政程序规定》、《湖南省规范行政裁量权办法》、《湖南省政府服务规

定》以及交通行政执法自由裁量权基准，规范行政执法行为。以保护公路、航道设施为重点，加大依法行政力度，坚决打击破坏、损毁公路、航道设施的行为。联合公安等部门，强化源头治理、路面监管和责任追究，组织开展 2 次大的公路治超专项行动，严禁车货总重 55 吨以上车辆上桥行驶；严格涉航建筑物技术审批论证，杜绝出现新的碍航闸坝，配合开展河道采砂专项治理行动；严格执法评议考核，强化执法监督，加快实施交通行政执法“四统一”，促进规范执法、文明执法。

加强安全监管。围绕创建“平安水域”、“平安工地”、“平安车站”、“平安桥渡”目标，实行危桥危渡、危险路段、危险水域及相关企业的安全隐患档案制、销号制、公示制，建立健全安全隐患排查整治常态化机制，强化安全生产基层基础建设；全面消灭全省现有五类危桥，加快实施渡改桥工程，认真执行桥梁养护规范，严格落实桥梁养护“三个一”责任，确保营运桥梁安全；全面完成水上交通安全专项整治任务，严格执行水上安全管理责任制、客渡船签单发航管理制度、农村中小学生上（放）学乘船交接制度，切实预防和杜绝水上交通恶性事故发生；启动道路运输企业标准化建设达标工作，组织实施好“道路客运安全年”活动，配合有关部门加强校车管理，稳住道路运输安全生产稳中向好的趋势。以应急预案、队伍、物资、机制建设为重点，加快完善交通运输应急体系，提高应急运输保障和应对重大自然灾害的能力。

B.16
2011年湖南商务发展情况及2012年展望

谢建辉*

2011年是“十二五”的开局之年。一年来，在省委、省政府的正确领导下，湖南商务系统以贯彻落实全省扩大开放工作会议精神为主线，按照“促开放、提质量、扩消费、增总量”的总体要求，抢抓发展机遇，狠抓工作落实，有效克服国内外多种不利因素的影响，实现了商务事业的又快又好发展。

一　2011年湖南商务发展情况

（一）招商引资开创新局面

实际利用外资和合同利用外资继续位居中部第一。2011年，全省合同利用外资93.95亿美元，增长30.27%；实际到位资金61.50亿美元，比上年增长18.6%。战略投资者引进成效明显。2011年，湖南新引进世界500强企业8家，是引进数量最多的年份。重大项目引进取得突破。2011年，全省引进3000万美元以上的重大项目62个，增长37.8%。

（二）对外贸易有了新增长

对外贸易总量创历史新高。2011年，全省累计完成进出口总额190亿美元，增长29.6%。其中，进口在湖南外贸中作用进一步增强，约占进出口总额的47.8%，较上年提高了2个百分点。加工贸易和服务外包增势喜人。全省加工贸易进出口总额27.05亿美元，增长51.2%。服务外包合同执行金额8.12亿美元，增长51%。青苹果数据等三家企业获中国服务外包成长型企业100强。机电和

---

* 谢建辉，湖南省商务厅厅长。

高新技术产品进出口增长较快。全省机电产品进出口总额 72.8 亿美元，增长 31.2%；高新技术产品进出口总额 17.35 亿美元，增长 48.8%。国际电子商务和新兴市场进出口增长快速，出口品牌建设卓有成效。

（三）对外经济合作实现新跨越

对外投资位居中西部地区第一。2011 年，全省共核准境外投资企业 136 家；中方合同投资额 17.82 亿美元，增长 154.8%；中方实际对外直接投资额 8.05 亿美元，增长 158.5%。境外资源勘探和开发成为热点。全省共核准境外矿产资源开发类企业 34 家。企业海外并购成为亮点。全省企业共发生海外并购 16 起，涉及合同投资总额 3.38 亿美元。特别是湘电风能、湘电新能源以并购方式进入荷兰、美国、保加利亚等市场。对外承包工程和劳务合作逆势上扬。全省对外工程承包业务完成营业额 14.60 亿美元，增长 33.8%；对外劳务人员实际收入 7.68 亿美元，增长 45.6%。援外工作卓有成效，带动作用明显增强。

（四）搞活流通扩大消费取得新成效

全年实现社会消费品零售总额 6809 亿元，增长 17.9%。限额以上批发零售额 2889.52 亿元，增长 31.9%，占全省社会消费品零售总额的 42.4%，较上年提高了 12.5 个百分点。“家电下乡”、“家电以旧换新”政策实施到位，湘菜千亿元工程有效推进，城乡市场持续活跃，生活性服务业快速发展。“万村千乡市场工程”和全国农产品流通综合试点工程推进有序，家政等社区便民服务不断拓展。加强对重要生活必需品、成品油市场的监测预警和应急管理。推广多元化再生资源回收建设模式。推进放心肉、放心酒等食品消费安全工程，加强对典当、拍卖、二手车等行业依法监管，实施了商务综合执法。

（五）发展平台建设迈出新步伐

湘南承接产业转移示范区成功获批。益阳高新技术产业开发区、湘潭九华经济技术开发区升级为国家级开发区。醴陵陶瓷、湘潭生猪、长沙茶叶获批为全国外贸转型示范基地。衡阳等海关特殊监管区申报工作进展顺利。开通了衡阳至深圳五定班列和长沙（岳阳）至上海五定班轮。全省完成 31162 万平方米的标准厂房建设，搭建了“筑巢引凤”的物理平台。衡阳、湘潭等四个城市获批为全国农产品流通综合试点城市，新增衡阳、娄底两个再生资源试点城市和张家界、湘潭两个家政服务试点城市，长沙、湘潭获批为全国商贸物流示范城市。

（六）服务开放型经济有了新举措

召开全省扩大开放工作会议，建立相对完善的协调推进机制。省直各部门和金融机构出台政策，积极服务，为商务和开放型经济发展以及重大项目落户湖南，在土地、人力、电力、资金、环保等方面提供了有效保障。海关、检验检疫、税务、外汇管理局、边防等出台措施，提升贸易便利程度，全力支持开放型经济发展。各市（州）结合各自实际，采取多种办法，积极构建“安商、亲商、富商”的良好环境。

（七）为全省经济发展作出了新贡献

一是为加速湖南发展积聚了能量。商务工作对全省经济的直接贡献不断提高，三外一内四项指标均超过 GDP 的年均增幅，社会消费品零售总额占全省 GDP 比重达 34.7%。二是为新型工业化提供了动力。2011 年，工业直接利用外资 47.34 亿元，占全省实际利用外资总额的 77.1%，外资成为新兴工业化的重要投资主体之一。对外投资与合作，转移了产能，利用了技术，拓展了市场，为产业的调整与转型提供了有效空间。消费市场持续繁荣与外贸出口快速增长，为新型工业化提供了广阔市场。三是为全省区域合作和国际经济接轨发挥了重要作用。目前与湖南有经贸往来的地区与国家达 183 个，有 119 家世界 500 强企业来湘投资，不仅带来了资本、技术与管理，还有效促进了湖南企业的国际化、市场化进程。一系列投资和会展活动的举办，扩大了湖南在海外的影响，拉近了湖南与世界的距离。

二　2012 年湖南商务发展展望

（一）形势分析

2012 年，受发达国家主权债务和欧元区债务危机影响，全球经济进入减速调整期，对外关系进入矛盾复杂期，国内要素成本进入集中上升期，转变商务发

展方式进入全面攻坚期。经济发展环境呈现出选举周期与商业周期叠加、经济下行与成本上升叠加、外需乏力与内需不足叠加的特点。开放型经济发展面临着融资难、用工难、要素保障难、人民币汇率不稳定、投资和消费信心不足等难以破解的五大困局，商务发展的形势十分复杂，任务十分艰巨。但是，世界经济结构加速转型，将为商务事业发展创造新的空间；新兴市场和发展中国家经济增长强势，将为对外开放提供新的契机；我国稳定出口、扩大进口、搞活流通、扩大消费、开拓新兴市场等促进政策的出台，将为商务事业发展提供新的动力；国际产业、沿海产业双转移，将为湖南承接产业、加快发展开放型经济带来历史性机遇。与此同时，省委、省政府对商务和开放型经济工作的重视和支持前所未有，连续两年高规格的全省扩大开放会议为开放型经济加速发展，创造了良好的政策环境和发展条件。总的来看是挑战与机遇并存，但机遇大于挑战。

（二）工作思路

全面贯彻落实省第十次党代会精神、全省扩大开放暨湘南承接产业转移示范区建设推进大会和全国商务工作会议精神，按照省委提出的“稳增长、调结构、强保障、抓改革、惠民生、促和谐”要求，坚持“把握一个基调、抓好两个支点、激活三个引擎、促进四个提升、坚持五个并重”的工作思路，进一步构建大开放、大市场、大流通的商务发展新格局，为实现“两个加快”和“开放崛起”作出新的更大贡献。

把握一个基调，即稳中求进。抓好两个支点，即招商引资和承接产业转移。激活三个引擎，即加工贸易、电子商务、服务外包。促进四个提升，即提升招商引资和产业转移的吸引力，提升对外贸易的竞争力，提升消费需求的拉动力和提升商务发展对全省经济社会发展的贡献力。坚持五个并重，即扩大总量与调整结构并重、开拓国际市场与促进国内消费并重、吸收外资与对外投资并重、扩大出口与扩大进口并重、激活市场主体与营造产业环境并重。

（三）工作目标

一是定量工作目标。实际利用外资 70 亿美元以上，增长 15% 以上；完成外贸进出口总额 228 亿美元以上，增长 20% 以上；实现社会消费品零售总额 7830 亿元，增长 15% 以上；完成对外投资中方直接投资额 12 亿美元以上，对外工程承包和劳务合作营业额增长20%以上。二是定性工作目标。做到三量齐升：提升总量，完成或超额完成工作目标；提升分量，扩大商务指标在全省经济总量中的比重；提升质量，商务经济增长要实现结构更优，竞争力更强，发展可持续。

（四）工作重点

1. 以平台建设为基础，全面提升开放型经济的竞争力

建设开放平台是打造中部开放高地，实现湖南开放崛起的关键所在。将2012年作为“开放平台建设年”，务求在平台建设上实现新突破。

（1）着力建设区域平台。坚持以“三大战略板块为主阵地，以开放型经济强县（市、区）为主战场”，建设区域开放平台。加快环长株潭城市群开放开发，将长株潭“两型社会”建设试验区打造成具有国际竞争力的先进装备制造基地、重要机电产品出口基地和具有国际影响的文化创意中心、区域消费中心。以获批为湘南承接产业转移示范区为契机，以对接粤港澳地区、北部湾经济合作区和中国—东盟自由贸易区为重点，以建设“三极四带”为抓手，以“科学承接、集群承接、绿色承接”为导向，制订发展规划，出台相关政策，将湘南地区建设成中部地区承接产业转移的新平台，跨区域合作的引领区，加工贸易的集聚区和转型发展的试验区。着力培育壮大旅游、生物医药、生态农业、省际边贸物流等具有特色的开放型经济，促进武陵山片区的开放发展。鼓励外商投资现代农业和现代服务业，加盟小城镇建设，发展资源性产品精深加工，着力建设一批产业特色突出、加工贸易强劲、出口规模较大、外向度较高的开放型经济强县（市、区）。

（2）着力建设园区平台。开发区是开放型经济发展的重要载体，也是招商引资的最大亮点。支持符合条件的国家级开发区创新管理、扩区提质、转型升级。支持有条件的重点省级园区申报国家级园区。建立园区评价机制，引导各类园区通过创新驱动、功能叠加、区域联动，努力打造成特色产业园、特殊功能园、科技创新园、区域合作园，进一步营造有利于外资集聚发展、特色发展、转型发展的良好环境。重点支持海关特殊监管区的建设与申报工作。充分发挥郴州出口加工区和金霞保税物流区的作用，积极申报城陵矶、长株潭和衡阳综合保税区并力争获批。

（3）着力建设功能性平台。重点抓好“三港两平台”的建设，即建设城陵

矶港、长沙机场国际物流港和依托长沙新北站建设湖南首个内陆无水港，建设国际电子商务平台和电子口岸实体平台。支持有条件的市（州）和县（市）逐步设立检验检疫和海关办事机构，2012 年务求在湘西、衡阳等市（州）形成突破。争取商务部支持，力求在冷冻品、汽车及汽车零部件、农产品的进出口贸易平台建设上有新的突破。

（4）着力建设会展平台。按照“精心组织、为我所用”的要求，当好东道主，办好“中博会”。精心策划，整合资源，争取国家部委的支持，申办一个规模化、常态化、国际化的国家级经贸和会展平台，增强开放型经济的聚合效应。按照“政府引导、市场运作”的思路，引进社会资本投资建设一个国内领先、国际一流的湖南综合国际会展中心。

2. 以重大项目为抓手，强力推进招商引资和承接产业转移

把招商引资和承接产业转移作为发展开放型经济的第一菜单。2012 年，全省力争引进投资 2 亿美元（10 亿元人民币）以上的世界 500 强或跨国公司 10 家以上，引进内外资区域性总部 10 家以上。

（1）坚持“三个并举”，即“东西方并举”，在关注港澳台地区和欧美的同时，必须加大对新兴经济体尤其是日本和中东等国家和地区的招商力度。“内外资并举”，树立“无论内资外资，符合产业发展方向，来湘的投资就是好资”的理念，坚持内外资相互促进。在招商活动、项目引进中，切实做到信息共享、渠道共享，以提高招商引资的效率。“三次产业并举”，在大力引进先进制造业的同时，充分挖掘土地资源潜力，加大对现代服务业尤其是生产性服务业、商贸流通业、文化旅游产业和现代农业、新型城镇化项目的招商力度。

（2）抓住一个关键，就是项目建设。招商引资和承接产业转移需要项目化。抓好项目开发、项目对接、项目落地三个环节，建立项目库和项目推进机制，着力提高项目履约率、项目资金到位率和项目开工率。主动对接，通过建立专业园区、建设标准厂房等举措，打造洼地，有效快速地做好产业转移的承接工作。

（3）突出一个重点，就是创新招商方式。围绕工程机械、电子信息、汽车制造和生物医药、轨道产业等主导产业和市（州）特色产业，开发一批重大项目，进行产业链招商；围绕科技、人才、牌照和矿产等优势资源，进行专业化招商；围绕重点园区、重点地区和龙头企业进行小分队招商和点对点招商；利用商协会组织和在湘投资商进行以商招商；利用多种融资工具进行个性化招商。

（4）抓好六大活动，即湖南—香港投资洽谈暨湘品进港周、北美生物医药招商推介会、日韩汽车及零部件投资推介会、德国欧洲工程机械配套产业招商说明会、湘南示范区深圳承接产业转移推介会和湘台电子信息招商推介活动。

3. 以扩规模转方式为重点，努力保持对外贸易稳定增长

（1）培育新的增长点。大力发展加工贸易，做大外贸总量。提高加工贸易整体水平，延长产业链，提高附加值，实现加工贸易由规模速度型向质量效益型转变。重点发挥保税等特殊监管区和富士康、蓝思科技、介面光电、欧姆龙等龙头企业的引领作用，形成出口型、配套型的产业集群。2012 年，力争新增承接转移能开展加工贸易企业 300 家，加工贸易进出口额达 40 亿美元，增长 50% 以上。大力发展服务外包，以培育服务外包主体，培养服务外包人才为基础，以长沙服务外包示范城市为重点，推进服务外包社区化、标准化、楼宇化。力争全年服务外包合同执行额达 11 亿美元以上。将扩大机电、高新技术产品的进出口作为重中之重，予以全力扶持与支持。

（2）优化出口结构。着力优化商品结构，实施科技兴贸，提高出口产品的技术含量、附加值和竞争力，不断提高机电产品和高新技术产品出口比重；着力优化主体结构，扶植一批具有自主知识产权、自主出口品牌的大型外贸集团，培育一批“专精新特”的中小型外贸企业，大力推动外资企业扩大进出口。着力优化贸易方式结构，加快发展服务贸易，扩大旅游、国际运输等传统贸易出口，大力支持软件、技术服务、文化、中医药等具有比较优势的服务出口。着力优化市场结构，积极组织企业参加境内外重点展会，推介商品，拓展市场。

（3）建设出口基地。切实抓好高新技术、战略性新兴产业、机电产品出口基地，长沙、株洲、湘潭科技兴贸出口创新基地，茶叶、陶瓷、生猪及猪肉制品第一批农轻纺国家级外贸转型升级示范基地的建设。积极争取花炮、苎麻认定为第二批农轻纺国家级外贸转型升级示范基地。以基地建设促外贸提质。

（4）开拓新兴市场。在巩固传统市场基础上，大力拓展俄罗斯、东欧、东盟、中东、南亚、南美和非洲等新兴市场。

（5）打造出口品牌。抓好湖南省国际知名品牌认定工作，加强国际知名品牌的整体推广宣传，鼓励企业以自主品牌出口，提高湖南品牌产品出口的比重。

（6）推进贸易便利化。积极推进铁海联运及内陆无水港建设，继续抓好五定班列、五定班轮工作，着手研究解决打通与东盟对接的大通道问题，搭建湖南

出口货物通江达海的高效物流平台。落实“关贸、检贸、汇贸、信贸、税贸”的部门协作机制，提高通关效能。加强与沿海地区口岸的协作，实现“大通关”，提高贸易便利程度。

（7）发展电子商务。完善“国际电子商务平台”和“湖南省出口商品供货库”，支持企业使用国际知名第三方电子商务平台进行增值服务。2012 年国际电子商务交易额力争达到 3 亿美元以上。

（8）积极应对贸易摩擦。加强对相关政策法律研究，完善产业安全联系和产业损害预警机制，积极应对贸易摩擦，维护企业的合法权益，促进对外贸易稳定发展。

4. 以“资源合作和产能转移”为方向，大力推动企业安全高效“走出去”

（1）加快境外资源合作开发，提高经济可持续发展能力。推动资源开发与资本运作相结合，前期勘探与后期开发相结合，加快实施“553”工程，即以建设铁、铜、钴和粮食、林木等五大境外资源基地为重点，培育 50 家骨干企业，力争“十二五”末境外开发资源量占全省资源进口量的 30% 以上。

（2）推动优势产能向境外转移，拓展产业结构调整空间。坚持转方式、调结构的开放取向，以三一美国、巴西工业园，南车吉隆坡基地、中联境外基地和越南、老挝、泰国园区为重点，鼓励企业建立多元化境外加工制造基地，推动优势产能有序转移，为省内结构调整提供更大空间和回旋余地。

（3）积极开展跨国并购，增强企业国际竞争力。推动企业收购境外优质资产，扩大国际市场份额。鼓励企业收购国际知名品牌，提升产品附加值和市场影响力。支持企业收购海外研发中心，建立境外营销服务网络。2012 年重点支持三一重工做好收购普茨迈斯特的工作。

（4）大力发展对外承包工程，提高国际市场开拓水平。坚持实施“龙头带动、以大揽大、借船出海”的战略，把对外承包作为带动货物出口、技术服务和标准输出的综合载体，支持水电八局、湖南建工、中冶长天、中南勘测、湘电新能源等优势企业多措并举“走出去”。

（5）规范发展外派劳务，打造湖南劳务品牌。整顿规范劳务市场，实现劳务外派工程流程科学管理，建立健全风险防范应对机制，维护外派劳务人员合法权益。

（6）充分发挥援外带动作用，打造湖南援外精品。围绕农业、清洁能源、工程机械、建筑等领域，策划包装好项目，引导优势企业参与国家援外项目建设，带动开放型经济的发展。

5. 以便民利民惠民为立足点，努力推进流通消费大发展

“渠道为王”是市场经济条件下经济发展的重要特征。以全国流通工作会议召开为契机，积极争取国家政策和项目支持，理顺促进搞活流通的体制机制，开展流通发展改革试点，完善消费网络，激活消费热点，优化消费环境，确保消费安全。

（1）以推进新型城镇化为契机，统筹推进县乡商贸流通体系建设。以打造长沙区域性商贸物流中心城市和消费之都为龙头，以建设物流节点性商业中心为重点，以县级商业中心建设为基础，做好全省重大商贸流通设施建设规划，全力推进城乡流通设施建设。县乡商贸流通设施要以县级城市和中心镇商业网点规划编制为切入点，将流通基础设施建设纳入城镇建设规划、土地利用规划和产业发展规划，做到同步规划、同步实施。继续实施“万村千乡市场工程”，支持乡镇建设特色街和集农贸市场、百货站、专卖店、便利店等多种业态于一体的小型商贸流通综合体。

（2）以便民利民为原则，构建便捷放心的社区商业服务体系。促进便利消费进社区，便民服务进家庭。加大社区便利店建设，构建十分钟便利购物圈。支持步步高“阿米巴便利店”和“经桥购物网”的发展，逐步将其打造成以快速消费品 24 小时零售为主，集家政、快餐、邮政物流传递、实体站与虚拟店、呼叫及其他服务于一体的社区综合服务主体和社区电子商务服务中心。实施农贸市场标准化改造三年行动计划。整合资源，集中财力，上下联动，用 3 年左右的时间，基本完成全省农贸市场改造，解决以路为市、露天交易的问题。建立以集散市场为核心，加工企业为龙头的再生资源回收体系，实现再生资源回收产业化，打造千亿产业链。

（3）以抓好全国农产品流通综合试点工作为重点，加快构建少环节、低能耗、可追溯的鲜活农产品现代物流体系。坚持以农产品大型批发市场、产销地农产品集散中心、大型连锁超市、龙头企业、重点农产品合作社实施的大项目为依托，以信息为导向，以现代物流技术为基础，以“农超对接”、“农批对接”、“农贸对接”和“网上对接”为重点，力争用五年时间，通过中央、省、市三级联动，在试点市基本建立“农产品现代批零网络体系”、“农产品冷链物流体

系”、“农产品信息服务及储藏调节体系”和“农产品流通标准化及溯源体系”。

（4）以信息化为支撑，大力发展新型业态，着力提升消费层级，培育新的消费热点。信息网络已经成为现代社会信息流、商品流、资金流的神经系统，能有效降低社会交易成本，提高整个市场的运转效率。加强流通企业信息化建设力度，大力发展电子结算、电子交易、网上商城、移动商城（市场）和电子商务。利用中国移动湖南全网手机支付平台的先发优势，大力发展手机支付和手机购物。支持湖南御邦大宗商品交易所等电子交易市场，依法开展大宗商品的电子交易。重点打造“快乐购”、鹰皇等湖南本土知名网商品牌。全面推进农村的“新网工程”，构建为农村服务的新型综合服务平台。加快建立家政服务体系，鼓励发展家政、洗染、家电维修、餐饮等生活服务业。扩大旅游、体育健身、休闲、养老保健等服务消费，积极发展DIY、体验式等时尚消费和个性化消费。举办购物节、美食节等促销活动，激活消费需求，培育消费热点。深入推进湘菜千亿元工程，精心组织实施湘菜、湘酒、湘瓷、湘绣等“名品进名店”和“湘品出湘”工作，打造本地品牌。

（5）加强市场监测监管。加强对重要生活必需品、成品油市场的监测预警，抓好产销对接和应急储备。深入推进商务综合行政执法，做好打击侵权假冒工作，加强商务领域诚信建设。加强对酒类流通、典当、拍卖、二手车等行业监管。开展肉菜可追溯体系建设试点，深入推进放心肉、放心酒等食品消费安全工程。加强药品流通管理，确保药品消费安全。

（6）培育商贸流通企业。创新政策，优化服务，降低物流成本，全力支持大中型商贸流通企业进一步做大做强。

6. 以打造一流环境为根本，着力提升商务工作的保障力

优良的发展环境就是吸引力、生产力和竞争力。牢固树立“商务就是服务”的理念，按照“标准要更高、服务要更优、公信力要更强”的要求，优化投资环境，提供有力保障。

（1）创造公平的市场环境。以诚信为准则，以法律为保障，整顿规范市场秩序，及时解决投资者关心的热点、难点问题，保护投资者的合法权益。

（2）营造良好的政务环境。行政审批服务要按照“精简、高效”的原则，坚持能并则并，能放则放。不能并、放的，按照“联合审批、限时办结、首问负责、违者追究”的要求，优化审批流程，精简审批事项，改进管理方式，提高工作效率，提高服务水平。对于重大项目，采取绿色通道，专人负责代办服务。

（3）打造最佳的政策环境。提高政策的执行力。对于各级党委、政府出台的各项政策，必须不折不扣予以落实，提高公信度。省发展开放型经济领导小组办公室将会同监察部门，对相关政策落实情况进行专项督查，并将督查结果予以通报并纳入开放型经济绩效评估。注意及时调查研究，适时完善相关政策，力求使政策的效益最大化。指导中小微企业充分运用促进政策特别是出口信用保险、跨境人民币结算等政策杠杆，破解融资难题。

B.17 2011年湖南金融形势分析及2012年展望

张志军*

2011年，国际金融危机影响持续扩大，美国继续实行量化宽松的货币政策，欧洲主权债务危机加剧；国内宏观调控力度加大、银根持续紧缩，股票市场低迷。为了应对各种不利因素的影响，湖南采取一系列行之有效的措施，多渠道筹集资金，为“四化两型”建设提供资金支持。2011年，全省货币、资本市场实现融资2883亿元，与2010年基本持平，保障了重点领域、重点行业、重点项目和薄弱环节，特别是“三农”和小型微型企业的资金需求。

一 2011年湖南金融运行情况

（一）资金支持力度不断加大

1. 信贷资金稳步增长，结构进一步优化

各银行业金融机构积极加强与总部的沟通，争取信贷规模，创新金融产品和服务方式，加大对湖南的信贷投放。2011年，全省银行业金融机构各项存款余额1.94万亿元，比上年增长17.08%；各项贷款余额1.35万亿元，增长18.06%，增速快于全国平均增速2.4个百分点；新增贷款2080.84亿元，同比多增68.8亿元。重点保障了重点地区、重点行业，主要投向在建续建项目。同时，加强了对中小企业、“三农”等融资薄弱环节的资金支持。全省新增中小企业贷款761亿元，同比多增251亿元；涉农贷款同比多增145亿元。“两高一剩”

* 张志军，湖南省政府金融工作办公室主任。

行业中长期贷款增速低于中长期贷款平均增速15.2个百分点。

2. 企业首发上市有突破，多渠道融资有亮点

2011年，在银行信贷资金偏紧的情况下，湖南进一步加强企业服务工作，帮助企业通过首发上市融资112.64亿元。全省有唐人神、方正证券等8家企业在A股首发上市，博泰生物和北纬国际传媒等2家企业在境外交易所挂牌，其中，博泰生物在德国交易所上市，是湖南企业在欧洲上市的新开端。方正证券的成功上市，实现了湖南金融企业上市零的突破。加加食品、三诺生物已通过中国证监会发审委审核，三一重工H股发行已获中国证监会批准。同时，湖南积极支持企业通过上市公司再融资、发行债券、中期票据和短期融资券融资、集合信托计划、产权技术交易和私募股权融资等方式多渠道融资，融资额达689.52亿元。其中，发行集合信托计划252.6亿元，私募股权融资68.79亿元，分别增长44.45%和60.46%。

3. 保险保障功能加强，"险资入湘"破冰起航

2011年，湖南农业保险险种扩展到水稻、油菜、能繁母猪、育肥猪、奶牛、森林、农房等7个产品，试点地区覆盖全省14个市（州）122个县（市、区），全省农业保险保费收入达13.6亿元，增长27.36%，农业保险责任基本涵盖易发灾害和巨灾灾害。全省保险业共提供了4.54万亿元的财产风险保障，增长28.87%，全省保险业赔付支出112.45亿元，增长35.6%，有力地保障了国民生产生活平稳运行。同时，湖南加大了"险资入湘"工作力度。保险资金主要投向湖南基础设施、重点工程及保障性住房建设项目。保险资金有望成为湖南继银行、资本市场后又一常态化融资渠道。

（二）金融改革创新不断深化

1. 农村信用社改革进一步深化

2004年，湖南启动了以深化产权制度改革为重点的农村信用社改革。经过7年的努力，全省法人机构由改革前的1987个减少到121个，其中农村商业银行10家，农村合作银行6家，县级统一法人联社105家。2011年，全省农村合作金融机构存款余额3231.38亿元，贷款余额1894.90亿元，分别是改革前2004年的2.4倍和2倍。不良贷款余额和比例大幅下降，连续6年实现盈利，累计实现利润180多亿元。目前，湖南正在推进农信社第二阶段的改革，省政府出台了《关于进一步深化农村信用社改革的指导意见》。

2. 资本市场进一步完善

湖南采取多种措施，搭建了非上市非公众公司股权交易和融资平台。2010 年 12 月，湖南省联合产权交易所和湖南股权交易所挂牌成立。目前，湖南股权交易所完善了相关的交易规则和制度，建设了中介机构库，已经做好企业挂牌交易的准备工作。

3. 上市后备资源进一步优化

2008 年，湖南建立了省重点上市后备企业资源库，每年对重点上市后备企业资源库内的企业进行一次调整和充实。2011 年，进入省上市后备企业资源库的企业达 215 家，比 2010 年增加 57 家。入库企业中战略性新兴产业企业占比达 40%。同时，经有关部门审核，确定了 60 家企业进入“2011 年湖南省扶持企业上市专项引导资金”扶持名单。

4. 私募股权投资进一步发展

湖南举办了各类私募股权投资洽谈会，并引导成立了省股权投资协会，建立了省内企业与境内外私募股权基金的对接机制，促进了全省私募股权投资行业快速发展。2011 年，湖南加入省股权投资协会以“创业投资”、“风险投资”等为注册名的股权投资企业已达 140 家。据不完全统计，湖南实现私募股权融资 68.79 亿元，增长 60.42%。近几年湖南拟上市企业通过私募股权融资超过 150 亿元，近 70% 的企业在上市前引入了私募股权投资。

5. 企业跨境贸易人民币结算业务启动

2010 年，湖南出台了《湖南省出口贸易人民币结算试点企业选择推荐方案》，规定了试点企业选择推荐的原则、条件和程序。2011 年 8 月，湖南成为全国第三批跨境贸易人民币结算工作地区，目前全省中、农、工、建、交等 16 家银行均可受理企业的跨境贸易人民币结算申请，业务全面覆盖 14 个市（州），初步确认了 527 家企业为出口货物贸易人民币结算试点企业。2011 年，湖南企业跨境人民币结算业务累计 52.9 亿元。跨境贸易人民币结算业务的开展有力地促进了贸易与投资的便利化，帮助湖南外贸企业规避汇率风险，减少了汇兑成本。

（三）金融组织服务体系不断完善

1. 小额贷款公司试点稳步推进

2009 年，湖南启动小额贷款公司试点。2011 年，全省 77 家小额贷款公司注册资本45.18亿元，年平均贷款利率16.85%，累计贷款总额76亿元，贷款资金全部发放给了当地小型微型企业、“三农”和个体私营经济等融资弱势群体。目前，湖南小额贷款公司依法合规经营，内部管理规范，运营风险可控。

2. 农村金融服务体系进一步完善

湖南继续推进村镇银行的试点，引进外省商业银行作为发起人在县域成立村镇银行。2011年，湖南新设立了常宁珠江、耒阳融兴、武冈包商、株洲县融兴、宁乡沪农商等5家村镇银行。2011年，湖南14家村镇银行存款余额51.53亿元，贷款余额28.26亿元，新增贷款14.81亿元，增长110.16%，有力地支持了县域、“三农”经济的发展。同时，湖南加快推进金融机构空白乡镇全覆盖工作，年内已覆盖金融机构空白乡镇65个。

3. 融资性担保机构规范发展

2011年4月，湖南完成了对原有融资性担保机构的规范整顿工作，有110家融资性担保机构通过审核验收。目前，全省共有融资性担保机构161家，注册资本169亿元，为缓解湖南中小企业融资难发挥了积极作用。

4. 筹建吉祥人寿保险公司

湖南于2010年启动人寿保险法人机构组建工作。2011年7月，中国保监会发文批复同意“吉祥人寿保险股份有限公司”筹建；9月1日，吉祥人寿保险股份有限公司（筹）召开发起人大会，通过了公司章程等一系列文件，筹备组正式成立，吉祥人寿进入实质性筹建阶段。

5. 境外金融机构积极到湖南设立分支机构

湖南支持各类金融机构总部来湘设立分支机构。2011年6月，花旗银行长沙分行挂牌成立，成为首家在湖南开展全面业务的外资银行；10月，新韩银行长沙分行开业。目前，东亚银行、渣打银行在湖南的分支机构获批筹建。

（四）金融发展环境不断优化

1. 社会信用体系基本框架初步形成

湖南社会信用体系建设工作于2005年初启动。2005年12月，湖南建设并开通了以“三库一网一平台”为核心的“湖南省信用信息系统”。2011年，湖南完善了《湖南省信用信息系统信用信息归集报送考核办法》，加强信用信息的归集和使用；制定了湖南“十二五”社会信用体系建设规划，推动了重点领域和重

点行业的社会信用体系建设，守信激励和失信惩戒机制进一步完善。湖南社会信用环境明显改善，诚实守信的社会氛围逐步形成。

2. 金融安全区创建工作初见成效

湖南金融安全区创建工作于2002 年启动。2011 年，湖南加大了金融创安工作的力度，完善了《湖南省级金融安全区创建工作达标单位考核办法》，对申报“省级金融安全区创建工作达标单位”的澧县、涟源、双峰、炎陵等 4 个县（市）进行了现场考核验收，对 2009 年获得省级“金融安全区创建工作达标单位”的冷水江、临澧、耒阳 3 个县（市）开展了“回头看”。到目前为止，全省有省级“金融安全区创建工作达标单位”16 家，市级“金融安全区创建工作达标单位”37 家。湖南还在株洲、湘潭、怀化、长沙、岳阳、娄底 6 市开展了“金融生态良好城市”试点。

二 2012 年湖南金融工作面临的形势分析

2012 年，国内外经济形势将极为复杂，一是欧元区债务危机持续发酵。从欧元区边缘国家向核心国家扩散，从公共财政领域向银行体系扩散。二是增长动力明显减弱。主要发达国家居民消费能力下降、失业率居高不下，新兴市场国家通胀压力不减，传统产业产能过剩，新兴产业发展前景不明。三是贸易摩擦愈演愈烈，大宗商品和金融市场震荡加剧。

国内经济发展面临三大挑战。一是经济增速放缓。国内工业生产、出口、投资回落，且部分大中城市失业率上升。二是部分企业经营困难。应收账款增加、产成品库存增加、融资难、劳动力成本持续升高，使企业生产经营的压力日趋加大。三是物价上涨压力不减，推动物价上涨的因素将会长期存在。

湖南经济风险与金融风险相互交织，一是房地产价格下行压力不断增加，加之民间借贷的高息负担，导致部分房地产企业面临资金链断裂的风险。二是 2012 年湖南政府融资平台将迎来集中偿债高峰，局部地区面临较大的偿还压力。三是民间借贷具有利率波动大、社会参与面广、投向集中等特点，且部分行业、局部地区较活跃，存在较大隐患。

面对复杂的国内外形势，中央经济工作会议和全国金融工作会议释放出一些重要的政策信号。一是经济发展定调为“稳中求进”。中央经济工作会议将宏观调控的目标调整为“稳增长，调结构，防通胀”，经济的稳步发展，将为金融业提供有力的保障。二是稳健的货币政策基调不变。2012年，国家将继续实施积极的财政政策和稳健的货币政策，保持宏观经济政策的连续性和稳定性。金融工作会议要求，按照总量适度、审慎灵活、定向支持的要求，调节好货币信贷供给，保持社会融资规模的合理增长。预计2012年全国新增贷款总量保持上年水平或略有增多，湖南金融市场融资总量有望继续扩大。三是更加注重预调微调，突出优化结构。国家要求进一步提高货币政策的针对性、灵活性和前瞻性，调节好货币供给，重点在优化结构。湖南可以引导金融机构加快结构调整，在国家支持的领域，争取更多的资金支持。

三　2012年湖南金融工作展望

2012年，湖南金融工作的总体思路：全面贯彻落实中央经济工作会议、全国金融工作会议和省第十次党代会精神，以推进“四化两型”和科学发展为主题，以加快转变经济发展方式为主线，围绕全省经济社会发展大局，认真落实湖南省《政府工作报告》重点工作责任分工，大力推进金融改革创新，着力增强金融业整体实力，全面提升金融服务水平，为全省经济继续保持平稳较快发展提供金融支持。主要目标：力争全省金融市场融资总规模突破3000亿元，其中贷款余额增长率保持在17%左右，直接融资800亿元左右；金融业改革深入推进，吉祥人寿顺利挂牌并运行良好，农村信用社改革取得新突破；金融发展环境不断优化，管控机制不断完善，金融业风险防范取得明显成效。

围绕上述工作目标，要重点抓好以下工作。

（一）扩大信贷融资规模，优化信贷资金结构

一是保持信贷资金稳步增长。引导和支持各银行业金融机构执行国家货币政策，采取总行直贷、银团贷款、联合营销等方式加大信贷资金投放，确保信贷规模稳步增长。同时，引导银行业金融机构合理把握信贷投放节奏，力争投放节奏与实体经济的运行节奏相衔接。二是积极优化信贷结构。推动银行业金融机构按照国家审慎灵活、定向支持的要求，有保有压，支持湖南经济转方式、调结构。优先支持战略性新兴产业发展和传统产业的改造升级。重点保障国家和省重点在

建续建项目的资金需求。继续支持环长株潭城市群城市提质和产业升级，加强湘南地区承接产业转移、武陵山片区发展与扶贫攻坚的信贷支持。进一步落实金融支持小型微型企业发展的各项政策措施，鼓励银行业金融机构积极开展适合小型微型企业需求的金融产品和信贷模式创新，建立激励机制，调动金融机构服务小型微型企业的积极性。继续推进农村金融产品和服务方式创新，保持涉农贷款可持续增长。增加对就业、医疗卫生、社会保障和消费领域等民生工程的信贷投放。加强对保障性住房建设的资金保障，进一步推动保障性安居工程建设。

（二）推动资本市场发展，拓展直接融资渠道

一是支持企业境内外上市融资。帮助已上报材料的企业加强与中国证监会沟通，协助已报备企业解决历史沿革确认、环评等方面的困难和问题。继续开展境外上市宣传培育，加强与境外交易所和中介机构的联系，推动企业赴境外上市。二是全面拓展企业融资渠道。指导有关单位推进湖南首次中小企业集合票据发行的各项准备工作。支持上市公司再融资，利用资本市场做大做强。加强与银行、信托、股权投资企业的联系，推动企业通过发行中期票据、短期融资券、集合信托、股权私募等多种方式融资。三是支持股权投资基金发展。进一步落实已出台的扶持和鼓励股权投资企业发展的政策措施。加强对股权投资协会的指导，加强行业自律管理，完善股权投资行业交流平台。推动私募股权投资机构与省内企业对接，支持省内股权投资企业投资湖南优质拟上市公司，发挥私募股权投资基金的专业优势，帮助企业完善公司治理结构、强化内控机制，加快企业改制进程。鼓励股权投资机构投资小型微型企业。四是加快区域性股权交易市场建设。指导湖南股权交易所按照国务院文件要求，进一步完善相关的交易规则和制度，帮助他们培育挂牌资源。继续加强协调，推动组建股权登记托管中心。指导湖南股权交易所完善中介机构库，完成拟挂牌企业的交易准备工作。五是推动证券期货业资源整合和改革创新。积极推动区域内证券期货业整合资源，支持优势企业做大做强。支持湖南符合条件的证券公司向监管部门申请证券公司柜台交易试点资格。支持证券机构开展多元化经营试点，开展融资融券、资产管理、券商直投等新兴业务。支持大宗优势商品上市交易。加强与各期货交易所的联系与沟通，推动大宗优势商品期货交割库建设，增加区域内物流、资金流、信息流。

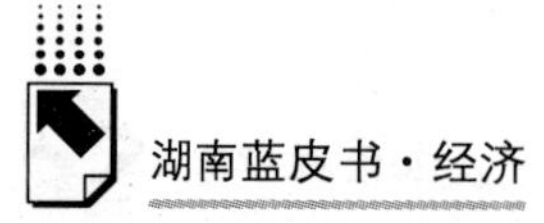

（三）推进保险机构建设，健全保险服务体系

一是加快法人保险机构的组建工作。按照中国保监会的要求，全面推动吉祥人寿保险公司的筹备工作，力争该公司上半年开业运营。支持吉祥人寿保险公司在经营理念、经营模式和经营产品等方面进行创新，推进商业保险，完善社会保障工作。争取出台支持其业务发展的政策措施，推动该公司建设成全牌照的法人机构。二是加大“险资入湘”工作力度。建立湖南保险资金运用项目库，健全“险资入湘”对接服务机制。研究出台支持保险资金在湘运用的政策措施，确保“险资”在湖南运用的安全和效率。加强与大型保险公司的沟通与联系，加大项目推介力度。三是支持中国保险职业教育培训中心建设。鼓励和引导各保险公司在湖南设立后援基地，把长株潭城市群建成全国保险“后援”服务中心。

（四）推进金融改革创新，完善金融服务体系

一是完善农村金融组织服务体系。要深入推进农村信用社改革，减少行政干预，增强资本实力，推动符合条件的县级法人机构改制为农村商业银行，整合市（州）城区机构为统一法人，引进战略投资者兼并重组高风险机构。努力把农村信用社打造成为产权明晰、资本充足、内控严密、运营安全、质量和效益良好的现代农村金融机构。稳步推进村镇银行试点，改善农村金融服务。二是规范发展融资性担保机构。按照“总量控制、严进严管、掌握节奏、合理布局、优胜劣汰”的原则严格审批融资性担保机构。建立省、市、县三级监管体系，建设监管信息系统，健全监管手段，对潜在风险实行适时监控和定期排查。完善银行与担保机构的合作机制。三是稳步推进小额贷款公司试点。严格审批条件，稳步扩大小额贷款公司试点覆盖面；健全对市县两级监管情况的考核，探索分类监管，推动规范经营；推动出台扶持政策，促进小额贷款公司健康发展。四是发展湖南第三方支付平台。支持湖南企业申领“支付业务许可证”。推动出台支持第三方支付业务发展的政策措施。

（五）推进信用体系建设，优化金融发展环境

一是加强社会信用体系建设。进一步完善中小企业和农村信用体系，推进行业信用和地方信用建设，推进信用信息应用与共享，开展信用宣传教育，努力提

高社会诚信意识。深入开展“金融创安活动”，完善金融安全区创建考核验收办法，规范创建程序，扩大创建工作覆盖面和影响力。二是防范和化解金融风险。完善监管制度，加强金融监管和调控能力建设，增强监管的针对性和有效性。协调各方做好金融系统应急工作。根据《湖南省清理整顿各类交易场所工作方案》的部署，按照“政府主导、分类指导、稳妥推进、整改规范、确保稳定”的原则，通过调查摸底、自查自纠、监管督查、集中审查、限期整改、检查验收等方式，做好各类交易场所的清理整顿工作，推动建立公开透明、竞争有序、管理规范的市场体系。三是健全金融资本与实体经济的对接机制。举办各类金融投资洽谈会，建立企业项目库和中介服务机构库，加强服务与培训，帮助解决实体经济融资难问题。

B.18

2011 年湖南货币信贷形势分析及 2012 年展望

马天禄*

一　2011 年湖南货币信贷形势分析

2011 年，全省金融系统在省委、省政府的正确领导下，认真贯彻落实稳健的货币政策，围绕湖南“四化两型”发展战略，克服了信贷总量收紧的困难，实现了“总量扩大、节奏均衡、结构优化、服务改善”的良好运行态势。

（一）存款增速先降后稳，同比增加较多

2011 年，全省金融机构本外币存款余额 19444.1 亿元，比上年增长 17.1%，全年新增 2843.2 亿元，同比多增 206.4 亿元。其中，个人存款大幅多增，全年个人存款新增 1589.9 亿元，同比多增 379.8 亿元，主要是由于房市、股市低迷，分流储蓄力度减弱。单位存款少增，但 9 月份以后明显好转，全年单位存款新增 1222.8 亿元，同比少增 66 亿元，其中 9～12 月多增 121.2 亿元。

（二）新增贷款超过上年，增速快于全国平均水平

2011 年，全省金融机构本外币贷款余额 13462.5 亿元，增长 18.1%，虽然比上年增长幅度回落 2.9 百分点，但仍高于全国 2.4 个百分点，比 2000～2008 年贷款年均增速高 2.8 个百分点；全年新增贷款 2080.8 亿元，比上年多增 68.7 亿元。其中，地方法人金融机构全年新增贷款 433.6 亿元，同比多增 24.7 亿元，华融湘江银行贷款快速增长，成为湖南首家资产过千亿元的地方法人金融企业。

---

* 马天禄，中国人民银行长沙中心支行行长。

信贷投放节奏更加均衡，除一季度贷款增加超过 600 亿元，其余各季在 450 亿元左右波动，各季度新增比例为 30∶25∶20∶25，改变往年“年初放、年尾收”的态势。此外，融资渠道进一步拓宽，全年湖南社会融资规模总量超过 2800 亿元，保持合理增长。

（三）信贷支持重点突出，结构进一步优化

重点领域信贷投放较多，薄弱环节贷款明显改善。一是突出支持水利、环保等重大基础设施建设，全年水利、环保和公共设施管理业新增贷款 299.6 亿元，增速高于全部贷款平均增速 6 个百分点。二是加大制造业信贷支持，促进产业升级。全年制造业新增贷款 368.1 亿元，同比多增 53.1 亿元，增速高于全部贷款增速 5.9 个百分点；全年战略性新兴产业新增贷款 155.6 亿元，增长 30.2%。三是重点满足企业流动资金需求。全年短期贷款和票据融资新增 578 亿元，同比多增 288.6 亿元。四是中小企业、“三农”等薄弱环节贷款明显改善。2011 年，全省中小企业贷款新增 894.7 亿元，同比多增 311.8 亿元，贷款增速高于全部贷款平均增速 6.4 个百分点。县域贷款新增 584.2 亿元，同比多增 112.4 亿元，全年累计发放支农再贷款 31.8 亿元，同比多放 22.9 亿元。五是加大民生领域金融支持。全年保障性住房贷款新增 37.3 亿元，增长 63.5%；全年累计发放助学贷款 3.4 亿元，支持了 4.3 万经济困难学生；累计发放下岗失业人员贷款 8.1 亿元。

调控领域贷款少增。一是房地产贷款增速持续放缓，增速由上年的 40.1% 下降到 23.8%，全年新增 435.9 亿元，同比少增 88.3 亿元，其中开发贷款少增 71.7 亿元。二是地方政府融资平台贷款全年下降 125.8 亿元，主要是交通运输类和城市投资建设类平台贷款减少较多。三是“两高一剩”行业贷款增速明显回落，年末全省“两高一剩”行业中长期贷款仅增长 6.1%。

（四）盈利能力增长较快，资产质量稳步提升

2011 年，全省金融机构盈利 335.4 亿元，同比增盈 80.9 亿元，增长 31.8%。全省金融机构盈利性增强，一方面是贷款继续保持较快增长，信贷规模进一步扩大；另一方面在信贷资源紧缺背景下，存贷款利差有所扩大，由此带动净利息收入快速增长。不良贷款继续保持双降态势。2011 年年末，全省金融机构不良贷款余额比年初减少 136.9 亿元，不良贷款比率比年初下降 1.79 个百分点。

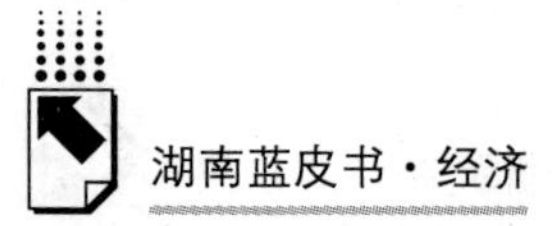

（五）资本市场融资较多，保险市场稳步发展

2011 年，全省 18 家企业通过境内外股票市场融资 181.4 亿元。其中，首发上市融资 112.6 亿元，再融资 68.8 亿元；A 股上市融资 181.1 亿元，境外融资 0.3 亿元。全年发行企业短期融资券和中期票据 145.7 亿元，同比多增 36.7 亿元。全年 6 家企业发行企业债券 77.5 亿元。保险市场平稳较快发展。2011 年，全省实现保费收入 443.5 亿元，增长 10.5%；赔付支出 112.5 亿元，增长 35.7%。

2011 年，在全国贷款少增的情况下，湖南贷款继续保持多增，重点领域贷款需求得到较好满足，全省金融运行态势总体较好，但不可否认的是，当前金融运行中也存在部分领域信贷供需矛盾突出、民间融资活动日益活跃、潜在金融风险增加等问题，需要引起高度关注。

二 2012 年湖南货币信贷形势展望

2012 年，国内外经济形势更加严峻复杂，为积极应对经济运行中的新情况、新问题，宏观调控更加注重预调微调，在此背景下，湖南金融发展面临更多挑战，但也存在较多机遇。

（一）国内外经济复苏的不确定性增加，金融发展的外部环境仍较复杂

2012 年，世界经济形势仍较复杂，经济复苏的不稳定性、不确定性增加，欧元区债务危机仍在恶化，且有从欧盟的边缘国家向意大利、法国等核心国家蔓延，从公共财政领域向银行体系扩散的趋势，给全球经济复苏带来的负面影响增加了变数，2011 年 12 月欧元区经济信心指数降至 93.3%，为 2009 年 11 月以来最低水平。国内经济增长下行压力与物价上涨压力并存。一方面国内经济在工业增速减缓、外需持续低迷，以及投资、消费等内需增长受到制约等因素影响下，经济下行压力加大，2011 年 11 月全国 PMI 指数出现 32 个月以来首度回落至 50% 的临界点以下，12 月虽小幅回升至 50.3%，但仍在低位徘徊；另一方面美、欧等发达经济体维持超宽松货币政策刺激经济复苏，导致全球流动性持续充裕，

加之国内在农产品价格上涨、劳动力成本攀升以及资源品价格改革等影响下，总体通胀压力仍然较大。

（二）货币政策基调不变，但将更加注重预调微调和结构优化

根据中央经济工作会议精神可以看出，2012 年货币政策基调不变，政策操作上更注重灵活性，预计全国新增贷款总量将保持上年水平或略有多增，工作重点在优化结构，做到“有保有压、有松有紧”，加大经济社会重点领域和薄弱环节，特别是“三农”、中小企业、保障房建设的支持力度，更好地服务实体经济。

（三）湖南经济增长动力仍然强劲，信贷需求总体较为旺盛

2012 年，湖南在建、续建项目盘子仍然较大，随着全省“三个一”行动计划的加快实施，投资仍将保持快速增长；长株潭两型社会实验区建设加快推进，以及湘南地区获批为国家承接产业转移示范区，一大批工业项目有望落户湖南，形成新的增长点，工业生产增长有望企稳回升，湖南实体经济总体仍将保持快速发展势头，由此带来贷款需求趋旺。2011 年第四季度湖南银行家问卷调查显示，信贷需求预期指数为 80.3%，仍处于旺盛区间，尤其是交通水利基础设施建设、房地产等领域贷款需求较为强烈。

（四）湖南金融实力提高，银行信贷供给能力增强

一方面省委、省政府对金融工作高度重视，在金融生态环境建设、与各银行总行积极协调等方面都给予金融系统极大的支持；同时，近年来湖南商业银行存款保持较快增长势头，资产质量效益稳步提升，2012 年各行有望在其总行争取更多贷款份额。另一方面近几年湖南吸引了一批全国性金融机构和外资银行到湘设立分支机构，加之华融湘江银行的组建、长沙银行成功重组，以及农信社改革取得明显成效，湖南金融业呈良好发展势头。金融实力明显增强，有利于湖南金融改善金融服务，稳步扩大信贷投放。

综合上述因素，2012 年湖南金融发展的经济环境有望进一步改善，金融供给能力进一步增强，预计全年新增贷款不低于 2011 年，结构上，湖南经济发展重点领域和中小企业、“三农”等薄弱环节金融支持力度将进一步加大，但房地产、“两高一剩”等调控领域结构性供需矛盾仍将较为突出。

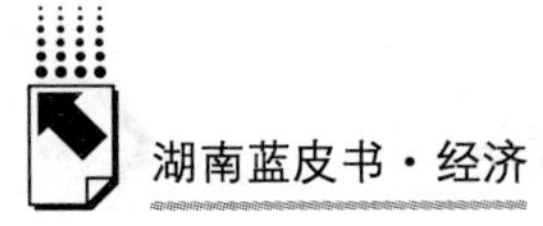

三 2012年湖南货币信贷工作展望

2012年，全省金融系统将认真贯彻国家稳健货币政策精神，围绕湖南“四化两型”发展战略重点，进一步扩大投放、优化结构，促进全省经济又好又快发展。

（一）确保信贷合理增长，努力满足经济发展资金需求

继续满足重大基础设施在建和续建项目资金需求，加快储备信贷项目的审批进度，确保重点项目顺利实施；尽早谋划尽快准备，协调和帮助各商业银行积极向总行反映情况，争取其总行信贷规划向湖南倾斜。同时，做好企业债券融资服务，通过短期融资券、中期票据等方式，拓宽融资渠道，扩大融资总量。

（二）积极调整信贷结构，促进经济结构调整

推动落实金融支持湖南战略性新兴产业发展的意见，研究制定知识产权质押管理办法，提升新兴产业金融服务水平。加大对文化产业的信贷支持，支持文化企业通过银行间债券市场融资。开展消费信贷产品和管理模式创新，支持扩大消费。认真执行差别化住房信贷政策，加大对保障性安居工程的支持力度。加大对节能环保、科技创新、文化、旅游等领域的信贷支持。

（三）加大对中小企业、“三农”等薄弱领域的金融支持

大力支持农村水利基础设施建设，深化农村金融产品和服务方式创新。积极培育面向小微企业和“三农”的金融机构，支持小微企业和“三农”发展。继续加大对小城镇建设、县域经济、创业就业和助学等领域的信贷支持，支持扩大内需。

（四）以社会信用体系建设为重点，优化金融发展环境

落实《湖南省社会信用体系建设“十二五”规划》，大力推进中小企业、农村和重点行业信用体系建设，建设“诚信湖南”。改善涉外金融服务，进一步促进贸易与投资便利化。

B.19

2011年湖南价格形势分析及2012年展望

龚秀松*

2011年，中央和省委、省政府将保持价格总水平基本稳定作为宏观调控首要任务。一年来，在省委、省政府的坚强领导和有关部门的大力支持下，全省价格部门认真贯彻落实宏观调控首要任务，各项工作均取得明显成效，为实现“十二五”良好开局作出了积极贡献。

一 2011年湖南价格工作取得显著成效

（一）CPI调控取得明显成效

一是CPI调控主动适度。经过努力，2011年湖南CPI涨幅从年初高于全国1.2个百分点逐步回落到12月份低于全国0.5个百分点，全年CPI累计上涨5.5%，由高到低排全国第15位、中部六省第4位。为2012年实施稳中求进的方针赢得了价格调控的主动权。二是价格监测预警体系发挥重要作用。在全省设立了900多个价格监测网点，对粮、油、肉、菜等40余个生活必需品坚持日监测报告制度。针对“3·17食盐抢购风波”，各级价格部门第一时间向党委、政府报送情况，省委、省政府及时召集省直有关部门会商，采取加强调运、保障供应、打击涨价、宣传引导等综合措施，迅速平息了事态。建立全国首个稻谷成本价格发布平台，累计发布信息5000余条，网站点击率超6万次。三是构建了保证供应稳定物价长效机制。报请省政府建立了保证供应稳定物价分工责任制和物

---

* 龚秀松，湖南省物价局局长。

价涨幅通报制度，强化了市、县政府和各职能部门的稳定价物责任。组织开展了落实价格调控监管措施和管理通胀预期两次专项督查。出台了《湖南省价格调节基金管理办法》和《湖南省价格调节基金征收管理实施细则》，省本级2011年征收额达2.26亿元，实现历史性突破；省级投入6000多万元价格调节基金用于“菜篮子”建设，在全省重点扶持了34个蔬菜基地。四是完善低收入群体价格补贴机制。根据物价上涨情况对低收入群体发放价格临时补贴，并将社会救助和保障标准与物价上涨挂钩联动，全年累计运用价格调节基金等发放价格补贴11亿元；坚持对城镇低保户给予水、电、气、有线电视、医疗和子女上学等价费优惠，低保家庭每户每月受益80元左右，相当于将全省低保标准提高33.3%。

（二）促进经济社会又好又快发展

一是运用价格杠杆促进经济总量增长。面对巨大的调控压力，不是打压价格而是积极采取扶持生产、保障供应的方式稳定价格，保持经济增长活力；全年农产品、工业品等价格上涨促进全省地区生产总值增加2600多亿元。通过价格政策筹集库区移民扶持、城建、农网改造、高速公路还本付息和污水、垃圾处理资金约170亿元。全国CPI涨幅与GDP比较低3.8个百分点，而湖南低7.3个百分点，实现了防通胀与保增长的双赢。二是减轻企业和群众价费负担。在2010年年底取消14项、降标6项收费的基础上，再次取消31项行政事业性收费；取消20多项涉及纳税环节、建设项目及社会团体收费，降低住房转让、租赁交易手续费等12项收费，年减负近10亿元。强化对收费员的培训，规范执收单位收费行为。取消潭耒高速公路株洲西连接线收费，撤销浏阳焦溪岭隧道等10个收费站，年减负1亿元以上。出台《湖南省农产品市场收费管理暂行办法》，规范和降低农产品流通环节收费。将动物及动物产品产地和屠宰检验检疫收费标准下调41%，年减负约9000万元。三是促进经济发展方式转变。全面实施工商非居民用电同价，商业电价下降0.124元，年减少电费支出5亿元。认真落实差别电价、惩罚性电价、脱硫加价等政策，全年支付脱硫电费9.25亿元，促进二氧化硫减排37.25万吨。出台排污权使用费管理办法和长株潭三市二氧化硫、化学需氧量排污权有偿使用费试行标准。

（三）运用价格杠杆全力调煤保电

一是迅速出台启动5条鼓励发电的价格措施。火电企业2011年增收约23亿

元，为全省调煤保电发挥了不可替代的作用。适当提高水电上网电价，缓解水电企业经营困难和水火电矛盾。二是明确规定电煤结算价格按 2010 年年底与省电网统调主要火电企业结算价格执行。省政府下达了调煤保电计划的电煤，原则上依照 2010 年年底湘煤集团供省内骨干电厂的煤炭价格执行。派出检查组赴部分电厂、煤矿及相关部门开展涉煤收费检查，严肃查处乱收费行为。三是会同省直相关部门组成联合督查组，对煤炭价格调节基金征缴情况进行督查，催缴欠缴资金。修订完善了湖南省《煤炭价格调节基金征收使用管理办法》和《煤炭价格调节基金征收使用实施细则》。全年累计下拨煤炭价格调节基金 1.345 亿元，用于调煤保电。在价格政策的引导下，各大火电企业购煤发电积极性明显增强，省电网统调火电厂的电煤库存由 5 月 15 日的 56 万吨增加到年底的 360 万吨历史高位，全省电力供应得到有效保障。

（四）加强民生价格监管

出台 42 项贯彻落实《湖南省保障和改善民生实施纲要》具体价费措施。全力抓好十件民生价格实事的实施。在医药方面，基本药物价格政策提前半年实现全覆盖，全省公办基层医疗机构药价水平、门诊和住院次均药费分别平均降低了 50.26%、40.26%、44.29%，年减负 40 多亿元；降低县以上公立医疗机构 3000 余个品规抗微生物和循环系统类药品价格，平均降幅 21%；调整 82 个品种、778 个剂型规格激素、调节内分泌和神经系统类等药品价格，平均降幅 14%。在教育方面，取消向学生收取的卫星远程教育收费，年减负 6000 万元；对行业办学义务教育阶段学生实行免收学杂费政策；制订了全省统一的自费、委托培养研究生收费政策；立案查处了部分大学违规收取捐资费问题，开展中小学教辅资料收费管理专项调研。在住房方面，认真贯彻《商品住房销售价格明码标价制度》及《湖南省新建商品房交易价格行为规则》，实行“一套一标”；进一步加强保障性住房价格监管。出游方面，出台规范停车收费办法，对张家界景区门票运行五年来的成本、收益情况开展全面监审，并对旅游收入分配政策进行合理调整，决定从 2012 年起大门票由“两天有效”改为“三天有效”，惠及广大游客，支持景区加快建设和发展。在电信方面，将全省同区号不同县（市）之间的固话通话费由每分钟 0.30 元下调为 0.20 元，年减负 6000 万元。

（五）整治规范价费秩序

一是启动价格诚信建设工作。省政府成立了全省价格诚信建设活动领导小组，举行了声势浩大的启动仪式。借中国价格论坛在南岳召开之际，国家和各省级价格主管部门在南岳山上共植“价格诚信林”。二是加大价格监督检查力度。部署开展涉农涉企价费、医疗价格、教育收费、商品房销售明码标价、银行对小微型企业贷款收费等专项和重点检查；医药价格检查成效明显，查出涉嫌违法金额5100多万元，在全国会议上介绍了经验。加强市场价格监管，对家乐福等超市、长沙移动公司的价格欺诈行为进行处罚和公开曝光；在“12358”价格举报电话的基础上，开通了价格网上举报平台。全年累计查处各类违价案件5359起，查处违价金额3.58亿元，退还用户4351万元。三是旅游、涉农、涉企等行业的价费秩序明显好转。进一步加大了重点、热点领域价费监管规范力度，张家界、韶山、南岳、崀山等一批5A级旅游景区连续两年实现黄金周旅游价格问题零投诉，涉及农民建房、生产和企业生产经营的价费问题也大大减少。四是开展反价格垄断执法。对省内两家企业进行了反价格垄断调查，对协同外省企业实施价格垄断的省内两家药品生产企业提出了执法告诫。

（六）强化了价格基础建设

实现湖南价格工作在央视新闻联播头条新闻报道的重大突破，全年累计刊发价格稿件近2000篇次，省本级在湖南卫视等电视媒体报道价格新闻50余条次，在省以上报刊、网络等报道价格工作400余篇次；累计报送各类价格政务信息150余篇次，被国家和省委、省政府采用80余条，获得全国发改委系统和全省“五五”普法先进集体称号；配合省人大财经委、预算工作委员会，开展《湖南省价格监督管理条例》专项执法调研。对全省1100多名新领证人员进行了轮训考核，2650名干部领到新证；表彰了28名全国价格监督检查业务能手。在南岳成功协办第三届中国价格论坛。组织开展34项全省范围的定价成本监审，审核上报财务成本40.37亿元，核减8.52亿元。编制《“十二五”湖南价格工作规划》和《价格诚信读本》，完成《价格监测手持采价系统可行性研究》、《米袋子和菜篮子考核指标体系》等国家委托课题。全年累计办理各类价格认证案件31472件，案值13.2亿元；在岳阳、郴州、长沙、株洲等地开展涉税财物价格

认定试点。对“价格在线”进行了改版升级，高质量完成医药价格公示工作，价格政务公开和信息化建设取得积极进展。举办价格宣传和政务信息报送、价格认证、收费管理和价格监督检查业务等一系列培训。省价格学会改协会工作圆满完成。进一步拓展了排污权拍卖等新的工作领域。

二　准确研判当前经济价格形势，全力稳定湖南2012年价格水平

当前价格过快上涨的势头得到有效遏制，CPI涨幅明显回落；各项稳价安民政策措施得到认真落实，政府调控物价的能力进一步增强；国家继续实行稳健的货币政策，社会总需求将有所放缓；农业连续8年丰收，主要工业品产能充裕，2012年实现CPI涨幅4.5%左右的调控目标具备较多的有利条件。但目前的经济及价格形势仍然错综复杂，各种不确定因素较多，特别是价格工作将面临农副产品价格长期上涨，资源性产品价格和土地、劳动力等要素价格以及环境保护成本长期刚性上涨“两个不可避免”的趋势，湖南受农业大省、资源匮乏的省情制约，影响更为明显。保持价格总水平基本稳定依然是宏观调控的重要任务，价格工作对稳增长的压力不断加大，运用价格杠杆调结构任务依然艰巨。尽管如此，也要看到价格惠民工作仍然大有可为。全省价格部门务必要进一步把思想统一到中央和省委、省政府的各项决策部署上来，突出把握好“稳中求进”的工作总基调。2012年全省价格工作要深入贯彻中央和省委经济工作会议、省第十次党代会、省第十一届人大六次会议、全国物价局长会议精神，以科学发展、富民强省为主线，突出稳中求进的工作总基调，妥善处理经济发展速度、结构与物价之间的关系，努力保持价格总水平基本稳定，稳妥推进资源环境价格改革，强化市场价格监管和反垄断法，不断创新价格监管方式，提升价格工作水平，为促进“四化两型”建设营造良好价格环境。

（一）努力实现4.5%左右的预期调控目标

一是继续抓好重要商品保证供应稳定物价分工责任制的落实。建立健全粮食、生猪、食用油、蔬菜、农资等重要生产生活资料的调控预案，确保储备到位，调得出、顶得上。建立价格调节基金制度设立使用情况和联动机制实施情况通报制度并

纳入年度工作考核的重要内容，各地按季度报送情况。二是进一步加强价格监测预警分析。认真总结“3·17食盐抢购风波”处置经验，建立健全价格应急预案。进一步完善价格监测预警分析机制，不仅要关注价格，更要关注储备和供求状况。改进监测手段和方式，建立价格监测实时报价系统，提高监测的时效性、准确性。对非因节假日、促销等原因而发生大量出货等抢购苗头，及时启动监测预警、查找原因。三是认真落实国家扶持农业生产的各项措施。按照国家部署，继续较大幅度提高粮食最低收购价和烟叶收购价格；完善生猪调控预案，巩固好蔬菜基地建设成果，提高蔬菜自给能力。四是下大力气清理农副产品流通环节收费。继续严格执行鲜活农产品绿色通道政策，落实好《湖南省农产品市场收费管理暂行办法》。专项整治大型超市进场费，必要时将超市入场费纳入反暴利执法范围。继续运用价格调节基金重点扶持建设一批大型“菜篮子”基地和平价蔬菜、猪肉供应点，采取农超对接、签订长期供货协议等办法，减少流通费用。

（二）积极稳妥推进资源环境价格改革

一是稳妥推行居民阶梯式水、电、气价格改革。居民阶梯电价按国家统一部署实施。居民阶梯气价，2012年将在已开通管道天然气的市县全面实施；居民阶梯水价，先在抄表到户率高的城市进行试点。二是疏导水、电、油、气价格矛盾。研究完善水电价格形成机制，建立火电标杆电价校核机制，推进城乡各类用电同价。按照国家部署，继续推进成品油价格市场化改革，逐步理顺天然气与可替代能源比价关系。完善城乡供水价格政策，推进农业用水综合改革和水价成本公开，加强水资源费征收管理。改革环卫、园林用水价格政策，逐步实行计量并适当收费，鼓励其节约用水。三是完善土地价格和矿产资源、水资源收费管理。对国土资源系统收费文件进行清理，政府招拍挂出让的土地，土地测绘费不得在地价之外另行收取，农民在非村镇规划区建房用地报批不得收取测绘费、定点放线费。加强对矿产、砂石、水资源等资源收费的管理，规范资源补偿费征收办法和计费标准。四是推进排污权有偿使用和交易等环保收费改革。加快研究制定主要污染物排放收费标准和排污权交易价格。进一步推进污水、垃圾处理、医疗废物处置收费制度和计征方式改革，加大对使用自备水源单位污水、垃圾处理费的征收力度；加强资金监管，促进污水、垃圾处理和医疗废物处置设施建设和运营。研究差别化排污收费政策；完善水土保持补偿等生态补偿收费政策。五是加

大节能减排电价政策实施力度。加强对差别电价、惩罚性电价实施情况的监督检查；对实施差别电价、惩罚性电价的高耗能企业，要核定用电限额，一旦电力供应紧张首先对高耗能企业实施拉闸限电。加大对火电厂脱硫设施运行情况的监督检查，提高脱硫效率；择机出台火电脱硝电价。

（三）进一步加强价格调节基金征管

对文件明确由物价部门征收的部分，严格按规定依照程序办理，应征尽征。加强与地税、财政等代征部门的沟通协调、做好配合服务工作，确保代征基金足额征收到位。尚未按规定对燃气、自来水、建筑业、房地产业开征价格调节基金的，要予以开征。严格按规定依照程序用好价格调节基金，对省下拨的价格调节基金，加强资金使用监管，重点检查资金拨付落实和使用情况，确保专款专用。市、县两级价格调节基金用于扶持菜篮子建设和对低收入群体价格临时补贴的比例原则上不低于60%。

（四）进一步强化调煤保电工作

一是加强煤炭价格调节基金的征管。加强煤炭价格调节基金的征管工作，做到应收尽收，确保调煤保电资金需要。二是严格执行电煤价格临时干预措施。全面清理取消违规设立的涉煤基金和收费，对电煤实行临时价格干预，省政府下达了调煤保电任务的电煤，2012年度合同价格由供需双方在涨幅不超过2011年电煤合同价的5%范围内协商确定，其他电煤价格，不得超过2011年实际平均结算价格。对各地执行电煤临时价格干预措施的情况开展重点检查和抽查，对违反规定的单位予以处罚，对性质严重、影响较大的典型案件进行通报批评和公开曝光。三是研究制定保障电煤供应的价格工作预案。立足应对持续干旱等极端困难局面，制定工作预案，细化工作措施；加强电煤价格监测分析，按月监测主要煤炭生产经营企业的电煤结算价格、产量、合同兑现率、热值等情况；积极协助配合相关部门加大电煤调运力度，保障市场供应。

（五）完善落实促进发展的各项价费措施

一是加快研究出台鼓励消费的价格政策。积极推进城乡居民生活用电同网同价，减轻农村用户的电费负担，促进“家电下乡”。加快工商用水同价步伐。制定促进电话、电视、互联网“三网”融合的价费政策。建立门票价格文件到期评估制度，规范旅游市场价格秩序，对服务质量差、游客投诉多的景区降低门票价格；对成熟景区视游客增长情况，改革门票收取方式，或适当降低门票价格。强化价格信息服务，引导消费预期，进一步提振消费信心。二是着力优化重大项目建设和区域发展价费环境。认真落实省委、省政府关于环长株潭城市群、湘南地区国家级承接产业转移示范区、大湘西国家武陵山片区区域发展与扶贫攻坚试点建设方面的各项部署，为承接产业转移和片区发展营造良好的价费环境。围绕服务环洞庭湖生态经济圈建设，加强对环保收费政策落实情况的检查，确保应收尽收，支持节能减排和环境治理。三是加大对小型和微型企业的收费优惠力度。除免征国家文件规定的13项收费外，还免征经营许可证工本费、铁路货物运输治安管理费、烟花爆竹安全合格证工本费、车辆档案查询费、人防工程维护费、网络文化经营许可证工本费、渔港管理费、林地权属争议调处费、铁路专用线运输管理费和标准化收费等收费项目。四是加大对社会公共服务领域的价费清理。对涉及建设项目的行政事业性、服务性收费和电力等垄断行业价格管理文件中部分过时或有失公平的条款进行全面清理，取消一批收费项目，降低一批收费标准。对当前反映强烈的中小企业融资难、成本高等问题，部署开展银行服务收费检查，查处乱收费。五是要着力提升湖南价格话语权。巩固和提升稻谷成本价格指数发布平台，积极创造条件做好生猪等成本价格指数编制发布工作，进一步提升湖南价格话语权。加强对有色金属、电解锰等湖南优势产品价格形成机制研究，对湖南占全国乃至全球交易比重较大的锑、锡、锰等产品，研究提升定价话语权的相关措施。

（六）继续尽全系统之力抓好十件民生价格实事

一是认真贯彻落实商品房明码标价、一套一标价，适时开展打击房地产行业获取暴利的违法行为。二是规范停车收费，合理制定停车收费政策和收费标准，科学引导机关企事业单位和居民住宅小区停车位错时面向社会开放，缓解停车难问题。三是清理教育收费，重点查处与入学挂钩的捐资助教学款、公办高中违反“三限”政策收费、高校以研究生培养机制改革名义乱收费、民办学校未按规定收费等行为。四是进一步规范幼儿园收费秩序。严格收费报批和备案，除伙食费、保育费和全托生住宿费外，不得再以任何名义收取费用，坚决清理取消各种特长班收费、实验费、特色费或变相收取的类似费用。五是选择3～5个治疗方

法相对定型化的常见病、手术开展按病种收费试点，降低群众医疗费用。六是重拳打击“价格陷阱”。严厉查处换包装、换名称、换规格、变形态、调剂量、调成分含量等变相涨价和先提价再促销的虚假打折、低标高结、模糊标价、模糊赠售等价格欺诈行为。七是建立涉农涉企收费发布平台。对涉农涉企收费的收费依据、收费项目、收费标准、资金用途等在“价格在线”上进行公布；对涉农价费公示和价格公共服务“八进”时的价费公示栏、公示墙等进行维护和信息更新。八是运用价格调节基金扶持蔬菜基地建设。省局继续在每个市（州）重点扶持1~2个蔬菜基地；各市（州）、县（市、区）用于扶持蔬菜基地建设的价格调节基金比例不得低于30%。九是加大对低保困难群体的价费补贴力度。认真贯彻落实《湖南省价格调节基金管理办法》，省本级价格调节基金80%用于对低保困难群体的价格临时补贴，重点提高补贴标准和覆盖范围，一旦达到联动机制启动条件，及时发放补贴。十是加强保障房价格监管，规范物业服务收费。及时核定廉租房政府收购价和经济适用房、限价房销售价格，推进保障性住房成本价格信息公开。认真贯彻落实物业服务收费管理办法，引导建立完善动态的物业服务收费标准调整机制。

（七）大力推进价格诚信建设

开展价格诚信单位评选活动；进一步规范市场明码标价，大力推进明码实价工作，在大型商业连锁企业和交通、通讯、宾馆、旅游景点等窗口行业单位，开展“明码实价一条街”、“明码实价承诺企业”和“明码实价景区”等活动。针对当前商业促销中“买一送一”、“×折起”、附加促销返券使用条件、滥用有机食品和无公害食品等各种不规范行为和宣传用语，进行一次集中整治和规范。选择与民生关系密切、消费群体大、近年价格执法涉及较多的超市、商场、医院和学校等，先行起步，建立企业价格诚信档案，并尝试与工商、质监、食品药品监督和银行等系统信用平台对接，实现互联互通和资源共享。

（八）加强价格监督检查和反垄断执法

继续组织开展涉农、涉企价费、教育收费、医药价格、商品房明码标价等专项价格检查，加强群众价费投诉举报受理和处置工作。择机开展成品油、天然气、电力等资源性产品价格检查。根据国家部署，组织好商业银行收费、涉煤收费、降低商业流通成本等方面的检查。加强价格监控，严厉打击捏造散布涨价信息、串通涨价、哄抬价格和操纵市场价格等价格违法行为。大力推进反价格垄断执法，积极争取成立专门机构，配备人员力量。对垄断行业分行业逐个进行整治规范，严厉查处利用垄断地位指定服务、指定使用产品、强制服务、只收费不服务等价格违法行为，严厉打击利用垄断地位制定的价格霸王条款，以及价格收费不透明和故意设置价格陷阱等价格违法行为。以整治规范电信和银行行业的价费行为为重点，加强反价格垄断教育宣传，及时发现和查处价格垄断协议、滥用市场支配地位等价格垄断行为。高度关注药品生产经营企业的价格动向，严厉打击采用收购、并购等方式形成垄断地位后大幅提高价格的垄断行为。充分发挥价格举报平台作用，对群众举报的涉嫌价格垄断的违法行为，一查到底，并及时向社会公开。

（九）进一步加强基础建设

着力规范价费备案管理，严格遵循价费审批的有关规定，参照价费审批模式，对价格备案实行统一受理、统一编号、统一对外公布。加强干部队伍建设，积极推进事业单位改革，强化价格基础工作职能，优化干部知识结构和年龄结构，进一步提升干部素质。强化价格成本调查、监审工作，重点加强对公用事业和垄断行业的定价成本监审，继续做好农产品价格成本调查工作。针对人民群众关注的热点价格问题，选择若干常用消费品或服务项目，开展价格监测和成本调查，公布平均成本，引导形成健康有序的市场价格。改进和加强价格宣传和舆论引导，进一步完善价格舆情监测和信息反馈机制，主动做好舆情分析研判和应对工作，牢牢掌握价格舆论宣传的主动权。加强价格认证工作，加快推进价格认证机构规范化建设，稳妥推进涉税涉及财物等价格认定业务，充分发挥价格认证职能作用。进一步加强价格监测机构、队伍和业务能力建设，充实监测人员力量，完善价格监测报告制度，更好地适应价格监测任务的需要。稳步推进价格信息服务公司化改革，充分发挥价格信息服务功能，做大做强“价格在线”等信息服务网络平台，提高价格信息服务的质量和水平。加强干部队伍的培训，认真落实价格培训工作规划和年度培训工作计划，重点组织好各项价格业务培训，进一步提高全省价格干部职工的业务素质和能力水平。继续加强拍卖工作，进一步开拓工作思路，拓展业务，提高经济和社会效益。充分发挥价格协会桥梁、纽带作用，紧紧围绕价格这个中心工作搞好参谋服务，有效服务价格决策和企业发展。

区 域 篇

Region Reports

B.20 长沙市2011年经济社会形势分析及2012年展望

张剑飞*

一 2011年长沙市经济社会发展基本态势

2011年是形势复杂、困难较多的一年，也是攻坚克难、奋发有为的一年。在省委、省政府的坚强领导下，长沙市上下坚持科学发展，紧紧围绕“率先建成两型城市和实现全面小康”的目标，科学应对，积极作为，实现了“十二五”的良好开局。

（一）经济发展再上新台阶

地区生产总值跨越5000亿元，达5619.3亿元，比上年增长14.5%；辖内财政收入迈过千亿元大关，达1330亿元，增长28.55%；地方财政总收入668.9亿

* 张剑飞，中共长沙市委副书记、市人民政府市长。

元，增长30.8%；完成固定资产投资3510.2亿元，增长26.1%；实现社会消费品零售总额2125.9亿元，增长18.0%。

（二）结构调整形成新格局

优势产业集群持续发展，工程机械实现产值1800亿元，三一重工跻身世界上市公司500强；食品烟草晋级千亿元产业集群；战略性新兴产业异军突起，蓝思科技股份有限公司进出口额跃居全省第一；第三产业加快发展，对经济增长的贡献率同比提高4.8个百分点。产业格局正向多点支撑转变。

（三）现代农业取得新进展

实现粮食生产“八连增”，达到244.5万吨；花卉苗木、有机茶叶、优质水稻、特种养殖等特色产业继续发展；新增农业产业化国家重点龙头企业3家，农产品加工销售收入突破600亿元；专业合作组织蓬勃发展，休闲农业、观光农业快速发展；落户现代农业项目280个。现代农业成为农民增收、农村发展的重要动力。

（四）基础设施建设实现新突破

重大项目进展顺利，营盘路湘江隧道建成通车，过江交通压力明显缓解；黄花机场新航站楼投入运营；地铁1号、2号线，福元路大桥，湘府路大桥，南湖路隧道建设顺利推进；湘江综合枢纽一期、沿江防洪道路工程完工；先导区“六纵八横”路网全面形成。重大基础设施建设为长远发展提供有力支撑。

（五）民生保障达到新水平

城乡居民人均可支配收入分别达26451元和12717元，分别增长15.9%和19.5%，居中部省会城市首位；着力解决上学难、看病贵的问题，基础教育全面发展，基本药物制度全面实施，居民基本养老、医疗保险制度城乡统筹全覆盖，两次提高城乡居民最低生活保障标准。城乡居民在发展中得到更多实惠，连续四年被评为中国最具幸福感城市。

（六）生态建设展现新风貌

“环境保护三年行动计划”全面完成。天马山、凤凰山和桃子湖“两山一

湖”提质改造工程完工，洋湖湿地公园一期开园；城区61个排污口实现截污，湘江长沙段水质功能达标率100%；乡镇污水处理厂建设加快推进，长沙县实现集镇污水处理全覆盖；城市污水处理率达92.7%，城市建成区绿化覆盖率42.2%，空气质量优良率93.4%。城乡环境明显改观。

（七）成功创建全国文明城市

万众一心推进文明城市建设，经济社会协调发展，城乡面貌深刻变化，城市品质明显提高，人民生活不断改善，文明程度大幅提升，名列参评省会、副省级城市首位，成功夺得全国文明城市桂冠，实现了全市人民多年的夙愿。

二 2012年长沙市经济社会发展展望

2012年是实施“十二五”规划的关键一年。中央经济工作会议对2012年国际国内形势进行了全面分析，世界经济形势总体上仍将十分严峻复杂，我国经济虽然继续朝着宏观调控预期方向发展，但经济增长下行压力和物价上涨压力并存。因此，2012年将是既复杂又困难的一年。长沙市的发展同样面临着巨大压力：一是经济下行的压力。受国际金融危机和国内消费需求不足的影响，2011年下半年以来，全市经济增长呈现逐月下降的态势。由于国家继续实施稳健的货币政策，坚持房地产调控，投资增长特别是房地产投资面临巨大压力，加之外需疲软，消费拉动乏力，经济增长存在下行的风险。二是结构调整的压力。近年来全市产业发展虽然取得了长足进步，但经济增长主要依赖投资拉动的状况短期内仍将难以改变；传统产业技术改造投入不足，战略性新兴产业规模不大，经济增长的科技支撑力不强，节能减排形势依然严峻；生产成本不断上涨，使实体经济受到冲击，形成了结构调整的倒逼压力。三是要素保障的压力。由于银行信贷受控，政府融资平台功能受限，加上市财政进入偿债高峰期，保民生、保运转、促发展的压力增大；全市能源消费集中于煤炭和电力，由于煤电价格倒挂，调煤保电更加困难；征地拆迁直接制约项目推进，土地供应难以满足项目建设需要。资金、能源、土地成为急需破解的发展瓶颈。四是民生改善的压力。经济增长放缓增加了就业压力，物价上涨使困难群体生活受到影响，群众对民生保障有更高的期待。同时，利益诉求多元化，利益格局复杂化，一些深层次矛盾相继浮现，加强和改善民生、维护和谐稳定的任务依然繁重。

虽然长沙市发展面临巨大的挑战，但挑战中蕴涵着机遇，发展的有利条件更多。一是积累了应对危机的宝贵经验。国际金融危机以来，市委、市政府及时谋划、科学应对，持续开展“两帮两促”活动，抢抓机遇干成了一批多年想干而没有干成的大事，实现了又好又快发展。成功的实践为应对新的危机提供了有益借鉴。二是奠定了加快发展的坚实基础。经过多年的持续快速发展，全市经济总量不断增长，综合实力显著增强，城市形象明显提升，正在成为具有强大吸引力、辐射力和带动力的区域中心城市。特别是近年来实施了一批拉动作用大、支撑能力强、群众受惠多的重大项目，这些项目有的正在加快建设，有的开始发挥效益，增强了发展后劲。三是形成了区域竞争的独特优势。长沙市是国家实施中部崛起战略和“两型”社会建设综合配套改革试点的核心城市，也是国家首批节能减排财政政策综合改革示范城市和节能与新能源汽车示范推广试点城市，政策优势更加明显；随着黄花机场新航站楼投入使用和武广高铁开通，沪昆高铁和城际轨道开工建设，高速公路网络不断完善，区位优势更加突出。同时，国家宏观政策适时适度实施微调预调、加大水利建设投入、加强保障性住房建设、推动文化大发展大繁荣等，为战胜困难提供了机遇。

2012 年长沙市经济社会发展主要预期目标是：地区生产总值增长 13%；财政总收入增长 15%；固定资产投资增长 20%；社会消费品零售总额增长 18%；单位地区生产总值综合能耗下降 3.5%，化学需氧量、二氧化硫、氨氮、氮氧化物等减排指标完成省下达任务；城乡居民人均可支配收入分别增长 12% 和 14%；城镇登记失业率控制在 4% 以内；人口自然增长率控制在 6.9‰以内。

实现上述目标，重点抓好九个方面的工作。

（一）推进投资稳定增长

一是突出重大项目建设。继续实施重大项目带动战略，以重大项目为载体优化投资结构，确保有效投资增长。集中力量抓好沪昆高铁、城际轨道等中央及省在长沙的项目建设，加快建设地铁、湘江综合枢纽、比亚迪、陕汽配套园等在建、续建重大项目。力争全年实施重点项目 566 个，完成投资 1494 亿元。二是创新融资方法。坚持政策性融资与市场融资相结合，拓展融资渠道。加强衔接申报，最大限度争取国家项目支持。鼓励和引导金融机构落户长沙，有序发展小额

贷款公司和村镇银行；发挥上市公司的融资作用，支持优质企业上市融资。充分发挥先导控股、城投集团投融资功能。推进科技金融深度融合，设立创新创业引导基金，引导发展创业投资机构。落实扶持政策，激活民间投资。三是优化土地供应。认真研究土地市场的新需求、拆迁政策的新变化和被征拆群众的新诉求，坚持依法征收、阳光拆迁；坚持节约集约用地，积极推广节地模式，合理有序供应土地，依法处置闲置用地，多措并举破解用地瓶颈。同时，采取有效措施，确保煤、电、油、气等要素供应。

（二）推进产业协调发展

一是加快新型工业化步伐。坚持把新型工业化作为第一推动力，加快发展工程机械、汽车及零部件等优势产业，积极培育新材料、电子信息等战略性新兴产业，集中打造千亿产业集群。着力提升3个国家级开发区及9个省级以上产业园区的承载功能，支持高新区创建国家自主创新示范区，推动长沙经济开发区、浏阳市工业新城、宁乡县金洲新区等园区提质扩容，加快岳麓科技产业园规划建设。落实国家支持中小企业发展政策，实施中小企业知识产权战略推进工程。加强产业技术创新战略联盟建设，推进企业科技创新，提升企业竞争力。二是大力发展现代服务业。重点发展生产性服务业，提升发展传统服务业，积极拓展新型服务领域，不断培育新的服务业态。加强配套服务，促进现代物流、电子商务、服务外包、物联网健康发展。培育金融商务产业集群，推进区域性金融中心建设，加快芙蓉中央商务区、空港新城、金融生态区等现代服务业集聚区发展。推进河西商业配套建设，推动马王堆、红星市场外迁。着力改善城乡消费环境，培育新的消费热点，扩大消费需求。三是扶持发展现代农业。稳定粮食生产，发展蔬菜产业，加快重点蔬菜基地建设。支持都市农业、休闲农业发展，推进雨敞坪、莲花、柏加和白箬休闲农业示范片建设。支持油茶、花卉苗木和林下经济产业发展。加强基层农业技术推广体系建设，培育壮大农村经济合作组织。加快望城区国家农业科技园、宁乡县农产品加工创业园和浏阳市农业园建设。

（三）推进宜居城市建设

一是坚持高起点规划设计。完成城市总体规划修改报批工作，按照建设现代化、国际化城市的要求，优化城市色彩、城市轮廓线、标志性建筑设计，增强规划的前瞻性和约束性。完善望城区功能定位、空间规划和产业布局，加快大河西建设，形成“一江两岸”互动发展的城市空间格局。坚持高密度组团式发展，加快高铁、地铁、城际轨道沿线开发。推进滨水新区、隆平新城、滨江新城、南湖片区、金霞片区等重点片区特别是黎托新城开发建设。加速推进黄兴北路、长重、九尾冲等棚户区改造。二是提升城市承载功能。启动荷花路浏阳河隧道、红旗路、东二环线改造工程；开工建设地铁 2 号线西延线和 3 号、4 号线一期工程；加快南湖路湘江隧道、人民东路东延线、潇湘大道北延线建设；完成银盆岭大桥加固改造，实现湘江综合枢纽蓄水通航，湘府路大桥、福元路大桥建成通车。实施先导区新三年行动计划，加快梅溪湖国际服务区、洋湖总部经济区、大河西综合交通枢纽等重大项目建设，全面提升先导区示范功能。实施公交优先战略，启动公交企业改革重组，优化公交站点布局，加快公交站场及设施建设。三是巩固文明城市创建成果。全面启动创建国家卫生城市，健全文明城市长效管理机制。深化城管体制改革，建立“大城管”联席会议制度，基本实现数字城管。积极探索城市管理市场化服务模式，创建 200 个社区物业服务工作示范社区。突出城乡结合部环境综合整治，打造城市出入口特色风貌；加快“城中村”改造步伐，全面提质老旧社区、老旧厂区环境，推进社区公园建设。努力建设更高水平的文明城市。

（四）推进城乡统筹发展

一是加速城乡基础设施对接。加快实现城乡一体化，促进城乡共同繁荣。推进望城区基础设施与主城区无缝对接，实现全面融入主城区；加快宁乡县与主城区、金洲新区与高新区对接步伐；推动长沙县临主城区边际规划建设一体化；加快浏阳市连接主城区的快速通道建设，促进浏阳工业新城与长沙经济开发区对接，推动浏阳市融入省会半小时经济圈。二是继续实施五大工程。加强基本农田水利建设，推进大中型水库库区、河道流域治理，完成 28 座中小型病险水库除险、5 万亩山塘清淤增蓄，完成城区新、改建供水工程 4 处，解决 30 万农村人口饮水安全问题；继续开展农村电网改造升级工程；加强干线路网和农村公路建设与维护，硬化通村公路 1500 公里；建设 16 家乡镇污水处理厂，建成沼气池 6 万立方米；切实改善农村学校食宿条件。三是推进小城镇集约发展。加强乡镇、村规划建设管理，编修城镇总体规划和村庄规划。实行小城镇规划、建设、国

土、环保、城管“五位一体”管理新模式，创建20个示范小城镇。继续重点支持城乡一体化示范镇、新农村示范村建设，更加重视边远乡镇和村级集体经济发展，加大对口支援力度，增强发展造血功能。四是完善农村公共服务。加大对农村的财政转移支付，完善农村医疗救助制度，扩大农村低保、医保和养老保险覆盖面，提高农村“五保户”保障水平。完善农村基本卫生服务，加强偏远贫困乡镇卫生院和村卫生室建设。健全被征地农民社会保险、再就业、保障性住房建设机制，逐步实现城乡基本公共服务均等化。

（五）推进文化繁荣发展

一是建设国际文化名城。坚持用国际视野提升城市文化形象，保护和发掘城市历史文脉，彰显湖湘文化特质。实施重大文化建设工程，重点推进市图书馆、博物馆和音乐厅建设，加快长沙市近现代史博物馆、市青少年宫改造和建设，打造具有长沙地域风情的城市标志。加大非物质文化遗产保护力度，加强古镇、古村落、古民居的保护，推进炭河里、汉长沙王、铜官窑考古遗址公园建设。二是优化公共文化服务。推进国家公共文化服务体系示范区建设，提质改造乡镇（街道）综合文化站，加强社区公共电子阅览室建设。大力开展送戏、送电影、送图书、送文艺节目等文化下乡、进社区活动。积极引导和规范民间文化组织、行业协会发展，重视支持基层文化队伍建设。三是做大做强文化产业。坚持文化产业融合发展、创新发展，培育壮大影视传媒、动漫游戏、新闻出版、文博会展、演艺娱乐等特色文化产业，打造一批有实力、有竞争力、有影响力的文化企业，推进天心文化产业园、岳麓大学城等文化创意集聚区发展。深化文化体制改革，加快市直文化单位改制，引导规范文化、体育市场发展。

（六）推进综合配套改革

一是开展节能减排综合示范。实施重点领域节能减排项目工程，大力推进技术创新。严格实施项目能评制度，先导区范围内落后产能、工艺和设备淘汰率达到100%，城区范围内污染严重的企业100%关闭退出或搬迁改造。推进节能文化进家庭、入学校，深入开展全民节能行动。二是实施新一轮“环保三年行动计划”。加强湘江长沙段和浏阳河、捞刀河、靳江河、沩水河环境综合整治，新建和扩建暮云、长善垸、花桥等污水处理厂，实现城区排污口全截污，确保湘江综合枢纽蓄水通航后饮用水源地水质安全。大力实施林业生态工程，继续开展岳麓山景区综合整治，启动坪塘工业基地生态修复和桃花岭景区、大王山公园建设，加快西湖文化园、洋湖湿地公园二期建设，建成圭塘河生态景观区。加强对噪商、渣土扬尘和机动车尾气治理，逐步淘汰城区“黄标车”，空气质量优良率保持在92%以上。城市禁养区畜禽养殖业全面退出，农村养殖逐步推行“退户入场、退村入园”；推行农村垃圾集中处理，巩固农村环境综合整治成果。完成黑麋峰垃圾填埋场提质改造，建成餐厨垃圾、污泥处理项目和危险废弃物处置中心。三是推进重点领域改革。加快建立生态补偿机制，全面推行主要污染物排污权使用和交易，建立健全“两型”社会和生态文明建设综合评价体系。开展农村土地、人口户籍、农村金融等重点改革。建立耕地保护补偿机制，规范农村土地流转。

（七）推进对外开放合作

一是加大招商引资力度。坚持引资与引智、引项目、引专利相结合，创新招商方式，提高招商引资质量。始终瞄准世界500强、跨国公司、大型央企，引进具有带动性、基础性、全局性的投资项目和领军人才与团队。积极扩大国有资本对外合作，抓好国企国资重点项目与央企对接。精心筹办重要节会，全面加强区域合作。二是加快外向型经济发展。加强外贸出口平台建设，以金霞陆路口岸作业区建设为重点，加快长沙综合保税区申报和建设，打造外贸转型升级示范基地和出口创新基地。构建灵活高效的“大通关”机制，帮助解决重点企业、重大项目的通关问题。三是促进现代旅游业发展。立足资源优势和区域特色，科学规划旅游产业功能区布局，把旅游业培育成战略性支柱产业。坚持政府主导、精品建设，以湘江综合枢纽蓄水通航为契机，加快推进湘江旅游带的开发建设。支持灰汤温泉创建国家旅游度假区、大围山创建国家生态旅游示范区，打造一批旅游综合体、风情街区和特色村镇，推出一批精品旅游线路，将长沙建设成为世界旅游目的地。

（八）推进民生事业发展

一是完善社会保障体系。坚持以创业带动就业，争创国家创业型城市，着力为每一个有劳动能力的人创造就业机会，保持城镇零就业家庭动态清零。探索建

立基本养老金正常调整机制，实现各险种市级统筹，社保参保率达95%以上。加快社会救助体系建设，关爱特困群众、残疾人群体。实施“惠老工程”，创新养老服务模式，改扩建乡镇敬老院20所，创建省级农村综合性老年福利中心示范工程6个。完善住房保障体系，新建（筹集）公共租赁房1.4万套，新建廉租房2258套。狠抓“菜篮子”工程，开展农超对接，千方百计稳定蔬菜价格。二是加快建设教育强市。合理配置公共教育资源，推进义务教育标准化学校建设。加强城市开发配套基础教育建设，着力解决进城务工子女就学和城区部分学校“大班额”问题。新建、改扩建公办幼儿园35所，引导和支持民办幼儿园提供幼儿普惠教育服务。推动市属高校与知名院校合作共建。加大示范性职业院校创建力度，大力发展面向市场、对接产业的职业教育。规范社会力量办学，整顿教育培训市场。三是推进健康长寿之城建设。加强公共卫生服务体系建设，探索公立医院改革，深化基层医疗卫生机构综合改革，新建一批社区卫生服务中心。落实国家基本药物制度，推行基层医疗机构药品网上集中采购、医疗机构双向转诊制度。加大重大传染疾病预防控制。深入推进食品安全城市建设，强化企业主体责任和部门职能职责，整合食品安全检测力量，加大联合执法力度，确保群众吃得安全、放心。广泛开展健康促进行动，提高全民健康水平。

（九）推进社会管理创新

一是实施社会管理法制化。加强社会主义法治理念教育，弘扬社会主义法治精神。建立社区群众工作站，加强社区综合管理中心和综合执法队伍建设。完善多元化的矛盾纠纷解决机制，畅通群众诉求渠道，加大信访历史遗留问题的解决力度，维护群众根本利益，依法维护信访秩序。加强司法救助和法律援助，为群众提供优质、高效、规范的法律服务。二是大力建设平安长沙。加快“天网工程”和应急联动指挥中心建设，积极预防和依法打击各种违法犯罪行为，提升社会治安防控能力，提高市民的安全感。严格落实安全生产责任制，突出加强消防安全，防止各类重特大事故发生。完善公共突发事件监测预警、应急处置机制，提高防灾减灾意识，保障人民群众生命财产安全。三是努力构建和谐长沙。开展“一推行四公开”活动，推行干部联点驻村（社区）、公开联系方式、公开岗位职责、公开监督机制、公开考核办法。加强基层社会管理服务体系和社会工作者队伍建设，全面完成社区换届选举，增强社区自治和服务功能。突出抓好流动人口、特殊人群、信息网络的服务管理，充分发挥非公有制经济组织和社会组织的积极作用。加强统计工作，推进统计改革。开展民生档案服务创新试点。落实企业工资集体协商制度，确保劳资和谐。加强诚信体系建设，倡导良好的社会道德风尚。做好人口与计划生育工作，保护妇女、儿童、老年人、残疾人合法权益。加强国防教育、人民武装、人民防空工作，推进国防后备力量体系建设。落实民族宗教政策，发挥宗教界人士积极作用，促进民族团结进步。

B.21 株洲市2011年经济社会形势分析及2012年展望

王 群*

一 2011年株洲市经济社会发展情况

2011年是“十二五”的开局之年，是株洲建市60周年的喜庆之年，也是经济社会发展取得显著成效的一年。一年来，株洲市在市委的坚强领导下，围绕“保二争一、科学跨越”战略目标，按照“保增速、保提质、保民生”的总体要求，加快转变发展方式，积极推进“两型”建设，深入打好“三大战役”（城市提质、园区攻坚、旅游升温），大力实施“四大战略”（科教先导、产业转型、城镇带动、民生优先），全面建设“四个株洲”（智慧、实力、绿色、幸福），全市经济社会实现了又好又快发展。全市GDP达到1563.9亿元，比上年增长14.1%；财政收入达到175.4亿元，增长33.9%；完成全社会固定资产投资849亿元，增长35.6%；城镇居民人均可支配收入达到22633元，农民人均纯收入达到9237元，分别增长14.6%、21.8%；万元GDP能耗下降3.5%，主要污染物排放总量下降3%。

（一）发展质量明显提升

新型工业化加速推进。实现工业增加值830亿元，增长16.5%，其中规模工业增加值730亿元，增长19%，新型工业化考核连续五年获全省一等奖。“5115”企业总产值达780亿元，增长25%，年销售收入过100亿元的企业有3家，过50亿元的企业有4家。中小企业实现规模工业增加值500亿元，增长

---

* 王群，中共株洲市委副书记、市人民政府市长。

20.3%。攸县煤电一体化、中航高精传动、中国五矿精密工具产业园启动建设，株洲县风力发电项目正式落户，时代电气IGBT产业化、株洲通用机场、南车时代新能源客车基地、时代风电等项目建设进展顺利，北汽集团株洲基地一期、南车株机不锈钢城轨车辆项目建成投产。继续打好园区攻坚战役，启动园区建设项目169个，完成投资270亿元，实现园区技工贸总收入1600亿元，增长22.8%；高新技术产业产值达960亿元，增长22%；轨道交通、汽车、航空、服饰、陶瓷等产业集群不断发展壮大。

农业现代化稳步实施。完成农业增加值130亿元，增长4%。粮食总产量突破190万吨，连续8年实现丰产丰收。农业机械化率达到62.1%。生猪养殖规模化率超过60%。农产品加工业总产值达182亿元，增长19%。醴陵市跻身全国经济百强县，攸县稳居全省县域经济十强县。

现代服务业全面提升。实现社会消费品零售总额505亿元，增长18.2%。红星美凯龙、沃尔玛等项目相继启动。继续打好旅游升温战役，全年实现旅游总人数1625万人次，增长33.2%，旅游总收入109.6亿元，增长33.6%；神农谷、酒仙湖成功创建为国家4A级旅游景区，全国首家红军标语博物馆建成开馆；国际品牌酒店希尔顿、万豪相继开工建设。芦淞服饰城综合提质改造工程全面完成，获评“中国（中南）服装第一街”。商品房销售面积640万平方米，增长24.7%。金融机构年末存款余额达1300亿元，新增163.4亿元，增长12%；贷款余额670亿元，新增106亿元，增长18.5%。唐人神和旗滨两家股份有限公司成功上市，上市公司达到9家。铜塘湾新港区一期主体工程基本完工，南车株洲物流基地、湘江金属物流城建设取得实质性进展。中国驰名商标和著名商标分别达到20件和155件，获评“国家商标战略实施示范城市”。招商引资态势强劲。共引进项目660个，到位资金总额突破300亿元，增长100%。上海宝钢集团、中国水利水电建设集团等知名企业进驻株洲，在株洲的央企达到17家，世界500强企业达到10家。

（二）发展后劲明显增强

重大基础设施建设全面推进。在建高速公路257公里，改建干线公路275.6公里，开工建设干线公路405公里，改造农村公路1180公里。浏醴、分炎、炎睦、醴茶、炎汝、茶界等高速公路建设扎实推进，株洲西互通改造工程、S315

龙下至攸县段、茳渌公路竣工通车，攸县广志村至山门洪段、S322炎陵牛岗排至资兴深坳段、S211株洲段、G106炎陵至槽里段基本完工。衡茶吉铁路、沪昆高铁、长株潭城际铁路建设加速推进。湘江六桥、东环北路、荷塘大道、航空大道开工建设。

城市品质品位继续提升。创建国家环保模范城市已通过湖南省预验收，创建全国文明城市获得提名资格。神农城一、二期，湘江风光带河西城区段建成开放。城区主次干道无障碍设施改造全面完成。建成自行车专用车道和公共自行车租赁系统，已投放自行车1万辆，被列为全国“城市步行和自行车交通系统示范项目”试点城市。新增绿地面积32.9公顷，城市绿化覆盖率提高到50%。美化建筑33栋，改造小街小巷60条。路灯亮化道路13条，新建路灯亮化小街小巷60条，城区无灯路段全部消除。数字株洲建成视频融合平台，平安城市、智能交通、数字城管三大平台全面整合。株洲市、醴陵市、攸县分别获评湖南“最干净”地级市、县级市和县城，攸县城乡环境同治经验在全国推广，获评“全国生态文明先进县”。农村基础设施不断改善。建成乡村通畅工程1000公里、农村乡镇客运站8个。投资6.43亿元，完成各类水利工程建设2.25万余处，治理病险水库16座。新建沼气池7548口，解决了农村12.76万人饮水不安全问题。

（三）发展活力明显提高

“两型”改革继续深化。按照“资源资产化、资产资本化、资本证券化”的思路，8家投融资公司着力提升经营水平，城发集团、高科集团分别成功发行15亿元、10亿元企业债券，为基础设施建设提供了强大资金支持。统筹城乡发展改革形成了高塘等一批典型模式，完成了53个村改社区工作，土地利用集约化、产业发展集聚化程度明显提高。进一步规范农村土地经营流转，地票交易实现常态化，连续13年实现耕地占补平衡，集体林权制度改革全面完成。率先在全省开展排污权交易试点工作，全面启动节能减排工作，选择320家重点能耗单位，实施节能减排改造。

示范区建设向纵深推进。云龙示范区华强方特欢乐世界建成开园；职教大学城已有7所院校入驻，其中2所院校建成开学；云龙大道基本建成，华强路、云峰大道（复线）、迎宾大道建成通车，“生态城、科教城、旅游城”初具规模。天易示范区高科汽配园项目一期基本完工，栗雨中央商务区、新马片区开发稳步

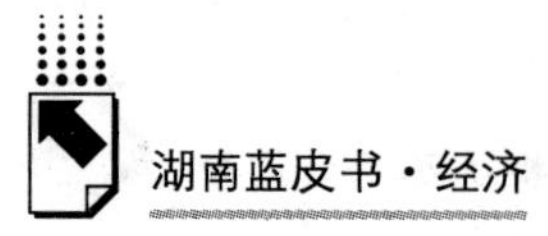

推进，“两型”产业集聚区逐渐形成。清水塘循环经济示范区战略性改造工程正式启动，6个废水废渣处理项目相继实施。

“两型”环境加速构建。“一江四港”（湘江和白石港、枫溪港、霞湾港、建宁港）环境综合治理工程全面启动，三角叉水系改造、建宁港截污干管建设全面完成，董家塅和龙泉污水处理厂污泥处置中心、清水塘重金属污水处理厂投入运行。10个限期治理大气污染项目全部完成，39家污染企业关闭或搬迁。湘江株洲段水质保持Ⅲ类标准，市区集中式饮用水源水质达标率达100%。

（四）民生事业明显改善

社会保障不断加强。新增城镇就业5.78万人，新增农村劳动力转移就业7.48万人，实现城镇“零就业家庭”动态就业援助100%，就业创业指导中心建设正式启动。养老医疗保险制度实现城乡全覆盖，企业养老保险新增参保4.66万人，新型农村养老保险参保98.17万人，城镇居民医疗保险参保75.26万人，城镇医疗保险覆盖率稳定在95%以上，新型农村合作医疗参合率达到96.67%。城区最低工资标准由每月800元提高到1020元；城区城镇居民生活最低保障线标准由300元/月提高到330元/月，月人均补差达220元；在全省率先推行市区城乡居民最低生活保障统筹并轨，促进了城乡低保一体化；市儿童社会福利院和流浪未成年人救助保护中心全面竣工。改造农贸市场12个，建成无公害蔬菜基地10300亩。保障性安居工程完成投资13.2亿元，新增廉租房6667套、公租房5585套，改造棚户区8050户；改造农村危房4831户，改造国有林场危旧房935户。住房公积金支持居民购买住房面积102万平方米。

成功研制出我国首列中低速磁悬浮列车；建成全国首座电动公交城；争取部省级科技项目90项，其中新增国家863计划重点项目5项，新建省级重点实验室6个；第八次获得“全国科技进步先进城市”称号；丁荣军当选中国工程院院士。改扩建城区义务教育学校13所，新增学位4544个，建成合格学校46所，资助贫困学生5.02万人；全面完成城区中小学塑胶运动场建设；建宁国际实验学校开工建设；被国家确定为“地方政府促进高等职业教育发展综合改革试点城市”。建市60周年系列活动精彩纷呈，首届湖南合唱节唱响株洲，高水平承办了湖南国际旅游节、辛卯年省长公祭炎帝陵和海峡两岸炎帝神农文化祭活动；建成乡镇综合文化站46个，农家书屋854个。公立医院改革试点工作稳步推进，

基本药物制度全面实施，市中心医院正式挂牌，20个社区卫生服务中心建成投入使用，基本建成市区公共卫生和公立医院信息系统。

二 2012年株洲市经济社会发展目标和举措

2012年是实现“十二五”宏伟目标的攻坚之年。当前，中央“稳中求进”的总基调已经确立，国内经济将保持平稳较快发展。全省“四化两型”战略向纵深推进，“两个加快”、“两个率先”已成为共识。株洲市经济发展的基础更加扎实，发展的环境更加宽松，发展的合力更加强劲。2012年全市经济社会发展的主要预期目标是：GDP增长13%；财政总收入和一般预算收入增长15%；全社会固定资产投资增长30%；社会消费品零售总额增长18%；城镇居民人均可支配收入和农民人均纯收入分别增长13%和15%；万元GDP能耗下降3.5%以上，主要污染物排放总量削减不低于省下达目标；城镇登记失业率控制在4.5%以内；人口自然增长率控制在7.5‰以内。

为实现以上目标，株洲市将深入贯彻落实科学发展观，紧扣加快转变发展方式主线，全面推进“四化两型”建设，坚持稳中求进，突出“三个加快”，加快发展速度，加快产业转型，加快改善民生，办实事，抓落实，以优异成绩迎接党的十八大召开。

（一）突出产业转型，提升发展质量

优化产业结构。继续实施对6个传统产业、4大新兴产业以及物流产业的发展行动计划，改造提升交通装备制造、有色金属深加工、化工、服饰、陶瓷等传统优势产业，发展壮大新能源、新材料、生物医药和健康食品等战略性新兴产业，加快“四城三基地”建设。加快发展现代农业，抓紧实施粮食增产高效工程和农产品加工业振兴计划，力争培育农产品加工龙头企业10家以上，实现总产值200亿元。继续打好旅游升温战役，编制完善全市旅游产业发展规划，突出“一廊一带”，全面启动云峰湖国际旅游度假区和酒仙湖、东阳湖的建设，加快神农福地、神农城、湘江风光带的建设，积极引进国际品牌酒店，扎实推进炎帝陵创建国家5A级旅游景区规划，打造知名旅游目的地。积极发展现代物流业，加快南车株洲物流基地、湘江金属物流城、芦淞服饰仓储配送中心、茶陵湘赣物

流中心建设步伐。支持金融保险、信息咨询、电子商务、文化创意、服务外包等新型服务业态迅速发展。

壮大产业规模。继续实施“5115”（在未来5年培育壮大“5个以上年主营业务收入过100亿元、10个以上年主营业务收入过50亿元”的企业）工程，支持南车株机、南车株洲研究所、南车电机、株硬、唐人神等企业做大做强。加快推进时代电气IGBT产业化、南车株机扩能二期、通用机场、中航高精传动、山河智能、北汽集团株洲二工厂、南车时代新能源客车基地、中国少儿时尚创意总部基地、攸县煤电一体化、株洲县风力发电、醴陵陶瓷艺术城等项目建设，增强产业发展后劲。深入打好园区攻坚战役，推动产业向园区集中，不断壮大轨道交通、汽车、航空、服饰、陶瓷五大产业集群。实施支持中小企业发展“5115”工程，完善中小企业服务体系，加强产业孵化平台建设，组建互联互保产业联盟，规划建设株洲市的中小企业园，培育一批销售收入过5亿元、过10亿元的中小企业。提升产业素质。大力支持企业自主创新，推进技术改造、兼并重组、名牌创建，加强知识产权保护，加快科研成果转化和产业化。发展高新技术企业20家以上，高新技术产业增加值占GDP的比重提高到23%，加快建设国家级创新型城市。引导优势企业进入资本市场，支持一批中小企业上市。组织“市长质量奖”评选，提升质量管理水平。大力发展特色农业、规模农业、高效农业和休闲农业，加快培育龙华畜牧等一批种养殖业示范基地，支持炎陵白鹅、攸县麻鸭和好棒美食品做大做强，不断提升农业现代化水平。加大招商引资力度，继续开展“大招商、招大商”活动，围绕五大千亿产业集群和生物医药、新能源、新材料、现代服务业等战略性新兴产业，突出多元化招商、市场主体招商、重点项目招商，大力承接产业转移，积极引进战略投资者，进一步提高利用外资的质量和水平。

（二）突出示范引领，推进“两型”建设

加快示范区建设。云龙示范区坚持以高端服务业为主导，抓紧建成华强文化科技产业基地和方特梦幻王国；全面启动云峰湖体育公园、龙母河水系水利及景观工程、科技数码城、总部经济园、水利科技园等项目建设。天易示范区加快推进栗雨中央商务区、物流园、汽配园等项目建设，争取中建五局光伏幕墙项目、湘煤立达煤机装备制造建成投产，打造“两型”产业聚集区。积极推进清水塘工业区战略性改造，启动重化工企业“绿色搬迁”，推动传统产业升级换代，抓

好清水塘重金属污染治理，加快发展新材料精深加工产业和先进环保制造业，努力把示范区打造成为转变发展方式的引领区。

深化“两型”改革。大力推进统筹城乡发展改革，促进基础设施一体化、公共服务均等化、产业发展集聚化、社会保障同城化、社会管理社区化、土地利用集约化。加快投融资体制改革，进一步增强投融资公司的市场意识和风险防控意识，提升经营能力；创新投融资模式，探索创建“两型”基金，引导社会资金投资城市建设和产业发展。深入推进城区建设体制改革，发挥区级政府属地管理优势，增强区级政府基础设施建设能力。加快推进土地管理体制改革，提升土地资源配置效率。开展资源节约和环境保护体制改革，创新循环经济发展机制和节能减排实施机制，建立能源差别价格和能耗公示制度，着力推进排污权交易试点工作。

构建“两型”环境。坚持“以绿为美、以水为源、以人为本”，围绕“水清、堤固、路畅、景美”的目标，强力推进“一江四港”整治，重点抓好湘江综合整治，加大清障清淤、截污治污、河道采砂整治力度，积极发展沿江生态林、景观林，全面实现沿江企业污水达标排放；启动河东湘江风光带和沿港风光带建设，保护水环境，修复水生态，致力打造“东方莱茵河”。加快淘汰落后产能，深入实施节能减排“三百工程”，加快“两型”企业创建步伐。大力发展循环经济，促进资源循环利用、再生利用产业化。稳步推进节水型城市创建工作。深入开展城乡环境同治，全面改善农村环境。

（三）突出城镇带动，构建绿色家园

拓宽城镇发展空间。坚持规划引领，立足“两型”理念、国际视野、战略思维，科学编制城乡一体的城镇发展规划，积极推进经济社会发展规划、土地利用总体规划、城市总体规划“三规统一”。主城区按照“以现代工业文明为特征的生态宜居城市”的发展定位，坚持“内提外拓、统筹发展”，大力推进云龙新城、武广新城、栗雨新城、新马新城、轨道交通新城、枫溪新城、航空服饰东部新城、金山新城、湘江新城、清水湖生态工业新城等十大新城建设，努力构建“一体三极、三环七射”的城市发展格局。突出抓好县城和中心镇建设，提高县城在县域经济中的首位度，增强中心镇的辐射带动效应，打造一批工业强镇、商贸重镇、文化古镇、旅游名镇。

完善城镇基础设施。重点建设神农大道、荷塘大道、航空大道、田心大道等主干道路，建成云龙大道、湘芸中路、泰山西路，启动北环路、沿江路建设，不断完善城区交通网。扎实推进衡茶吉铁路、沪昆高铁株洲段及醴陵站场和长株潭城际铁路等重大基础设施建设。力争建成浏醴、炎睦、分炎高速，加快建设醴茶、炎汝、茶界高速。全面推进 G106 茶陵县城至炎陵县分路口、炎陵旅游环线、S315 攸县县城至分水坳、S320 茶陵至界首、S313 渌口至谭家山、云龙楠山铺至醴陵塘坊、炎陵沔渡至船形、茶陵和吕至攸县高和等 8 条干线公路建设。突出抓好通用机场建设。完成市区地下管线普查及信息化一期工程建设，启动城区 8 处排渍站新建和改造工程。启动“城区直饮水工程五年行动计划”和第二水源建设。积极推进城乡基础设施一体化，新建农村公路 200 公里，建成农村客运站 8 座，启动村村通公交试点工程；完成 67 座病险水库治理，抓好水利灌溉设施扩容改造建设；提升云田、松西子、荷塘月色等新农村示范片建设水平，促进城乡互动发展，共同繁荣。

提升城镇品质品位。继续推进“四创四化”（创建全国文明城市、全国卫生城市、全国交通管理模范城市、全国环保模范城市，主干道建筑美化、绿化、亮化、数字化），大力实施立体绿化、楼顶美化、小街小巷路灯亮化和老旧小区改造，提质改造排水干渠等市政设施，抓好户外广告提质减量，完善全天候、全覆盖的城区保洁网络。提升公共自行车租赁系统建设、管理和经营水平，输出管理模式和产品，打造株洲品牌。牢固树立“大城管”理念，健全运营市场化、管理网格化、作业精细化、考核标准化的城镇管理体系。深入整治城乡结合部、铁路进城沿线、农贸市场、小街小巷等薄弱部位环境卫生。积极开展卫生县城、卫生村镇、文明卫生单位等创建活动。巩固国家卫生城市、全国交通管理模范城市创建成果，加快创建国家环保模范城市、全国文明城市、国家森林城市、国家健康城市。

（四）突出科教先导，建设智慧城市

提升科技创新能力。充分利用人才资源，打造株洲国家高新技术产业开发区、湖南工业大学科技城和株洲职教大学城三个科教先导区，构建以企业为主体、市场为导向、产学研结合的技术创新体系，建设一批有特色、高水平的实验室和研发中心。大力支持轨道交通装备、中小航空发动机、硬质合金、高分子材

料、新能源汽车、半导体、风电装备、陶瓷等产业延伸技术链，完善产业链。加速推进创新成果产权化，产权成果产业化，形成一批拥有自主知识产权、市场竞争力强的高端品牌和产品。

提升现代教育水平。深入实施“快乐德育、人文智育、阳光体育”，按照均衡发展义务教育，优先发展职业教育，重点发展高等教育，统筹发展学前、成人和特殊教育的基本要求，抓紧实施《株洲市建设教育强市行动计划》和《株洲市城区基础教育三年攻坚计划》，全面提升教育发展水平。着力提高学前教育普及水平，力争普惠制幼儿园达到30%。加快建宁国际实验学校建设步伐，积极开展义务教育均衡发展示范县（市）区创建活动，规范社会力量办学。加快职教大学城建设，基本建成湖南铁路科技职业学院等5所院校，致力打造中部地区职业教育创新之都。

提升信息应用能力。加快“智慧株洲”IDC（互联网数据中心）云计算平台的建设，打造集“技术服务、资源服务、管理服务”三位一体的电子政务建设和管理模式，逐步把政务服务、应急指挥、地下管网、智能交通、市民卡等信息化系统统一到中心平台上进行管理和展示。加快“两化融合”进程，开展万家数字企业创建活动，促进信息技术在产业发展中的推广应用。推进“三网融合”，深化无线网络基础设施建设，构建智能融合的网络设施。启动联网直报指挥中心建设，提高统计工作信息化水平。推进全市协同及移动办公、医疗卫生、“数字食品安全”监管及公共资源交易等四大平台建设，加快实现各部门信息共享、集约建设，建立新型政府管理服务模式。

（五）突出民生优先，提高幸福指数

继续完善保障体系。全面落实创业扶持政策，继续实施大学生创业引领计划，深入开展国家创业型城市创建工作；进一步加大职业技能培训力度，积极开发社会公益性岗位，建立城乡统筹的创业、就业服务体系。加快推进收入倍增工程，健全企业、机关和事业单位职工工资增长机制。健全城乡社会保障体系，力争城镇养老保险、城镇医疗保险覆盖率达到100%。

加强保障性住房建设，启动市区“荷花家园”二期廉租房和荷塘区水竹湖等9个公租房项目建设，加速县市保障性住房建设，加快棚户区和城中村改造步伐，持续推进非公组织公积金制度建设，提高城市居民住房水平。

大力发展社会事业。深入推进文化体制改革，健全文化市场监管体系，提高文化市场管理水平。加快发展文化创意、数字出版、影视制作、动漫游戏、会展等文化产业，构建现代文化产业体系。加大公共文化事业投入，建成神农大剧院、神农艺术中心，启动文化园提质改造和青少年活动中心、妇女儿童活动中心、夕阳红文化艺术中心、图书馆、科技馆建设，新建一批示范性乡镇（街道）综合文化站，继续推进农家书屋工程，丰富群众文化生活。深化医药卫生体制改革，加大公立医院改革试点工作力度，优化公立医院布局，加快卫生信息化建设，提升基层医疗服务能力，完善基本药物制度，为群众提供优质高效的医疗服务。加强人口计生工作，增强可持续发展能力。发展社会福利、慈善、法律援助等社会公益事业，维护残疾人和妇女儿童权益。做好民族宗教、对台、市志、档案等工作。

切实维护社会稳定。高度重视信访维稳工作，抓好市长热线等平台建设，及时化解各类矛盾纠纷。狠抓重点区域消防隐患整治，强化安全生产监管，加强公共安全体系建设，完善突发事件预测预警机制和应急处置机制。加快建设食品安全检验检测体系，努力实现从田间到餐桌的全程监管。加强价格调控，保持物价基本稳定。深入推进平安株洲建设，加大公安“一化三基”正规化建设力度，积极预防和严厉打击各类违法犯罪活动，有力保障广大人民群众的生命财产安全。

B.22

湘潭市2011年经济社会形势分析及2012年展望

胡伟林*

一 2011年湘潭市经济社会发展情况

2011年，在省委、省政府的坚强领导下，全市上下深入贯彻落实科学发展观，大力实施“四化两型”战略，突出保增长、保民生、保稳定，采取一系列措施，战胜冬春夏秋连旱等自然灾害，克服能源紧缺、资金紧张、通胀压力加大等不利影响，开拓进取，扎实工作，经济社会发展取得显著成就，顺利实现“十二五”良好开局。

（一）经济保持平稳快速发展

地区生产总值和财政总收入分别跃过千亿元和百亿元大关。全年地区生产总值达到1120亿元，比上年增长14.4%，增速居全省第二；财政总收入（不含基金）达到101.1亿元，增长33.5%。规模工业增加值达634.9亿元，增长20%。特别是园区经济、非公经济加速发展。园区实现技工贸总收入650亿元，增长70%；园区规模工业增加值占全市规模工业增加值的50%。九华工业园晋升国家级经济技术开发区，湘潭市成为全省第二个拥有两个国家级开发区的市（州）。非公经济实现增加值620亿元，占地区生产总值的55.4%。城镇居民人均可支配收入和农村居民人均纯收入分别达20614元、9502元，分别增长13.8%和21.6%。

（二）产业结构调整取得新进展

三次产业结构由2010年的10.7∶55.9∶33.4调整为8.9∶58.9∶32.2，第一产

* 胡伟林，中共湘潭市委副书记、市人民政府市长。

业比重下降1.8个百分点，第二产业比重上升3个百分点。“3+3”（先进装备、新能源、电子信息三大新兴产业和精品钢板精加工、汽车及零部件、食品三大优势产业）产业发展良好，规模工业增加值占全市规模工业增加值的70%。高新技术产业加快发展，实现增加值280亿元，占全市规模工业增加值的45.2%。万元GDP综合能耗下降3.9%以上，万元规模工业增加值能耗下降12%。以都市农业为重点的现代农业加快发展，实现农业增加值100亿元，增长3.5%。粮食总产量达146.5万吨，连续8年实现丰产。农业产业化龙头企业实现增加值63.3亿元，增长24.8%。现代服务业发展提速，第三产业增加值达360亿元，增长13.3%。实现旅游综合收入110亿元。韶山景区成功创建为5A国家级旅游景区。战略引资力度加大，成功引进美国塔奥、中建仰天湖绿色养生示范城等一批重大项目，全年实际到位外资4.68亿美元，增长16.1%；内联引资125亿元，增长26%。

（三）发展后劲不断增强

全年组织实施重点工程项目154个，完成投资360亿元。兴业太阳能、利欧泵业、吉利汽车三期技改、中冶京诚400吨级矿用自卸车等重大项目建成投产，泰富重工、湘潭钢材深加工产业基地等项目开工建设，湖南农业工程机械产业园顺利落户，荷塘现代综合物流园等重点商贸物流项目加快推进。在重点项目的有力支撑下，完成固定资产投资650.2亿元，增长36%，增速居全省第一。基础设施承载能力加强。潭衡西线高速公路建成通车，长湘和长韶娄高速公路、沪昆高铁湘潭段、长株潭城际铁路、湘潭火车站和湘乡火车站改扩建、铁牛埠码头二期等重大交通建设项目进展顺利。重大项目的建设和交通基础设施的不断完善，为加快发展提供了强有力的支撑。

（四）城乡建设管理全面加力提速

通过实施新一轮城管体制改革，加强城市管理，不仅市容市貌有了较大改观，而且带动城市建设的大提速。湘江风光带河东城区段基本建成，建设北路延长线拓改工程拉通主路，东二环、棚户区改造、集约用地示范区等重大项目抓紧推进，吉安路、宝庆路等8条城市主干道和100条背街小巷完成提质改造。河西污水管网二期羊牯段配套工程如期竣工，双马垃圾场整改配套工程加快建设。实

施增绿补绿工程，城市绿量大幅增加。加快城乡基础设施对接联网，覆盖城乡、总里程达210多公里的市域5条干线公路基本建成通车，改造县乡公路147.5公里，建成乡镇到村水泥路252公里，在全省率先实现建制村通畅率100%。水利、电力、电信、网络、新能源等建设同步加快推进，城乡面貌不断改善。

（五）民生和社会建设取得实效

坚持新增财力重点向民生倾斜，市财政用于民生领域的支出达73亿元。省、市为民办实事任务圆满完成。全年新增城镇就业4.9万人，新增农村劳动力转移就业4.88万人。社会保障扩面提标，新型社会救助体系基本实现城乡全覆盖。城市低保保障标准线由每人每月300元提高到340元，城乡低保、“五保”供养和孤残儿童保障标准居全省前列。为城区低保户、低保边缘群众发放临时物价补贴3000万元。建成义务教育合格学校50所，116个中小学校舍安全工程项目全部竣工，进城务工农民工子女义务教育全部实行就近免试入学。基本药物制度覆盖全市乡镇卫生院和社区卫生服务机构，在城乡免费开展11项国家基本公共卫生服务项目和6项重大公共卫生服务项目。实行公共文化服务单位免费开放，市博物馆和规划展示馆建设完成主体工程，湘潭成为省级历史文化名城。加强和创新社会管理，强化社会治安综合治理，社会治安、信访维稳形势持续好转。

二 2012年湘潭市经济社会发展目标及重点工作

2012年，是实施“十二五”规划承上启下的重要一年。湘潭市将深入贯彻落实科学发展观，全面贯彻党的十七大、十七届六中全会和中央、省委经济工作会议以及省第十次、市第十一次党代会精神，突出以开放促转型，以转型促跨越，深入实施“四化两型”和“两个率先”战略，着力转变发展方式，着力深化改革开放，着力保障和改善民生，着力加强和创新社会管理，加快“两型社会”建设，加快统筹城乡发展，努力建设幸福湘潭。力争全市地区生产总值增长13%以上；财政总收入增长18%；固定资产投资增长30%；社会消费品零售总额增长17%；居民消费价格涨幅控制在4%左右；进出口总额增长15%；直接利用外资增长15%；城镇居民人均可支配收入增长13%，农村居民人均纯收入增长15%；万元GDP综合能耗下降4%，二氧化硫、化学需氧量排放量分别削减3%、2.5%；人口自然增长率控制在5.5‰以内。按照“稳中求进、加速转型、又好又快”的要求，重点抓好七个方面的工作。

（一）加快产业转型升级，着力提升发展质量和效益

紧紧抓住产业结构调整和发展方式转变不放松，注重培育大企业、发展大产业、建设大园区，做大经济总量，提升发展质量，增强核心竞争力。一是突出做大战略产业和主导产业。加速推进新型工业化，集中把“3+3”产业做大做强，发挥龙头带动作用，力争全市规模工业增加值达到700亿元以上。实施战略性新兴产业“三年行动计划”，发展壮大湘钢、湘电、江麓、江南、吉利等“3+3”产业龙头企业，突出抓好大型风力发电机组等10大战略性新兴产业项目和湖南新新线缆等10大技改项目建设，打造产业集群发展优势。加快打造现代商贸物流千亿元产业，重点抓好一批商贸项目和物流园区建设。加快发展红色文化旅游业。以韶山核心景区、湘乡大东山旅游景区、水府旅游景区和城区特色旅游景区等为重点，以毛泽东同志诞辰120周年为契机，加大红色旅游宣传和项目招商建设力度。实现旅游综合收入120亿元以上。二是支持中小微企业加快发展。加大政策扶持力度，培育壮大一批有实力、成长性好的中小微企业。引导国有大中型企业向中小微企业延伸技术、扩散产品，推动中小微企业走“专精特新”发展路子。继续实施“小巨人”计划，重点支持新能源、先进装备制造、农产品精深加工、现代物流等领域的中小微企业加快发展。三是推动园区跨越式发展。加快推动优势项目和产业向园区集中，积极推进园区体制机制创新，营造园区加快发展的优势环境，力争实现园区规模工业增加值增长25%以上。重点加快高新技术开发区和九华经济开发区两个“千亿园区”建设步伐，确保高新技术开发区、九华经济开发区规模工业增加值增长35%以上，技工贸总收入增长50%以上。四是促进科技与产业融合发展。深入实施战略性新兴产业科技支撑行动方案，重点开展矿用救生舱、废渣资源化利用和水稻、油茶、湘莲良种繁育、高产栽培等关键技术研发。促成产学研合作项目40项以上，培育10家具有自主知识产权的创新型企业，抓好湘钢、江南、江麓等10个企业“两化融合”试点示范。五是狠抓节能减排和污染治理。深入实施“蓝天工程”和“碧水行动”，积极创建国家环保模范城市。抓好江南机器节能减排工程等10大节能降耗项目，推广清洁生产模式，建设一批循环经济示范项目，争创国家新能源示范城市。加

强湘江流域重金属污染综合治理，加快竹埠港重金属污染治理等项目建设。加强城市污染治理，确保让群众喝上干净水、呼吸上新鲜空气。

（二）全面实施大城管大建设，努力实现城市大变样

以长株潭城市群融合发展为方向，全面加大城市建设管理力度，加速推进新型城镇化，加快“宜居湘潭”建设。一是以大规划引领城市发展。牢固树立大规划理念，突出“一带一环”和河西路网规划，严格落实城市总体规划和近期建设规划，组织编制保障性住房、文教卫等民生规划和综合管网、消防、绿地系统、环卫等基础设施规划，实现中心城区控制性详细规划全覆盖。突出规划执法，加大“拆违控违”力度，坚决遏制违法建设。二是以大城管提升城市形象。继续完善城管体制，全方位加大城市管理力度。启动“智慧城市”管理系统建设，建立统筹高效的城市管理监督指挥机制。强力整治市容违章行为，聘请1100名市容环境监督员、200名交通协管员，协助监管市容，对乱吐乱扔等行为实施现场处罚。切实整治违规渣土车，整顿和规范城区户外广告，严厉打击损绿、毁绿、占绿等违法行为。加强城管宣传教育，引导全社会支持、配合、参与城市管理。三是以大建设完善城市功能。按照拓展框架、完善功能、提升品位的要求，以建设促管理，全面加速城市建设。大力推进九华新城、昭山新城、万楼新城、雨湖新城等片区建设，拓展城市空间；加快湘江风光带建设，力争九华段18公里风光带基本建成；抓好一环东路、大湖南路等通江达环道路建设，着力解决河西交通拥堵问题；加快推进迅达大道、东二环、芙蓉大桥、昭华大桥等道路、桥梁建设，完善城区路网架构。加快九华大道、天易大道等道路建设，推进城际对接。加快长湘、娄益衡、长韶娄等高速公路，沪昆高铁九华站、长株潭城际铁路、湘潭市火车站等铁路和站场，以及易俗河港区一期等港口码头建设，进一步打开对外通道。继续抓好城区主次干道提质改造，全面实施城区亮化工程。加快停车场和环卫、交通等配套设施建设，全方位完善城市功能。

（三）提升县域综合实力，夯实统筹城乡发展基础

按照率先统筹城乡发展的要求，进一步加大以工促农、以城带乡力度，努力在促进城乡一体化发展上迈出实质性步伐。一是发展壮大县域经济。引导和鼓励

资金、技术、人才等要素向县域流动，促进县域经济发展壮大。将一些重大产业项目合理布局到县域，推动市、县项目捆绑招商。鼓励高新技术区、九华经济开发区与县域园区开展合作，共同发展。支持县域立足资源禀赋，大力发展特色产品，加快发展配套产业和企业。全面加大支持力度，推动韶山率先富裕。二是大力发展现代农业。加快打造107和320国道沿线两条百里现代农业走廊，抓好梅林统筹城乡示范区和姜畲现代农业示范区建设，提高现代农业发展水平。突出发展都市农业、生猪两大支柱产业，推进农业产业化经营，发展壮大100家市级以上农业产业化龙头企业。稳定粮食生产，确保粮食播种面积稳定在310万亩以上，产量稳定在145万吨以上。三是加强农村基础设施建设和公共服务。继续推进“双百工程”建设，抓好100个新农村建设示范村和200个帮扶村，加快农村道路、水利、电力、新能源等基础设施建设。进一步抓好以农村公路连通工程、渡改桥为重点的农村公路建设，加快韶山通组通户道路建设。加快水利建设，力争投入5亿元以上。全面完成“未网改”行政村农网改造。实施乡村清洁工程和面源污染治理。抓好3000口户用沼气池和5个大中型沼气工程建设。加大对小城镇建设的投入力度，引导居民和产业向小城镇集中。发展农村社会事业，提高农村公共服务水平。四是促进农民持续增收。按照“实现农民收入增幅高于城镇居民收入增幅”的目标要求，积极推进农民素质培训计划和经济增收计划，增强农民就业、创业和创收能力。力争全年转移农村劳动力75万人以上，创劳务收入100亿元以上。建设一批农民创业基地，鼓励和引导务工能人返乡创业，促进农村劳动力就近转移就业。充分挖掘种养业内部增收潜力，加快发展农村二、三产业，增加农民生产经营性收入。

（四）实施项目带动战略，进一步深化改革开放

把项目建设作为扩大内需、加快发展的第一抓手，在更深层次、更广领域深化改革、扩大开放。一是抓好重大项目建设。年内安排重点项目180个以上，完成重点项目投资450亿元以上。确保全年完成固定资产投资850亿元以上。重点围绕国家和省支持的领域，结合我市实际，在产业发展、民生建设、社会事业、基础设施和生态环境保护等方面，着力开发和引进一批支撑能力强、发展前景好的项目。完善重大项目跟踪管理系统，落实重大项目建设市级领导联点、目标责任管理、联席会议和治安保卫等制度，确保项目平稳快速推进。二是深化重点领

域改革。坚持先行先试，深入推进“两型社会”建设“八大工程”，认真抓好试验区第二阶段的体制机制创新。大力创新投融资体制机制，扶持市的“两型”投、城建投等融资平台做大做强，组建市城乡建设集团和国有资产经营管理公司，加快资本市场发展，完善政银企合作机制，支持组建湘潭农村商业银行。继续抓好土地管理体制改革，大力提高市城区规划范围内用地计划指标利用率和重点项目用地保障率；启动第二批城乡用地增减“双挂钩”项目建设，推进集体土地确权发证，完成集约节约用地示范区腾地工作。推进价格体制改革，加快天然气等资源性产品价格改革，落实差别电价以及脱硫电价政策，完善污水处理和生活垃圾处理收费制度。深化行政管理体制改革，稳妥实施韶山市区划调整，赋予湘潭水府示范区相应市级经济管理权限。三是实施开放带动战略。突出战略引资，重点引进产业龙头和产业链项目。推动北京新华联、戴尔集团等企业或项目落户湘潭，确保到位外资5亿美元以上，内联引资140亿元以上。深化区域合作，加强与“珠三角”、“长三角”、台湾地区的经贸往来。支持九华经济开发区、岳塘区创建长株潭服务外包城市群示范基地，支持高新区创建国家级服务外包示范园区。继续巩固传统出口市场，大力拓展东盟、南非、南美等新兴市场。大力优化外经贸结构，加快转变外贸发展方式。

（五）加快“文化湘潭”建设，打造竞争新优势

深入挖掘湘潭文化的独特内涵，发展文化事业，做强文化产业，打造文化品牌，提升发展软实力。一是大力发展公共文化。组织专门力量对湘潭文化进行全面搜集、整理和提炼，澄清湘潭文化家底。强化文化正面引导，大力开展群众性文化活动。完善市、县、镇、村四级公共文化设施网络，推进市群众艺术馆河东馆等项目建设，确保市博物馆和规划展示馆竣工投入使用，建成4家街道文化站、40家社区文化活动室、307家农家书屋。建立优秀作品奖励机制，推动文化精品创作。二是加快发展文化产业。制定文化产业发展规划，出台扶持政策，重点支持文化创意、文化传媒、文化休闲等产业发展，加快把文化产业打造成支柱产业。引导金融机构加大对文化企业的信贷支持，强化文化市场监管，鼓励支持非公有资本进入政策许可的文化产业领域，推动文化产业健康快速发展。三是深化文化体制改革。坚持政企分开、企事分开、管办分离，积极整合文化管理机构，全面完成文化行政管理体制改革。稳步推进公益性文化事业单位改革，完成

市艺术剧院作为非物质文化保护传承单位的体制改革，加快推进电影发行、放映等经营性文化单位的转企改制。

（六）坚持发展惠民，切实保障和改善民生

把改革发展的成果更多地落实到民生改善上，让人民群众生活得更加殷实、更加幸福。一方面着力解决民生问题。继续为人民群众办好10件实事。坚持就业优先战略，确保全年新增城镇就业4.5万人以上，新增农村劳动力转移就业2.3万人以上，保持零就业家庭动态清零。强化劳动保障监察和劳动争议调解工作，构建和谐劳动关系。健全调控和稳定物价的长效机制，推进价格惠民。进一步完善社会保障体系，推进社会保障扩面提标。推进社会救助司市共建①，在统筹城乡大病医疗救助、低保户保障标准等方面探索创新。完善养老服务体系，加快推进市养老康复中心等项目建设，提高老年人保障标准和优待水平。推进保障性住房建设，新建廉租住房12万平方米、经济适用房8万平方米、公共租赁住房3.5万平方米。另一方面全面协调发展社会事业。完善教育强市建设的工作机制和保障机制，努力实现教育的公平性、普惠性和均衡性。抓好农村寄宿制学校建设，全面完成中小学校舍安全工程建设任务。落实家庭经济困难学生资助政策。抓好校车安全整顿。深入推进医药卫生体制改革，完善基层医疗卫生服务体系建设，在村卫生室全面实施基本药物制度和药品零差率销售，实现每个基层医疗卫生机构都有合格的全科医生。加强卫生信息化建设，推进公立医院改革，落实妇幼重大公共卫生服务项目。深入开展爱国卫生运动，努力创建国家卫生城市。扎实推进全民健身实施计划，办好湘潭市第十一届运动会，完成市体育运动学校建设。

（七）加强和创新社会管理，促进社会和谐稳定

完善“党委领导、政府负责、社会协同、公众参与”的社会管理格局，从偏重管控向更加注重服务、服务与管控互融转变，从群众实际需要出发，着力解决社会突出问题，促进社会公平正义，营造和谐稳定的社会环境。一是提升社会管理服务能力和水平。坚持寓管理于服务之中，加快构建完善的社会服务体系。

① 司市共建是指民政部社会救助司与湘潭市共建社会救助示范城市。

发挥政府在公共服务中的主体作用，加强对重点群体、困难群体和特殊群体的管理和服务，推广“以证管人、以房管人、以业管人”流动人口服务管理模式，启动农民工困难群体与城市居民享受同等社会救助政策试点，加强对刑释解教人员、社区矫正人员、吸毒人员等特殊群体的管控、帮教；规范发展社会组织，重点规范和完善社区志愿者协会和行业协会；推动居民互助服务。二是强化社会管理综合治理效果。建立民情研判制度，健全矛盾化解责任制度。加强信访工作，推动领导干部接访、下访、回访常态化和规范化，使信访积案基本得到消化解决。加强维权工作，关注网络舆情，努力提高群众满意度。全面加强社会治安防控体系建设，深入开展“打黑除恶”专项行动，着力解决群众反映强烈的社会治安问题，切实增强群众安全感。严格落实安全生产责任制，高度重视农产品、食品、药品等产品质量监管，加强金融生态和信用体系建设。三是夯实社会管理基层的基础。推动社会管理重心下移，抓好社区共驻共建、联点共建，推进“社会管理社区化，社区管理社会化”。启动社会管理综合信息管理系统建设，健全街道、社区两级社会管理服务中心，推进县级矛盾纠纷调处中心和乡镇（街道）综合治理维稳中心建设。完善基层综合服务平台，成立社区工作站，创建 3 个样板社区、20 个和谐社区。加强基层公安派出所警务室、调解室、治安岗亭等基础设施建设。

B.23

衡阳市2011年经济社会形势分析及2012年展望

张自银*

一 2011年衡阳市经济社会发展情况

2011年，面对极其复杂的形势和难以预料的困难，衡阳市在省委、省政府的坚强领导下，抢抓机遇，攻坚克难，奋力推进“四化两型”，经济社会发展呈现速度加快、结构优化、效益提升、民生改善的良好局面，争当科学发展排头兵迈出了坚实的一步。

（一）经济发展势头良好

综合实力再上台阶。全市完成生产总值1746.44亿元，比上年增长14.2%；实现财政总收入153.93亿元，增长35.8%，各项经济指标位居全省前列。经济结构呈现可喜变化。三次产业结构调整为17.3∶48.3∶34.4。实现规模工业增加值812.76亿元，增长21.5%，工业对经济增长的贡献率达56.4%，工业主导地位增强；粮食连续八年增产，实现农林牧渔业增加值275亿元，增长4%，新增农民专业合作组织261个；实现第三产业增加值600亿元，增长13.2%，接待国内外游客2465.8万人次，实现旅游综合收入134.3亿元，分别增长25.2%和30.8%，成功引进广发银行，签约北京银行。三大需求展现蓬勃生机。完成固定资产投资达802.79亿元，增长35.8%；社会消费品零售总额557.14亿元，增长18%；外贸进出口总额12.57亿美元，增长59.5%。战略性新兴产业增势强劲。高新技术产业企业实现产值700亿元，增长71.4%；战略性新兴产业企

* 张自银，中共衡阳市委副书记、市人民政府市长。

业实现产值562亿元，增长97%，富士康集团四个产品正式下线，实现销售收入63亿元。

（二）重大项目取得进展

完成重点项目投资513亿元，增长65%。产业项目成效显著。特变电工技改、燕京啤酒扩能、衡钢180项目投产、共创光伏试产等重大项目竣工；中国五矿40万吨金铜回收、中国建材光伏玻璃、中兴通讯等重大项目进展顺利；中亿汽贸城、崇盛国际中心、商业步行街等现代服务业项目形势看好。重大基础设施项目推进有力。南岳机场奠基开工；潭衡西高速公路通车运营；衡桂、南岳高速公路进入路面施工，湘桂复线、衡茶吉铁路、湘祁水电站建设进展顺利，娄衡高速、土谷塘航电枢纽即将开工建设。城建项目顺利实施。蒸阳南路延伸工程建成通车，衡州大道基本贯通，中心汽车站顺利搬迁，4座人行天桥竣工通行，衡云快速干道等19个项目正式开工，蒸阳北路延伸、衡西、衡大快速干道等8个项目全面启动。完成中心城区示范片区提质改造13.45平方公里，改造完成100条背街小巷。民生项目扎实有效。“衡邵干旱走廊”综合治理项目完成规划，44座小Ⅰ型病险水库治理和5479口山塘清淤项目全部完工；新修133条通村水泥路，完成县乡道改造412.1公里、通畅工程731.5公里；完成761个村农配网改造工程；完成46个空白乡镇邮政所、8个农村客运站和200个招呼站建设，解决29.13万人农村饮水不安全问题。

（三）改革开放水平提升

国有企业改革取得重大突破，初步探索出一条整体改制、“先安置、后处置”的路子，顺利启动18家国企改制试点。投融资体制改革取得进步，创新中小企业融资产品50余款，启动城市投资债券20亿元发行工作，湖南机油泵等10家公司进入省重点上市后备资源库，全市融资总额达125.8亿元，增长15.8%。资源开发管理机制不断创新，设立矿业权收购储备中心和矿业权储备经营公司。医药卫生体制、集体林权制度、文化体制、乡镇机构、事业单位分类等改革进展顺利。对外开放形势喜人。成功获批国家级湘南承接产业转移示范区，成功举办第五届湘商大会；全年实际利用外资4.97亿美元，增长22.3%，总量、增速均居全省第三。承接产业转移项目338个，列全省第三，衡阳市至深圳市“五定”

班列、铁海联运正式开行，公路口岸即将竣工运行，综合保税区申报、高新技术区升格为国家级高科技开发区进展顺利。

（四）人民生活持续改善

财政用于民生支出达168亿元，占财政总支出的65.6%。城乡居民收入分别增长14%、18.6%。城镇新增就业6.5万人，新增农村劳动力转移就业6.51万人，零就业家庭保持动态清零；积极探索运用住房公积金支持保障性住房建设，全年开工建设廉租房、公租房等保障性住房52395套，竣工22000套。社会保障力度加大。城乡低保、工伤保险、生育保险实现了应保尽保，社保、医保取得重大成就，实现基本公共卫生服务项目和国家基本药物制度“两个全覆盖”，新农合参合率达到99.2%，新农保参保人数达到277.5万人。社会事业协调推进。再次获得“全国科技进步市”，科技创新对经济的贡献率达55%；中心城区校舍安全问题得到解决，市直合格学校建设任务提前一年完成；价格惠民效果显现，物价指数全省最低；成功举办市九运会，荣获“全国群众体育先进市”。

二 2012年衡阳市经济发展的目标与重点

2012年，是衡阳建市70周年，是实施“十二五”规划承上启下的重要一年，衡阳市将深入贯彻落实科学发展观，坚持稳中求进，抓好项目建设，深化改革开放，推进“四化两型”，握紧拳头保发展重点，集中力量办民生大事，努力争当科学发展排头兵，建设全省重要增长极。2012年衡阳市经济社会发展的主要预期目标是：地区生产总值增长13%；财政总收入增长16%；固定资产投资增长30%；社会消费品零售总额增长18%；进出口总额增长20%；城乡居民人均收入均增长13%；城镇登记失业率控制在4.5%以内；人口自然增长率控制在6.7‰以内；完成国家和省节能减排目标任务。重点抓好七个方面的工作。

（一）推进项目建设，保持经济又好又快发展

继续推进“项目建设年”活动，大力实施重点项目“1826”计划，确保全市重点项目建设数量在200个以上，年度完成投资600亿元以上，总投资规模达到1800亿元。突出重点抓项目。加大对基础设施、“三农”、水利、改善民生、

自主创新、战略性新兴产业的投资。重点支持富士康工业新城、中国建材能源产业基地、特变电工输变电产业园、华菱衡钢钢管工业园、中国五矿40万吨金铜回收等产业项目加快建设。交通项目重点推进湘桂复线、衡茶吉铁路和娄衡高速公路建设，实现南岳、衡桂高速公路建成通车。电力项目突出抓好衡阳主电网、城网建设和农网改造，加快建设湘南地区电网应急抢修中心。农业项目重点推进“衡邵干旱走廊”综合治理、粮食生产能力建设、城区蔬菜基地建设、油茶产业发展。社会民生项目主要推进保障性安居工程和职业教育发展。在强化要素保项目方面，争取更多项目列入国、省计划，强力激活民间投资，引导民间资本进入基础产业和基础设施、市政公用事业、社会事业、金融服务等领域，抓好城投债券发行，抓好资本运作，加快企业上市融资步伐；积极争取用地指标，力争全年可用新增建设用地1200公顷以上，实施差别化土地政策，计划指标重点保障重点项目和重要基础设施用地；进一步加强煤、电、油、气、运等生产要素的调度和保障。在重视前期争项目方面，从建立健全组织机构、落实前期工作经费、建立情况报告制度、建立督促检查制度、建立目标考核制度五个层面，完善项目前期工作机制。认真抓好衡大快速干道、衡西快速干道、江东片区加气站、衡阳至大浦天然气传输管线、核电项目等项目的前期工作，争取年内开工建设。

（二）加快转型升级，做大做强新型工业

一是培育产业主体。着力改造提升传统产业，实现“两符三有”目标，重点推动输变电制造、盐卤化工及精细化工、钢铁冶炼及钢管材加工制造、汽车及零部件、有色金属冶炼及深加工五大产业转型升级。大力发展战略性新兴产业，以电子信息和新能源为重点，加快建设富士康工业新城、中兴通讯全球服务中心，打造衡阳信息产业发展基地；加快建设共创光伏硅基薄膜太阳能电池、至德集团日产100万安时大型储能电池、理昂和凯迪生物发电等新能源项目。二是夯实园区平台。按照建设“工业新城”的理念，大力建设标准厂房，鼓励引进各类资本参与标准厂房建设，加大水、电、路、气、通信等基础设施建设，年内完成园区成片开发10平方公里。引导特色优势产业、各种生产要素和优势资源向集聚区汇聚，着力把工业园区和产业聚集区建设成为拉动增长、优化结构、增强竞争力的载体和平台。三是激发创新活力。加大财政支持企业技术改造、自主创

新的力度，鼓励企业提升技术装备水平；设立产学研合作专项资金，整合重点园区、高校、科研院所和企业的创新资源，促进科研设施和信息共享；抓好技术创新体系建设，继续资助专利申报，积极支持企业技术（工程）中心的建设。

（三）突出综合效益，全面提升现代农业

一是基础兴农。重点抓好病险水库除险加固、泵站更新改造、骨干山塘清淤扩容、沟渠疏浚、小型农田水利重点县建设；解决35万农村人口饮水不安全问题，加快完成农村电网改造，完成农村公路通畅工程600公里以上，新增165个村通水泥路，改造农村危旧桥梁92座，积极发展农村公共交通；实现空白乡镇邮政所建设清零目标；以实施清洁田园、清洁家园、清洁水源为主线，抓好农业面源污染防控；完善新农村示范片区规划，启动雨母山统筹城乡发展示范片建设。二是产业富农。大力推进中粮集团油茶产业基地、衡阳粮油产业园、绿海粮油深加工产业园、湖南动物庄园食品工业园建设，加快耒阳市、常宁市“百里油茶产业示范带”建设，实施粮油“百亿产业”工程，打造中部粮油基地；着力发展特色休闲农业，加快蔡伦生态科技园、欧阳海生态农业休闲农庄建设；积极发展农民专业合作组织；大力扶持生猪生产，推进规模化养殖；抓好“菜篮子”工程，建设中心城区蔬菜产业化基地3万亩。三是科技助农。开展“农业科技年”活动，着力提高农业科技支撑能力，建设农业科技创新服务体系，推动优质种苗、先进适用农机具、动植物疫病防控等关键技术研发和攻关，提升农业防灾减灾能力，确保农产品质量安全。

（四）扩大消费需求，加快服务业改革发展

大力发展生产性服务业。坚持把为制造业提供分销、仓储、运输、物流等配套服务作为主导产业来抓，着力推动服务外包、金融、工业设计、现代物流、信息服务等生产性服务业做大做强，支持白沙洲、松茶、特变电工物流园建设，加快培育一批大型服务业企业。发展壮大生活性服务业。全面提升商贸流通、餐饮住宿、体育健身、休闲娱乐、家政养老等生活性服务业，在中心城区布局一批、引进一批、启动一批、建设一批专业市场、大型卖场、休闲基地、五星酒店，培育大型特色商业区，加快建设区域性商业服务业中心。提升发展旅游业。重点抓好南岳衡山核心景区扩容提质，珠晖旅游生态体育公园、雨母山景区综合开发，

耒阳市蔡伦竹海、衡阳县万源湖、永济鸟山国家湿地公园等一批重点旅游项目开发建设工作，构建以城区为中心，南岳衡山为龙头，湘江水上旅游综合开发为重点，各县（市）为支撑的旅游大格局。着力扩大消费需求。实施居民收入倍增计划，努力提高居民消费能力；加快消费结构升级，培育文化、信息、旅游等消费热点，扩大汽车消费，拓展服务类消费；完善农村物流配送工程，推进连锁经营向农村延伸。

（五）坚持两型引领，建设生态宜居城市

紧紧围绕创建国家园林城市、国家卫生城市、国家交通管理模范城市的目标，坚持建管并重，统筹城乡发展，全面构建西渡县城、南岳区、云集县城、大浦镇“一核多中心”的新型城镇体系和生态宜居城市。一是拉开城市“骨架”。按照“247平方公里、200万人”的标准完成中心城区总规修编，完成县市城市总体规划。用5年左右的时间完成骨干路网建设和绿地生态系统的保护，年内完成衡州大道、南外环线提质改造、107国道城市化改造、蒸水南路、三个高速公路连接线改造和15平方公里片区改造，开工建设内环西路、外环北路等新建项目，加快推进南岳机场、衡云快速干道、蒸阳北路延伸等18个续建项目建设。二是加强城市管理。创新完善“两级政府、三级管理、四级网络”的城市管理体制，深入推进城市管理市场化改革，加强日常管理维护和考评。进一步完善各项配套设施，年内完成中心城区公交线路、站点调整、老城区停靠站点改造，完善垃圾清扫、收集、转运等各项设施。持续推进城市综合整治，重点解决维护滞后、交通混乱等突出问题，坚决控制城市规划区内的非法用地、违法违规建设。三是加强环境治理。大力推进湘江流域综合治理，加强松柏、柏坊、松江、大浦、松木等区域的重金属污染防治，启动合江套片区综合整治，扎实开展河道采砂、水上餐饮专项整治；深入推进节能减排，严格控制高耗能、高污染和资源消耗行业的增长；大力推进国家餐厨垃圾综合利用和无害化处理试点城市建设；加强对林地、湿地、风景名胜区、生态脆弱地区的保护和修复，构建生态绿色衡阳。

（六）深化改革开放，增强发展动力与活力

深化重点领域和关键环节改革。完善国有资产管理体制，加快推进国有企业改革步伐，推进企业战略性重组。加快金融改革创新，积极培育面向小微型企业

和“三农”的金融机构，积极做好企业上市梯度推进工作，认真抓好20亿元城投债券的申报发行，打造湘南区域性金融服务中心。积极推进文化改革创新，加快公益性文化事业单位内部机构改革，抓好经营性文化单位转企改制。全面推进教育、水利、社保等重点领域的改革；深入推进医药卫生体制改革，加强基层医疗卫生机构综合改革，全面实施基本药物制度，大力推进公共卫生服务均等化；大力推进乡镇机构改革、城区管理体制改革。提升扩大对外开放水平。坚持把招商引资、承接产业转移作为扩大对外开放的当务之急和重中之重，按照“融入长株潭、承接珠三角、对接长三角”的要求，开展产业链招商，探索产业面承接、组团式承接，形成产业集群优势。加快推进公路口岸建设、综合保税区和国家级高新区申报工作，进一步提升衡阳市至深圳市“五定班列”和“铁海联运”的运行效益，加快推进衡阳市“无水港”和十大物流园区项目建设，努力创造一个和转移地政策相当的服务环境。积极拓宽对外交往渠道，加强与国内外友好城市在经贸、科技、教育和文化等领域的交流合作，扩大对外工程承包和劳务输出。培育市场主体，提升发展活力。努力营造各类市场主体发展壮大的良好环境，加快发展非公经济，凡是政策和法律不禁止的领域，都允许各类资本进入，培育一批创业型、科技创新型民营企业。大力扶持中小微型企业，完善中小微企业信用担保体系建设，促进中小微企业快速发展。鼓励推进全民创业，激发群众创业热情。

（七）强化民生保障，全面发展社会事业

一是促进充分就业。多渠道开发就业岗位，推进公共就业服务均等化。努力创建省级创业型城市，积极开展技能培训、创业培训和信息服务，以创业带动就业。重点抓好高校毕业生、农民工、就业困难人员的就业工作，保持零就业家庭动态清零。二是强化社会保障。在确保现有保障体系覆盖人群扩面提标的同时，力争实现新农保、城市居民社保、城市居民医保的全覆盖，妥善处理农民工等特殊群体的参保问题。稳步提高城乡居民最低生活保障、低保补助和“五保”供养水平。健全最低工资标准调整机制，健全社会救助和保障标准及低收入群体价格补贴与物价上涨挂钩的联动机制。加大保障性住房建设力度，完成3.6万套保障性住房建设。三是统筹发展社会事业。优化城乡教育资源配置，着力发展普惠制学前教育；大力发展职业教育，打造具有衡阳特色的“技

师城”；着力解决学生用车安全问题。加快建设文化强市，推进文化事业与文化产业同步发展，突出抓好新图书馆、博物馆、文化馆、大剧院、湘江十里文化长廊、船山书院等重大文化项目建设。加强基层医疗卫生服务体系建设，落实国家基本和重大公共卫生服务项目，强化疾病预防控制工作，提高应对突发公共卫生事件能力。四是持之以恒为民办实事。集中在就学、就医、就业、养老、住房、交通等方面办好 17 项实事，让人民群众享受到可触摸、可感受、可比较的发展成果。

B.24
邵阳市2011年经济社会形势分析及2012年展望

郭光文*

一 2011年邵阳市经济社会发展情况

2011年是“十二五”规划的开局之年。全市上下按照“四化两型”战略部署，坚持科学发展，加快后发赶超，经济社会平稳较快发展。

（一）推进结构调整，经济实力持续增强

2011年，邵阳市地区生产总值达到907.2亿元，比上年增长13.2%，增速比全省高0.4个百分点。产业结构进一步优化，三次产业比例由上年的23.8∶38.1∶38.1调整为23.4∶40.2∶36.4。财政收入达到66.3亿元，增长27.8%。工业经济快速发展。规模工业增加值达到294.1亿元，增长22%，增速比全省高2.5个百分点、居全省第一位。优势产业增势强劲，其中建材、食品、机械三大产业产值突破百亿元，分别达到154亿元、150亿元、130亿元。“能源城、汽车城、酒城”初具规模。全市新增规模工业企业55家，产值过亿元企业达到330家。园区完成工业总产值520亿元，增长45%。农村经济稳步增长。完成农林牧渔增加值217.6亿元，增长3.7%。粮食播种面积795.6万亩，总产310.8万吨，连续八年增产丰收。袁隆平院士的超级杂交水稻在隆回试验，创造了亩产926.6公斤的纪录。橘橙、果蔬和生猪、肉牛、水产等种植业和养殖业都有较大发展。农产品加工企业发展到4017家，其中规模企业312家，新增16家。新农村办点示范和连片建设成效显著，打造示范村209个、示范片44个。商贸旅游活力增强。

* 郭光文，中共邵阳市委书记。

实现社会消费品零售总额328.5亿元，增长18%，增速比全省高0.2个百分点、居全省第二位。利用外资1.37亿美元，增长27.9%，引进内资422.9亿元，增长16.4%。实现进出口总额3.9亿美元，增长32.8%。新批境外投资企业33家，为年计划的254%，新增境外投资企业数和境外投资企业总数均居全省首位。实现旅游收入80亿元，增长45.6%。第三产业增加值达到327亿元，增长13.1%，增速比全省高1.1个百分点。

（二）强化项目建设，基础条件不断完善

完成固定资产投资562.1亿元，增长35.2%，增速比全省高7.3个百分点、居全省第五位。交通建设方面。洞新、娄新、邵安、邵坪、包茂5条高速公路建设进度加快。国省干线公路改造完成投资11亿元，完成8个项目154公里。建成农村公路1444.6公里。建成一批县、乡、村客运车站。娄邵铁路扩改建工程和沪昆高速铁路新建工程进展顺利，邵阳市武冈机场新建工程和邵东机场改建工程前期工作步伐加快。水利建设方面。44座小Ⅰ型水库除险加固主体工程全部完成，89座小Ⅰ型与89座小Ⅱ型病险水库治理正在组织施工。7个中小河流治理项目全面启动。衡邵干旱走廊综合治理前期工作抓紧进行。新建农村安全饮水工程164处，解决38.3万人饮水不安全问题。能源建设方面。新一轮农网改造启动，完成电网投资10亿元，为“十一五”期间年均水平的4倍。新建扩建变电站28座。雪峰山20万千瓦风力发电项目签约。

（三）推进扩容提质，城镇面貌明显改观

城乡规划更加完善。城乡一体化建设进入新阶段，村庄布局规划全面启动，建制镇总体规划编制完成，县城详细规划覆盖率提高到76%。中心城市变化较大。西湖南路、敏州中路、建设南路延伸段和魏源广场等实现了高标准改造，学院路扩改建工程强力推进，大祥路、雪峰南路、新华路南段等竣工通车，西苑生态公园和爱莲池公园启动主广场建设，时代公园和蔡锷广场即将建成。11个污水处理项目负荷率达到75%以上。生活垃圾无害化处理率达到90%以上。中心城区新增建设用地3860亩，建成区面积达到57平方公里。城市管理继续加强。开展“五城同创”（创建国家森林城市、国家卫生城市、省级文明城市、省级法治城市、省级园林城市），整治市容环卫秩序，收到较好效果。主干道亮化率

100%。人均公共绿地面积达到5.2平方米。县城和中心城镇建设步伐不断加快。全市城镇化率达到34.1%。

（四）扩大公共投入，社会事业协调发展

各类教育协调并进。邵阳学院申硕成功。完成学校建设项目712个，办学条件逐步改善，祥凤实验学校即将竣工。科技创新步伐加快。130多家企业与高校、科研院所开展技术合作，3家企业纳入省级工程技术研究中心建设，67个项目列入国家和省级科技计划。专利授权550件，“国家知识产权试点城市”通过国家验收。文化事业不断进步。“三馆一站”免费开放正式启动。乡镇文化站101个建设项目全部完成。农家书屋达到3935个，覆盖全市行政村的71%。城步县吊龙、武冈市丝弦入选第三批国家级非物质文化遗产名录。文化产业收入达到26亿多元，逐步成为新的经济增长点。公共卫生服务加强。改造了一批县乡医院。基本药物制度全面覆盖。重大疫病防控工作扎实开展。体育运动蓬勃发展。成功承办了国家和省里赛事5项，参加国家级比赛获3金6银7铜的优异成绩。人口资源环境工作水平提高。人口计生工作继续保持全省先进。符合政策生育率达到86.7%，提高4.5个百分点；出生人口性别比117.2，下降近1个百分点。新增耕地9965亩，连续十年实现耕地占补平衡。整治污染力度进一步加大，取缔关闭高污染和高能耗企业63家，万元规模工业增加值能耗降低11%，年度节能减排任务全面完成。

（五）重视民生民利，群众生活逐步改善

城镇居民人均可支配收入达到13578元，增长15.1%，增速比全省高1.3个百分点、居全省第一位，增速为邵阳市自1995年以来连续16年之最。农民人均纯收入4373元，增长16.3%，增速为邵阳市自1997年以来连续14年之最。惠农政策全面落实，发放各类惠农补贴10亿元。突出民生价格监管，发放低收入困难群体价格临时补贴2365万元。省定和市定“实事工程”全面完成或超额完成。就业服务不断加强。新增城镇就业4.5万人，失业人员再就业2.9万人，新增农村劳动力转移就业6万人，零就业家庭动态援助达到100%。社会保障更加完善。完成各类社保基金征缴25.7亿元，发放社保基金38亿元，受益群众98.8万人。新型农村合作医疗覆盖603.9万人，参合率97.4%。5个县（市）纳入第三批新农保试点，城镇居民养老保险、失地农民社会保险试点启动。城乡低保对

象分别达到 13.6 万人和 33.7 万人。新建和改扩建敬老院 15 所，新增集中供养五保对象 773 人。完成农村危房改造 14023 户、国有林场危旧房改造 14023 户、3819 户。救助城乡贫困群众 30.7 万人次。新增廉租房 8657 套，新增公租房 1138 套，改造城市和国有工矿棚户区 63.2 万平方米，发放廉租住房补贴 3304 万元。住房公积金覆盖 23.9 万人，发放个人住房贷款 21 亿元，8.6 万人使用住房公积金改善了住房条件。扶贫开发扎实推进。争取财政扶贫资金 1.6 亿多元、贴息贷款资金 5 亿多元，直接帮扶 9.6 万人脱贫致富。8 个县（市）列入国家武陵山集中连片扶贫攻坚重点县，邵东县和三区列为国家武陵山集中连片扶贫攻坚重点县政策比照县区。农业综合开发完成投资 5.8 亿元，建设土地治理项目区 16 个，实施产业化经营项目 28 个。社会大局和谐稳定。依法打击各种违法犯罪活动，社会治安秩序持续稳定。努力化解矛盾纠纷，信访工作连续七年被评为全省先进。群众饮食用药安全较好维护。重大动物疫病有效防控。突发应急事件妥善处置。加强安全监管，全市安全生产形势总体平稳。

二　2012 年邵阳市经济社会发展目标及重点

2012 年是实施“十二五”规划承上启下的重要一年。邵阳市将全面落实科学发展观，按照“四化两型”要求，认真贯彻省、市第十次党代会和中央、省、市经济工作会议精神，紧紧抓住科学发展这个主题和加快转变经济发展方式这条主线，高举加快发展旗帜，坚持“稳中快进”方针，推动经济社会发展再上新台阶，努力创造 800 万邵阳人民的美好生活。主要预期目标是：地区生产总值增长 12%；规模工业增加值增长 20%；全社会固定资产投资增长 30%；社会消费品零售总额增长 16%；财政收入增长 16%；城镇居民人均可支配收入增长 10% 以上；农村居民人均纯收入增长 11% 以上；居民消费价格涨幅控制在 5% 以内；城镇登记失业率控制在 4.5% 以内；人口自然增长率控制在 7.5‰以内；万元生产总值能耗下降 3.4%；主要污染物排放总量控制在省政府下达的目标之内。

（一）努力推动全市经济转型发展

1. 加快推进新型工业，促进产业转型升级

加快现有产业转型升级。以现代科研技术更新现有工艺流程，改造提升传统

产业，实现产品升级换代、产业迅速扩张；依托资源优势，扶优扶强特色产业，实现开发能力提升、产能迅速扩大；对接国家和省里有关新兴产业政策，支持帮扶新兴产业，实现产业发展壮大、抢占战略高地。强力推进企业改制，力争三年内完成市本级国企改制任务。大力扶持骨干企业发展。争取三一湖汽邵阳产业园项目一期工程、宝庆电厂二号机组、宝兴科肥合成氨等竣工投产，南山风力发电、湘窖酒业二期、李文食品二期、九兴鞋业产业园等年内建成投产。加强调煤保电、银企合作等工作，强化生产要素保障供应，确保全年新增工业产值200亿元以上。发挥工业园区聚合作用，启动本地产业配套工作，逐步形成本地产品配套协作体系。抓好宝庆科技工业园和邵阳经济开发区“两化融合”试验区试点，整合资源争创国家级经济技术开发区。

2. 加快建设新型城镇，促进城乡统筹发展

完成中心城区总体规划修编，加速编制东部城市群和城区交通体系规划，争取在省级层面启动东部城市群建设试点。完善城市功能。重点抓好“一路两桥三公园四工程”① 和资江、邵水风光带及高速公路两个出口建设，完成学院路及行政中心周边路网建设扩改工程。努力建成湖口井路、邵水东路南段、邵水西路南段、资江南路延伸段。开展新一轮小街小巷提质改造。加大北塔公园、东塔公园建设力度。推进资江南路步行街延伸段建设。提升城市品位。开展以交通秩序、环境卫生为重点的城市综合管理，提高城镇文明程度。完善公用设施配套。推进城乡清洁行动，县城以上城镇生活垃圾无害化处理率保持在90%以上。继续抓好资江、邵水中心城区段清污。加快城乡一体发展。发挥中心城区引领作用，突出县城和重点城镇基础设施与中心城区的联结完善工作。加快城镇供电、供气、给排水等公用设施向农村延伸。

3. 加快发展现代农业，促进农民持续增收

突出发展现代农业。实施千亿斤粮食产能工程建设，确保粮食播种面积880万亩、总产340万吨以上。积极发展生猪、油茶、楠竹、烟叶等特色产业，打造一批高标准生产基地，培育一批农产品精深加工骨干企业。经济作物总面积稳定在370万亩以上。拓展农民增收渠道。加强农民转移就业培训，完成就业培训9.5万

---

① 一路：东互通大路；两桥：桂花大桥和雪峰大桥；三公园：时代公园、西苑公园和爱莲池公园；四工程：行政中心搬迁、文化艺术中心、中心医院异地扩建、五星级大酒店工程。

人，转移农村剩余劳动力 130 万人。引导企农合作，发展壮大农民专业合作组织，增强城镇对农村人口转移的吸纳能力，拓宽农民就业创业领域。抓好农业综合开发。投入开发资金 6.5 亿元，建设土地治理项目区 16 个，实施产业化经营项目 21 个。推进新农村建设。推进第三轮市级重点示范村建设，打造示范村 219 个、示范片 46 个、示范镇 14 个。

4. 加快基础建设步伐，促进发展后劲增强

改善交通条件。加快洞新、娄新等 5 条高速公路建设步伐，完成衡邵高速公路延长线建设，争取武靖、白新等高速公路开工建设。新改建邵新、隆武等干线公路 17 条，共计 726 公里。建成农村公路 510 公里。推进娄邵铁路扩能改造和沪昆高速铁路建设，争取怀邵衡铁路开工建设。力争武冈机场 2012 年年底动工，加快邵东机场改建工程的前期工作。抓紧双筱航道整治工程设计，振兴邵阳水运。加强水利建设。加快衡邵干旱走廊综合治理项目前期工作，启动木瓜山水源工程和犬木塘水库工程项目。抓好病险水库除险加固工作。建设农村饮水安全工程，解决 30 万农村人口安全饮水问题。强化能源保障。推进南山风电、雪峰山风电以及隆回、邵阳县生物质能等发电项目建设，新建 220 千伏输变电工程 2 个、110 千伏输变电工程 9 个和 35 千伏输变电工程 14 个。

5. 加快扩大消费需求，促进三产繁荣活跃

坚持扩大内需。全年新建、改造“万村千乡”配送中心 2 个、农贸市场 5 个和农家店 500 个。支持物流业发展壮大，引导健身和文化等新型消费健康发展。抓好招商引资。全面推行邵商招商、产业招商，力争在对接央企投资和承接沿海产业转移等方面取得新的成绩。全年引进外资 1.51 亿美元、内资 486 亿元，分别增长 10%、15%。发展外经外贸。扶持玉新药业、立得皮革、李文食品等出口龙头企业，培育出口新兴主体和主导产品。引导建筑、机械、农业水电等优势产业向东盟扩张。全年新批境外投资企业 13 家，实现国际劳务输出 4200 人。完成进出口总额 4.5 亿美元，增长 15%。创新金融服务。支持资本、保险市场发展，争取 1～2 家股份制银行进入邵阳设立分支机构。发挥城市建设融资平台作用，增强城建投集团融资能力。各金融机构贷款增长 20% 以上，力争维克液压发行上市。壮大旅游产业。以“文化旅游年”为主题，加大旅游宣传力度。抓好景区申报及创建工作，完善崀山、南山、云山、黄桑等景区景点规划和建设。竣工 3 家高星级旅游饭店，培育 2 家旅行社晋升高星级。争取全年接待游客超过 1400 万人次，旅游总收入达到 100 亿元以上。

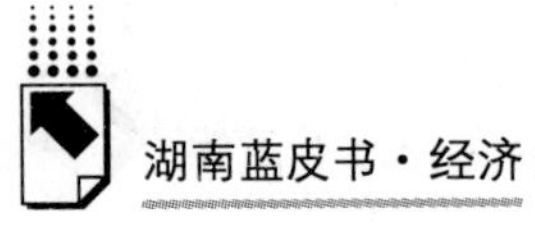

（二）努力促进各项事业全面进步

繁荣文化事业。实施文化惠民工程，抓好“三馆一站”免费开放，继续做好“送戏下乡”和公益电影放映工作。深化文化体制改革，完成公益性文化事业单位内部机制改革，推进经营性文化单位转企改制。加强基层文化建设，全面完成乡镇综合文化站建设工程。加快国家“文化信息资源共享工程”市县级中心和市博物馆建设。培育骨干文化企业，推动文化产业成为支柱产业。优先发展教育。加大义务教育合格学校建设力度。加强学前教育的统筹管理，巩固提高义务教育，协调发展高中教育。全年义务教育完成率保持在98%以上。加强职业教育。支持邵阳学院和邵阳医专联合组建湖南经济学院，争取邵阳师范和武冈师范整合申办专科院校。改善医疗卫生条件。深化医药卫生体制改革，加强医疗卫生基础设施建设。加强传染病防控工作，有效控制手足口病等重大疫情。深入开展城乡居民健康教育和爱国卫生运动，保障公众健康和生命安全。鼓励科技创新。支持高新技术产业发展，培育科技中小微型企业5~8家，新增高新技术企业3~5家，引进开发新产品50个。组建邵阳农业科学研究院。争取产学研合作签约项目50个，组建产学研战略联盟2~3个。做好计划生育工作。支持绥宁县、邵东县、新邵县和武冈市创建国家人口计划生育优质服务县（市）。全市符合政策生育率稳步提升，出生性别比有所下降。与此同时，加大体育基础设施建设力度，广泛开展全民健身运动。动工修建体育中心，申办2018年省运会。

（三）努力创造人民群众幸福生活

办好实事工程。严格落实各项惠民政策。认真办好省市两级确定的实事工程，确保各项指标全面完成或超额完成目标任务。增加社会就业。实施“创业扶持计划”，提高困难企业下岗职工、高校毕业生、返乡农民工三大群体就业创业能力。扶持小微企业发展，充分吸纳社会就业。创建邵阳技师学院。争创省级创业型城市。全年完成培训10万人，新增城镇就业人员4.5万人。完善社会保障。实现城镇社保扩面10万人，基金征缴20亿元以上，发放保障资金40亿元以上。加强救灾救济、城乡低保和城乡医疗救助。新建和改扩建敬老院16所，提高五保对象的生活供养标准。抓好“老苏区”县申报争取工作。继续加强殡葬管理，整顿殡葬秩序。新建廉租房6382套，新建公租房3081套，改造棚户区

6350户，发放租赁补贴3600万元。加大农村危房改造力度。依法照章发挥住房公积金在住房保障和公租房建设中的作用。推进扶贫开发。抓住国家在武陵山片区率先开展区域发展与扶贫攻坚试点的机遇，加快推进产业扶贫、基础扶贫、科教扶贫、生态扶贫和社会扶贫。依托中富油脂、瑞柏茶油等龙头企业，建设油茶、玉米生产基地，帮助干旱贫瘠地区群众增收。全年争取财政扶贫资金2亿元、贴息贷款资金6亿元，直接帮扶11.7万人脱贫致富。抓好安全生产。强化安全隐患排查整治，深化“打非治违”专项行动，确保不发生重特大级安全生产事故。争创全省安全工作先进单位。切实抓好防汛抗旱工作，严密防范山洪地质灾害。健全预警监测系统，保障人民群众饮食用药安全。维护社会稳定。加强社会治安综合治理，深入开展“打黑除恶”专项行动和治安重点整治，严厉打击各类违法犯罪活动。加大“六五”普法力度，建设法治邵阳。巩固完善和全面推广洞口县群众工作站的经验。重视网络舆情，畅通群众诉求通道，着力解决信访中的突出问题。保护生态环境。继续巩固退耕还林成果，深入开展植树造林。推广清洁能源，推进节能、节地、节水、节材工作。划定永久性基本农田，加大耕地垦复力度，保持耕地总量动态平衡。加强城乡环境综合治理，整顿规范矿产资源开发秩序。开展龙须塘化工区废水深度治理工程，抓紧对7条中小河流的治理。集中整治污染隐患，确保完成年度污染减排任务。

B.25

岳阳市2011年经济社会形势分析及2012年展望

盛荣华*

一 2011年岳阳市经济社会发展形势

2011年是实施“十二五”规划的第一年。一年来，面对发展中凸显的诸多挑战，岳阳市深入贯彻落实科学发展观，努力践行民本岳阳的执政和发展理念，强力推进“四化两型”和“五市一极”建设，战胜了严重的春夏连旱和局部地区300年一遇的特大山洪泥石流等自然灾害，化解了资金、土地、能源等生产要素趋紧的制约，实现了“十二五”良好开局。全市实现地区生产总值1899.5亿元，比上年增长14.2%；完成财政总收入185.8亿元，增长33.1%；完成固定资产投资861.8亿元，增长35.6%；实现社会消费品零售总额598.5亿元，增长18%；非公经济增加值占GDP比重达到58.8%；万元GDP能耗同比下降3.9%；城镇居民人均可支配收入19558元，增长13.1%；农民人均纯收入7069元，增长18.1%。国家统计局评定岳阳市名列全国城市综合实力第57位。

（一）推进转型升级，提升产业发展

积极开展“联手帮扶企业和产业发展升级”行动，进一步优化产业结构，三次产业结构调整为12.1∶56.8∶31.1。新型工业化加速推进。规模工业企业总数达到1345家，规模工业增加值增长20.7%。工业主导作用进一步增强，对经济增长的贡献率达到67.8%，工业企业实缴税收达到104.7亿元。石化产业成为

* 盛荣华，中共岳阳市委副书记、市人民政府市长。

岳阳市首个千亿元产业，百亿元园区达到7个，园区工业增加值占全市规模工业增加值比重31.3%。非公规模工业企业增加值增长33.7%。平江工业园、云溪工业园被评为“国家新型工业化产业示范基地”。科技创新能力进一步增强，全市获国家、省级科技进步奖16项，授权专利850件，新增高新技术及其产品企业40家，总数达到237家，高新技术产值增幅达32%。临湘市被定为“湖南省知识产权试点县（市）”。农业现代化扎实推进。粮食生产又获丰收，总产量达307.7万吨；出栏生猪720.1万头；水产品产量达38万吨，继续保持全省第一。规模农产品加工企业达到291家，完成增加值142.7亿元，增长22%。新增2家国家级农业产业化重点龙头企业、5个涉农中国驰名商标。新增农民专业示范合作社185个，总数达574个。岳阳市被授予“中国黄茶之乡”称号；华容县获评“全国农业标准化示范县”，成功晋升国家级现代农业示范区；湘阴县、华容县荣获“全国粮食生产先进县”称号；君山区获批“中国绿色食品建设示范基地”；屈原管理区国家级现代农业示范区建设稳步实施。第三产业加快发展。第三产业完成增加值590.7亿元，增长14.6%。航运物流业日益趋旺，全市集装箱吞吐量达16万标准箱，增长33.3%，物流业增加值占GDP比重达8.3%。商贸流通更加活跃，城乡流通网络进一步完善，“万村千乡”农家店总数居全省第一。旅游业不断升温，全年旅游总收入131.3亿元，增长25.6%。岳阳楼—君山岛晋升国家5A级旅游景区，洞庭湖旅游度假区挂牌，君山区获批为“全国休闲农业与乡村旅游示范区”，平江县被评为“全国红色旅游先进县”。房地产业健康发展，完成投资100.4亿元，商品房销售面积增长35.3%。金融业平稳运行，全市金融机构新增存款余额163.5亿元，新增贷款余额80.3亿元。凯美特气在深交所中小板上市，汨特石墨、湘菌科技、福星林业在天津股权交易所挂牌交易，全市共实现直接融资22.9亿元。

（二）狠抓项目建设，增强发展后劲

深入开展“项目建设与项目服务年”活动，亿元以上项目达到146个，完成投资229.5亿元。产业项目扎实推进。总投资57亿元的长岭炼油改扩建工程和东方雨虹二期、凯美特尾气回收、远大可建一期等重点项目建成投产；巴陵石化化工改造项目加快建设；城陵矶临港产业新区签约项目30个，完成投资15亿元；汨罗市“城市矿产”示范基地和以洞庭湖国际公馆为依托的湖滨综合

旅游开发加快推进。基础设施项目扎实推进。随岳高速、S306华容段、进港路等建成通车；京港澳高速公路岳阳连接线昆山互通至岳阳收费站段、长炼路等提质改造工程完成；城陵矶临港产业新区长江大道等9条骨干道路基本连通；通平和岳常等5条高速公路、芙蓉大道北拓工程（湘阴段）等一批项目加快建设；改造农村公路1119公里。环洞庭湖基本农田重大建设一期第一年度工程全面竣工，湘江流域重金属污染治理项目进展顺利，铁山水资源保护和利用项目前期工作全面展开。钱粮湖、麻塘垸堤防加固、水库除险加固、灌区续建配套等一批水利项目加快实施，农网升级改造全面启动。城镇市政项目扎实推进。启动岳阳市历史文化名城保护规划修编，完成环南湖总体城市设计；环南湖截污管网建设竣工；千亩湖旅游走廊开园；洞庭大道君山段、云溪城南新区三路、冷水铺路三期等项目完成；南湖大道北段、云梦路完成油化提质；青年东路王家河大桥竣工通车；步步高城市综合体、天伦城金三角商业街、东茅岭步行街人防工程、天灯咀旧城改造等项目稳步推进；一批县（市）城建工程顺利实施。

（三）推进“五创提质”，美化城乡环境

文明城市创建取得阶段性成果，岳阳市城市公共文明指数测评进入全国地级市前30名，荣获“全国文明城市提名奖”和“全国未成年人思想道德建设先进城市”称号，华容县荣获“全国文明县城”称号。“环保创模”通过国家环保技术评估，全市共完成91个减排工程，二氧化硫、化学需氧量、氨氮分别削减3.0%、2.4%和4.1%；中心城区第二产业从市区退出，发展第三产业进展顺利。开展城乡环境卫生整洁行动，城镇生活垃圾无害化处理率达37%，城市环境综合整治定量考核获全省第一，湘阴县评为“全省城乡环境卫生整洁行动十佳县”。“绿化创模”完成植树造林25.6万亩，森林覆盖率达45.3%；城区新增绿地110万平方米，绿化覆盖率达39.8%。“治安创模”深入人心，新建电子眼614个，开展“打四黑、除四害”专项行动和“清网行动”，严厉打击涉黑、涉恶、涉赌、涉毒、涉黄等犯罪行为，社会治安综合治理考评继续保持全省先进。“交通创模”完成《城市交通管理规划》等方案，完善一批交通标线标牌，大力整治各类交通乱源，积极疏通交通拥堵路段，城区交通秩序逐步好转。中心城区加速提质，完成火车东站、岳阳大道沿线、巴陵广场和南湖广场周边等路段亮化

改造，实施95条小街巷路面及设施改造，完成5条城区主干道建筑立面改造。“五创提质”由中心城区向县（市）区延伸，城乡面貌进一步改观，城市更加秀美宜居。

（四）大办惠民实事，改善民生福祉

完成41件省市实事任务，全市民生支出占财政一般预算支出71.7%。灾后重建全面完成。临湘市、平江县、岳阳县三个重灾区3517户因灾全倒户入住新居；修复水毁水利设施近5000处、耕地5.7万亩，补改种农作物9.9万亩，灾区交通、电力、通信等基础设施全部恢复。社会就业持续增加。全市新增城镇就业人员5.5万人，新增农村劳动力转移就业8.6万人，零就业家庭实现动态清零；屈原管理区启动全省统筹城乡就业示范区创建工作。保障性住房建设任务超额完成。积极争取国家支持，加大地方配套，共投入25.3亿元建设保障性住房，开工40397套，开工率113.5%，竣工36832套，竣工率103.5%。控物价保民生取得实效。认真落实国家稳定物价的各项政策措施，居民消费价格上涨4.9%；建立社会救助和保障标准与物价上涨挂钩的联动机制，向全市35.7万名低收入群众发放价格补贴4095万元。社会保障不断加强。城乡低保对象月人均补差分别达到182元和81元，大病医疗慈善救助基金规模达到5000万元、发放救助资金714万元。8个县（市、区）纳入新型农村养老保险试点。在全省率先实现乡镇卫生院、社区卫生服务中心基本药物制度全覆盖，新农合参合率达到99.4%。教育事业不断进步。完成166个校舍安全工程建设；建成37所义务教育合格学校和19所农村公办幼儿园；岳阳中南工业学校和岳阳县职业中专被评为“国家首批职业教育改革示范校”；素质教育进一步加强。文化惠民受益面继续扩大。建成95个乡镇综合文化站和1585家农家书屋；送戏下乡1028场，公益电影放映4.4万场；城乡群众文化活动更加活跃，全民健身运动深入开展；市档案馆晋升为国家一级综合档案馆；市体育中心加快建设。扶贫开发力度加大。新一轮扶贫工作启动，帮扶贫困农民6.9万人，“雨露计划”培训贫困农民4170人。

（五）深化改革开放，激发发展活力

改革改制深入推进。完成市属29家国有企业改制，妥善处理一批历史遗留问题。开展税收管理改革试点，推广二手房交易价格评税系统，推行稽查预告和“三自两免”制度，税收征管秩序进一步优化。成立湖南大湖传媒集团公司，组建市巴陵戏传承研究院，岳阳市被评为全国文化体制改革先进地区和“扫黄打非”先进单位。启动市城市建设投资管理体制改革；下放经济社会管理权限，推进扩权强县。对外开放不断扩大。全市实施内联引资项目592个，到位资金226.5亿元；实际利用外资1.87亿美元；进出口总额3.9亿美元。引进中粮集团、中建集团、中联重科等一批央企名企落户。城陵矶港至上海、宁波、太仓、南通四条“五定”始发班轮航线和城陵矶至香港、澳门直达航线正式开通，“重庆、武汉、长沙、上海”四地海关口岸通关模式在岳阳顺利实施，城陵矶综合保税港区申报工作正式启动。

（六）强化社会管理，促进和谐稳定

认真办理人民来信来访，努力化解各类矛盾纠纷。食品、药品安全监管得到加强。开展安全生产大排查、大整治，安全生产形势稳定。严厉打击传销，积极整治非法集资，市场秩序不断规范。进一步加强规划编制和管理，推进“禁违拆违”。试行城市干道项目化管理，推行“七位一体”路段综合管理模式，加强城区烟花鞭炮限放工作，推进数字城管建设和网格管理。深入推进依法行政，建立监察、审计、法制联动协作监管机制。计划生育工作实现保先进位和均衡发展，连续13年保持全省先进，全市人口自然增长率5.93‰。

二　2012年岳阳市经济社会发展目标及任务

2012年，岳阳市将全面贯彻落实中央、省市委经济工作会议及省市党代会精神，以科学发展观为统领，以“稳中求进、进中求强”为主调，抓好经济发展，创新社会管理，办好民生实事，维护社会稳定，加强自身建设，充分利用有利条件和积极因素，努力化解矛盾，更加周密地做好应对各种风险和挑战的准备，牢牢把握工作的主动权，奋力推动各项工作“上水平、争一流、作贡献”，夺取推进“四化两型”、建设“五市一极”（五市指建设现代化工业大市、农业强市、航运物流旺市、旅游热市、宜居城市，一极指把岳阳市建设成湖南经济新的增长极）新胜利。主要目标是：地区生产总值增长13%以上；财政总收入增

长18%以上；固定资产投资增长30%以上；社会消费品零售总额增长17.5%以上；城镇居民人均可支配收入和农民人均纯收入分别增长13%以上；城镇登记失业率控制在4.5%以内；居民消费价格上涨4%左右；人口自然增长率控制在6.8‰以内；全面完成省下达的节能减排约束性指标，各项社会事业协调发展。重点抓好“四三六工程”。

（一）扎实做好四篇文章

坚持新型工业化第一推动力不动摇，加快滨湖示范区发展，推动环洞庭湖生态经济圈建设，在更宽领域更高层次优化区域经济布局。一是以临港产业新区为依托，加快建设湖南长江经济带。充分利用通江达海的港口优势，打造一条属于岳阳、属于湖南的长江经济带。大力发展港口经济、壮大石化产业、建设湘北能源基地，启动创建城陵矶临港产业新区国家级高新技术产业开发区，推进城陵矶综合保税港区申报工作，加快发展大运量大耗水产业，努力建设世界一流非乙烯精细化工企业。二是以楼岛湖5A景区为依托，加快建设洞庭湖旅游度假区。充分发挥和放大5A级景区的品牌效应，整合旅游资源，加快产品开发，推进国家级洞庭湖旅游度假区创建工作。突出拓展岳阳楼君山岛景区、开发环南湖旅游、做强县域特色旅游、推进旅游与文化融合，积极培育洞庭湖旅游度假、红色旅游和山水开发、屈子文化、“长株潭后花园”和民俗文化五大旅游板块，提升旅游产业的整体水平和带动能力。三是以国家级经济开发区为依托，加快发展战略性新兴产业。进一步加强产业发展规划，引进一批拥有核心技术、创新能力强的战略项目，提升发展先进制造产业，聚集发展生物医药产业，培育发展电子信息产业，加快发展生产性服务业，把岳阳经济开发区打造成对外开放的窗口、体制创新的试点、产业升级的平台、城乡统筹的示范、“两型”建设的领头雁。四是以城镇和园区为依托，全面提升县域经济实力。按照城乡统筹的要求，着力推进新型城镇化。中心城区坚持“东扩、西连、南延、北靠、中提”发展战略，突出山水保护，加快扩容提质；突出对接“长株潭”，推进湘阴县、汨罗市、屈原管理区、平江县四地连片开发、组团发展；围绕发挥近城优势，推进岳阳县与市区北靠融合发展；立足省际边界区域，推进临湘市、华容县加快发展。按照“两型”发展的要求，壮大特色工业园区。深入实施“千百十”工程，推进湘阴县先进制造和电子信息产业园、汨罗市“城市矿产”基地等园区聚集发展，以特色谋求竞争优势。按照社会主义新农村建设的要求，全面落实强农惠农富农政策，加快现代农业发展，加快农田水利工程建设，加强农村服务体系建设，加大扶贫开发力度，促进农业增产、农民增收、农村发展。

（二）强力推进三大攻坚

一是实施项目引进与项目建设攻坚行动。牢固树立“开放兴市”理念，继续推进“招商引资和项目建设年”活动，努力引进一批大项目、好项目，掀起项目建设新热潮。重点推进100个重大项目建设：长岭炼化1150万吨炼油综合能力配套项目和环氧丙烷及配套双氧化氢项目、巴陵石化350万吨炼油装置改造、10万吨乙酸仲丁酯生产项目、澳门名嘉城市商业综合体等30个产业项目；京港澳高速公路复线、环洞庭湖基本农田重大建设工程等20个基础设施项目；洞庭湖综合治理、湘江流域重金属污染治理、汨罗江及支流综合治理等20个生态环保项目；居民安置房建设、农村饮水安全、新一轮城区和农村电网改造等30个民生工程项目。围绕重点项目组织开展项目建设竞赛活动，推行一个重点项目、一位市县级领导、一个责任单位、一名责任人、一套方案、一支队伍的项目服务模式。二是实施城乡环境整治攻坚行动。进一步深化“五创提质”，全面开展新一轮全国文明城市创建活动，力争“环保创模”成功夺牌、“绿化创模”和“交通创模”顺利通过国家验收，深入推进“治安创模”；扎实推进“四湖两河”治理，加强背街小巷、城中村和城乡结合部环境整治，加快集贸市场、临街建筑立面改造提质。全面开展禁违拆违整治行动，以铁的纪律、铁的手腕加强规划管控。深入开展清洁家园行动，切实加强农村垃圾处理，减少农业面源污染，争创300个市级清洁家园样板村。大力整顿无序开采，严厉打击非法滥采行为。三是实施节能减排淘汰落后产能攻坚行动。坚决关停“十五小”企业，逐步淘汰印染、纺织、冶炼、建材、造纸等行业落后产能。狠抓节能减排，全面完成中心城区首批6家重点排污企业“退二进三”、“退城进园”，启动第二批企业“退二进三”、“退城进园”，扎实推进燃煤锅炉改造等重点节能减排项目，加强清洁生产示范试点建设。严格市场准入，推行新上项目节能评估和“区域限批”制度，建立健全淘汰落后产能长效机制，实行年初公布淘汰落后产能企业名单，分季调度，年终考核验收，确保淘汰落后产能工作取得明显成效。

（三）全力提供六大保障

一是强化民生保障。着力增加城乡居民收入，努力扩大就业和再就业，大力支持实体经济发展，积极创建省级创业型城市，加快推进屈原管理区创建全省统筹城乡就业示范区；着力完善社会保障体系，突出抓好保障性住房建设，推进基本养老保险城乡全覆盖，开展助残惠残，扎扎实实为民办实事、做好事；着力稳定市场扩大消费，加强物价监管；加快教育和卫生事业发展，提高公共服务均等化水平；深化文化体制改革，加快公益性文化事业发展，推进文化惠民，建设文化强市，推动文化大发展大繁荣。二是强化环境保障。重点营造便民、高效的办事环境，宜居、宜游的城市环境，文明、开放、守法、诚信的人文环境，稳定、和谐的社会环境，低门槛、低成本、高效率、高回报的经济环境。三是强化要素保障。努力保障用地需求，让新上项目快落地、早落地；努力保障资金需求，增强金融资本市场活力；努力保障能源需求，以湘北能源基地建设为突破口，建立能源应急体系。四是强化人才保障。加强教育培训，大规模培训企业家队伍，选派有潜力的干部到沿海和发达地区挂职锻炼。加强实践锻炼，把各单位后备干部有计划安排到重大项目、重点工程和敏感地区工作。加强人才引进，广泛吸引各类优秀人才来岳干事创业。五是强化基础保障。以节能减排、生态建设为重点，抓一批“两型”项目建设；以公路、铁路、水利和能源建设为重点，抓一批基础设施项目建设；以完善城市功能、提升城市品位为重点，抓一批城市市政项目建设；以教育、文化、医疗、卫生、群众性体育设施建设为重点，抓一批社会事业发展项目建设，切实增强经济社会发展承载力。六是强化组织纪律保障。注重民主、担当、实干、公廉，加强公务员队伍建设，大力倡导真抓实干、开拓进取、攻坚克难的作风，推动工作落实。坚持“一岗双责”，深入推进惩治和预防腐败体系建设，加强机关效能建设，加大惩治力度，优化发展环境，形成一心一意谋发展、群策群力促发展的良好氛围和强大合力。

B.26

常德市2011年经济社会形势分析及2012年展望

陈文浩*

一　2011年常德市经济社会发展回顾

2011年，全市人民在市委的领导下，坚持以科学发展为主题，以转变发展方式为主线，迎难而上，奋力前行，实现了“十二五”的良好开局。全市实现地区生产总值1811亿元，比上年增长14.1%；财政总收入达到130.3亿元，增长29.1%；固定资产投资711.7亿元，增长35.8%；城镇居民人均可支配收入17861元，增长13.5%；农民人均纯收入6655元，增长12.1%。

（一）掀起项目建设新高潮

全面开展项目建设年活动，努力化解资金、土地等瓶颈制约，加强项目调度协调，强化项目质量监管，保持了大投入、大建设、大发展的态势。全年建设重点项目212个，完成投资332.8亿元。在交通方面，东常、岳常、常安三条高速公路建设稳步推进，石长铁路电气化及增建二线工程、桃花源机场扩建取得积极进展。水利方面，市城区防洪圈按百年一遇的防洪标准全面建成，整治中小型病险水库54座，新修整修大堤20公里，黄石、青山等6个大中型灌区续建配套改造全部完成。在工业方面，鼎城灌溪中联机械产业配套园、三一重工常德工业园一期等28个亿元项目建成投产，临澧凯迪生物质发电、桃源水电站等15个亿元项目进展顺利，西洞庭雨润食品产业园等18个亿元项目开工建设。在社会事业和民生方面，完成城市和国有工矿棚户区改造12503户，建成廉租房9053套、

* 陈文浩，中共常德市委副书记、市人民政府市长。

公租房1264套，建设安置公寓楼8022套。在城建和旅游方面，常德大道等5条主干道路建成通车，柳叶湖马拉松赛道、沅江西大桥等一批项目加快推进，武陵文化创意产业园、柳叶湖水世界等28个项目开工建设。

（二）推进现代产业新发展

现代工业主导作用进一步突显。全年完成规模工业总产值1700亿元，增长40%；引进内外资总额263亿元，增长16.5%。鼎城经济开发区、桃源创元工业园成为百亿园区，全市百亿园区达到3个；纺织产业成为全市第5个百亿产业，规模工业企业新增73家、达到769家，亿元企业新增9家、达到170家，创元铝业、中联重科系列企业销售收入超过百亿元，新增“德山”、“武陵”、“生态”、“安福”4个中国驰名商标。现代农业基础地位进一步巩固。粮棉油、猪鱼禽等大宗农产品生产保持稳定，葡萄、茶叶、油茶、水产等高效农产品规模扩大，澧县葡萄获得国家地理标志产品认定，新增“三品一标”（无公害农产品、绿色食品、有机食品，农产品地理标志）认证107个，总数达到615个。22个市级农业标准化示范园建设全面提速，新增国家级龙头企业2家，新增规模农产品加工企业30家，总数达到360家，新培育农民专业合作社250家，总数达到853家。现代服务业支撑能力进一步增强。旅游项目“双十工程”加快建设，成功举办第二届中国·常德桃花源旅游节。金融业发展提速，全市存款余额1136亿元，增长18%；贷款余额546亿元，增长17%。商贸、物流、通信、休闲等消费不断扩大，完成全社会消费品零售总额544亿元，增长16%。

（三）迈出城乡建设新步伐

现代城镇建设不断加快。中心城市2030版总体规划获批实施，市城区西部新区路网骨架基本形成，北部新城整体策划和标志性项目规划设计加速推进。市本级新增城建融资73.8亿元，市城区新建续建项目66个，竣工30个。成功创建全国文明城市，国家节水型城市、无障碍城市成功授牌。加快县城和小城镇发展，澧县、石门、汉寿、安乡等县城扩容步伐加快，临澧县新安镇、桃源县漆河镇、津市灵泉镇等一批特色镇发展水平提高。新农村建设深入推进。全面启动11个现代农业示范区建设，西湖国家级现代农业示范区创建有力推进。新建通乡通村公路1140公里，改造危桥30座，新解决34万农村人口的饮水安全问题。开展清洁水源、清洁田园、清洁家园工程，启动市到县城主干道沿线环境综合整治，农村环境治理见到成效。环境保护和生态建设力度加大。加强节能减排，实施重点节能减排项目，节能减排任务顺利完成。加强重要水域和湿地保护，开展市民关心的噪音、油烟、粉尘、机动车尾气等污染治理，水环境和空气质量保持稳定。加强农村面源污染和畜禽集中养殖污染治理，扩大饮用水源保护和禁止投肥养殖范围，禁控水域水质继续好转。加强植树造林和生态林保护，新造林25万亩，实施生态林保护550万亩。

（四）营造社会和谐稳定新局面

落实就业优先政策，开展就业培训10.7万人，新增城镇就业6.5万人，新增农村劳动力转移就业7.8万人。完成社保扩面15.2万人次，新增3个县新型农村社会养老保险参保118万人，启动6个县（市、区）城镇居民社会养老保险试点，城镇职工医保、城镇居民医保住院政策范围内报销比例分别提高2.1个、15.9个百分点，达到80.4%、70.1%。城乡低保救助水平分别提高15元、12元，达到178元、78元。改造农村危房7436户、垦区危旧房7301户。实施低收入群体价格临时补贴与物价上涨联动机制，为全市15万多名困难群众发放物价补贴2700多万元。医药卫生体制改革稳步推进，乡镇卫生院和社区卫生服务中心全面实施国家基本药物制度，新农合参合率达到98%。全面启动学前教育三年行动计划，完成义务教育合格学校建设81所，为5万多名义务教育阶段新生免费配备课桌椅。文化、人口计生、人防等各项社会事业取得新的进步。加强安全生产、信访维稳和社会治安综合治理，社会大局和谐稳定。

二　2012年常德市经济社会发展目标及工作任务

2012年常德市经济社会发展的主要预期目标是：地区生产总值增长13%以上，规模工业增加值增长20%以上，财政总收入增长15%以上，固定资产投资增长40%以上，城镇居民人均可支配收入和农民人均纯收入分别增长13%以上，居民消费价格涨幅控制在全省平均水平以内，完成省里核定下达的节能减排约束性指标。

（一）聚精会神推进经济建设

1. 突出项目建设，强化发展支撑

继续推进项目建设年活动，实现固定资产投资突破1000亿元，其中重点工程投资500亿元。加快建设重大项目。全年安排重点工程项目400个。交通项目35个。完成东常、岳常、常安三条高速公路主体工程，加快石长铁路电气化及增建二线工程等项目进度，开工建设319国道桃花源改线等项目。工业及能源项目123个。实现中联重科汉寿工业园、三一重工常德工业园二期等项目竣工投产，加快雨润食品产业园、桃源水电站等项目进度，开工建设常德烟厂易地技改、恒安纸业生活用纸扩建等项目。农业和水利项目50个。完成鼎城、桃源、澧县大型灌区续建配套工程，推进环洞庭湖基本农田建设，实施新增粮食产能工程，抓好油茶产业基地、楠竹产业基地等项目。服务业项目57个。实现常德宜达物流园、钢材大市场二期等项目竣工，开工建设湘西北汽贸城、常德国际陶瓷交易中心等项目。民生、社会事业及环保项目64个。继续抓好棚户区改造等项目建设，开工建设文化教育科技园区等工程。城建项目71个。确保“三中心”、江南外滩公园建设竣工，加快桃花源路暨机场快速路、沅江西大桥等在建项目进度。抓好项目前期工作。加强项目开发储备和申报，紧密对接国家政策、投资导向和产业动态，超前谋划一批对全局有重大带动作用的项目。全市安排重大前期项目400个，力争有200个具备开工条件。全年新开发投资5000万元以上重大项目300个。强化项目服务和管理。加快项目报批、核准工作进度，加强项目调度，及时解决项目建设中的突出问题。规范项目管理，强化项目统筹，提高建设资金使用效益，加强工程质量监管，坚决杜绝“豆腐渣”工程。

2. 壮大现代工业，加快新型工业化建设

主攻招商引资。继续开展行之有效的招商活动，采取小分队招商、商会招商和以商招商等方式，进一步营造全市上下抓招商的浓厚氛围。把承接产业转移、发展战略性新兴产业作为招商引资的主攻方向，主动对接重点产业、重点企业，全年引进新上投资过亿元工业项目85个以上。加快园区兴工。继续开展百亿元园区大竞赛活动，新增百亿元园区2个。推进100万平方米标准厂房建设，加快园区生产性、生活性配套功能建设，完成园区基础建设投入10亿元以上。大力发展专业园区，重点支持常德经济开发区电子信息产业园、西洞庭食品工业园、

创元循环经济产业园等特色园区建设。积极创新园区管理机制，推动武陵、安乡、津市、桃源、西洞庭等园区尽快获批省级工业集中区。做大产业集群。重点培育百亿产业集群，年内新增1个百亿元产业。改造提升传统产业，支持重点企业开展技术改造，完成技改投入260亿元，增长30%以上。大力发展战略性新兴产业，推进100个战略性新兴产业项目建设，年内战略性新兴产业产值增长35%以上。积极壮大旗舰企业，全市新增亿元企业30家，总数突破200家，新增规模企业100家。加强科技创新。充分发挥企业在技术创新中的主体作用，支持企业建立研发中心、技术中心和重点实验室，年内高新技术产品产值增长25%以上。大力推进产学研结合，扩大企业、园区与高等院校、科研院所的紧密合作。加大科技研发投入，支持实施重大科技专项，加快科技成果转化。支持中小微型企业。认真对接国家重点发展实体经济和支持中小微型企业的各项政策，制定并落实具体措施。加大信贷支持力度，确保投向中小微型企业的信贷增速高于各项贷款平均增速。加大财税扶持力度，兑现国家各项税收优惠政策，进一步清理、取消、减免部分涉企收费，市、县两级建立中小微型企业发展专项资金。

3. 发展现代农业，加快新农村建设步伐

坚持示范区引领。按照城乡统筹的要求，全面推进11个现代农业示范区建设，年内要基本建成核心区。实行力量集中、资源整合、投入倾斜，逐步把现代农业示范区建设成产业发展的带动区、城乡统筹的先行区、创新社会管理的试验区。实施标准化生产。加大农业标准推广力度，加快建设农业标准化大市。提升厅市合作水平，抓好35个市级标准化示范园建设。稳定发展粮食、棉花、油料、生猪等大宗农产品，因地制宜发展茶叶、柑橘、油茶、葡萄等特色优势产业。实施品牌带动，新增“三品一标”认证80个以上。加快农业产业化步伐，实施农产品加工业振兴计划，新增规模农产品加工企业30家以上。推行合作化经营。研究制定扶持农民专业合作社发展的政策措施，进一步提高农民专业合作社规模化、标准化、组织化水平。全年新发展农民专业合作社100家以上，创建省级以上示范社20家以上。强化农业科技支撑。开展“农业科技年”活动，推动优质种苗、先进适用农机具、动植物疫病防控等关键技术研发攻关和推广应用。加快发展现代种业体系，加强种子生产基地和种子监管体系建设。积极开展农机服务、动植物疫病防控、农产品质量检验检测和认证等公共服务，确保农产品质量安全。加强新农村建设。全面开展农田水利基本建设，完成小Ⅰ型水库除险加固

任务，抓好堰塘等小型农田水利建设。加强农业综合开发和中低产田改造，完成农村土地综合整治27万亩。建设农村公路400公里，加强农村危桥改造，加快解决农村人口饮水安全问题。继续开展以清洁水源、清洁田园、清洁家园为主要内容的农村环境整治行动，努力建设美好宜居新农村。

4. 提升现代服务业，建设区域消费中心

大力发展旅游业。继续推进旅游项目“双十工程”，抓紧抓好桃花源、柳叶湖核心景区建设，打造国家5A级旅游景区和国家级旅游度假区。加强精品旅游线路开发，实行整体策划、包装和营销。完善旅游基础设施，发展一批星级酒店、旅行社和游客接待中心。大力发展金融业。积极引进、发展各类金融机构，健全金融体系，引进1家以上股份制商业银行；大力引进和发展村镇银行、小额贷款公司、担保公司、风险投资公司。积极发展保险业，规范保险市场。加强征信体系建设，优化金融生态环境。大力发展物流业。按照建设区域物流中心的目标，加快市县两级物流园区、物流中心和物流节点建设，逐步形成层次清晰、衔接合理、运作高效的物流网络。大力引进国际国内知名第三方物流企业，鼓励本地物流企业通过参股控股、兼并联合、合资合作等形式做大做强。大力发展其他服务业。发展信息服务业，加快建设数字常德。规范发展房地产业，落实国家房地产政策，促进房地产市场平稳健康发展。繁荣发展商贸业，加强市场网络建设，发展电子商务、连锁经营、特许经营等现代商贸业态。积极推进餐饮、住宿、家政、保健等服务业发展。

5. 建设现代城镇，提高新型城镇化水平

加快城市扩容。坚持以规划为龙头，以五大功能区建设为重点，以标志性工程为依托，加快中心城市扩容步伐，促进“一江两岸、一城四区”协调发展。按照有保有控的原则，强力推进在建项目，适时新上一批带动性强的重大项目。大力推进德山工业园区、文化教育科技园区、行政和商务区、休闲旅游度假区、物流和要素市场园区等五大功能区建设。年内市城区新建续建项目75个，完成投资66亿元。提升城市品质。注重城市发展的高端策划和顶层设计，统筹推进新区扩容与老城区提质。实施城市绿化行动，突出森林城市的理念，建设城市绿地和绿带，增加城市绿量。实施水系治理行动，开展雨污分流和污水集中处理，加快推进新河与穿紫河水系连通，实施穿紫河污水泵站改造，实现净水活水。实施设施整建行动，突出抓好40个小街小巷综合整治项目。强化城市管理。围绕巩固全国文明城市创建成果，深度推进城市创建，进一步落实城市管理长效机制，加强城管、环卫、交警和市场管理队伍建设，提升市容市貌、管线管网、环境卫生、交通秩序、文明教育等管理水平。围绕解决突出问题，重点加强对农贸市场、渣土车辆、噪音污染、敞开式小区的整治和管理。促进县城和小城镇发展。加快编制各县市城区总体规划和控制性详细规划，加快县（市）城区扩容，提升县（市）城区品质，积极开展文明县城、卫生县城、园林县城等创建活动。引导小城镇发展特色产业，每个县（市）城区重点抓好1个以上特色示范镇建设。

6. 保护生态环境，推进两型社会建设

加强节能减排。落实节能减排目标责任制，推进重点领域、重点行业和重点企业的节能减排。实施节能减排科技专项行动，坚决淘汰落后产能。加快配套工业园区治污设施，严格新上项目环评。加强生态保护。加大湿地保护力度，推进河流、湖泊生态修复，继续推进水库禁止投肥养殖，规范珍珠养殖。有效控制城市噪音和大气污染，加强城镇污水处理厂建设和管网配套。实施农村面源污染和畜禽集中养殖污染防治。推进生态市建设，继续抓好生态县、生态乡镇和生态村创建。加强“两型”建设。积极对接融入长株潭“两型”社会建设，重点抓好德山、柳叶湖示范片区建设。以“两型”重大项目为引领，加快构建“两型”产业体系，促进产业高新化、集约化、清洁化和循环化。积极开展“两型”示范工程、“两型”示范单位创建活动。

7. 繁荣县域经济，促进区域协调发展

扩权强县，自主发展。从审批、政策、资金、项目、人才等方面，全面推进扩权强县，进一步下放管理权限，破解县域发展的体制性障碍，增强县域自主发展能力。支持各县（市）加强交通体系、水利体系、市场体系、产业体系建设，鼓励和引导各地发挥特色优势，培育壮大主导产业。积极帮助县（市）争取上级专项资金和转移支付，扩大对县（市）区企业的担保支持，引导和鼓励银行机构加大对县（市）区发展的信贷投入。创新机制，互动发展。建立科学完善、导向明确的县域经济发展考核评价机制，突出对产业发展、项目建设、民生改善等指标的考核，激励县（市）区集中精力加快发展。建立市县之间便捷有效的对接服务机制，加强项目对接、服务对接，在项目建设和产业发展上做好市县协调，及时帮助县（市）区解决发展中的实际困难和问题。建立县（市）区之间的合作共建机制，实现资源共享、信息互通、人才互用，合作争取重要政策，合

作共建重大项目，合作开发优势资源。关心基层，激励发展。重视基层组织建设，保障乡村组织的正常运转，努力为基层干部创造良好的工作和生活条件。推进乡镇机关改造，年内完成改造任务。加强社区工作力量，改善社区基础设施条件，完善社区低限运转经费保障机制，进一步发挥好社区的基础作用。

8. 强化要素保障，积极化解瓶颈制约

强化资金保障。以重大项目、中小微型企业为载体，积极争取国家、省里的资金支持，引导金融机构扩大信贷投放，支持和鼓励社会资本加大投入。年内争取上级资金投入 120 亿元以上，新增银行贷款 70 亿元以上，完成集合票据融资、股权风险融资、债券融资、委托贷款、租赁融资等 70 亿元以上，市本级新增城建融资 100 亿元以上。鼓励和指导企业上市融资，确保 1 家企业成功上市。全年引进内外资金 280 亿元以上。强化用地保障。落实最严格的耕地保护制度和节约用地制度，保障合理用地需求；积极争取用地指标，力争有更多重大项目挤进国家和省重点保障用地笼子；提高节约集约用地水平，优先保证重大产业、基础设施和重要民生工程的用地需求。强化能源保障。支持煤电企业发展，落实调煤保电各项措施，提高自身能源保障能力；积极争取用电指标，保障居民生活和企业生产的用电需求；积极拓宽能源进入常德的渠道，改善能源结构，增加清洁能源的利用比重。强化人才保障。高度重视人才工作，进一步完善人才工作政策，培养、造就和聚集包括党政人才、企业经营管理人才、专业技术人才、高技能人才、农村实用人才、社会工作人才在内的数量充足、结构优化、布局合理、素质优良的人才队伍，在区域发展中，逐步营造常德市的人才竞争优势，强化智力支撑。

（二）积极有为推进文化建设

认真贯彻落实党的十七届六中全会精神，以高度的文化自觉和文化自信，推进文化大发展大繁荣。加强社会主义核心价值体系建设。把建设社会主义核心价值体系作为基础工程和根本任务，加强社会公德、职业道德、家庭美德和个人品德教育，开展道德模范评选、表彰、宣传活动，大力弘扬“德行天下、和谐奋进”的常德精神。大力繁荣文化事业。加快构建覆盖城乡、惠及全民的公共文化服务体系，保障人民群众基本文化权益。完善公共文化设施，新建农家书屋 1000 家，深入实施广播电视村村通户户通、农村数字电影放映、送戏送书下乡等文化惠民工程。实施文化精品战略，支持创作有全国性影响的优秀文艺作品。加快发展文化产业。加大政策扶持力度，吸引社会资本进入文化产业领域，培育引进有实力、有品牌的文化企业和文化领军人物。加快文化产业园区建设，实施重点文化产业项目，推动文化产业聚集发展。加强文化产品的整合包装，提高文化产品科技含量和附加值。深化文化体制改革。推进经营性文化单位改革，完善国有文化资产管理体制，实行资产经营责任制。推进文化单位人事、收入分配和社会保障制度改革。加快文化市场监管方式改革，强化文化执法队伍能力建设。

（三）统筹协调推进社会建设

建设教育强市。加大教育投入，促进义务教育均衡发展，大力扶持薄弱学校，继续抓好校舍安全工程，完成合格学校建设任务。推进学前教育三年行动计划，支持职业教育、高等教育、民办教育、特殊教育加快发展。开展“平安校园”创建，强化校车安全管理，治理校园周边环境。加强公共卫生。推进医药卫生体制改革，完善国家基本药物制度，抓好新型农村合作医疗。加强县级医院服务能力建设，加大乡镇卫生院、村卫生室和社区卫生服务中心建设力度。强化重大传染病、慢性病、职业病和精神疾病防治，提高突发公共卫生事件处置能力。强化公共安全和安全生产。严格落实安全生产责任制，深入开展重点领域的安全生产隐患排查整治，防止重特大安全生产事故发生。健全食品药品监管机制，整治食品药品生产经营秩序，保障公众饮食用药安全。加强和创新社会管理。健全党委领导、政府负责、社会协同、公众参与的社会管理格局。高度重视信访工作，切实抓好源头治理，依法规范信访秩序。强化社会管理综合治理，推进平安常德创建活动，积极预防和依法严厉打击各种违法犯罪活动，进一步增强人民群众安全感。

（四）尽心竭力推进民生建设

扩大社会就业。健全就业服务体系，加大就业帮扶力度，新增城镇就业5.8万人，新增农村劳动力转移就业4.5万人。加强职业技能培训，实施职业技能培训10万人次。完善社会保障。进一步扩大社会保险覆盖面，年内新增各类保险参保10万人次以上。新型农村社会养老保险和城镇居民社会养老保险实现全覆盖，提升城镇居民基本医疗保险水平。进一步推进城乡低保提标扩面，月人均补

助标准提高 15 元。加强市场价格监测，保持物价基本稳定。完善低收入群体价格临时补贴与物价上涨联动机制，保障困难群众的基本生活。加强保障性安居工程建设。实施民生工程。在全面完成省为民办实事任务的基础上，围绕广大人民群众最关心、最直接、最现实的利益问题，全市统一制定政策，集中资金投入，实行上下联动，采取打歼灭战的形式，实施保障性安居工程、农贸市场提质改造工程、敞开式小区设施配套和规范管理工程、病危桥改造工程、学前教育普惠工程、农村饮水安全工程、农村环境整治工程、食用油放心工程等八大重点民生工程。

B.27

张家界市2011年经济社会形势分析及2012年展望

赵小明*

一 2011年张家界市经济社会发展形势

2011年既是“十二五”发展的开局之年，又是张家界市“五年大变样”建设的收官之年。面对国内外发展环境复杂多变和要素配置趋紧等严峻挑战，全市上下在市委的统一领导下，深入贯彻落实科学发展观，按照中央和省委、省政府的决策部署，紧扣建设世界旅游精品和富民强市总目标，踩准节奏，找准路径，奋力拼搏，较好地完成了全年经济社会发展各项目标任务。

（一）经济发展速度效益同步提升

2011年，全市实现生产总值298.04亿元，比上年增长14%；完成固定资产投资143亿元、社会消费品零售总额97.87亿元，分别增长18.3%和17.9%；实际利用外资、内资分别增长17.1%和8.5%；财政总收入（含基金收入）达到30.23亿元，其中一般预算收入达到18.33亿元，分别增长35.7%和28.2%；城镇居民人均可支配收入达到14098元、农民人均纯收入达到4093元，分别增长11%和11.6%；居民消费价格涨幅控制在5.2%；节能减排完成省定目标任务。

（二）旅游发展实现新突破

旅游市场竞争力日益增强，景点接待游客总量达到3041万人次，旅游总收入达到167.31亿元，分别增长26.5%和29.5%。过夜游客达到1331.71万人次，

* 赵小明，中共张家界市委副书记、市人民政府市长。

增长46.8%。东南亚客源市场迅速成长，境外游客接待量达到182.38万人次，增长22.5%。天门山晋升为国家5A级景区，黄龙洞注册“中国驰名商标”，翼装飞行穿越天门洞被评为近两年中国最具影响力的十大营销事件。武陵源区位居全省旅游强县之首。

（三）产业结构调整步伐加快

一批高档酒店建成营业或开工兴建，溪布街、市博物馆基本建成，体育生态公园、贺龙体育中心等项目建设加快。全市完成工业投资39亿元，规模工业、园区工业增加值分别增长21.6%和70.3%，工业经济效益综合指数上升47个百分点。服务业增加值增长15.4%，华天商贸城、逸臣盛世商业中心等大型商务项目落地兴建。农业结构调整加快推进，蔬菜、油茶、烟叶、茶叶、畜禽、大鲵等生产规模和产业化水平提高。粮食高产创建成效明显，总产达到61.58万吨。

（四）城乡基础设施建设扎实推进

城市控制性详细规划、专业专项规划和土地利用总体规划编制全面完成，市城区贸易路等7条城市主次干道和鸬鹚湾大桥建成通车，古人堤、庸都园、回龙观公园等绿化景观建设、两区“穿衣戴帽”和36条小街小巷整治改造完成，溪北路等12条主次干道启动建设。张花高速公路路基工程基本完成，张沅公路南段、S304慈利段建成通车，市中心汽车站投入运营，锦苏特高压输电线路、城乡电网、通信网络建设与改造计划全面实现。农村交通、水利、清洁能源等基础设施投入力度加大，农民生产生活条件进一步改善。

（五）民生改善取得显著成效

42项省市为民办实事工程全面完成，新增城镇就业1.05万人、农村劳动力转移就业2.32万人、各类社会保险参保70.21万人，开工建设和改造保障性安居住房1.2万多套（户），退休职工养老金、职工最低工资、城乡低保补助和农村五保供养标准全面提高，桑植县参合农民乡镇住院实行全报销。“科技市厅会商”项目启动实施，义务教育合格学校、校舍安全工程、农村公办幼儿园等教育基础设施建设全面推进，城乡医疗卫生条件不断改善，人民群众文化体育活动日趋活跃，人口和计划生育工作实现省定目标。生态市创建深入推进，城乡生态环境质量进一步提高。

（六）发展环境不断优化

旅游综合改革试点正式启动，争取省委、省政府出台了27条支持政策。荷花机场升级为国际空港。各级政府加快转变职能，政务服务效能不断提高。国有资本经营预算等制度规范相继建立，土地资源储备和配置工作有力，供销等体制改革积极推进，小额贷款公司挂牌运行，质量兴市和标准化战略启动实施，社会信用体系建设步伐加快。安全生产、食品药品农产品安全和市场价格监管力度加大，社会应急管理和信访维稳工作扎实有效，公众安全感指数全省排名第三。

张家界市在快速发展的道路上仍然面临诸多矛盾、困难和问题。作为后发地区的基本特征还没有根本改变，发展相对不快、不足、不优的问题突出；经济发展仍处于初级阶段，产业发展面临着做大总量与优化结构的双重压力；基础设施的瓶颈制约仍然突出，城市集聚辐射带动功能不强，经济发展缺乏强有力的引擎；发展不平衡的问题还比较突出，社会事业发展历史欠账较多，城乡差距较大；一些思想观念、工作方法和体制机制不能适应加快发展、加快转型的新任务新要求等等。

二　2012年张家界市经济社会发展目标和重点

2012年张家界市经济社会发展的总体要求是：以中央经济工作会议精神为指导，紧扣科学发展主题和转变发展方式主线，认真贯彻落实省第十次党代会和市第六次党代会精神，把握大势，踩准节奏，统筹兼顾，稳中求进，以改革开放为动力，以项目建设为支撑，稳增长，调结构，强保障，惠民生，促和谐，努力开创张家界市经济社会发展新局面，以优异的成绩向党的十八大献礼。

2012年张家界市经济社会发展的主要预期目标：生产总值增长13.5%，其中一、二、三产业增加值分别增长3.5%、17%、14%；景点接待旅游人次和旅游总收入分别增长8%和15%，过夜游客增长10%；规模工业增加值增长20%；固定资产投资增长20%以上；实际利用内、外资均增长10%；社会消费品零售总额增长18%；进出口总额增长15%；财政总收入增长17%，城镇居民人均可

支配收入和农民人均纯收入均增长10%；居民消费价格涨幅控制在4%左右；新增城镇就业1万人，城镇登记失业率控制在4%以内，人口自然增长率控制在9‰以内，亿元GDP生产安全事故死亡人数控制在0.25人以内；节能减排实现省定目标，生态环境质量进一步提高；社会事业全面进步，民主法制和精神文明建设进一步加强，社会大局保持和谐稳定。2012年重点要抓好九个方面的工作。

（一）积极实施武陵山片区区域发展与扶贫攻坚，全面落实项目和政策对接

国家实施武陵山片区区域发展和扶贫攻坚十年规划，是一个极具指导性、操作性和含金量的蓝图。全市上下要深入学习，全面把握，找准自身方位，精心组织实施。要紧密结合“十二五”发展规划，抓紧研究制定市、区、县实施工作方案，切实搞好顶层设计，确保相关工作与建设世界旅游精品和富民强市总体部署有机统一；要紧密结合加快发展和加快转型实践进程，全面清理项目安排，科学谋划项目布局，主动搞好上下左右对接，确保重大项目顺利建设；要紧密结合扶贫攻坚工作实际，吃透规划政策举措，确保用好、用足、用活各项扶持政策；要紧密结合“再干新五年再创新辉煌”发展要求，明确责任主体，创新体制机制，形成工作合力，确保区域发展和扶贫攻坚有力、有序、有效推进。

（二）充分发挥“先行先试”优势，加快旅游转型升级

按照开展国家旅游综合改革试点总体方案，扎实推进旅游管理创新，在旅游行政管理、行业管理等体制改革方面迈出实质性步伐，在完善旅游服务体系、营销机制、经营方式等方面取得重大突破。加快推进旅游转型基础平台建设，建成碧桂园、索口寨、纳伯利等高档酒店，力争杨家界索道、吴家峪生态广场、家园温泉度假酒店等项目开工建设，力争原生态绿景休闲园、阳和国际旅游经济区等项目建设取得实质性进展。按照“以质取胜”原则拓展旅游文化发展领域，不断壮大旅游文化产业。大力创新主题活动营销、事件营销、客源地营销模式，坚持不懈打造旅游兴奋点。坚持实施“靠大联强”战略，不断扩大对外交流、交融与合作，实现口岸落地签证，力争在推进旅游国际化发展上实现重大突破。大力推进旅游服务标准化建设，强化旅游目的地“一诚通”信息系统管理。继续深化“平安满意在张家界”专项活动，进一步提高旅游市场的满意度和美誉度。

（三）大力加强城市建设和管理，加快提升城市功能和形象

集中连片推进城市功能区建设，重点抓好西溪坪、且住岗、沙堤三个片区开发，启动张清公路城市段改造扩建，加快澧水风貌带、贺龙体育中心等标志性工程建设，完成溪北路等 15 条主次干道建设和子午西路、武陵路提质改造；建成澄潭水厂二期工程和煤炭湾垃圾处理场。严格规划法定图则管理，规范城市建设秩序。创新城市管理体制，以精细化监管和常态化整治为手段，统筹推进文明城市、卫生城市、园林城市、森林城市、环保模范城市创建工作。严厉整治车辆乱停乱靠、垃圾乱倒乱扔、广告乱挂乱贴现象，确保“门前三包”取得实质性成效；全面整顿规范城市交通秩序，依法查处客运市场非法营运、欺客宰客、甩客拒载行为；充分发挥社区组织作用，深入开展“城市是我家、卫生靠大家”等群众教育活动，促进市民文明素质全面提高。加快县城扩容提质，支持慈利县实施县城北扩规划和桑植县推进县城新区建设。

（四）扎实推进重大基础设施项目建设，不断增添发展后劲

开展“重大项目前期工作年”活动，扎实做好桑龙、张新、宜张等高速公路和安张衡铁路、市城区至武陵源景区轨道交通、天然气、页岩气开发等项目前期工作，力争黔张常铁路、张桑和慈安高速公路、市城区绕城公路、环武陵源景区公路开工建设。加快荷花机场、航空口岸、张花高速公路以及城乡电网、通信网络等在建重大项目建设，建成张沅、桑鹤等干线公路。奋力破解融资、用地、房屋征收补偿、施工环境的瓶颈制约，不断强化要素配置。全面落实重大工程项目市级领导、市直部门联系责任制度，确保各类项目顺利落地建设。

（五）进一步夯实工业发展平台，加快推进新型工业化

突出园区基础建设和招商引资，启动软件园、运通物流园等项目建设，力争完成工业园区建设投资 15 亿元，新建标准厂房 7 万平方米，园区工业增加值增长 30%。狠抓工业发展项目落地，力争盛兴钢贸、金鲵生物、华新水泥、晶典饰品、中伟矿业等项目竣工投产，力争汉中业风能发电、凯迪生物质能电厂、中美新材料等项目落地建设。大力培育优势产业和骨干企业，重点支持旅游商品、

绿色清洁能源、生物有效成分提取、优势矿产品精深加工等产业发展，力促荣利达电气、远大住工、港越等骨干企业做大做强。

（六）围绕完善配套服务功能，做大做强现代服务业

加快西溪坪仓储物流配送中心、华天商贸城、旅游商业城、湘西东市等项目建设，探索发展临空经济，积极推行电子商务；积极引进股份制银行和商业保险机构，加快组建村镇银行，力争农村商业银行挂牌运行；用好用活国家"有扶有控"政策，加强金融信贷支持。积极争取承办大型会展项目，高水平举办湖南第二届家具博览会。围绕消费升级，大力发展文化娱乐、休闲养生、旅游地产、社区服务等新兴服务业，不断培育新的消费热点和经济增长点。

（七）突出农业结构调整，促进农业稳定发展和农民持续增收

全面落实强农惠农富农政策，稳定粮油总产，力促"四个农业"（城市农业、旅游农业、品牌农业、生态农业）集中连片发展，着力提高商品蔬菜、优质水果、有机茶叶、优质烤烟、特色养殖、花卉苗木、休闲农业的规模效益。统筹推进农村基础设施建设，力争整理补充耕地4500亩，新建和改造乡村公路100公里、水渠260公里，新增农村安全饮水人口8万人。加强农村公路养护和运输市场监管。加强农村经济组织和农技、农机服务体系建设，力争新发展农民专业合作组织100家、农业机械化水平提高2个百分点。依法依规推进土地流转，支持农业产业化龙头企业做大做强。规划建设区域性农产品批发市场和优质农产品专业市场，积极推广"公司+基地"、"协会+农户"、"农超对接"等经营模式，全面搞活农产品流通。深入推进新农村示范片建设，积极探索农村发展新机制。继续以桑植县为扶贫攻坚主战场，落实新要求，构建新机制，全面加大扶贫工作力度，力争减少贫困人口2万以上。

（八）切实保障和改善民生，促进社会和谐进步

多渠道开发就业岗位，不断扩大城乡就业。扎实推进城乡居民养老试点，加快各项社会保障扩面工作，不断提高保障水平。加快发展学前教育，继续实施义务教育合格学校、中小学校校舍安全工程建设，启动张家界航空工业职业技术学院和市技工学校搬迁工程。争取启动武陵山区珍稀濒危植物园建设。稳步推进医

药卫生体制改革，不断完善城乡公共卫生服务网络和疾病预防控制体系，争取启动武陵山片区旅游医疗救治中心建设。不断改善城乡公共文化、体育、广播电视设施条件，切实加强人口计生、民族宗教、国防和民兵预备役建设以及妇女、儿童、老龄、残联等各项工作。积极创新社会管理，抓好安全生产和食品、药品、农产品质量监管，落实信访维稳工作，争创第四批全国社会管理综合治理优秀地市。积极倡导和推进绿色低碳生产方式和消费模式，全面落实节能减排任务。2012 年要在全面落实省定实事项目的同时，继续集中财力为群众办好 4 件实事：一是在全市全面推行参合农民乡镇卫生院住院费用全报销制度；二是为全市 90 周岁以上无固定收入老年人每人每月发放 100 元补贴；三是配套建设城市、景区公厕及垃圾站 30 个；四是解决好 34 个乡镇垃圾治理问题。同时，将资助家庭经济困难大学新生入学制度化。

（九）加强民主法制建设，打造人民满意政府

坚持依法行政，认真落实《湖南省行政程序规定》和《湖南省政府服务规定》，更加自觉地接受人大及其常委会的法律监督和工作监督，更加积极地支持人民政协和各民主党派履行政治协商、民主监督、参政议政职能，更加主动地接受社会监督和舆论监督，切实保障人民群众依法行使民主权利。建立健全决策审查、决策跟踪反馈、决策监督评估、决策责任追究机制，认真落实重大决策、重要事项征求专家意见和社会公告、公示、听证制度，不断完善人大代表、政协委员、民主人士和市民代表列席政府常务会议制度。大力创新行政服务，优化政务环境，强化绩效评估，严格责任追究，真正做到以实绩论英雄、以发展论成败，在全市形成干实事、比实绩的生动局面。坚持从严治政，坚决惩治和有效预防腐败，不断打造廉洁高效的政府形象。

B.28
益阳市2011年经济社会形势分析及2012年展望

胡忠雄*

一 2011年益阳市经济社会发展情况

2011年，益阳市认真贯彻落实中央和省委、省政府的各项决策部署，按照“坚持科学发展，奋力后发赶超，建设绿色益阳”的总体思路，强力推进园区建设和交通建设两大会战，不断深化改革开放，努力改善民生民利，实现了经济平稳较快发展和社会大局的和谐稳定。全年完成生产总值883.63亿元，比上年增长13.2%，其中第一、二、三产业增加值分别增长4.0%、19.3%和12.2%；完成财政总收入60亿元，增长32.8%；完成固定资产投资460亿元，增长35.2%；实现社会消费品零售总额306.6亿元，增长17.6%；城镇居民人均可支配收入17328元，增长13.5%；农民人均纯收入6774元，增长20.6%。年末金融机构各项存款余额728.96亿元，比年初增加120.46亿元；各项贷款余额359.83亿元，比年初增加68.92亿元。

（一）产业建设取得新成效

实现工业增加值341亿元，增长19.9%；新进规模工业企业78家，全市规模工业企业达782家，规模工业实现增加值332亿元，增长21.6%。装备制造、食品加工、电子信息等十大优势产业实现增加值288亿元，增长21.3%。高新技术产业实现增加值72.04亿元，增长41.9%。继续培育优势品牌，新增中国驰名商标4个、湖南省名牌4个。益阳高新区升格为国家级高新区。农林牧渔业实现

* 胡忠雄，中共益阳市委副书记、市人民政府市长。

总产值 285 亿元，增长 4%；农产品加工业实现增加值 91.5 亿元，增长 22%。全市土地流转总面积达到 252 万亩，其中试点乡镇土地信托流转面积 13.6 万亩。旅游业实现综合收入 92.3 亿元，增长 21.3%；商品房销售面积和销售额分别增长 18.3% 和 39.2%。

（二）项目建设实现新突破

石长铁路复线益阳段，常安、安邵、岳常高速益阳段，319 国道益阳南线高速公路等在建项目向前推进。G207 益阳段、S205 桃江段一期基本建成。S308 桃马公路、S225 安化段、益阳港泥湾港区进港公路、沙头资江大桥、沅江黄茅洲大桥等项目正在抓紧建设。朝阳汽车站、益阳港泥湾港区千吨级码头相继建成。三一中阳产业园、森华林业人造板生产线等一批重大产业项目竣工投产；国晶硅业、沅纸 20 万吨化机浆生产线、科力远动力电池新厂、海螺水泥、南方水泥二期、拓普竹麻等项目顺利推进。出台了《益阳市水利建设十大工程实施方案》，全年共投入水利建设资金 12 亿元，水利建设取得新的成效。全面完成了环洞庭湖基本农田建设重大工程年度任务。

（三）城乡面貌出现新变化

成功创建为全国双拥模范城、中国优秀旅游城市和省级文明城市。创建全国文明城市工作全面铺开，创建国家卫生城市工作深入推进，创建国家森林城市工作取得阶段性成果，创建国家交通管理模范城市工作已经启动。中心城区完成了 11 条主次干道、214 条背街小巷的提质改造和一些重要地段的绿化亮化，市容市貌有新的改观；一批重点镇建设步伐明显加快。完成 961 公里农村公路建设、146 个村电网新建改造和 17 座小 Ⅰ 型水库的除险加固，农村基础设施条件得到改善；通过大力加强新农村示范村建设、实施农村清洁工程，农村环境卫生状况明显好转。

（四）改革开放迈出新步伐

政府机构改革、行政审批制度改革、文化体制改革、卫生体制改革等继续推进。招商引资成效明显，引进市域外资金 252.5 亿元，增长 23.4%，形成固定资产投资 205 亿元。招“行”引资取得突破，交通银行益阳分行挂牌营业，华融

湘江银行益阳分行获批筹建。对外贸易较快增长，完成进出口总额4.8亿美元，增长29.8%，其中出口4亿美元，增长23.4%。

（五）人民生活有了新改善

新增城镇就业3.58万人，新增农村劳动力转移就业5.61万人。五大社会保险新增参保人数144万人。新增廉租住房9409套，完成农村危房改造6693户。解决了农村24.76万人的饮水安全问题。扶贫和移民后扶工作力度加大。减负惠农政策、城乡低收入群体价费优惠政策落实到位。

二　2012年益阳市经济社会发展目标及重点

2012年，是落实“十二五”规划的关键之年，是新的机遇与挑战并存的一年。综合分析当前形势，做好2012年的经济工作，既有不少有利条件和重大机遇，也面临不少困难和挑战。从国际看，和平、发展、合作仍是时代主流，经济全球化深入发展的趋势没有改变；但受国际金融危机特别是欧债危机影响，世界经济形势总体上仍将十分严峻复杂，经济复苏的不稳定性、不确定性上升。从国内看，中央宏观调控取得预期效果，经济环境总体向好，发展仍处在重要战略机遇期；但经济增长下行压力加大，经济发展中出现了一些新的阶段性特征，特别是出口回落、物价上涨、部分企业生产经营困难、节能减排压力大等问题进一步凸显。从市内看，通过持续扩投资、打基础，益阳市经济发展后劲明显增强，蓄积的发展能量将逐步得到释放；但也面临经济增长的内生动力不足、要素保障偏紧、改善民生任务艰巨等困难与问题。必须科学研判形势，坚定信心，抢抓机遇，奋力开创后发赶超新局面。2012年益阳市经济社会发展的预期目标是：地区生产总值增长13%，财政总收入增长20%，固定资产投资增长25%以上，社会消费品零售总额增长17%，规模工业增加值增长20%以上，城镇居民人均可支配收入增长12%以上，农民人均纯收入增长12%以上，城镇登记失业率控制在4.2%以内，万元生产总值能耗下降3%，人口自然增长率控制在6.8‰以内。2012年重点抓好六项工作。

（一）强化产业建设，加快构建现代产业体系

一是以园区建设为龙头，大力推进新型工业化。强力推进园区建设大会战，

着力抓好园区规划、加大园区投入、完善园区设施、规范园区管理，增强园区的吸纳功能和配套服务功能，促进工业企业向园区集中，以工业的集约、集群发展来带动益阳的新型工业化。围绕先进装备制造、食品加工、电子信息、新能源新材料等优势产业，培育龙头骨干企业，积极发展中小企业，推动形成产业集群。强化企业自主创新的主体地位，引导企业开发一批满足产业转型升级需要、适应市场需求的新产品、新工艺、新技术，提升企业竞争力。二是以农民增收为核心，加快发展现代农业。大力发展规模农业、特色农业、品牌农业。积极推进土地流转，扩大土地信托流转成果，鼓励规模化种养，推动规模化经营。坚持“农户+基地+龙头企业+市场经营”的运作模式，实现利益共享、风险共担，增强农业的市场竞争力。整合各类优势农产品资源，推进农产品精深加工，打造黑茶产业、绿色食品、林纸板材、棉麻轻纺等绿色产业基地和产业品牌。大力推进农业标准化生产，提高农产品质量安全水平。三是以扩大消费为目标，大力发展现代服务业。营造良好的政策环境，促进服务业发展提速、水平提升，增强服务业承载消费的能力。全面提升商贸流通、餐饮住宿、休闲娱乐、家政服务等生活性服务业，加快发展服务外包、电子商务、现代金融、现代物流等生产性服务业。加强旅游重大项目建设，打造精品旅游线路，积极发展旅游业。促进房地产业稳定健康发展。

（二）强化项目带动，切实增强投资拉动力

一是强力推进交通建设大会战。把交通基础设施建设作为夯实发展基础、改善发展环境的重中之重，确保全年完成交通建设投资70亿元以上。对所有的重大交通建设项目进行认真梳理，明确今年拟开工项目、拟建成项目及需要加快建设的项目，排出具体的时间进度，拿出过硬的工作措施。加强对项目的调度、协调与督办，确保S308桃马公路等项目建成通车，益马高速、益娄高速益阳段等项目全面实质性开工，其他重大项目完成年度投资任务。二是加快推进重大产业项目建设。围绕优势产业，精心谋划、引进一批适应市场需求、拥有核心技术、重视创新、机制灵活的优势产业项目。全力支持中联重科、三一中阳、国晶硅业等重点产业项目做大做强，尽快形成新的经济增长点。三是切实优化项目建设环境。优化政务服务环境，继续实施市级领导联系重点项目制度，开辟重大项目审批“绿色通道”，促进项目早落地、早开工、早建成。优化施工环境，既要维护

老百姓的合法权益，解决老百姓的实际困难，又要坚决制止无理取闹和过分要求，严厉打击扰乱和破坏施工环境的违法行为，确保项目建设顺利推进。

（三）强化要素保障，千方百计破解发展瓶颈

一是加大引资争资力度。突出大项目招商、产业招商、专业招商，切实提高招商引资成功率，力争全年引进市域外资金300亿元以上。抓住国家继续加大对“三农”、保障性住房、社会事业等领域的投入，继续支持欠发达地区、科技创新、节能环保、战略性新兴产业、重大基础设施在建和续建项目、企业技术改造等的机遇，积极立项争资，力争全年立项争资突破130亿元。进一步强化金融创新，继续大力引进股份制商业银行，促进信贷总量的快速增长，力争净增信贷投放80亿元以上。进一步营造全民创业氛围，激活民间资本参与项目建设。二是加大企业帮扶力度。协调落实好企业发展必需的各种要素。继续抓好银企对接工作。引导和支持企业上市。加强用地保障，做好土地增量与存量文章，严格推进节约集约用地，优先保证重大项目的用地需求。加大电、煤统筹力度，确保企业不因缺电缺煤而停产停业。健全和落实矿产资源开发总量控制、准入与退出、矿权出让等制度，坚决关停资源浪费大、安全设施不达标、生产效益低下的矿产企业，促进矿产资源科学开发、规模开发、绿色开发。协调利用好各种优势农产品资源，优先保证优势企业的原材料供应。加强城乡劳动力技能培训和就业引导，切实缓解企业用工难问题。三是大力实施人才工程。进一步加强人才储备库建设，培养和引进一批创新型科技人才、高技能人才和农村实用人才，并通过有效的激励机制留住人才。加强企业家队伍建设，着重培养一批视野开阔、进取心强、具有先进管理经验的高素质企业家队伍。

（四）强化城乡统筹，努力推动城乡协调发展

一是加快推进新型城镇化。抓好中心城区的扩容提质，突出抓好城市创建活动，确保创建国家森林城市通过评估验收，力争创建国家卫生城市通过预评估，其他各项创建活动完成阶段性任务。通过抓城市创建活动，促进城市规划、建设和管理水平跃上新台阶。加快小城镇建设。完善市域城镇体系规划，促进不同规模和类型城镇科学布局、合理分工、功能互补、错位发展。千方百计筹措资金，加强小城镇基础设施建设，增强小城镇的承载能力和吸纳能力，同时抓好中心村

和农民集中居住区建设，促进农民向城镇和农村新型社区集中。二是大力改善农村生产生活条件。加强农村道路、农田水利、电网、通信、信息等基础设施建设，不断增强农村对接城市、城乡一体发展的能力。大力实施农村清洁工程和农村环境连片整治，创建清洁水源、清洁田园、清洁家园和绿色村庄，改善农村环境。三是进一步加强农村公共服务体系建设。把城市与农村公共服务体系作为一个整体来谋划，扩大公共财政覆盖农村的范围，确保更多的要素资源投向农村公共服务领域，推进城乡就业、社保、教育、卫生、文化等公共服务一体化、均等化。

（五）强化绿色发展，不断提高生态文明水平

一是抓好节能减排。严格推行强制性节能标准，坚决淘汰落后产能，严格控制高能耗、高污染和资源消耗行业的增长。狠抓重点领域、行业、企业的节能减排工作。对未完成节能减排任务的地方，实行区域限批。二是加强环境保护和生态建设。严格执行环境影响评价制度和环境保护“一票否决制”，重点加强对森林、水系、湿地及水源涵养区的环境保护。切实加强重金属污染治理和水污染综合整治，严格化学品环境管理，着力解决损害群众健康的突出环境问题。大力开展造林绿化，加强森林资源管护，提高森林覆盖率和城市建成区绿化覆盖率。积极开展生态县、生态示范区、生态文明村、生态居住小区等创建活动。三是加快推进“两型”示范区建设。落实支持益阳东部新区创新发展的政策措施，全面启动鱼形山“两型”示范区基础设施建设，力争2～3个产业项目开工，开发建设取得实质性突破。

（六）强化民生改善，着力构建民本益阳

一是持之以恒地为人民群众办实事。按照省委、省政府下达的为民办实事任务要求，集中精力在就学、就业、就医、养老、住房、交通等方面办一些群众看得见、感受得到的实事。以创建省级创业型城市为抓手，认真落实支持创业、鼓励就业的政策措施，加强公共就业服务，积极发展服务业、劳动密集型产业、非公有制经济，千方百计扩大就业。进一步扩大养老、医疗、失业、工伤和生育保险覆盖面，提高城乡居民最低生活保障标准，加快建立广覆盖、保基本、多层次、可持续的社会保障体系。大力推进公租房、廉租房等保障性住房建设，加快

城市棚户区、国有工矿棚户区和农村危房改造，努力缓解群众住房困难。着力实施食品药品安全放心工程，深入推进食品药品安全专项整治，确保人民群众饮食用药安全。加大扶贫开发和移民后扶工作力度，完善各类困难群体解困救助机制。二是统筹发展各项社会事业。抓好文化体制改革，加快文化事业和文化产业发展，促进文化大发展大繁荣，不断满足人民群众日益增长的文化需求。努力增加教育基础投入，加大教育资源整合力度，逐步解决好城乡教育均衡发展的问题，努力办好人民满意的教育。进一步加快卫生事业发展，深入推进医药卫生体制改革，不断提高基层医疗卫生服务水平。认真执行计划生育基本国策，完善利益导向机制，稳定低生育水平。三是维护社会和谐稳定。坚持以群众工作统揽信访工作，畅通信访渠道，妥善解决群众合法合理诉求。落实维稳工作责任，抓好矛盾纠纷排查调处，从源头上减少不稳定因素。严格落实安全生产责任制，全面排查和消除安全隐患，有效防范和坚决遏制重特大事故发生。加强社会治安防控体系建设，严厉打击各类违法犯罪活动，努力维护和谐稳定的发展局面。

B.29
郴州市2011年经济社会形势分析及2012年展望

瞿　海*

一　2011年郴州市经济社会发展情况

2011年是郴州市发展极为关键、富有成效的一年，全市上下认真落实科学发展观，着力调结构、提质量、抓改革、惠民生，经济社会呈现增长较快、结构优化、效益提升、民生改善、协调发展的良好态势，初步形成高质量高增长发展格局。

（一）发展速度持续较快

全市生产总值达到1346.4亿元，比上年增长14.3%；人均生产总值2.9万元。财政总收入150.7亿元，一般预算收入95亿元，分别增长39.8%和51.5%。固定资产投资811.6亿元，增长35.2%。社会消费品零售总额482.5亿元，增长18.1%。城镇居民人均可支配收入17606元，农民人均纯收入6199元，分别增长14.1%和19%。北湖、桂阳、资兴、永兴、苏仙等5个县市区生产总值过150亿元，资兴市、桂阳县财政总收入过15亿元，永兴县、宜章县财政总收入过10亿元。

（二）发展质量持续提升

工业结构进一步优化。全市工业增加值占生产总值的比重比上年提高2个百分点，高新技术产业增加值占生产总值的比重比上年提高2.5个百分点，电子信

* 瞿海，中共郴州市委副书记、市人民政府市长。

息、先进装备制造、新材料、生物医药、新能源和节能环保等六大新兴产业增加值占生产总值的比重比上年提高2.1个百分点；园区规划面积扩大到132平方公里，园区规模工业增加值增长26.8%，占全市规模工业增加值的比重提高3个百分点；节能减排任务全面完成。现代服务业加快发展。生产性服务业增加值占生产总值的比重达11.7%；新引进华夏、华融湘江2家股份制银行，南方稀贵金属交易所开市，金融机构新增贷款90.2亿元，增长53.3%，获评“中国最佳金融生态创新城市”；游客接待人数、旅游综合收入分别增长23.7%和22.4%，获评“中国温泉之城”、“中国观赏石之城·矿物晶体之都”、“广东人最喜爱的旅游目的地”；房地产开发投资、商品房销售面积分别增长37.2%和21.9%。现代农业发展水平提升。粮食生产实现“六连增”；成功承办全国烟叶收购暨现代烟草农业建设现场会，烟叶收购首次突破100万担；水稻生产机械化率42%，生猪规模化养殖率59.2%，农产品加工业产值与农业总产值的比值达到1.1∶1；新增市级以上农业龙头企业16家、农民专业合作社412家，三星级以上休闲农庄达36家；成为全国农产品现代流通综合试点城市；造林52万亩，森林覆盖率达64.05%。

（三）发展基础持续夯实

项目建设强力推进。全市纳入统计的重大建设项目完成投资510亿元，宜凤高速公路通车，厦蓉、衡武、岳汝高速公路和衡茶吉铁路加快建设，干线公路、县乡公路改造和通村公路通畅工程等项目完成年度任务。全市融资211.7亿元。城乡统筹发展有新进展。市中心城区完成城市基础设施投资98亿元，城区道路和背街小巷提质改造基本完成，“351111”工程加快实施，建成区面积扩大到68平方公里；数字城管平台基本建成并投入试运行；城市生活垃圾处理率、空气质量达标率、饮用水水源地水质达标率均达100%，城区绿化覆盖率38.12%、绿地率35.89%、人均公共绿地面积9.99平方米，获评“中国最佳管理城市”。郴资桂两型社会建设示范带建设扎实推进，“1+14”规划编制基本完成，郴州大道全线通车，郴州市至桂阳县城际公交开通。县城和小城镇加快扩容提质。新农村建设有序推进。全市城镇化率43.1%。发展环境进一步优化。深化行政审批制度改革，规范权力运行，严格行政问责，整治建设项目施工环境，经济发展环境进一步改善。

（四）发展动力持续增强

获批国家级湘南承接产业转移示范区。新建标准厂房249万平方米，出租率95%以上，新引进转移型企业405户，台湾工业园、富士工业园、华润三九国家级技术研发中试基地、三一重工等重大项目落户郴州。成功承办第七届“湘台会”，是历届“湘台会”中规模最大、签约项目和投资总额最多的一届盛会。实际利用外资6.28亿美元，到位内资225亿元，分别增长18.7%和23.9%。外贸进出口总额15.4亿美元，加工贸易进出口总额4.6亿美元，分别增长57.7%和140.9%。非公经济加快发展，对经济增长的贡献率接近70%。新一轮政府机构改革全面完成，农村综合改革、医药卫生、文化体制等各项改革取得实质进展。

（五）发展成果持续惠民

财政用于民生的支出占总支出的67.3%。“民生100工程”需在2011年完成的102项任务全部完成。新增城镇就业5.99万人、农村劳动力转移就业5.7万人，城镇登记失业率控制在3.91%。建设乡镇敬老院30所，新增集中供养五保对象1300人。新建（筹集）保障性住房4.9万套，改造农村危房1.14万户。创建义务教育合格学校103所，中心城区及县城新增义务教育学位1.15万个。医药卫生、人口计生、文化、体育等各项社会事业全面发展。“打黑除恶”、“公路治超”、“限摩规电”等工作成效明显。社会大局和谐稳定，公众安全感及干部队伍建设群众满意度跃居全省第一。

二　2012年郴州市经济社会发展目标和工作重点

2012年郴州市工作的总体思路是：以党的十七届六中全会和中央、省委经济工作会议精神为指导，深入贯彻落实科学发展观，认真落实“四化两型”、“两个加快”、“两个率先”和“开放崛起、转型发展、着眼国际化、建设新郴州”的战略部署，加速“两城”建设，统筹城乡发展，大力推进转方式、调结构、强基础、惠民生、促和谐，推动经济社会更好更快发展。主要预期目标是：地区生产总值增长13%以上；财政总收入和一般预算收入均增长16%；固定资产投资增长30%；社会消费品零售总额增长18%；城镇居民人均可支配收入、

农民人均纯收入分别增长13%和16%；城镇登记失业率控制在4.5%以内；居民消费价格涨幅控制在4%左右；人口自然增长率控制在7.6‰以内。

（一）强力推进项目建设

大力实施湖南省“十二五”投资和项目建设“836计划”（十二五期间，累计完成8000亿元投资总规模，实施32项重要领域过50亿元重大工程，加快推进600余个过亿元重大项目建设），年内力争固定资产投资1050亿元（不含500万元以下项目和省分配跨区投资），工业技改投资增长32%以上。拟安排投资5000万元以上的重大建设项目948个，总投资3553亿元，年度计划投资987亿元。拟安排产业发展项目531个，年度计划投资497亿元，重点推进富士工业园、奥美森工业园、三一重工产业园、风力发电、茶油加工及基地建设、旅游景区提质、房地产开发等项目建设。拟安排基础设施建设项目245个，年度计划投资328亿元，重点推进厦蓉、衡武、岳汝高速公路和衡茶吉铁路等交通基础设施项目，湘南国际物流园、资五产业园、袁家镇铸造产业孵化基地等园区基础设施项目，江源水库、泿莱水库、莽山水库、县城水厂扩能等水利基础设施项目，衡郴燃气管线工程、城乡电网改造等能源基础设施项目，“三网”融合工程、有线电视数字化等信息基础设施项目建设。拟安排节能环保项目78个，年度计划投资57亿元，重点推进重金属污染治理、矿山地质环境治理保护、供水和截污管网等项目建设。拟安排民生和社会发展项目94个，年度计划投资105亿元，重点推进中央下放煤矿棚户区改造、廉租住房和公共租赁住房等项目建设。规范发展融资平台，深化银企合作，创新融资模式，拓宽融资渠道，力争年内融资200亿元。强化项目建设用地管理，盘活土地资源，破解用地瓶颈。完善项目推进机制，加强项目质量、安全全程监管。优化项目建设环境。严格政府投资项目管理，加强政府投资项目审计。

（二）大力推进湘南承接产业转移示范区建设

全面推进湘南承接产业转移示范区建设，重点打造郴资桂、郴永宜承接产业转移示范走廊，努力把郴州市建设成为承接产业转移的新平台、跨区域合作的引领区、加工贸易的集聚区和转型发展的试验区。大力承接产业转移。实施承接产业转移“四千工程”。继续推进标准厂房建设，提高标准厂房适用性，年内新建标准厂房350万平方米。加快郴州出口加工区、公路口岸国际物流中心等承接平台建设，整合提升口岸功能，构建高效率、低成本的大通关体系。力争成功创建全国承接产业转移示范市。大力开展招商活动，突出引进战略投资者、大型央企、百强民企和总部经济，力争实现引进境外世界500强生产型制造企业零的突破。力争实际利用外资、到位内资分别增长15%和16%以上。大力发展加工贸易，积极引进出口型、配套协作型加工贸易项目和企业，力争外贸进出口总额增长20%以上，其中加工贸易进出口总额增长30%以上。深化重点领域和关键环节改革。继续开展“推进改革年”活动。加强国有资产监管，优化国有资本结构。鼓励支持全民创业，扶持非公经济和小微型企业加快发展。加快农村综合改革，深化土地流转制度改革，全面完成乡镇行政区划调整；大力推进水利综合改革，完成水务一体化改革试点；全面完成农技推广体系改革。稳妥推进工资收入分配改革。全面实施事业单位岗位设置管理，积极推进事业单位人事制度改革。加快文化体制、中心城区村改社区、环卫、园林、市政维护管理市场化等改革。深化以县级医院为重点的公立医院改革试点，加快全科医生培养，全面推进基层医疗卫生机构综合改革。

（三）加快推进产业转型升级

全面实施产业转型发展“三年行动计划”，开展“工业经济质量提升年”活动，力争规模工业增加值增长18%以上。改造提升传统优势产业。强力推动有色、化工、能源、建材、锻铸造、食品烟草等传统优势产业转型升级。巩固矿业秩序整合成果，重点发展节能型新材料、稀贵金属新材料和钨、锡、铋、铅、锌、铜等优势矿种精深加工，重点支持金贵银业、金旺铋业、华信有色、宝山铜业、柿竹园有色矿等项目建设，扶持南方稀贵金属交易所发展，打造国家有色金属及稀贵金属产业基地、国际稀贵金属交易定价中心和信息中心。支持中盐华湘、郴化集团、天沅化工等骨干企业技术改造，加快郴州氟化工产业园和宜章氟化工产业园建设。在稳定165个煤炭采矿权的基础上，组建40个年生产能力30万吨以上的煤业集团。大力发展石墨精深加工，建设全国最大的微晶石墨制品生产基地和产业聚集地。支持天泰烟叶复烤、郴州烟厂整体搬迁等项目建设，做大做强烟草产业。培育发展战略性新兴产业。加快发展新材料、电子信息、装备制造和节能环保等先导产业，大力培育新能源、生物医药和文化创意产业，重点支

持台达电子、华磊光电、杉杉新材料、格瑞普新能源、湘南数控等项目建设。力争战略性新兴产业增加值增长30%，占规模工业比重提高1个百分点；高新技术产业增加值增长30%以上，占生产总值比重提高1个百分点。加快发展现代服务业。力争生产性服务业增加值增长12%，占服务业比重提高1个百分点。加快国家高技术服务产业基地建设，争创承接国际服务外包基地城市。加强铁路物流中心及铁海联运、省农产品验放场等物流平台和电子口岸建设，启动郴州铁路货运北站搬迁，大力发展物流、会展、电子商务等新兴产业。优化金融生态环境，支持驻郴金融机构创新发展，确保郴州农村商业银行挂牌营业，加快金贵银业等省重点上市后备企业上市步伐，积极发展证券、期货、保险、风险投资业，规范发展担保业和小额贷款公司。继续开展"旅游项目建设攻坚年"活动，旅游项目年度计划投资36亿元；推进旅游"五个一"工程和"十大旅游精品"建设，探索组建旅游企业集团，加大旅游营销推介力度，创响"林中之城、休闲之都"品牌，提高旅游产业国际化水平。力争接待游客人数、旅游综合收入分别增长20%以上。加强规划引导，推动文化产业发展，打造大湘南文化创意生产基地。实施"三年市场建设行动计划"，开展"市场建设年"活动，推进"万村千乡市场工程"，扩大"家电下乡"实效，促进和扩大消费需求。加快国家再生资源回收体系综合试点城市和农产品现代流通综合试点城市建设。促进房地产业稳定健康发展，合理调控房地产供应总量和结构，引导居民合理住房消费，力争房地产开发投资100亿元、新开工和新建商品房1000万平方米。积极发展现代农业。开展国家级粮食高产创建万亩示范片建设，创办12个市级千亩粮食高产创建示范片，全市粮食总产185万吨左右。加强"菜篮子"基地建设，蔬菜种植面积140万亩以上。建设生猪标准化规模养殖场64个。新扩柑橘面积2.4万亩。新造、垦复抚育油茶30万亩。收购烟叶120万担。农业标准化生产面积200万亩。深入推进现代农业示范园区建设，每个县（市、区）新建1~2个现代农业示范园，重点抓好郴资桂现代农业示范带和永兴县国家级现代农业示范区的规划建设，打造以郴桂嘉区域为重点的现代烟草农业示范区。提高农民组织化和经营规模化水平，力争农民专业合作社发展到1200家以上。实施农产品加工业振兴"4151"工程，做大做强舜华鸭业、裕湘面业、宏润油业等农业龙头企业。做好防汛抗旱、森林防火、动植物防疫、农业综合开发等工作。重视"三农"保险基层服务体系建设，完善水稻、能繁母猪、农房统保等涉农保险。

大力发展园区经济。进一步明确重点区域和产业园区定位，引导台湾工业园、嘉禾铸造产业园、宜章氟化工产业园等园区特色化、专业化发展。加强园区仓储、物流、商务服务等配套设施建设，推进园区扩容提质。创新园区体制机制，优化园区发展环境，增强产业配套能力，推动产业集群发展。力争园区规模工业增加值增长30%以上，占全市规模工业的比重提高2个百分点；园区招商引资占全市招商引资总额的60%以上，其中工业类招商引资占全市总额的80%以上；郴州市有色金属产业园区争创国家级产业园区。着力发展绿色经济。加快淘汰落后产能，推进重点行业和用能大户技术改造，推行合同能源管理，全面取缔中心城区燃煤锅炉和窑炉。加强重点节能减排工程建设和设施监管，推进“十二五”污水和生活垃圾处理设施及配套管网建设。大力发展循环经济，支持资兴市国家可持续发展先进示范区和国家级生态示范区、永兴县国家循环经济示范园和全国循环经济试点单位建设。加强耕地保护、水土保持、水资源节约和矿产资源保护性开发利用。推进湘江流域环境整治和重金属污染治理，加强流域水环境综合治理和矿山地质环境恢复治理，全面完成省下达的节能减排任务。

（四）积极推进城乡统筹发展

坚持中心城区带动和城乡一体化战略，推进主体功能区建设，统筹城乡区域协调发展。加快中心城区提质发展。完善提升城市规划，加强规划实施的监督管理，坚决查处违法建设行为。坚持扩容提质并重，继续抓好老城区提质改造，重点加快东城、西区、武广等新区综合开发，大力实施“351111”工程①，提高城市综合承载力和辐射带动力。深入开展“三创”和“城市管理提质年”活动，实施临街建筑“穿衣戴帽”工程，全面推进数字化城管，提升城市管理水平。实施城区“停车场（库）建设三年行动计划”，力争通过三年的努力，提供泊车位10万个以上。大力发展城市公交。实施“绿城攻坚”二期，打造一批园林绿化精品工程，新建改造城市公（游）园39个、河流和湖泊风光带6个。力争城区绿化覆盖率44%以上、绿地率38%以上、人均公共绿地面积10.8平方米以

① 3个生态休闲主题公园、5个城市商业综合体、10个山头公园、10个景观湖、10个五星级酒店、100栋80米以上高层建筑。

上，力争成功创建国家园林城市。加快郴资桂两型社会示范带率先发展。重点推进以两型产业振兴为主导、两型项目建设为重点的九大工程和产业发展、行政管理等八大综合配套改革。拟实施重大项目287个，总投资1196亿元，年度计划投资260亿元，重点抓好103个两型产业项目、155个城乡统筹项目、29个生态项目建设，率先实现区际公交一体化，率先推进“三网融合”，促进郴资桂融合发展。加快城乡区域一体化发展。编制郴资桂、郴永宜城镇群区域规划和全市城乡一体化发展总体规划，加快资兴市、桂阳县、临武县、桂东县等新一轮县城总体规划修编，推进新一轮乡镇总体规划修编，优化乡村布局规划，以城乡规划一体化引领城乡一体化进程。全市县城控规覆盖率85%，北湖区、苏仙区率先实现城乡规划全覆盖。加快郴永大道建设，带动永兴县融入主城区发展。推动县城和中心镇扩容提质，实施乡镇建设“八个一”工程，各县（市、区）重点建设1~2个示范镇；支持劳动密集型产业和农产品加工业以园区为载体，向县城和中心镇集聚；深化户籍制度改革，积极解决进城务工人员的就业和生活问题，促进农民融入企业、子女融入学校、家庭融入社区。以郴州大道新农村示范带建设为重点，大力推进新农村建设。推进“三年城乡绿化攻坚”，年内造林50万亩。启动“点亮郴州”行动，加强农村环境综合整治，推进绿色照明，用三年时间基本实现全市主要交通干线沿途村庄净化、绿化、美化、亮化。加快农村公路通畅工程建设，推进危桥改造工程。继续开展“水利建设年”活动，抓好青山垅等大中型灌区续建配套与节水改造，支持安仁县、嘉禾县、桂阳县、汝城县等小型农田水利重点县建设。除险加固病险水库122座。解决24万农村人口饮水安全问题。推进气象监测与灾害预警工程建设，完成市级及11个县级山洪灾害预警系统建设，完善1020个重点村山洪灾害预警系统。强化农民素质培训。充分用好国家罗霄山脉连片扶贫开发的政策机遇，进一步加大扶贫开发力度，扶持老少边穷地区和库区加快发展。

（五）继续推进民生100工程

始终把保障和改善民生作为政府工作的出发点和落脚点，优化财政支出结构，继续实施“民生100工程”，让全市人民过上更加幸福美好的生活。着力提高人民生活水平。认真落实惠民富民政策，促进城乡居民持续增收，努力提高中等收入者比重。坚持创业富民优先导向，确保创建国家级创业型城市通过国家验收。建立统一规范的人力资源市场，完善公共就业服务体系，统筹做好城镇新增劳动力、农村转移劳动力的就业指导，重点帮扶零就业家庭、残疾人、低保对象、失业人员、就业困难大学生和转业退伍军人。新增城镇就业 5.2 万人、农村劳动力转移就业 4.5 万人。稳步推进基本医疗保险制度城乡一体化改革。全面推进乡村门诊统筹，“新农合”筹资标准提高到每人每年 290 元，参合率稳定在95%以上。全面推进非煤矿山企业整体参加工伤保险，稳步推进城镇职工医疗、生育保险市级统筹。全面推进“新农保”和城镇居民养老保险，提高农村五保分散供养标准和城乡低保水平，实现高龄补贴全覆盖。加强乡镇敬老院建设，基本实现“乡乡有一所敬老院”。巩固社区居家养老试点成果，推进社会化养老服务，加快市老年福利中心建设，力争实现“县县有一所福利院”。积极发展社会福利和慈善事业，继续推进慈善 10 个救助项目、100 个救助对象和救助 1000 人的“十百千”工程。加强保障性住房建设，规范廉租住房和公共租赁住房管理，新建（筹集）保障性住房 2 万套，改造农村危房 1 万户以上，全面完成省下达的国有林场和工矿棚户区（危旧房）改造任务。扩大住房公积金制度覆盖面和受益面。加强重要农副产品市场和价格监管，完善价格补贴与物价上涨挂钩联动机制，保障困难群众生活水平。规范经营行为，加强诚信建设，创建消费放心城市。全面推进社会事业发展。坚持教育优先发展，全面推进义务教育均衡发展，创建义务教育合格学校 80 所。推进普通高中内涵发展、特色发展，大力发展职业教育，加快发展学前教育和特殊教育，规范和扶持发展民办教育。加快市级特殊教育中心学校建设。支持湘南学院和郴州职业技术学院、技师学院、师范学校加快发展。加强校园文化和教师队伍建设。完善学生资助体系，确保家庭经济困难学生不因贫困辍学。大力推进创新型企业培育、农业科技示范、科技成果转化和科技创新创业人才培育工程，实施一批重大科技专项、高新技术产业化专项、产学研专项和重大科技成果转化项目，积极培育自主品牌和知识产权，推进创新型郴州建设。巩固完善国家基本药物制度。积极实施国家公共卫生服务项目，强力推进“3521”卫生信息化工程，基本建成覆盖市、县、乡、村和所有医疗卫生单位的卫生信息服务系统。扶持中医药事业发展，加快中医药服务体系建设。有效防控艾滋病、结核病、手足口病等重大传染病。加强医疗卫生人才队伍建设。全面完成食品药品监管城乡一体化建设，加大食品药品违法案件查处力度，保障公众饮食用药安全。

加快发展文化事业和文化产业，完善公共文化服务体系，推进11个县级文化馆、11个县级图书馆、7个剧场提质升级，提升林邑讲坛、湘昆曲等文化品牌。夯实人口计划生育工作基层基础，深化优质服务，强化利益导向，严格整治“两非”，稳定低生育水平，统筹解决人口问题。广泛开展全民健身活动，推进体育郴州建设。切实维护社会和谐稳定。切实加强安全生产，严防重特大事故发生。继续推进公路治超。深化客运市场整治。加快市、县两级突发公共事件预警信息发布平台建设，提高应急处置能力。加强和创新社会管理，强化城乡社区管理，增强社区自治和服务功能。广泛开展“六五”普法，推进“法治郴州”建设。坚持领导“大下访”，推动信访“积案化解”。加大“平安郴州”创建力度，保持对黑恶势力和暴力犯罪的高压态势，深化警务改革，全面提高社会治安防控能力，不断增强人民群众的安全感和满意度。

B.30

永州市2011年经济社会形势分析及2012年展望

魏旋君*

一　2011年永州市经济社会发展情况

2011年，永州市坚持以科学发展观为指导，认真贯彻落实省委、省政府的战略部署，大力推进“四化两型”建设，努力克服各种困难挑战，全市经济社会发展延续了“十一五”以来的良好势头，取得了“十二五”发展的开门红。

（一）经济保持较快发展

全市地方生产总值达到962.28亿元，比上年增长13%；固定资产投资完成593.27亿元，增长35%；社会消费品零售总额完成285.16亿元，增长17.9%；进出口总额1.92亿美元，增长63.3%；财政总收入完成70.5亿元，增长31.7%；城镇居民人均可支配收入17193元，增长13.9%；农村居民人均纯收入6002元，增长18.6%。

（二）产业建设有新突破

工业支撑能力不断增强。完成规模工业增加值261.74亿元，增长21%，工业对经济增长的贡献率达到45.6%，同比提高3个百分点；规模工业企业实现税收占全市财政总收入的比重达到62%，同比提高2个百分点。产值过亿元企业发展到150家，过百亿元产业发展到3个。电子信息、太阳能光伏、生物医药等新兴产业进一步发展壮大。工业园区新扩园区面积40平方公里，新建标准厂

* 魏旋君，中共永州市委副书记、市人民政府市长。

房150万平方米。现代农业特色初步显现。粮食生产实现“八连增”。烟叶收购61.1万担，增加20万担，增收2.9亿元。建成生猪标准化规模养殖场100个，生猪规模化养殖比重居全省第一。农产品加工业继续走在全省前列，新增国家级龙头企业1家、总数达到3家，新增省级龙头企业9家、总数达到28家。市现代农业科技示范园晋升为国家农业科技园区和国家农业产业化示范基地。文化旅游、金融保险、商贸物流等服务业发展较快。全市接待国内外游客1440万人次，实现旅游收入73亿元，分别增长30.6%和31.4%。文化产业实现增加值26亿元，增长16.5%。新增1家农村商业银行、2家小额贷款公司，年末金融机构存款余额844.99亿元，贷款余额401.58亿元，分别增长16.4%和11.88%。新增后备上市企业4家。荣获中国金融生态城市称号。

（三）对外开放全面提速

产业承接势头强劲。全年引进产业承接项目300个，其中投资5000万元以上的130个，亿元以上的42个。实际利用外资4.6亿美元，内联引资203.5亿元，分别增长18%和31.3%。对接东盟走在全省前列。在第八届中国—东盟博览会上，与东盟国家签约外经外贸项目7个，进出口总额1.1亿美元，招商引资项目18个，总投资21.6亿美元，马来西亚永州绿色产业园和国际多元贸易区等项目启动实施。与央企、省企合作取得新突破。先后与北控集团、中交集团、广汽集团、中国五矿、神华集团等签订战略合作协议，这些企业将投入巨资支持永州市生态新城、水务开发、广汽长丰20万辆汽车、江华百亿元稀土产业、零陵百亿元锰产业和永州火电厂等重大项目建设。

（四）基础设施大幅改善

交通建设强力推进。道贺高速公路建成通车，湘桂铁路复线基本完成路基工程，永蓝高速公路、厦蓉高速公路进展顺利，干线公路改造和通乡通村公路建设全面完成年度任务。城镇建设步伐加快。全面部署“五城同创”，加速推进生态新城建设，以永州大道扩改工程竣工通车为标志，中心城区一体化取得重大进展。全面实施县城建设“八个一”工程和标准化示范乡镇建设，县城和中心镇面貌不断改观。全市城镇化率达到37.4%，同比提高1.4个百分点。水利建设力度加大。涔天河水库扩建工程正式奠基，完成22座病险水库除险加固、9个中小河流治理项目和3000口高标准山塘清淤扩容工程，兴建137处农村饮水安全工程。电力建设有新成效。启动实施新一轮城乡电网升级改造工程，完成电网投资6.8亿元，新建、扩改1座500千伏变电站和4座220千伏变电站；湘祁等重点电站建设加速建设，五里牌电站并网发电。

（五）民生保障得到加强

全市民生支出达到120亿元，占财政总支出的70%，增长18%。新增城镇就业5.4万人、农村劳动力转移就业9.8万人，动态就业援助达到100%，被列为全省首批“创业型城市”。新增企业养老保险1.98万人、失业保险1.78万人、工伤保险6.15万人，新农保试点全面推开，10个试点县（市、区）同时被国务院纳入城镇居民社会养老保险试点范围，城镇医保参保124.53万人，新农合参合率达98%，蓝山“10+100”新农合模式成为全省、全国“医改”亮点。新建和改扩建乡镇敬老院11所，100余万贫困群众得到救济救助。完成农村危房改造9670户，6650套保障性住房全部开工建设，工作经验被全省推广。为民办实事40项考核指标全面完成。

二　2012年永州市经济社会发展的主要目标

2012年是实施“十二五”规划承上启下的重要一年，也是永州市建设国家级承接产业转移示范区的全面起步之年。全市经济社会发展的总体要求是：全面贯彻落实中央经济工作会议、省第十次党代会、省委经济工作会议和市第四次党代会精神，以“四化两型”为方向，以国家级承接产业转移示范区建设为总抓手，以稳中求进为总基调，以转方式、调结构为主线，突出上项目打基础、抓承接促对接、惠民生保稳定、转作风重落实，认真实施“十件大事”，加快建设全面小康社会，加快建设“两型”社会，以优异成绩向党的十八大献礼。主要预期目标是：地方生产总值增长13%，规模工业增加值增长23%，固定资产投资增长30%，社会消费品零售总额增长19%，进出口总额增长25%，财政总收入增长20%，城乡居民收入增长12%，综合经济实力实现“三个一千”，即地方生产总值、规模工业总产值、金融机构存款余额均突破1000亿元。节能减排完成省定目标。

（一）着力抓好工业发展

坚持项目兴工，通过实施一批大项目好项目，带动和促进工业发展，力争全年开工新建投资 500 万元以上工业项目 300 个，竣工投产 100 个。积极协调化解各类矛盾，力争 2011 年竣工的一批工业项目尽快投产达效。狠抓企业挖潜增效，确保产品有市场、带动能力强的骨干企业满负荷生产，重点抓好零陵卷烟、湘江纸业的结构调整，力促长丰 CP2 轿车三季度建成投产，稳步扩大湘龙铜业、奔腾彩印等企业生产规模。按照"一企一策"办法，扶持困难企业恢复发展生产。做好规模企业入统工作，确保全年新增规模工业企业 70 家以上。全面开展"项目建设年"和"企业服务年"活动，市里确定一批重大项目和重点骨干企业，由市级领导和相关部门实行定点联系、挂牌服务。

（二）着力抓好农业农村经济

认真落实国家强农惠农富农政策，加快农业科技进步，促进农业增产、农民增收、农村发展。扎实推进规模农业基地建设，耕地总量稳定在 491.7 万亩，基本农田总量稳定在 435 万亩，粮食播种面积稳定在 824 万亩，烤烟种植 28 万亩、收购 75 万担，水果低改扩园 30 万亩，新增造林面积 48 万亩。新建 100 个标准化规模养殖场，新建农村沼气池 6000 口、大中型沼气工程 203 处，推广先进适用农机具 5 万台（套）。提质发展农产品加工业，年内新增销售收入过亿元企业 4 家，新培育省级以上名牌产品 3 个。大力发展农民专业合作组织，新增专业合作社 100 家，创建 11 个省级示范社。抓好涔天河水库移民搬迁安置工作，启动 200 个新农村建设示范村和 11 个示范片建设。加快推进农村集体土地确权登记发证。实施乡村清洁工程，鼓励引导农村相对集中建房。实施高标准农田示范工程建设，推进涔天河耕地后备资源开发。落实国家新十年扶贫开发纲要，全面启动新一轮扶贫开发，全年减少贫困人口 3 万人。市现代农业科技示范园要建设一批观光农业、高效农业基地和乡村旅游景点，新引进一批农产品加工龙头企业。

（三）着力抓好城镇建设和管理

精心制定中心城区战略发展规划，全面完成控制性详规和专项规划编制，加快生态新城建设步伐，抓紧实施永州大道景观带、湘江两岸风光带、玫瑰湾国际生态旅游度假区、卷烟物流配送中心、国际航空物流园、影视文化中心等项目。加强市政基础设施配套，加快九嶷大道、梧桐东路、零陵区沿江大道以及零陵工业园、火车站配套路网建设，打通舜皇路、银象路、潇湘大道等断头路，改造珍珠路、梅湾路，开工建设湘江东路、湘江西路、城南大道和城南大桥，加快城中村、河西旧城区、湘江西路棚户区以及背街小巷改造，全面提升建成区配套功能和水平，严厉打击违法建设行为。大力实施县城建设“八个一”工程，突出抓好路网管网配套、污水和生活垃圾处理设施、城区公园和绿地建设，全面开展卫生县城、文明县城创建活动。切实抓好乡镇所在地的绿化美化和环境卫生，着力打造一批标准化示范乡镇，以此带动新农村建设，促进城乡统筹发展。加强和创新城市管理，推动“五城同创”工作向纵深开展。

（四）着力抓好现代服务业发展

加快发展生产性服务业，突出抓好蓝宁道新保税物流园、潇湘汽贸城、粮油综合批发大市场、永州新商城、矿产品交易中心等重点项目建设，大力发展连锁经营、物流配送、仓储超市、电子商务、网上购物等新型业态，年内要在冷水滩区河东、河西各开工建设一个城市综合体。全面提升商贸流通、邮政快递、体育健身、休闲娱乐、家政养老、社区服务等生活性服务业，大力发展数字媒体、数字出版、文化创意等新兴文化服务业。发展壮大旅游产业，加强旅游市场开发和旅游配套设施建设，推进九嶷山舜帝陵创5A旅游区和柳子景区、阳明山国家森林公园创4A旅游区工作，完成李达故居、周敦颐故里、新田谈文溪村创3A旅游区工作，年内冷水滩区、零陵区、道县、宁远县、祁阳县力争各建成一家五星级宾馆，其他县力争各建成一家四星级宾馆。

（五）着力抓好基础设施建设

抓紧交通项目实施，年内永蓝高速公路、厦蓉高速公路、二广高速公路双牌连接线、东安至广西全州、省道323由新田至宁远、省道324蓝山段改造工程等建成通车，加快湘桂铁路复线、省道325由道县祥林铺至江永龙虎关、国道207东安段和江华段、国道322零陵改线工程、国道322祁阳绕城公路、省道323宁远绕城公路、祁阳至冷水滩一级公路、江华白芒营至石碧塘等项目施工进度，新开工建设厦蓉高速公路宁远互通至九嶷山、祁阳木梓圩至金洞、新田郛下至金鸡

岭、国道 207 由零陵至双牌一级公路、东安芦洪市至小江口、省道 326 由江华白芒营至码市分水岭等项目，抓紧做好永郴铁路、桂永郴赣铁路、祁道高速公路、永郴高速公路、冷东快速通道和萍岛至归阳航道改造前期工作。启动永州机场搬迁前期工作。加强水利设施建设，全力抓好涔天河水库扩建工程，加快推进 52 座小Ⅰ型和 116 座小Ⅱ型水库除险加固，全面完成 25 万人农村饮水安全工程，抓好 11 个中小河流治理、6 个城市防洪工程和 6 个小型农田水利重点县建设，加强清淤防渗和渠道系统配套。加强耕地保护和矿产资源开发秩序整治，坚决制止耕地抛荒。抓好一批电源电网建设，争取永州市火电项目一期工程于 2012 年第四季度开工建设，加快湘祁和五里牌电站、江华县风电等项目建设进度，开工建设双牌县、江永县、蓝山县风电项目，扩建 1 座 220 千伏变电站，新建和续建 3 座 110 千伏变电站，抓好 14 座 35 千伏变电站建设，加大城乡电网改造力度，推进新一轮农网升级改造工程。实施石油储备库和城市管道天然气工程。加强各类信息传输网络建设，推进电信网、广播电视网和互联网“三网融合”。

（六）着力抓好承接产业转移示范区建设

坚持高起点规划，大力度推进，上半年完成示范区区域建设规划、产业布局规划的编制工作，制定出台相关扶持政策。加大招商引资力度，全年引进各项资金增幅不低于全市固定资产投资增幅，实际利用外资 5 亿美元以上，内联引资达到 250 亿元。突出抓好引资重点，紧紧围绕做大做强先进装备制造业、电子信息和光伏产业、矿产品和农产品加工业、加工贸易型产业、文化旅游产业和清洁能源产业，承接沿海产业转移，加强与央企、省企和东盟合作，促进产业集群集聚发展。提升发展工业园区，全年新增园区面积 20 平方公里以上，新建标准厂房 150 万平方米以上，新引进落户规模工业企业 100 家以上，今年对工业园区建设要制定严格的目标管理制度和考核奖惩办法。加强通关平台建设，争取省里支持永州市在北部湾设立湖南对接东盟出海港口基地，建成蓝山公路口岸，完成海关大楼主体工程。

（七）着力抓好财税金融工作

加强财源建设，整合财政资金，全力支持承接产业转移示范区建设，重点扶持财税贡献大的企业加快发展；强化财税征管，进一步理顺市区税收征管体制，完善收入组织调度、非税收入征缴和目标考核机制，严格规范执收执罚和减免缓征行为；牢固树立过紧日子的思想，调整和优化支出结构，切实保障重点支出；加强财政监管，防范和化解债务风险。加大信贷投入，全年新增贷款 80 亿元，力争金融机构存贷比达到 50%；完善金融体系，年内新引进股份制商业银行 1 家，新组建村镇银行 1 ~2 家，新增小额贷款公司和融资性担保公司 2 ~3 家，新组建双牌县、东安县、祁阳县、蓝山县等4 家农村商业银行，以潇湘农村商业银行为基础，着力打造一家资产过百亿元的区域性银行，全面消除金融服务空白乡镇，做大做强城市建设投资、交通建设投资等融资平台；鼓励和推动上市融资，力争 1 ~2 家企业上报国家证监会发审委审批；深入开展金融创安活动，加强社会信用体系建设，严厉打击非法集资活动，切实优化金融生态环境，力争创建 1 ~2 个省级金融安全区。

（八）着力抓好民生保障

重点实施十大惠民工程。一是就业和社会保障惠民工程。加快省级创业型城市建设，全年开展职业技能培训 14 万人次，新增城镇就业 5 万人，稳定农村劳动力转移就业 130 万人以上。五项社会保险参保人数达到 500 万人次，城镇居民养老保险参保人数达到 15 万人、城镇医疗保险参保人数达到 168 万人，新农合参合率稳定在 95% 以上。二是科技惠民工程。实施省级以上科技项目 40 项，申请专利 800 件，授权专利 300 件，启动实施科技特派员农村科技创业行动。三是教育惠民工程。认真落实学前教育三年行动计划，年内建好 20 所公办幼儿园，扶持 40 所普惠性民办幼儿园。加快 6 所特殊学校建设，完成 65 所合格学校建设任务，继续加强城区学位建设，开展农村义务教育营养改善计划试点。加快永州职业技术学院、潇湘技师学院建设，创建 2 个省级以上职业教育改革发展示范学校、2 个省示范性县区职教中心。加快推进以校车为重点的学生安全工程建设。四是文化惠民工程。加快市文化艺术中心、中国将帅影视基地、凤凰影视城、萍洲文化广场等文化项目建设，承办好全省公祭舜帝大典活动，建好 1684 家农家书屋，全面推进“三馆一站”等公共文化阵地免费开放工作，加强网吧整治和管理。五是卫生惠民工程。加快市中心医院全科医生培训基地、芝山医院、市妇幼保健院等项目建设，完成 3 所县区医院、11 所县区卫生监督所、5 所县区急救中心、4 所乡镇卫生院项目建设任务，实现全市村卫生室和乡村医生全覆盖，积

极探索公立医院改革试点。六是全民健身惠民工程。规划建设一批城市社区体育设施，完成第二批新农村建设农民体育健身工程项目。七是安居惠民工程。完成保障性安居工程建设和农村危旧房改造任务，建设廉租住房 7100 套、公共租赁住房 5100 套，城市棚户区改造 2600 户，林区棚户区改造 2626 户，垦区危旧房改造 2349 户，农村危旧房改造 8000 户。八是计划生育惠民工程。认真落实计划生育扶持奖励政策，确保符合政策生育率达到 81.5% 以上，人口自然增长率控制在 7.5‰以内，出生性别比有所下降。九是生态惠民工程。大力开展绿色永州五年行动、污染治理专项行动和节能减排全民行动。十是维稳保安惠民工程。强化信访工作责任，严格落实接访、处访、下访制度，维护正常信访秩序。加强特殊群体的管控，高度重视禁毒工作。深入开展“打黑除恶”、打“两抢一盗”、“打四黑除四害”、“命案必破”和“计量六进”活动，确保人民群众生命、财产和食品、药品安全；加强基层安全生产，建成 25 个省、市级安全生产示范乡镇（社区）；完善社会治安防控体系，加强城市技术视频防控网、街面巡逻防控网、城乡社区防控网、单位和行业场所防控网、区域警务协作网、虚拟社会防控网建设，推进基层平安创建活动；组织开展“三强行为”专项整治行动，营造良好的建设施工环境。

B.31

怀化市 2011 年经济社会形势分析及 2012 年展望

李 晖*

一 2011 年怀化市经济社会发展情况

2011 年，怀化市深入贯彻落实科学发展观，着力转方式、调结构，扩内需、促增长，强基础、惠民生，经济社会保持了平稳较快发展，实现了“十二五”时期良好开局。全市实现生产总值 837 亿元，比上年增长 14.1%；完成财政总收入 75.2 亿元，增长 29.6%，其中一般预算收入 47.5 亿元，增长 33.1%；完成全社会固定资产投资 437.97 亿元，增长 35.2%（不含跨区项目）；实现社会消费品零售总额 274.6 亿元，增长 18%；城镇居民人均可支配收入 13810 元，农民人均纯收入 4400 元。

（一）产业建设取得新进展

工业经济态势良好。深入开展“工业年”活动，全年完成工业投资 160 亿元，新上工业项目 344 个；新增规模企业 34 家，总数达 595 家，规模工业增加值增长 20%；完成高新技术产业产值 110 亿元，增长 22.8%。华洋铜业铜资源循环利用、槽式太阳能等项目开工建设；泰格林纸溶解浆、康师傅饮品、大康牧业生猪加工等项目竣工投产。园区经济快速发展，市工业园入园企业增加到 31 家，沅陵县、辰溪县、中方县等县级工业园区实现了新发展。节能减排任务全面完成，实施重点减排项目 73 个，关闭落后产能企业 13 家，万元生产总值能耗下降 3.6%，万元规模工业增加值能耗下降 8.8%。农业经济稳步增长。实现农业

---

* 李晖，中共怀化市委副书记、市人民政府市长。

增加值 120 亿元，增长 4%。扎实推进九大农业产业基地建设，新建超级稻标准田 10 万亩，粮食总产量达 178 万吨；新建和改造油茶 12.7 万亩、柑橘 6.7 万亩、茶叶 1.17 万亩。实施农业产业化重点项目 50 个，农业产业化龙头企业发展到 128 家，实现销售收入 133 亿元，增长 25%。农业生产组织化、标准化、机械化水平进一步提高，各类专业合作组织发展到 1298 个；标准化生产基地达 42 万亩，无公害农产品产地认定达 402 万亩，新增国家地理标志产品 3 个，“麻阳柑橘”被认定为中国驰名商标。第三产业蓬勃发展。相继实施一批商贸物流、文化旅游、房地产开发项目，加快发展现代服务业。佳惠物流配送中心（一期）建成开业，华桥钢材市场、现代粮食物流中心等项目加快建设。销售家电下乡产品 23.8 万台（件），补贴资金 6340 万元。洪江古商城文化旅游资源保护开发工作全面启动，芷江县太和塔、通道县恭城书院扩建等项目进展顺利。全市接待国内外游客 1450 万人次，增长 32%，实现旅游总收入 86 亿元，增长 23%。房地产市场稳步发展，完成投资 53 亿元，增长 18.5%，竣工商品房面积 267 万平方米，销售 260 万平方米。

（二）城乡面貌发生新变化

交通体系不断完善。芷江机场改扩建开始征地拆迁和招投标；长昆铁路客运专线和吉怀、怀通、新溆、溆怀、绕城高速公路建设进展较快；G209 石羊哨至怀化（一期）、S223 沅陵三角坪至辰溪、S308 分水岭至低庄公路改造工程竣工通车；S308 溆浦至山塘驿、S319 靖州至水獭坳、池黔公路改造（二期）等项目顺利推进；完成县乡公路改造 101 公里、通畅工程 1533 公里，100% 的乡镇和 90% 的行政村通了水泥（沥青）路。城市建设步伐加快。迎丰路综合改造基本完成，市民服务中心、市民休闲广场交付使用，顺天路、紫东路、府前路、金海路建成通车。紫东片区和江秀片区基础设施、城市管道燃气、刘塘路、舞水河与太平溪综合治理等项目建设步伐加快，红星北路、二环路改造、迎丰公园改扩建、湖天公园等项目开工建设。城市道路骨架拉开到 85 平方公里，建成区面积达 56 平方公里，新增 2.2 平方公里。深入开展市容秩序、渣土运输、环境卫生整治，启动了省级园林城市创建工作，实施了城区道路绿化提质改造工程，创建国家卫生城成果得到巩固，进入省级卫生甲类城市。各县（市、区）都实施了一批污水处理、垃圾无害化处理等公用设施项目。全市城镇化率达 37.6%，提高1.5个百分点。农田水利与生态建设不断加强。溆水灌区年度续建工程和122座小型水库除险加固任务全面完成，15个防洪堤建设项目、12个中小河流治理工程相继开工，改善和新增灌溉面积16.65万亩；完成“三边”造林7.58万亩，封山育林150万亩、补植补造30.9万亩，治理水土流失43.8平方公里；启动了农村环境连片整治试点工作，新建沼气池10018口。怀化市被环保部命名为第七批“国家级生态示范区”。

（三）改革开放迈出新步伐

电力体制改革基本完成，大小电网成功合并。市“百纺五副”等7家商贸企业改制进入扫尾阶段。乡镇机构改革基本完成。医药卫生体制改革深入推进，实现了基本医疗保障制度、国家基本药物制度全覆盖。投融资体制改革取得进展，市水务投资公司正式组建运行。集体林权制度改革进一步深化，规范流转林地18.7万亩，新增林权抵押贷款6500万元。全市实际利用外资7112万美元，增长13.3%，内资186亿元，增长19.2%；实现外贸进出口总额7800万美元，增长30%。

（四）民生改善取得新成效

就业和社保工作力度加大，新增城镇就业3.3万人，新增农村劳动力转移就业5.8万人；新增养老、工伤、失业保险参保14.6万人，征缴各项社保基金13.8亿元，发放和支付各项社会保险待遇25.7亿元。新增新型农村养老保险县6个，参保总人数达199.8万人，35.6万名60岁以上的农民群众每月领取55元的基础养老金。社会救助、社会福利工作不断加强，改扩建农村敬老院14所；低保扩面成效显著，农村低保对象增加到19.9万人，城市低保对象达10.5万人，共发放低保金3.86亿元；全面建立孤儿生活保障制度，市未成年人救助保护中心建成投入使用。投入财政性住房保障专项资金1.92亿元，新增廉租房20.9万平方米；完成农村危房改造10270户。投入财政扶贫资金1.17亿元，实现3.65万人脱贫。投入移民搬迁资金5亿元，安置移民1.7万人；投入后扶资金2.09亿元，21.4万移民享受了后扶直补和项目扶持。解决了28.7万人的饮水安全问题。

（五）社会事业实现新进步

完成义务教育合格学校建设65所、中小学校校舍安全工程改造15.3万平方米；城区累计增加义务教育公办学位1.3万个，低年级“大班额”问题得到有效化解；高中学校学业水平测试合格率排名从全省第12位上升到第7位；职教基地项目正式开工。争取省以上科技项目60项，取得市级以上科技成果奖励26项，申请专利380项。中医院和4个县级医院改扩建项目建成投入使用，改造乡镇卫生院18所，建设村卫生室96所；全市新型农村合作医疗参合率达95%，政策范围内的住院费用实际补助率达72.3%，新晃、芷江、麻阳、鹤城4个试点县（区）实现了乡镇卫生院住院医疗费用全报销。市图书馆建成投入使用，新建乡镇文化站147个、农家书屋633家，新增有线电视用户5万户，送戏下乡918场次；拍摄了建党九十周年献礼影片《通道转兵》，创作、巡演了大型反腐倡廉历史剧《满朝荐》。群众性文化体育活动广泛开展。人口计生工作成效明显，低生育水平保持稳定，怀化市被评为全省先进单位，靖州获评全国计生优质服务县。国土资源保障发展的能力增强。国防教育和国防动员工作深入开展，怀化市和会同县、靖州县获评全国双拥模范城（县）。社会管理创新和社会综合治理不断加强，年度综治考评和公众安全感受测评均居全省第三；公共应急体系进一步健全，安全生产执法、隐患治理和宣传教育深入开展，事故数、死亡人数实现“双下降”。

二　2012年怀化市经济社会发展基本思路

2012年是全面贯彻落实省第十次党代会的第一年，怀化市将深入贯彻落实科学发展观，按照中央和省委经济工作会议精神的要求，紧紧围绕“构筑商贸物流中心，建设生态宜居城市”战略目标，坚持以富民强市为主题，以结构调整为主线，以改革创新为动力，握紧拳头保发展重点，集中精力办民生大事，着力保增长、兴产业、强基础、惠民生，全面推动经济社会发展再上新台阶。经济社会发展的目标是：地区生产总值增长13%；财政总收入增长18%；全社会固定资产投资增长30%；规模工业增加值增长20%；社会消费品零售总额增长18%；城镇居民人均可支配收入增长11%，农民人均纯收入增长12%；新增城镇就业3万人，城镇登记失业率控制在4.5%以内；人口自然增长率控制在9‰以内；完成省里下达的节能减排任务。

为实现以上目标，怀化市将突出抓好石煤综合利用、槽式太阳能热发电设备制造等十大产业项目，芷江机场改扩建、高速高铁建设、中心城市扩容、农村水利建设等十大基础工程，就业、就医、就学等十大民生实事，努力推动经济社会又好又快发展，重点抓好五个方面的工作。

（一）突出结构调整，做大做强产业

提升发展商贸物流业。按照“培育大市场、发展大商贸、搞活大流通”的思路，在增强辐射上下工夫。突出抓好中央商务区、专业物流园区和十大专业批发市场建设，积极引进国际国内知名物流企业；全力推进现代农机物流中心、商业步行街、飞达新世纪、美食文化街等20个重点项目建设，加快培育连锁超市、网络配送、服务外包等新型业态，努力提高商贸物流业发展水平。认真落实促进服务业发展的各项政策措施，着力做大做强金融、信息、商务、会展等生产性服务业，推进现代服务业与商贸物流业有机融合、互动发展。突出发展新型工业。按照“立足现有基础、发挥比较优势、强化结构调整、形成产业集群、打造五大基地”的要求，充分挖掘产业潜力，切实转变发展方式，着力将怀化打造成为湖南重要的能源、食品、生物、林木和材料基地。以实施“三百工程”（百亿元产业、百亿元园区、百亿元企业）为载体，引进和实施一批工业项目，力争完成工业投入185亿元。切实做好各项前期工作，促进三一工程机械、正清鱼腥草注射液等项目尽快开工。加快推进镁合金新材料、娃哈哈饮品（二期）、绿康脱水蔬菜等项目建设，力争早日竣工投产达产。打好园区攻坚战役，着力完善园区基础设施，建设一批标准化厂房，加快启动新加坡（怀化）生态工业园区建设，创建一批省级工业集中区。积极发展现代农业。按照“经营规模化、生产标准化、产销一体化、耕作机械化”的思路，在提高产业化程度上见实效。突出抓好“米袋子”、“菜篮子”工程，确保粮食播种面积稳定在500万亩、总产170万吨，新建蔬菜基地5000亩。扎实推进工业原料林、柑橘、生猪、烟叶等九大农业产业基地建设，推进生产规模化。加大农机推广力度，积极培育农机大户，提高机械使用率。做好绿色和有机农产品认证工作，建立健全农产品质量安全监管检测体系，全面推行农业生产标准化。扶持引导大康牧业、汉清生物、补

天药业、湘虹葛业等龙头企业延伸产业链条，进一步做大做强。加速发展文化旅游业。按照“围绕旅游抓产业，抓好产业促旅游”的思路，加快旅游业与文化产业的对接和融合，在打造品牌上做文章。加强重点文物和非物质文化遗产保护与利用，支持通道侗族古建筑群申报世界文化遗产，争取“中国杂交水稻历史博物馆”落户怀化市。重点推动洪江古商城、芷江受降纪念馆、飞虎队纪念馆、通道万佛山、黔阳古城等创建3A、4A、5A级景区，加快大湘西文化产业园、溆浦县山背梯田、麻阳县石羊哨温泉、中方县荆坪—康龙等项目开发。主动融入张家界、凤凰、桂林旅游圈，深化区域旅游合作，建设1～2条旅游精品线路。加强旅游形象策划与宣传，参与和筹办“武陵山片区文化旅游产业发展论坛”、“湖南省第三届旅游商品博览会”和中国—怀化“三古”文化旅游节。完善旅游酒店、游客服务中心等接待设施，规划建设一批旅游购物街区和购物店。打造一批特色餐饮品牌，推出怀化名宴、名菜、名店、名厨，鼓励侗、苗少数民族合拢宴、龙头宴走向旅游市场。

（二）坚持城乡统筹，完善基础设施

致力构建便捷高效的综合交通运输体系。协调推进长昆铁路客运专线和在建5条高速公路建设，加快干线公路改造，推进芷江机场改扩建，力争吉怀高速公路年内通车，加快构建市域两小时经济圈。继续实施渡改桥和危桥改造项目，做好怀化至芷江、怀化至铜仁、沅陵三角坪至辰溪火马冲、益阳马迹塘至溆浦等高速公路和沅水、舞水航道整治工程的前期工作。继续抓好农村公路建设，确保行政村通畅率达93%以上。逐步完善乡镇客运站和农村招呼站等配套设施，着力推进农村公路建、管、养、运一体化。致力构建互促互进的城镇体系。突出中心城市提质扩容。开工建设香洲南路、建丰路、云集路（二期），加快红星北路、刘塘路建设和二环路改扩建，完善城市路网。抓好太平溪、舞水河怀化城区段综合治理和潭口溪防洪治理。推进城区供水管网铺设和燃气普及。以“五城同创”为载体，突出抓好城市绿化、亮化、美化工作，真正还路于民、还绿于民、还净于民。提高城镇综合承载能力。坚持“规划先行、基础共享、产业互动”，加快推进鹤中洪芷一体化建设。各县（市、区）要根据区位条件、资源禀赋和文化特点，建成工业型、商贸型、旅游型等各具特色的县级城镇；把沿路、沿河及城郊乡镇建成“干净、整齐、畅通、繁荣”的精品小城镇。落实国家房地产调控

政策，规范房地产市场，促进房地产业持续健康稳定发展。致力构建安全有效的水利电力保障体系。抢抓国家加大水利建设投入的机遇，突出抓好水库（水闸）除险加固、中小河流治理、城市防洪、大中型灌区续建配套与节水改造、小型农田水利、农村饮水安全等六大工程建设。完成病险水库（水闸）除险加固236座、山塘清淤扩容1万口，新建和加固堤防120公里，新增灌溉面积26万亩，解决35万人饮水安全问题。以地方电网和国家电网合并为契机，整合资源，加快变电站、输电工程、配电设施建设，推进城乡电网升级改造。积极发展沼气、太阳能、风能、生物质能等新型能源。

（三）加强生态保护，建设两型社会

坚定不移地保护生态环境。持续推进“碧水青山蓝天”保护工程，启动国家环保模范城创建工作。调减商品林采伐限额，完成40万亩工业原料林基地建设，封山育林363万亩，推进1000公里走廊绿化工程为主的“三边”绿化，加强公路、铁路两旁乱采乱挖林地的整治。规范河道采砂行为，加强饮用水源保护。加大水土保持力度，抓好地质灾害防治，促进矿山和生态脆弱区植被恢复。加强农村面源污染治理，推行垃圾集中收集处理试点。严格污水排放监管，确保污水处理厂正常运营，实现达标排放。毫不动摇地推进节能减排。切实抓好林纸、化工、矿冶、建材等传统行业的燃煤锅炉改造、余热余压利用，深入开展企业节能行动。促进交通、商业、民用等领域的节能推广，推进建筑节能示范市建设。加快淘汰水泥、铁合金、造纸、化工等行业落后产能，关停一批破坏资源、污染环境和不具备安全生产条件的企业或生产线。发挥各级公共机构的引导和表率作用，落实节能产品政府强制采购制度，推进节能改造试点示范工程，积极创建节约型公共机构示范单位。最大限度地集约利用资源。实行最严格的耕地保护制度，突出加强基本农田保护，确保耕地数量不减少、质量不降低。积极推进集约、节约用地，强化对开发强度、建筑密度、容积率、绿地率等指标控制，保障重点建设项目和民生工程用地需求。继续整顿和规范矿产资源开发秩序，严格矿权管理，推进矿产资源整合，限制和淘汰粗放型资源开采、经营项目，引导粗加工向精加工转变，提高资源利用效率。以锰、铜、铅、黄金、重晶石、石煤等矿种为重点，加大勘探工作力度，增强资源支撑经济持续发展的能力。

（四）深化改革开放，增强发展活力

多领域推进各项改革。做实做强城建投资、交通建设投资、水务投资等融资平台，规范和完善中小企业贷款信用担保体系，支持金大地、佳惠百货等企业上市融资。深化农村综合改革，抓好麻阳农村股田制改革试点，巩固集体林权制度改革成果。启动市劳动保护用品公司等 9 家市直商贸企业改制。深化事业单位用人制度和分配制度改革。加强财政专项资金管理，开展财政资金使用绩效评价，增强财政集中支付能力。深化国有资产监管体制改革，确保国有资产保值增值。多方位推进招商引资。坚持招商与“选商”相结合，注重招大项目、招好项目。全年力争引进内资 223 亿元、外资 7700 万美元，分别增长 20%、10%。

（五）坚持以人为本，着力改善民生

着力为有劳动能力的人创造就业机会。大力发展劳动密集型产业、服务业和小微企业，增加就业岗位；强化就业服务，统筹抓好高校毕业生、复员退伍军人、农村转移劳动力就业。进一步完善就业援助制度，落实就业扶持政策，鼓励全民创业；重点帮扶就业困难群体，实现城镇零就业家庭动态清零。加强对失业人员和农民工的技能培训和创业培训，全年完成职业技能培训和转岗培训 10 万人次。年内新增城镇就业 3 万人、农村劳动力转移就业 5.2 万人。着力完善覆盖城乡、惠及全民的社会保障体系。完善城镇居民基本养老保险和新型农村社会养老保险制度，年内登记参保率达 95% 以上，参保缴费率达 80% 以上，逐步实现“人人享有基本养老保障”的目标。全面推进城镇居民医保、新型农村合作医疗、城乡医疗救助体系建设，城镇职工、居民医保参保率巩固在 95% 以上，新农合参合率达 95% 以上，逐步实现“人人享有基本医疗保险”的目标。切实加快以公租房、廉租房为重点的保障性住房建设，推进城市棚户区、农村危房改造，加快拆迁安置房建设速度。进一步完善城乡低保制度，逐步提高城乡低保标准，确保城乡困难群众的基本生活。改善农村“五保户”供养条件，新建一批乡镇敬老院和“五保之家”。依法做好移民搬迁安置工作，落实移民后扶政策，发展库区经济，让移民安居乐业。扎实抓好扶贫开发，大力发展扶贫产业，力争 6 万贫困农民稳定脱贫，实现扶贫对象不愁吃、不愁穿，保障其义务教育、基本医疗和住房。着力构建普惠均衡的社会事业体系。积极抓好怀化职业教育基地建设，启动怀化医专升本和怀化技师学院、怀化幼师高等专科学校筹建工作。加快实施一批广播电视村村通、无线数字电视户户通、社区文化活动室、农村电影放映等文化惠民工程，改造提升“农家书屋”1007个。抓好市全科医生临床培训基地、市第三医院医技楼、市第四医院综合大楼、市妇女儿童医院异地建设（一期），抓紧完成新晃、芷江、麻阳、会同、通道、靖州6个县级人民医院建设，加快辰溪县人民医院、洪江区中医院、13个县（市、区）卫监所与县级急救体系项目建设。大力发展体育事业，精心承办好全国乒乓球俱乐部联赛，广泛开展全民健身运动，提高人民健康水平。全面做好人口计生工作，稳定低生育水平，优化出生人口结构，提高出生人口素质。着力加强和创新社会管理。建立健全基层社会管理服务体系，突出抓好流动人口、特殊人群、非公有制经济组织的服务管理。完善基层民主自治，加快城乡社区建设，夯实社会管理基础。强化社会治安综合治理，深入开展“打黑”专项行动，严厉打击制售假劣食品、药品的“黑作坊”、制售假劣生产生活资料的“黑工厂”、收赃销赃的“黑市场”、涉赌涉毒的“黑窝点”和坑蒙拐骗、危害社会的“黑势力”，确保人民群众生命财产安全，确保社会和谐稳定。高度重视信访维稳，及时化解社会矛盾纠纷和不稳定因素。严格落实安全生产责任制，强化安全生产监管，突出煤矿、非煤矿山、烟花爆竹、危险化学品、水陆交通、建筑、消防、特种设备等重点行业、重点领域的隐患排查整治，加大校园周边环境整治和校车安全管理力度，预防和杜绝重特大事故发生。

B.32
娄底市2011年经济社会形势分析及2012年展望

易鹏飞*

一 2011年娄底市经济社会发展情况

2011年，娄底市深入学习科学发展观，认真贯彻落实党中央、国务院、省委、省政府关于“十二五”规划的决策部署，坚定实施“科学发展、加速赶超”战略，加快“四化两型”建设，全力推进经济社会发展和民生改善，各项指标均圆满完成年初确定的目标任务，实现了“十二五”的良好开局。

（一）市域经济稳健增长

2011年实现生产总值837.86亿元，比上年增长13.0%，其中第一、二、三产业增加值分别增长3.6%、16.8%和11.0%。一是投资拉动有力。扎实开展“项目建设年”活动，全年建设项目1281个，新开工项目916个。争取国家和省定项目98个、资金80.58亿元。各类金融机构贷款余额469.02亿元，比年初新增71.53亿元。发行市政项目建设债券12亿元，实现了向资本市场直接融资的新突破。同时，娄底市成功争取纳入衡邵干旱走廊综合治理规划、国家老工业基地规划研究范围，涟源市列入第三批国家资源枯竭城市，冷水江市继续享受国家资源枯竭城市财政转移支付政策，新化县、涟源市、冷水江市列入武陵山片区区域发展与扶贫攻坚规划，双峰县列入省级扶贫重点县，娄底经济开发区列入省级承接产业转移示范区，为娄底市争取项目资金，拓展了新的空间。二是消费需求趋旺。新增“万村千乡市场工程”标准化农家店680家，“网上供销社”乡镇加

* 易鹏飞，中共娄底市委副书记、市人民政府市长。

盟店达125家，获批商务部农产品现代流通综合试点城市，全年实现社会消费品零售总额258.38亿元，增长18.0%。三是开放带动加强。大力实施开放带动战略，加强与东盟、港澳、沿海等区域的交流合作，大力招商引资，加强央企对接，推动“九娄合作”，成功举办第三届“湘博会”，使娄底市的知名度和外向度进一步提升，实际到位外资1.68亿美元，到位内资157亿元，分别增长39.0%和42.2%，实现进出口总额22.38亿美元，增长56.6%，增幅和总额均居全省第3位。

（二）发展质量明显提升

全年完成财政总收入71.63亿元，增长27.0%；其中一般预算收入39.56亿元，增长31.8%。规模工业经济效益综合指数达到220，实现利润53.33亿元。一是产业结构日趋优化。一、二、三产业结构调整为14.7∶55.7∶29.6，完成工业增加值423.06亿元，增长16.8%。规模工业企业达到577家，实现增加值388.6亿元，增长19%。新增产学研创新战略联盟合作基地3个、高新技术企业7家、湖南名牌产品10个，六大传统产业占工业增加值比重、万元规模工业增加值能耗分别下降1.5个和7.1个百分点。全市粮食播种面积392万亩，总产量157.2万吨，连续8年实现增产增收。湖南黑猪、湘中黑牛养殖规模不断扩大，出栏黑猪10万头，存栏黑牛4.4万头，养殖业占农业总产值的比重达到59.75%，市级以上龙头企业达103家，完成农产品加工销售额73.2亿元，双峰县被评为全国粮食生产先进县、新化县被评为全省粮食生产标兵县，涟源市成为全国丰产油茶示范基地县（市）。第三产业发展步伐加快，传统服务业平稳发展，新兴服务业加快发展，旅游接待首次突破1000万人次，总收入57亿元，新化县进入全省旅游强县和旅游十佳县。二是“两型”建设加快推进。水府示范片区建设步伐加快，出台万宝新城概念性设计与控制性详细规划，一批重大基础设施和产业项目加快推进。加强生态建设与环境保护，锡矿山地区和涟钢周边环境综合整治加快推进，资水、涟水、孙水等重点流域水污染综合治理不断加强，造林16.6万亩，森林覆盖率达到48.15%。三是安全生产持续巩固。煤矿“三化”建设加快推进，重点行业专项整治深入开展，安全创建扎实推进，安全生产事故数下降32.39%，杜绝了重特大事故，安全生产被评为全省先进。

（三）发展基础不断夯实

一是交通路网加快完善。完成交通建设投资87.6亿元。长昆客运专线娄底段、洛湛铁路娄邵线改造加快建设。娄新、新溆、安邵、娄长等4条高速公路全面推进，潭邵高速娄底连接线提前通车，7条干线公路改造全面扫尾，娄底机场通过中南民航局规划定点选址，涟水复航列入省规划，资水航道等级提升、大洋江航电枢纽等工程列入全省内河水运发展规划。完成农村通畅工程1279.3公里。二是城镇建设扎实推进。加快推进76个重点城建项目，完成投资23.3亿元，创建国家园林城市顺利通过实地考查验收，创建国家卫生城市、全国文明城市工作有序推进，城市品位不断提升。三是农村基础持续改善。统筹城乡发展、整体推进新农村建设试点在冷水江市取得突破，成为全省统筹城乡发展的新典范。我市被列为全省水利改革试点市，完成农村水利建设投资4.1亿元，解决20.43万人饮用水的安全问题。四是要素保障切实加强。土地、煤、电、油、运、气等要素保障不断加强，完成680万吨电煤调配任务，新增耕地649公顷，连续12年实现耕地总量占补动态平衡。天然气入娄底市管输工程开工建设。

（四）社会事业全面进步

基础教育巩固发展，建设农村义务教育合格学校71所，维修改造农村中小学校舍124所，千方百计解决全市及下属县（市）城区“大班额”问题，新增学位4500个，成功组建娄底职业教育集团，湖南人文科技学院获批硕士点。科技事业加速发展，我市被纳入国家农村农业信息化示范工程建设示范区域，通过全国科技进步市考核，获省科技奖励3项，其中技术发明奖一等奖1项，实现了该奖项零的突破，双峰县、新化县被评为全国科技进步先进县，冷水江市被列为全国科技富民强县。深入推进医药卫生体制改革，实现基本药物制度全覆盖，基层医疗机构全面推行基本药物零差率销售。文化事业再上新台阶，梅山傩戏入选第三批国家级非物质文化遗产保护名录，新增20处省级文物保护单位。省第十二届运动会筹备工作全面启动，市体育中心正式投入运行。治安状况进一步好转，信访工作继续保持全省先进，社会大局和谐稳定，双峰县获全省社会治安综合治理先进县并保持平安县称号。人口计划生育工作综合改革不断深化，整体水平稳步提高，全国青少年健康人格工程试点工作成效明显，市计划生育协会宣传工作被评为全国先进单位。食品药品监管不断加强，药品安全专项整治工作获全国先进集体称号。

（五）民生改善卓有成效

圆满完成68项绩效评估（为民办实事考核32项）任务。财政对农业、社保、医疗、教育、住房保障等民生支出占一般预算支出的69.32%。开工建设保障性安居房48728套，竣工28293套。城镇基本养老、基本医疗、失业、工伤、生育保险制度进一步完善。城镇居民养老保险和新型农村社会保险试点积极推进，农民人均纯收入达到3950元，城镇居民人均可支配收入达到16937元，分别增长17.4%和13.1%，人民群众得到更多实惠。

（六）发展环境不断优化

大力推进依法治市，全面启动“六五”普法，加快转变政府职能，进一步规范权力运行，在全省率先出台法治政府建设若干规定，率先建立行政复议、行政诉讼、信访工作联席会议制度，率先实施军转干部安置改革，坚持行政事业单位凡进必考，市本级全面实行刚性收费、刚性预算，法治政府建设取得新成效，得到省委、省政府的充分肯定。娄底市获全国行政复议工作先进单位称号。加强政务公开和电子政务建设，市信访办与政务中心竣工。深入开展“创先争优”和“效能制度落实年”活动，集中整治“三强”行为，经济社会发展环境进一步优化。

但在发展中也存在一些困难和问题，主要是：经济总量还不大，综合实力不强；产业结构不够优化，发展方式仍然粗放；要素“瓶颈”制约明显，发展基础依然薄弱；可用财力比较紧张，民生改善任务很重；影响和谐稳定的因素依然突出，社会管理亟待加强；政府职能转变还不够，干部作风还需进一步改进，发展环境还需进一步优化；等等。

二　2012年娄底市经济社会发展目标及工作展望

2012年娄底市将深入贯彻落实科学发展观，把“稳中求好、好中求快”作为总基调，坚定实施“科学发展，加速赶超”战略，全面推进“四化两型”建设，加快对接融入长株潭，实现全市经济社会发展速度、质量、效益、水平的新

突破，建设幸福娄底。主要预期目标是：地区生产总值增长12.5%以上；规模工业增加值增长18%以上；全社会固定资产投资增长25%以上；财政一般预算收入增长13.5%以上；社会消费品零售总额增长18%以上；进出口总额增长15%以上；城镇居民人均可支配收入、农民人均纯收入分别增长11.5%、13%以上；人口自然增长率控制在7‰以内；节能减排完成省定目标。

（一）在扩大有效投资、夯实发展的基础上取得新突破

千方百计拓宽筹资渠道。切实加强银企合作，推动金融机构加大有效信贷投入，确保全年各项贷款增长20%以上。重点支持招商银行、华融湘江银行和交通银行等在娄底设立分支机构，力争每个县（市）建立一家村镇银行，完成娄底、双峰农村商业银行的筹建。抓好湖南省金融生态良好城市试点，力争涟源市和双峰县成功创建省级金融安全区。发挥市城投集团的平台作用，确保全年筹融资12亿元以上，力争突破15亿元。积极扶持有潜质的企业上市融资，力争年内实现娄底市企业上市零的突破。千方百计对外引资，鼓励、激活和规范民间投资，确保实际到位外资与内联引资分别增长30%和40%以上。把准把实投资重点。集中推进列入全市“三个一”行动计划的重大项目。着力加强以交通为重点的基础设施建设，以新型工业为重点的产业项目建设，以民生保障为重点的社会事业建设。落实好“一个项目、一名领导、一套班子、一抓到底”的工作制度，让投资尽快形成实物工作量。落实《娄底市国有土地上房屋征收与补偿实施办法》和《娄底市集体土地上房屋拆迁补偿安置办法》，坚持“安置先行、同步推进”，有力化解征迁矛盾，确保项目早落地、早开工、早竣工、早见效。加强煤、电、油、运、气等生产要素的保障，不折不扣完成省定调煤保电任务。

（二）在优化产业结构、实现转型发展上取得新突破

全力推进新型工业。加快促进传统优势产业改造升级，大力实施“153211”工程，加大企业技术改造，力争完成工业技改投资增长25%以上。加快农机、煤机、特种陶瓷、耐火材料等行业兼并重组，积极组建专业产业园基地。支持中小微型企业加快发展，确保新增规模工业企业60家以上。大力发展战略性新兴产业，着力培育一批战略性新兴产业示范企业，力争全年战略性新兴产业占生产总值比重达到8%以上，争取高新技术企业达到45家以上。扎实开展“园区建

设年”活动，确保全市园区建设标准厂房50万平方米以上，完成工业项目投资100亿元以上，园区规模工业增加值增长30%以上。加快发展现代农业。重点做好“大、特、新、深”四篇文章，在产业化、规模化、品牌化上取得新突破，力争农业增加值增长4%以上。培育种粮大户，力争全年粮食播种面积410万亩、总产量168万吨以上，新增蔬菜种植面积5万亩以上，生猪、肉牛出栏分别增长3%、5%；扎实推进农田水利建设，加快大型灌区、小型水库以及大型灌溉排水泵站等工程的建设。突出抓好“两黑”产业，出栏黑猪15万头以上，存栏黑牛5万头以上；抓好中药材、黑米、黑茶等特色农产品生产，力争新增省级以上农产品知名品牌2个以上；启动中国航天科技集团太空育种研究中心和航天生态农业种子示范基地建设。以乡村旅游富民工程为龙头，大力发展观光农业、休闲农业和生态农业，力争营业收入增长20%以上。大力发展农产品精深加工，农产品精深加工产业集群产值增长30%以上，加快打造长株潭重要的农产品供应基地，抓好农产品现代流通综合试点，加快娄底市中心城区和县（市、区）农贸市场标准化改造，加快“网上供销社”、乡镇直营店和社区便利店建设，构建农产品流通便捷通道。全面提升第三产业。大力发展现代物流，重点抓好湘中国际、万宝消费品等物流园和湘中国际汽贸城的开工建设。培育本土商贸服务品牌，引进大型商贸流通企业，着力激活城乡消费。加快发展生产性服务业，推进旅游与文化融合发展，把文化旅游业培育成市域经济的支柱产业。注重引进战略投资者参与旅游资源开发与保护，积极构建大梅山文化旅游协作区，加强重点旅游线路和景区景点配套设施建设，力争接待游客突破1200万人次，实现旅游收入65亿元以上。着力推进信息化。力争完成“数字娄底”建设总体规划和相关专项规划，大力促进信息化与工业化的融合。加快打造电子信息材料、电子元器件等电子信息产品制造业集群。

（三）在强化“两型”统筹、促进协调可持续发展上取得新突破

以更大力度推进“两型”示范区建设。完成万宝新区和东部新区起步区控制性详规编制，全面启动8平方公里起步区基础设施建设，加快仙女大道、高丰路、甘桂路和薄板产业园、绿色动力科技园园内道路的建设与完善。大力发展“两型”产业，落实“两型”产业发展规划，优化项目和企业布局，严格资源承载力和环境容量限制，加快创建“两型”产业技术研发和推广应用公共服务平

台，力争在“两型”产业发展上取得新进展。更大力度推进新型城镇化。不断完善城乡规划体系，以规划引领城镇化有序发展。切实加强基础建设，加快中心城区“南扩北延、东优西联”步伐，完成投资28亿元以上，力争城市内环线项目建成通车；大力实施中心城区街道综合改造提质美化“三年行动计划”，强力推进城中村改造和拆迁安置遗留问题处理，按照统一规划、逐步实施的原则，启动城中村改造工程。加快县（市）城镇路网、防洪、垃圾、污水处理等基础设施建设。切实加强城市管理，着力打造“生态宜居，安全适业”的区域性中心城市。更大力度推进新农村建设。以实施“百城千镇万村”新农村建设工程试点为契机，以冷水江市统筹城乡发展、整体推进新农村建设试点为示范，加大试点乡镇、村（片）建设力度，抓紧规划编制，加快新农村建设有序推进。加强扶贫开发和移民后扶工作，力争减少贫困人口3.5万。更大力度加快县域经济发展。着力推进“一心两翼”城镇带建设步伐，着力打造“娄—涟—冷—新”和“娄—双”两条经济发展黄金走廊。支持各县（市、区）发挥资源优势和比较优势，大力发展县域特色产业，加快园区建设，走专业化园区之路，突出政策向园区倾斜、企业向园区集中、产业向园区集聚，进一步提高园区对县域经济的贡献率。积极落实扩权强县改革政策，扩大县域发展自主权，加大对县域经济发展的政策扶持力度，优化县域发展环境，增强县域经济发展活力。更大力度强化生态环境保护和能源资源节约。加快推进湘江流域重金属污染、锡矿山地区砷碱渣污染和资水、涟水、孙水等流域的综合治理。保护好白马、大江口、双江等供水水源，解决农村安全饮水25万人。深入推进节能减排，大力发展绿色经济、低碳经济和循环经济，积极申报国家循环经济试点城市和国家再生资源回收体系建设试点城市，争创国家可再生能源建筑应用示范城市。

（四）在注重改革开放、激发发展活力上取得新突破

进一步解放思想。思想解放的程度，决定工作的力度、发展的速度。要进一步加强学习，组织关键部门、关键岗位的同志到沿海发达地区挂职，学习先进理念，改进工作方法，缩小娄底市与发达地区在思想观念、工作理念上的差距。要进一步更新观念，敢于打破思想禁锢，破解各种制约瓶颈，让不断迸发的先进思想汇聚成推动科学发展的动力。要进一步开阔视野，努力克服封闭保守、小富即安的心理，跳出娄底看娄底，以更大的勇气来加速赶超，以最大的魄力来推进发

展。扎实推进各项改革。启动财政预算绩效管理改革试点，稳步推进财政信息公开。强化国有企业和行政事业单位国有资产管理体制改革。积极推进省属下划企业和市属国企改制扫尾工作。稳步推进资源性产品和公用事业价格改革。继续深化人事制度改革，推行事业单位岗位设置管理和新进人员公开招聘制度，完善以考试考核相结合的军转干部安置方式。推进文化行政管理体制和文化市场综合执法改革。深入推进医药卫生体制改革，全面实施国家基本药物制度。全面推进水资源管理、水利投融资、水利工程建设管理、基层水利服务体系管理、水价等体制机制改革。大力提高开放水平。积极搭建交流平台，争取将“湘博会”升格为省级经贸展会。继续抓好与中粮、五矿、有色金属研究总院、中国供销集团等大型央企项目合作，着力引进战略投资者，提高利用外来资金的质量和水平。加强农机、煤机、特种陶瓷、薄板深加工、锑产品深加工和制鞋业等六大出口基地建设。加快娄底铁路口岸建设，早日实现“属地报关、口岸验放”的大通关运行模式。切实优化发展环境。着力优化市场环境，依法整顿和规范市场经济秩序。全力优化建设环境，严厉整治涉企“六乱”和“三强”行为，为企业生产和项目建设保驾护航。着力优化人才环境，以推进十大人才工程为抓手，引进、盘活和用好各类人才。着力优化创业环境，倡导和尊重全民创业，抓好创业基地建设，力争新增国家创业基地1~2家，省级创业基地3~5家。

（五）在推进民生改善、增进人民福祉上取得新突破

全面推进社会事业发展。推进建设教育强市工作，实施中心城区化解“大班额”四年行动计划，启动建设项目21个，加快城南中学、吉星路小学建设进程，新增学位8705个，优化农村教学资源，加快农村合格学校建设和中小学危房改造。落实学前教育三年行动计划，推进娄底技师学院建设，加强职业教育基础能力建设，加强学校周边环境和校车安全专项整治。推进文化大发展大繁荣，启动市本级“三馆一中心”等文化工程和县（市、区）“二馆一中心”及文化站建设，保护、开发和利用好本土文化资源，办好“蚩尤故里、天下梅山”和曾国藩文化旅游节，做大做强文化产业。完善公共卫生服务体系，加强基本公共卫生服务，加强重大疾病防控，提高卫生应急处置能力，注重基层医院和城区现有医院服务能力的提升。创建国家卫生城市，为创建全国文明城市夯实基础。扎实做好第十二届省运会各项筹备工作，抓紧推进县（市、区）体育场馆及配套工

程建设。努力提高民生保障水平。严格对照省里下达的任务要求，确保民生项目全面落实。全年新增城镇就业3万人，新增农村劳动力转移就业5万人，城镇零就业家庭实现动态清零，城镇登记失业率控制在4.5%以内。完善社会保障体系，全面推广实施新农保和城镇居民养老保险，实现养老保险全覆盖，扩大医疗生育保险覆盖面。全力实施“菜篮子”工程三年行动计划。加大物价调控力度，居民消费价格涨幅控制在5%以内。强化食品药品监管，确保食品药品安全。加快农村危房改造和保障性住房建设，新建公租房6000套、廉租房3454套，城市棚户区改造10200户，国有工矿棚户区改造3995户，国有林场棚户区改造683户，新增廉租房货币补贴1800户。着力促进农民增收。坚决落实各项强农支农惠农政策，确保农民政策性增收。大力发展劳动密集型产业和小型微型企业，增加农民就近就业机会，增加广大农民的务工收入，努力实现农民收入增加与经济增长同步。扎实抓好生产安全。严格落实安全生产责任制，提升安全生产总体保障能力。全面开展安全生产金牌、银牌企业评比和授牌活动，深化重点行业领域安全专项整治，消除安全隐患，严防重特大事故发生。切实加强社会管理。紧紧围绕三年内建成全省社会管理先进城市的目标，加快完善、落实和创新各项社会管理措施，抓好娄星区综合试点。启用“一大厅三中心”，进一步落实领导干部定期接访、信访积案化解制度。加强社会治安综合治理和应急管理与应急体系建设，提高预防和处置突发事件的能力。加强社区建设，全面推进小区物业管理。扎实抓好人口计划生育综合改革，稳定低生育水平，不断提高人口素质。努力加强政府自身建设。更加注重依法行政，注重工作落实，注重廉洁从政，全面提高政府的行政效率和施政水平，建设人民满意政府。

B.33

湘西自治州2011年经济社会形势分析及2012年展望

叶红专*

一 2011年湘西自治州经济社会发展情况

2011年，面对复杂的宏观经济形势和矿业整治整合带来的影响，全州上下大力推进“五大建设”，以重点产业、重点项目为工作重点，使经济社会保持平稳较快发展，实现“十二五”良好开局。全州实现地区生产总值361.4亿元，比上年增长11%；财政总收入41.9亿元，增长30.1%；城镇居民人均可支配收入13592元、农民人均纯收入3674元，分别增长11.4%和15.8%。

（一）优势产业加快发展

工业转型升级加快，完成规模工业增加值107亿元，增长12.7%。矿业整治整合取得重大阶段性成果，花垣县锰锌整合成效显著，东方矿业15万吨高纯电解锰生产线启动建设，三立集团顺利重组，太丰公司电解锌扩能项目竣工，一批整合企业恢复生产。骨干企业加快发展，酒鬼酒公司销售收入近12亿元、税收3亿元，均实现翻番。湘西经济开发区加快建设，完成工业总产值20亿元，增长63%。10个投资过亿元、50个投资过千万元的技改项目全面启动，完成技改投资46.6亿元，增长43.2%。农业产业化建设成效明显，完成椪柑品改低改18万亩，柑橘产量80万吨。烟叶新区开发和现代烟草农业建设扎实推进，收购烟叶58.6万担。新扩茶园2.3万亩，茶叶产量、产值分别增长37%和99%。中药材产业快速发展，百合产值8.7亿元。扶持发展了一批龙头企业，州级以上龙头

---

* 叶红专，中共湘西自治州州委副书记、州人民政府州长。

企业达82家。旅游拓展升级加快，全州接待游客1486万人次，实现旅游收入77亿元，分别增长18.4%和21.1%。凤凰县10大旅游提质项目加快推进，芙蓉镇景点圈旅游项目加快建设，里耶古城和老司城入选首批国家考古遗址公园立项名单。

（二）基础设施继续改善

争取和开工了一批事关长远发展的重大项目，完成全社会固定资产投资213.3亿元，增长30.2%。交通建设加快推进，吉茶高速公路即将开通，吉怀高速公路完成路基工程，张花、凤大高速公路加快建设，龙永、永吉高速公路顺利推进；铜仁凤凰机场改扩建项目开工，龙山至永顺、迁陵至河西公路基本连通，几条绕城线路建设加快推进，农村公路完成路面工程2000公里。水利能源建设取得新成效。病险水库和中小河流治理、城市防洪、农田水利建设稳步推进，新解决14.6万人安全饮水问题，花垣县竹篙滩电站试运行，完成125个村的农村电网升级改造。信息化建设扎实推进，有线电视数字化、双向化改造加快，电子政务外网、“数字湘西”建设全面启动。

（三）城乡面貌有新变化

全州城镇化率达到36.1%，比上年提高1.4个百分点。深入推进州市共建共管，30个共建项目加快实施，吉首大环线公路开工建设，社区和谐文明共建取得新成效，城市综合管理得到加强。7个县城扩容提质步伐加快，永顺县城南区、龙山县华塘新区、花垣县城北新区、泸溪县“双子城”等项目开发进展顺利，泸溪获得“全国文明县城”称号。里耶、芙蓉镇、浦市、边城等重点乡镇建设稳步推进。特色民居保护整治加快实施，整治特色民居1881栋。生态环境建设进展顺利，完成重点工程造林11.4万亩、“八百里绿色行动”造林3.6万亩、退耕还林补植补造44.3万亩，古丈县高望界被列为国家级自然保护区。全州储备土地1.2万亩，连续12年实现耕地占补平衡，新建沼气池9000多口，电解锰污染治理实现摘牌，节能减排任务全面完成。

（四）改革开放不断深化

农村土地流转加快，集体林权制度和乡镇机构改革基本完成，国库集中支付、文化体制改革深入推进。金融体制改革已见成效，成立了湘西高创投基金，银企合作得到加强，截至2011年年底全州金融机构存贷款余额分别为443.5亿元和185.5亿元，比年初增长21.9%和15.8%。招商引资成效明显，雪花啤酒、东顺纸业、武陵国际汽车城等一批重大项目落户湘西自治州。贸易活动持续繁荣，销售“家电摩托车下乡”和“家电以旧换新”产品21.7万件，销售额6.5亿元，城乡居民因此获得国家补贴6163万元。完成外贸进出口总额2.17亿美元，其中进口额增长183%。

（五）改善民生力度加大

成功争取武陵山片区区域发展与扶贫攻坚试点启动会在湘西自治州召开，全面启动先行先试，在全省率先开展农村贫困大学生扶贫助学，争取各类扶贫资金3.98亿元。社会保障体系不断完善。新增城镇就业2.3万人、农村劳动力转移就业4.2万人。新农保、城镇居民养老保险在全省率先实现全覆盖，21.6万人享受城乡低保。完成10435套城镇保障性住房建设和10836户农村危房改造。产学研结合创新深入推进，特色资源高效综合利用项目、钒钛材料开发项目分别被列入国家科技支撑计划和“863”计划。完成62所义务教育合格学校和13所公办幼儿园建设，落实助学资金1.8亿元，资助学生44万人次，湘西民族职业技术学院实现整合。州人民医院迁入新址投入运营，基本药物制度在全州公办基层医疗卫生机构全面实施。全面完成乡镇文化站、农家书屋、演艺惠民、村村通广播电视工程建设任务，新增9个国家级非物质文化遗产保护名录项目。参加全国第九届民运会获金牌8块。州、县（市）计划生育工作整体进入全省先进行列。安全生产形势稳定好转，社会管理得到加强，社会大局保持和谐稳定。

二　2012年湘西自治州经济发展趋势判断

2012年是实施“十二五”规划承上启下的重要一年，是推进武陵山片区区域发展与扶贫攻坚试点的关键之年。湘西自治州经济社会发展面临严峻挑战和重大机遇，但机遇大于挑战，总体形势好于去年。面临的挑战是：世界经济复苏缓慢，欧元区债务危机复杂多变，国际贸易需求低迷；国内宏观环境偏紧，经济下行压力较大，土地、资金、市场等要素制约明显；湘西自治州经济结构不优，抵

御市场风险能力不强，特别是矿产品价格走势不确定，直接影响工业经济发展。面临的机遇是：全球经济将继续保持恢复性增长，美国有可能再度实施量化宽松货币政策，刺激全球大宗产品价格上涨，有利于湘西自治州矿产品加工业发展。我国今年经济工作总基调是“稳中求进”，把“稳增长”放在首要位置，财政政策将更加积极，货币政策会略有放松，基建投资和货币投放将适度增长，经济仍将保持较快增长。当前，湘西自治州面临多种优惠政策叠加的大好时机，特别是武陵山片区区域发展与扶贫攻坚试点的启动，国家、省将有一系列配套政策措施，有利于湘西自治州争取资金上项目，为加快发展注入新动力；张花高速公路进入投资高峰期，龙永、永吉高速公路、铜仁凤凰机场扩建、吉首大环线公路等重点项目加快建设，黔张常铁路、张花高速公路的3条连接线以及一批水利、能源项目启动实施，将进一步增强投资拉动力；随着吉茶、吉怀、凤大高速公路的开通，花垣矿业整合全面完成，旅游拓展升级加快，湘西自治州交通条件、经济结构将发生积极变化，经济内生动力将进一步增强。

三　2012年湘西自治州经济发展目标及重点

2012年湘西自治州经济社会发展的主要预期目标是：地区生产总值增长12%；财政收入增长15%；全社会固定资产投资增长20%；社会消费品零售总额增长15%；招商引资增长20%；进出口总额增长15%；城镇居民人均可支配收入增长10%；农民人均纯收入增长12%；居民消费价格涨幅控制在4.5%左右；人口自然增长率控制在8.4‰以内；城镇登记失业率控制在4.8%以内；完成省下达的节能减排目标任务。为此，将突出抓好六个方面的工作。

（一）围绕优势产业建设先行先试，在经济转型升级上实现新突破

一是工业突出抓整合、强园区。改造提升锰锌等传统产业，发展壮大食品加工和生物医药产业，加快培育新兴产业，力争工业增加值、规模工业增加值分别增长13%、15%以上。巩固花垣锰锌整治整合成果，保靖、吉首、泸溪等县（市）矿业整合取得实质性突破，加快东方矿业年产15万吨电解锰生产线建设，支持三立集团、太丰公司等重点企业整合，组建现代大型矿业集团，力争实现锰锌产值两个百亿元目标。围绕创建国家级开发区和百亿元园区目标，抓好湘西经

济开发区扩规修编和项目入园，湘西广州工业园产业中心和东顺纸业、华润雪花啤酒项目按期建成投产，争取园区工业总产值达30亿元以上，加快县市工业园区建设。扶持酒鬼酒、丰达合金、金旭公司等骨干企业上项目、抓技改、拓市场。抓好永顺县凯迪生物发电、泸溪县盛基公司40万吨不锈钢等重大项目建设，继续抓好60个投资千万元以上的工业技改项目，力争完成技改投资60亿元。加强原材料、电力、土地、资金等生产要素协调服务，保障工业加快发展。二是农业突出抓特色、扩基地。落实强农惠农富农政策，抓好新增粮食产能工程，确保粮食总产量稳定在80万吨以上。巩固提升椪柑产业，突出品改低改、新品种推广和标准化果园、出口基地及小型贮藏库建设，拓展国内外市场。加快发展现代特色农业，抓好烟草种植、加工基地工程建设和烟叶新区开发，力争收购烟叶70万担以上；加快优质茶叶基地建设，新扩良种茶4万亩以上；抓好百合培管、良种繁育基地建设和加工增值，力争百合产量7万吨、产值10亿元以上；大力发展蔬菜产业，推进高山反季节蔬菜和商品蔬菜基地建设；抓好猕猴桃、中药材、油茶等特色产业开发，着力建设一批优质、高效、生态农产品基地。加快龙头企业培育，新增州级以上农业龙头企业10家以上。三是旅游突出抓提质、建精品。坚持把文化旅游产业作为战略性支柱产业和优先发展的主导产业来抓，争取接待游客突破1800万人次，旅游收入突破100亿元。提升凤凰县旅游龙头地位，重点抓好沱江游道、城北生态旅游停车场、“凤凰故事”山水实景剧场等旅游设施建设，申报世界文化遗产、国家5A级景区创建争取有实质性突破。完善乾州古城配套设施，整合德夯苗寨、矮寨悬索桥、公路奇观等旅游资源，打造德夯神秘大峡谷，推进五星级酒店建设。加快芙蓉镇景点圈规划建设，抓好栖凤湖、小溪、不二门等景区景点建设。加强里耶古城、边城茶峒景区整治、拓展和配套建设，规范发展乡村旅游，培育旅游新卖点。四是商贸突出抓流通、拓市场。积极发展连锁经营、物流配送等现代商贸流通业，继续推进以“万村千乡市场工程”为重点的市场体系建设，加快湘西农产品批发市场、农产品加工配送中心建设和农贸市场改造提质。改造提升住宿、餐饮等传统服务业，拓展新兴消费领域。优化对外贸易结构，巩固传统矿产品出口，扩大椪柑、茶叶、白酒等名优特农产品出口规模，扶持出口骨干企业发展。积极扩大进口，加大外矿引进力度。抓好海关、商检、口岸机构及保税物流中心报批与建设，力争有实质性进展。

（二）围绕基础设施建设先行先试，实现重大项目的新突破

强化“发展靠项目支撑、工作靠项目推动”的意识，加大争资上项力度，力争完成全社会固定资产投资 250 亿元以上。一是突出交通路网建设。加快高速公路建设，吉茶高速确保 5 月 1 日前通车，吉怀高速州内段 10 月 1 日前通车，凤大高速争取年底通车，张花高速年内完成控制性工程，张花高速的 3 条连接线力争上半年开工。加快干线公路建设，新改建国省公路 169 公里，全面完成迁陵至河西、下子花至沱江、龙山至永顺公路建设，加快泸溪千吨级码头、铜仁凤凰机场扩建等项目建设，争取黔张常铁路年内开工。加快农村公路建设，完成路面工程 1200 公里以上。积极做好焦柳铁路石怀段扩能改造、遵义经铜仁至吉首铁路、龙张高速公路、酉阳至永顺和秀山至龙山高等级公路、新建机场等项目前期工作。二是加快水利能源建设。实施 11 座小Ⅰ型、30 座小Ⅱ型病险水库治理工程，开工建设古丈县古阳河、吉首市大兴寨水库，全面完成保靖、龙山、古丈全国小型农田水利重点县项目建设，新解决农村 18 万人安全饮水问题。加强电源点建设，力争永顺县洞潭水电站、凯迪生物质电厂建成投产，加快全州管道天然气项目建设。大力推进城乡电网建设，年内完成 280 个村的农村电网升级改造任务，扩建一批变电站，抓紧湘西 500 千伏、永顺 220 千伏输变电工程前期工作。三是抓好信息化建设。加快 3G 网络和城域网扩容建设，推进有线电视数字化和广播电视“户户通”工程，积极发展电子商务信息服务业。加快“数字湘西”建设，抓好 26 个“数字湖南”和马尔斯电子、成聪水务通等信息产业项目。抓好湘西广州工业园“两化融合试验区”建设，加强政府门户网站和电子政务外网平台建设。

（三）围绕新型城镇建设先行先试，在城乡统筹发展上实现新突破

将新型城镇建设摆在重要位置来抓，力争全州城镇化率达 38%。一是狠抓城乡规划管理。抓好吉首市和 7 个县城总体规划修编，尽快完成控制性详规，编制好各类专项规划，合理规划布局学校、医院、文化等公共服务设施，完善乡镇、重点特色村寨和特色民居保护规划。加强城市精细化管理，大力开展对违章建筑、环境卫生、交通秩序等专项整治，认真落实“门前三包”责任制。二是加快州府城市建设。以 30 周年庆典为契机，按照“三市三特四个中心”的总体

思路，拉开城市道路骨架，扩大城区规模，着力打造武陵山区中心城市。深化州市共建共管，突出乾州新区建设和南区开发，加快州行政中心、景观带等综合环境项目建设，打造“州府新城、产业新区”。加快推进30个州市共建重点项目，重点推进吉首大环线、峒河和万溶江风光带、武陵国际汽车城等项目建设。搞好城市经营，加强土地收储，采取BT、BOT和发行企业债券等融资模式，增强城市建设资金保障能力。三是推进县城扩容提质。泸溪以白沙、武溪为核心，打造宜居宜游“双子城”；凤凰县以建设国际旅游城市为目标，景区沿沱江和南华山拓展，城区向阿拉方向扩容，对接铜仁凤凰机场；花垣围绕做大城区规模，加快城北新区开发和老城区提质改造，建设现代工业新城；保靖县以酉水风光带为依托，建设生态文明城市；古丈县以栖凤湖生态经济开发区为拓展平台，推进罗依溪镇与红石林镇融合，拓展县城空间；永顺县以县城综合运营开发为契机，推进旧城改造和南区拓展，建设生态宜居城市；龙山县以华塘新区开发为重点，加快融城对接步伐，打造“龙凤经济协作示范区”。四是抓好小城镇建设。加快推进里耶、芙蓉镇、浦市、边城、塔卧等重点集镇建设，打造一批工业强镇、旅游重镇、文化名镇、商贸大镇。加强小城镇规划控制，严厉查处乱搭乱建、占田建房行为。深入推进乡镇街道整脏治乱绿化行动，大力推进特色民居保护整治工程，加强40个重点古村落和民族特色村寨的保护整治。

（四）围绕生态环境建设先行先试，在生态文明示范上实现新突破

加快生态文明示范区建设，让绿色生态成为湘西第一形象。一是加快生态工程建设。重点抓好退耕还林、长江防护林、生态公益林和石漠化治理等工程建设，全面完成16.2万亩林业重点工程和巩固退耕还林成果任务。深入推进“八百里绿色行动”拓展工程，着力打造绿色生态走廊。加快白云山国家级自然保护区项目申报，抓好高望界国家级自然保护区和坐龙峡国家森林公园基础设施项目的跟踪落实。二是抓好资源节约利用。突出抓好节能减排，严格落实“问责制”和“一票否决制”，坚决淘汰落后产能。严格耕地保护制度，严厉查处非法占地行为，启动花垣坡耕地试点县项目建设，抓好土地综合整治项目建设，确保耕地占补动态平衡。深入推进矿产资源整装勘查，加大地质找矿力度，增强矿产资源保障能力。三是加强环境污染治理。高度重视主要污染物减排和重金属污染治理，加快城镇垃圾集中处理设施建设和改造升级，完善县市污水处理厂和污水

收集管网配套建设。加强矿山整治和生态修复，继续抓好锰锌污染整治后续工作，防止污染反弹。加强饮用水源地保护管理和农村面源污染防治，确保城乡居民饮水用水安全。

（五）围绕民生事业建设先行先试，在提高保障水平上实现新突破

坚持富民为先，把保障和改善民生作为一切工作的出发点和落脚点，不断提高民生保障水平。一是大力推进扶贫攻坚。认真落实国家新十年扶贫开发纲要，全面推进武陵山片区区域发展与扶贫攻坚试点工作，围绕建设扶贫攻坚实验区目标，创新扶贫机制，大胆先行先试，力争在武陵山区率先脱贫致富。集中人力、物力、财力，突出抓好腊尔山片区、吕洞山片区、永龙片区、吉首古丈泸溪红土片区等中高海拔地区、集中连片特困村和100个重点移民村的扶贫开发，稳步实现困难群众“两不愁、三保障”，逐步实现贫困片区群众人均纯收入达到全州平均水平。二是完善社会保障体系。积极扩大城乡就业，新增城镇就业2万人、农村劳动力转移就业3万人。巩固完善社会保障体系，全面落实城镇居民基本医疗保险和新农合240元补助标准，加快建立异地就医医疗费用结算制度，新农合农民就医即时结报率达到100%。加快城镇保障性住房建设和农村危房改造，实施2.6万套城镇保障性住房建设，完成1.2万户农村危房改造。三是统筹发展社会事业。坚持教育优先发展，启动51所义务教育合格学校建设，完成省下达的公办幼儿园建设任务，支持吉首大学、湘西职院、吉大师院和湘西电大发展，全面实施农村义务教育学生营养改善计划。大力实施科技工程和重大科技专项，深入推进产学研结合，继续实施高科技、高学历人才引进计划。加快发展医疗卫生事业，巩固和扩大基本药物制度改革成果，加强土家医药苗医药保护，扶持发展中医药和民族医药事业，抓好县级医院、乡镇卫生院、合格村卫生室和社区卫生服务中心建设，支持州人民医院创建“三甲”医院，推进基本公共卫生服务均等化。加强食品药品监管，确保群众饮食用药安全。建立健全计划生育长效机制，加强流动人口计划生育服务管理，稳定低生育水平。加强体育设施建设，广泛开展群众体育活动，提高竞技体育水平。统筹其他社会事业发展。全面完成省为民办实事任务。四是维护社会安全稳定。狠抓安全生产，严防各类安全事故发生，确保广大群众生命财产安全。坚持用群众工作统揽信访工作，认真落实部门责任制、领导包干制和信访事项“三级终结”制，着力解决群众合理诉求和久拖未

决的信访积案。加强社会治安综合治理，增强群众安全感和满意度，确保社会大局稳定。

（六）围绕深化改革开放先行先试，在增强发展活力上实现新突破

加快推进重点领域和关键环节改革，着力增强经济社会发展活力。一是深入推进各项改革。深化农村综合改革、财税体制改革、户籍制度改革、投资体制改革，推进金融生态环境建设，加快农村信用社改革，加强扶贫制度创新，统筹抓好教育、医疗卫生、社会保障等各项体制改革。二是加大招商引资力度。加快招商平台建设，探索发展“一区多园、飞地经济”，抓好湘西广州工业园建设。加强与央企、省企的对接，着力引进战略投资者，强化招商引资目标管理、重大产业项目考核和领导联系重点招商项目等工作，抓好签约项目的跟踪落实。三是推进文化创新发展。认真贯彻落实党的十七届六中全会精神，加强社会主义核心价值体系建设，加快公共文化设施标准化建设，抓好里耶古城、老司城国家考古遗址公园和一批公共文化项目建设。加强民族文化遗产保护，巩固文化体制改革成果，完成全州文艺院团、电影公司、剧院改制工作。整合文化资源，支持文化精品创作，抓好凤凰古城、乾州古城、里耶古城、德夯等景区民族文化演艺活动，培育有竞争力的文化旅游龙头企业。

专 题 篇

Specific Reports

B.34
关于全面推进"气化湖南"工程的对策建议

梁志峰*

"气化湖南"是省委、省政府着眼富民强省、立足湖南实际、根据发展需要提出的一项战略工程，已纳入湖南"十二五"规划。省委、省政府多次提出要加快推进"气化湖南"工程建设步伐。本文基于广义的"气化"概念（即包括管道天然气、页岩气和煤层气等非常规天然气、液化石油气、沼气等在内，涵盖气化基础设施建设、气化应用、气化产业、气化安全等全领域），对全面推进"气化湖南"工程提出对策建议。

一　全面推进"气化湖南"工程是富民强省的迫切需要

（一）全面推进"气化湖南"是优化能源结构、保障能源供应的迫切需要

从能源需求总量来讲，2009 年，湖南一次能源生产量 6351 万吨标准煤，能

* 梁志峰，湖南省人民政府经济研究信息中心主任。

源消费总量达13331万吨标准煤，对外依存度达到52.4%。从能源消费结构来讲，目前，我国能源消费以煤炭为主，天然气在能源结构中的比例约为3%，远低于发达国家25%左右的水平。湖南能源消费结构以煤炭为主，2009年煤炭占65.82%、水电占16.4%、石油占11.2%、天然气占1.02%，天然气应用只有全国水平的1/3。特别是2011年，湖南降雨量明显减少，水电生产大幅度滑坡，火电又受制于电煤供应紧张，电力保障成为湖南经济社会实现又好又快发展的重要瓶颈。随着湖南经济社会的快速发展，能源需要总量将进一步扩大，能源保障瓶颈将更为突出。无论从能源安全还是从能源结构来说，未来提高天然气在能源消耗中的占比都是一条必由之路。

（二）全面推进“气化湖南”是转变经济发展方式、推进两型社会建设的迫切需要

由于湖南一次能源消费仍以煤炭为主，二氧化碳排放多，环境压力大。利用天然气与煤炭相比，可减少二氧化碳排放量近69%、二氧化硫排放量近100%、氮氧化物排放量55%、粉尘排放量100%。据测算，2020年湖南天然气消费量如果达到126.7亿立方米，可减排二氧化碳2890万吨、二氧化硫6.9万吨，节能减排和生态环保效果显著。“气化湖南”将成为湖南两型社会建设的重要抓手。同时，天然气在陶瓷、机械制造、有色冶炼、玻璃加工、食品、医药、卷烟等行业的发展，可以大大提高产品质量及生产效率，改善产业结构，延伸产业链，提高产品附加值，培育新的经济增长点，有利于推进湖南调结构、转方式、塑品牌、增效益。农村沼气的推广，能减少排放、节约薪柴、保护生态，有效治理农村目前普遍存在的面源污染问题。沼气生态农业模式的推广，可以减少化肥、农药的施用量，促进生态有机农产品开发，带动农业产业结构调整和升级；可以有效增加土壤有机质，改良土壤性状，提高土地地力，增加土地可持续利用能力。据中科院长沙农业现代化研究所对沼肥施用的跟踪对比实验测定，连续三年施用沼肥的土壤，有机质含量提高3%~5%，土壤团粒结构增加。

（三）全面推进“气化湖南”是全面建设小康社会、保障改善民生的迫切需要

天然气质优、环保、方便、经济，家家户户用上天然气，是湖南城乡居民生

活方式的一次革命。许多研究机构和浙江、江苏等省，都将居民供气率作为全面建设小康社会的重要指标之一。特别是沼气利用对农民增收具有重要意义。发展沼气生态农业不仅可以减少农户生活支出，节约生产成本，还能够促进养殖业，带动种植业，是农业增效、农民增收的重要渠道。据湘中、湘北地区的建沼气池农户分析，每户一年可以节约买煤钱400元（可为烧液化气的农户节支600～800元）、电费250元，减少化肥、农药支出300元。加上沼肥带来的增收效应，在经济相对发达地区，沼气给农户带来的节支增收效益在800～1000元，贫困地区建沼气池农户节支增收的直接效益也在600～800元之间。目前，全省以沼气为纽带的生态农业，可为农民每年稳定增收节支15亿元以上。

二　全面推进"气化湖南"工程具有良好的基础和优势

（一）"气化湖南"具有良好的市场基础

截至2011年8月，湖南已建成天然气管道13条，总里程901.1公里，其中，国家骨干管道2条，总里程303公里；市、县供气支干线、支线11条，总里程598.1公里。2010年，全省天然气消费量12.5亿立方米，占一次性能源消费总量的比重超过1%。截至2010年年底，全省已有12个市州、36个县市用上天然气（含管道气、压缩天然气、液化天然气），全省城镇居民气化人口接近500万人，城镇居民天然气气化率为17.6%。发展了衡阳钢管、长沙卷烟、常德卷烟、醴陵陶瓷等一批重点工业用户，节能减排效果明显，且促进了产品质量提升。天然气质优、环保、方便、经济的优越性已被各类用户接受和认同，市场需求快速增长，2005～2010年年均用气增长2.4亿立方米，这为湖南全面推进"气化湖南"工程打下了坚实的市场基础。

（二）"气化湖南"具有良好的区位优势

湖南位处我国中部，是我国南方连接东西、南北的必经之地，具有明显的区位优势，国家许多的西气东输干线经过湖南或可以方便地延伸到湖南。如，已建成的西二线樟树—湘潭支干线，东起西二线干线江西樟树分输站，沿线经江西的新余、宜春、萍乡到达湖南的株洲、湘潭；已建成的忠武线潜湘支线北起湖北省潜江分输站，经湖北的潜江、监利和湖南的岳阳、长沙、株洲，南至湖南湘潭计量站，两线在湘潭形成交会。规划中的新粤浙主干线贯穿湖南岳阳、长沙、株洲、衡阳、郴州5市，另有广西支线、赣浙支线分别经永州、株洲往广西和江西，初步规划在湖南境内761.5公里。规划中的中缅线经云南到达贵州后，可延长进入湖南湘西自治州和怀化市，与拟建的中卫—贵阳联络线形成交会。这种区位优势使湖南的天然气管网布局能够进入国家层面，并在省内形成多线联网，为湖南气源供应和用气安全提供了强力保障。

（三）“气化湖南”具有丰富的资源优势

湖南虽然没有天然气资源，但非常规天然气前景广阔。湖南页岩气具有良好找矿前景，分布在湘西北（湘西—常德）、湘中（娄底—邵阳）、湘东南（株洲—衡阳—郴州）三大有利远景区，有效页岩面积达27.8万多平方公里，页岩气远景资源储量达11万亿立方米，约占全国10%。湖南煤层气资源非常丰富，仅娄底市贮量达200亿立方米。2006年娄底市曾与美国能源勘探、开发专业公司黄石能源公司达成一致意向，由黄石能源公司投资对该市煤层气贮量进行勘探，合作开发煤层气、建设热电厂，意向投资达65亿元人民币，但似乎没有太大的进展。湖南煤矿瓦斯年排放量在4亿立方米左右，如果用来发电，可发14亿千瓦时电量，相当于1台30万千瓦火电机组一年的发电量。双峰县蛇形山煤矿于2007年建成了湖南首个瓦斯电站，年发电量近700万千瓦时，基本满足矿区生产生活用电。另外，该矿还将抽采出来的瓦斯输送到矿区职工家中，煮饭烧水等都用瓦斯作燃料，既清洁又经济。湖南丰富的非常规天然气资源，既能为“气化湖南”气源保障提供重要补充，又能带动湖南地方经济发展。省政府办公厅2008年曾下发《关于加快煤层气（煤矿瓦斯）抽采利用的实施意见》，对促进湖南煤矿加快煤层气的抽采、开发和利用起到了积极作用。

（四）“气化湖南”具有良好的产业基础

湖南的气化装备制造业基础很好，拥有许多核心自主知识产权和多个中国驰名商标，发展前景广阔。远大集团享誉全球，其非电空调可用能源为天然气、煤气、沼气和柴油，油气两用，多能源并用，可同时制冷、制热和供应卫生热水，对比电空调能源效率高2倍，投资节省1/3；其冷热电联产整体解决方案既能强

化天然气等优质能源梯级利用，大幅节能减排，降低建筑能耗，减少运行成本，提高能效，又能系统平衡电气削峰填谷，综合节约大量资源，提高整个电网的效率和安全性；其非电真空锅炉、合同能源管理等也已形成很好的品牌。南方航空工业集团不仅形成了热电联供机组、高性能兆瓦级燃气轮机的量产，而且研制出高效率的分布式综合能源供应系统，使我国成为掌握兆瓦级燃气轮机设计、制造、运行技术并具有成套制造能力的国家。湖南威胜集团的智能燃气计量表及采集设备，远程抄表、预付费、一卡通、计量管理等系统解决方案，在智能燃气计量行业位列前茅。迅达集团基于“缝隙孔旋流燃烧”专利技术，成为国内著名的燃气灶具品牌，特别是在农村沼气能源产品方面，市场占有率、销售额稳居全国第一。江南工业集团公司在天然气、氢气等新能源综合利用产业方面研发了多种规格型号的压力容器和智能化储运加气集成罐车，其中自主研发的智能化压缩天然气（CNG）、液化天然气（LNG）储运加气集成罐车是国内首台集束式集装箱罐车，申请专利技术 11 项，填补了国内行业空白，并已形成年产 200 台套车生产线，在建的相关大型项目还有胜利钢管和新捷液化天然气（LNG）工厂。山东胜利钢管、湘钢和湖南盛宇新材联合打造高等级石油天然气输送管道生产基地项目，目前已开工建设，项目一、二期将分别于 2013 年和 2014 年底建成投产；新疆新捷股份有限公司在湘潭高新区投资建设液化天然气（LNG）工厂，总投资 13.65 亿元，规划 2014 年 8 月竣工投产。项目建成后可满足长株潭城市群天然气市场发展需求，增强区域天然气调峰和应急调配能力，并带动下游终端市场发展。

（五）湖南农村沼气事业发展全国领先

湖南沼气建设的主要特点是：一是建设量大。到 2010 年底，湖南户用沼气保有量达到 210 多万户，仅次于四川、广西、河南、河北、湖北、云南等省，居全国第七位。另有生活污水净化沼气工程 2000 多处。二是使用率高。2010 年沼气大回访，调查 14 个市州 1050403 个户用沼气池，能正常使用的 787252 个，正常使用率达到 74.95%，间断使用的 178929 个，为 17.03%。三是全年使用时间长。沼气甲烷菌在 8℃～60℃范围内都能发酵，有利的气候条件，使湖南每年从 3 月到 11 月的沼气平均使用率达 100%，有 40% 以上可常年使用沼气。四是需求潜力大。湖南现有养殖散户 417 万多户，适宜建沼气池而未建的有 200 多万户，其中有迫切建沼气池要求的农户为 128 万户；按每年建设 15 万户计算，完成目前可建沼气池农户的建池任务需要 15 ~ 18 年（不含报废重建）。五是发挥效益好。全省 210 多万口沼气池，年产沼气 8.3 亿立方米，相当于节约标准煤近 170 万吨，减排二氧化碳 430 多万吨，节约薪柴 330 万吨，相当于封山造林 660 多万亩，每年为农民节支增收 20 多亿元，年产沼渣、沼液等优质有机肥 1900 多万吨，开展“猪沼果”、“猪沼菜”等综合利用，有力地推动了农业发展方式的转变和新农村建设。沼气建设也正成为一个新产业，全省拥有沼气乡村服务网点达 4513 个，各级别持证沼气生产、服务从业人员近 2 万人，年纳税 3300 多万元，初步形成了以省级实训基地为依托、县级服务站为支撑、乡村服务网点为基础、农民服务人员为骨干的沼气服务体系。

在看到良好的基础与优势的同时，我们也要清醒地看到，“气化湖南”存在气源保障不足，管网建设不全，调峰能力不强，非常规天然气开发成本高、技术缺、难度大，农村气化推广难等问题，需要我们在规划与建设过程中予以高度重视，并加以解决。

三　全面推进“气化湖南”工程的对策建议

（一）多渠道解决“气化湖南”的气源问题

有专家预测，2020 年，我国天然气消费量将达到 4000 亿立方米左右，缺口约为 1000 亿立方米。气源问题是“气化湖南”最大的瓶颈。前些年，个别城市将城市天然气特许经营权给了一些没有稳定气源供应的公司，结果走了一些弯路。全面谋划“气化湖南”，就必须站在战略高度，首先规划好、解决好气源问题。一是加强与中石油、中石化等国家主要天然气供应商的战略合作，确保西二线、西三线、新粤浙线等国家主干线给湖南的供气量。二是争取天然气中缅线由云南至贵阳后，延伸进入湖南西部湘西自治州、怀化等市（州），然后与天然气西二线、西三线在湖南境内联网，多方保障省内天然气供应。三是鼓励省内大型企业走出去，或者组建专门的气化投资公司，到西部甚至海外取得气田的勘探权和开采权，加强天然气资源的控制。四是加强湖南省内页岩气、煤层气的勘探开采，稳定炼油厂液化石油气产量，加快农村沼气建设，充分开发利用省内气源。页岩气开发是全球能源领域的一场革命，对确保我国能源安全具有重要意义。当

前美国已成为全球非常规天然气第一大产气国，中国正在加快非常规天然气资源的开发，并在一些领域达到或领先世界先进水平。湖南大胆先行先试，启动页岩气资源的开发规划，必将开辟新能源另一片广阔天地。湖南页岩气勘查开发的条件和时机已经成熟，要抓紧时间制定全省勘查开发规划，积极争取国家在页岩气勘查项目安排、页岩气勘查区块出让、页岩气勘查开发示范工程等方面予以支持。

（二）多层次推进“气化湖南”的基础设施建设

主要是管网和气站的建设。一是全面加快推进境内干线和支干线建设。加快推进湘娄邵线和株衡郴线等支干线的建设，加快启动西三线、新粤浙线等干线建设。二是以实现“全覆盖、县县通”为目标，对于距离干线和支干线较近、市场规模较大的城市，优先发展管道天然气，调动各方积极性，推动进市支线建设。三是对于距离干线和支干线较远、市场规模较小的城市，按照先期利用压缩天然气、液化天然气等作为过渡气源的方法，加强这些城市的压缩天然气和液化天然气站建设，远期再考虑管道气化。

（三）多方面推进天然气的应用

一是坚持以国家《天然气利用政策》为依据，优先发展居民用气、公共建筑和公共福利用气、压缩天然气（CNG）汽车、分布式热电联产以及热电冷联产用气等属于优先类的城市燃气用户。二是加快天然气在工业上的应用。加快“煤改气”、“电改气”、“油改气”步伐，扩大天然气在陶瓷、卷烟、食品、医药、钢铁、有色冶炼和装备制造等行业的应用，以降低成本、减少排放和提高产品质量；加快各地级市中心城区的燃煤工业锅炉改造，净化中心城区空气。推进工业园区天然气基础设施建设，通过几年努力，使湖南省内主要工业园区通气并完成气化改造。三是探索发展天然气发电和天然气化工，在湖南长沙、株洲、湘潭和郴州地区建设分布式能源示范项目，推动分布式能源试点工作；在长岭、巴陵石化等承受能力较高的化工用户中探索发展天然气制氢化工项目。

（四）切实推进农村气化进程

一是继续加强沼气池建设，确保新建沼气池质量，加快闲废沼气池改造。科学合理选择适宜建沼气池区域，优先发展养猪小区、养猪大户配建沼气池，完善农村沼气建设管理办法，加强项目监管，确保建设一口池，用好一口池，发挥一口池的效益。二是大力推进农村气化服务体系建设。推广“三位一体”的沼气服务网点建设模式，统一标牌标志，统一器材配送，统一服务标准，提升服务质量。结合沼气服务点、新农合服务点、万村千乡市场工程，建设液化石油气的配送物流体系，推动瓶装液化石油气在农村的应用。三是在一些经济比较发达、人口比较集中的中心城镇，可以考虑建设压缩和液化天然气站，实现集中供气。四是利用科技创新提高沼气建设和使用水平。加强与科研机构合作，重点就沼气发酵、建沼气池材料和方式、综合利用等实用技术和产品进行研发和革新。加强沼气技术服务队伍建设，加快成熟适用新技术推广。鼓励农户利用农村秸秆（稻草、谷壳、麦秆、玉米秆等）等作为沼气产气的发酵原料，稳定沼气产量。

（五）大力发展气化产业

“气化湖南”进程，不仅能大大改善湖南的能源结构，推进节能减排和两型社会建设，也能带动湖南制造业和服务业的发展。一是大力发展“气化”装备制造业。把“气化”装备制造业作为湖南先进装备制造业的重要部分，纳入战略性新兴产业优先扶持发展。成立“气化”装备制造业产业联盟，积极支持远大、威胜、南方航空工业、江南、迅达等重点企业加快发展，开发新产品，提高市场核心竞争力。加快推进胜利钢管、新疆新捷等项目的建设，使其早日竣工投产。大力引进培育气化装备相关企业，努力在长株潭城市群形成产业链完整、配套率高、优势突出的气化装备制造产业集群。二是大力发展“气化”物流业。加强与中石油、中石化、新奥燃气等合作，合理布点建设天然气储备、调峰、配送基地，加快压缩和液化天然气加气站建设步伐；建立健全布局合理、满足需要、服务便捷的瓶装液化石油气的城乡配送服务体系。

（六）积极推进气化相关技术开发和人才培养

建立省级科技重大专项，并积极争取国家资金支持，围绕页岩气勘查开发关键性技术、气化装备关键性技术、气化信息化管理技术、气化安全技术等重点课题进行攻关。设立省级气化工程技术中心和气化公共技术服务平台，加强产学研的联合，扶持企业加快气化新产品的研发。在中南大学、湖南农业大学、湖南科

技大学等有研究基础的高校，设立与气化相关的硕士、博士点和本科专业，培养气化高端技术人才。在高等职业技术学院开设气化相关专业，培养一大批训练有素的高素质技能人才和服务人才。

（七）确保气化安全

一是资源安全。在加强气源保障的基础上，争取国家在湖南布点建设液化天然气储备基地和液化石油气储备库，合理布局建设省内液化天然气调峰站，确保季节调峰与应急供应保障。在天然气消费的负荷中心建成一批应急调峰设施，专用储气设施、管道、可中断的分布式能源协同作用，共同解决中下游日调峰、小时调峰问题。二是技术安全。加强气化安全技术的研发和应用，从技术上确保气化安全。三是应用安全。加强安全用气宣传，完善安全用气制度，加强安全用气监管，确保用气安全。四是建立气化安全应急处理机制，并纳入湖南应急管理的整体框架。

（八）进一步加强对“气化湖南”工程的领导与扶持

一是成立省市县三级的“气化湖南”领导小组，加强对“气化湖南”工程的领导。二是编制《湖南省“气化湖南”总体规划（2012～2020）》，做好“气化湖南”的顶层设计。三是以省政府名义出台《关于全面推进“气化湖南”工程的意见》，明确扶持发展的财政政策、投资政策、土地政策、产业政策和价格政策。四是多方筹集建设资金，确保投资到位。据初步测算，湖南管网建设需要投资近100亿元，天然气下游利用配套投资需要超过300亿元，投资巨大，必须多方筹集。依托中石油、中石化等大型央企开展天然气管网和调峰设施建设；组建湖南省气化投资有限责任公司，打造气化融资平台，筹措“气化湖南”工程特别是管网等基础设施建设资金，控制湖南非常规天然气资源，对省外、境外天然气资源进行战略投资；创新融资方式，采用发行债券、资产证券化、能源合同管理、租赁融资等方式拓展融资渠道。五是加强督查督办，加快“气化湖南”相关工程项目的建设进度，确保早日建成发挥效益。

B.35

谈“数字湖南”的内涵与实现途径

杨志新*

湖南省委、省政府明确提出：推进信息化，建设“数字湖南”，是转方式、调结构的重要抓手，是提升湖南综合实力、经济竞争力和现代化水平的重要支撑。2011年12月，《数字湖南建设纲要》正式发布，进一步明确了“数字湖南”建设的指导思想、基本原则、总体目标和重点任务。本文结合《数字湖南建设纲要》，在理解“数字湖南”的深刻内涵、分析“数字湖南”建设面临的挑战和把握“数字湖南”的实现途径上进行探讨研究。

一　全面理解“数字湖南”的深刻内涵

（一）“数字湖南”是转变湖南经济发展方式的战略选择和战略支撑

推进“数字湖南”建设是转变湖南经济发展方式的战略选择。2010年，我国GDP总量达到40.1万亿元，超过日本成为全球第二大经济体，人均GDP达到4000多美元，跨入中等收入国家行列，我国拼资源、拼低劳动力和土地成本的竞争策略已经走到了尽头，转变经济发展方式已经由外力迫使转为内力驱动；湖南GDP总量达到16037.96亿元，人均GDP达到3652美元，标志湖南经济社会发展跨入新阶段，但是湖南高耗能行业比重大、产业结构不合理、企业整体水平不高等问题依然突出。当前世界产业结构加快调整，以信息技术和生物技术产业为核心的新一代主导产业正在形成，在未来相当长的一段时间内将决定着世界经济发展的基本方向。所以，加快推进信息化，建设“数字湖南”，是转变湖南经济发展方式，提升长远竞争力，推动“四化两型”发展的战略选择。推进“数

* 杨志新，湖南省人民政府经济研究信息中心副主任。

字湖南”建设是转变湖南经济发展方式的战略支撑。在湖南“四化两型”发展战略中，信息化是发展重点，更重要的是作为新型工业化、新型城镇化、农业现代化的战略支撑。随着信息社会的发展和信息技术的进步，信息化已经深入到经济社会发展的各个领域，“数字湖南”的引领和支撑作用愈加突显。江泽民同志曾形象地指出，信息技术及产业是经济增长的“倍增器”、发展方式的“转换器”和产业升级的“助推器”。

（二）“数字湖南”的表现形式是信息化与经济社会发展的深度融合

“数字湖南”的具体表现形式就是信息化的应用，就是充分利用信息技术，高效开发信息资源，推动信息化和新型工业化、新型城镇化、农业现代化的深度融合和共同发展。“十五”期间，我国提出了以信息化带动的、能够实现跨越式发展的工业化；提出作为发展中国家如何在工业化的过程中推进信息化，以信息化带动工业化，以工业化促进信息化。“十一五”期间，我国围绕全面建设小康社会的战略目标，提出了大力推进信息化与工业化融合，加速国民经济和社会事业的信息化。两化融合更加体现了信息化和信息技术对国民经济和社会发展的全面渗透和战略支撑。在“十二五”信息化规划中，我国提出了信息化与工业化的深度融合，在着力提升支撑能力和服务水平、深化信息技术集成应用和加快传统制造业转型升级、不断完善推动产业政策和引导体系上体现两化深度融合。“数字湖南”从发展思路上与国家的整体发展战略是高度一致的，其表现形式就是信息化与经济社会发展的深度融合，信息化建设和信息技术广泛应用于经济、社会、政务、文化、商务等各个方面。

（三）“数字湖南”的数字特征是基于地理空间框架体系的应用

“数字湖南”与“数字地球”在技术途径上有一定的渊源。数字化必然是信息化，信息化并不完全等于数字化。“数字地球”来源于时任美国副总统戈尔提出的一个与 GIS、网络、虚拟现实等高新技术密切相关的概念，其核心思想是用数字化的手段来处理整个地球的自然和社会等方面的问题。数字化是“数字湖南”的主要技术特征。一是地理空间框架体系是“数字湖南”的重要支撑。人类社会生活中的各类信息 80% 以上都是与地理位置有关。地理信息是国家重要的基础性、战略性信息资源。全省统一的地理空间框架体系和公共服务信息平台，是构建建设“数字湖南”的信息基础设施。二是数字化、网络化、智能化是“数字湖南”的重要特征。包括新一代移动通信、下一代互联网核心设备、智能终端、三网融合、物联网、云计算等前沿信息技术。三是数字城市是“数字湖南”的重点建设内容。以地理空间框架体系信息平台为基础，对城市基础设施与生活发展相关的各方面内容进行全方位的信息化处理和利用，对城市地理、资源、生态、环境、人口、经济、社会等复杂系统进行数字网络化管理。

二　正确认识建设“数字湖南”面临的挑战和问题

“十一五”期间，湖南国民经济和社会发展信息化建设已经取得了长足的进展，成效十分显著，但是与先进省市相比，与“数字湖南”建设的要求相比，仍然存在许多不足。一是信息化发展水平总体偏低。信息化发展指数（IDI）是一个全面评价国民经济和社会信息化发展水平的综合性指标，用来衡量社会利用信息技术来创建、获取、使用和分享信息及知识的能力，以及信息化发展对经济社会发展的推动作用，由国家统计局研究制定并进行评测。“十一五”期间，湖南信息化发展指数位于全国第 20 位左右，属于第三类，落后于北京、上海、天津、浙江、广东等发达省份，也落后于湖北、黑龙江、河北、内蒙古、吉林、海南、宁夏、新疆等省份。根据《中国互联网络发展状况统计报告》，截至 2011 年 12 月底，中国网民规模达到 5.13 亿，互联网普及率达到 38.3%，高于全球互联网普及率（30.2%）；湖南网民数 1900 万，互联网普及率 29.5%，位于国内第 23 位，低于全国和全球平均水平。二是信息化基础设施相对落后。城市宽带网络设备亟待更新，城市光网建设进展不快，无线城市建设在资源共享、优化布点、电信运营商协同等方面有待务实推进。近年来，湖南电信运营商销售业绩、基本建设等方面在全国排名相对靠后，这在很大程度影响了基础设施的建设。三是信息产业规模较小。2010 年全国电子信息百强企业主要集中于长三角、珠三角及环渤海三大经济区域，其中，广东 23 家，江苏、北京两省均超过 10 家。中部省仅湖北、河南各 2 家，湖南没有。2011 年湖南电子信息产业刚刚突破千亿元，而广东已过两万亿元。四是信息化资源整合亟待加强。信息化资源整合已成为推进“数字湖南”建设的难点之一。网络资源的整合、机房资源的整合、部委试点与本地应用的整合、政府部

门应用协调的整合都亟待加强。因此，要实现《数字湖南建设纲要》提出的目标，还任重道远。

三　准确把握建设“数字湖南”的实现途径

为加快“数字湖南”的建设，应当遵循信息化的基本规律，结合湖南实际，准确把握切入点和推进策略。

（一）下一代网络设施建设是实现“数字湖南”的基础条件

按照国家的统一部署，加快建设以IPV6为基础的宽带、融合、安全、泛在的下一代信息基础设施，加快城市光网的建设，在3～5年内，全省城市全面实现光纤化，核心城区全部实现光纤接入，城市家庭接入带宽100M；加快无线网络基础设施的建设，基于GSM、CDMA，WCDMA，TD－SCDMA、TD－LTE与WLAN等多网协同、多层次、广覆盖的无线宽带网络，实现县以上城市热点（包括政府、高校、酒店、商场、步行街、旅游景点等）无线网络的全覆盖；加快下一代广播电视网（NGB）的建设，实现全城全网、全双向、全业务的目标。

（二）两化深度融合是建设“数字湖南”的首要目标

两化融合是促进经济发展方式转变、产业转型升级的重要手段。一是信息技术改造传统产业。“十二五”期间，制造业转型升级，以信息化创新研发设计手段促进产业自主创新能力提升，成为两化深度融合首要的发展目标和主要任务。信息技术改造传统产业，主要看两头，对规模企业，主要是推动信息技术的综合集成，促进节能环保，构建工业生产新型的创新体系、生产体系、管理体系和营销体系；对中小企业，主要是建立公共服务信息平台，提供咨询、电子商务、项目对接、人才培养等服务。二是新技术的应用和新兴产业的培育。从国家发展战略看，新一代信息技术被列在“培育发展战略性新兴产业”的首位。互联网的发展，产生了华为、中兴这样产值过千亿元、世界著名的IT企业，也使百度在中国战胜了谷歌（Google），新浪、搜狐战胜了雅虎（Yahoo），阿里巴巴的淘宝网成为世界规模最大的电子商务平台。最近，国务院研究部署加快发展下一代互联网产业，重点研发下一代互联网关键芯片、设备、软件和系统，加快产业化及现网装备。湖南省要抓住机遇，以建设“数字湖南”为契机，在新一代信息技术、下一代互联网的发展中占得先机。要充分利用湖南在高性能计算机、高性能路由器、集成电路、传感器、软件等方面的研发优势，形成专利，对接湖南企业和资本市场，建立技术创新平台；要充分对接国内外知名 IT 企业在新一代信息技术、下一代互联网发展的扩充需求，在长株潭、衡阳、郴州等产业园区布局，培育物联网产业链、云计算产业链、新型显示器、移动终端和地理信息产业，形成新兴产业增长极；要充分利用湖南超算中心高性能计算机资源，建立云计算中心，为湖南装备制造、新能源、新材料、气象预报、地质勘探、新药开发等多个研究和生产领域构建公共信息服务平台，为全省居民的健康医疗电子档案、市民一卡通数据中心提供集中存储和数据处理云服务平台，推进湖南现代信息服务业发展。

（三）统一地理空间框架体系是实现“数字湖南”的重要支撑

加快推进全省统一的地理空间框架建设，建立覆盖全省地理信息服务平台和数据库，形成政府主导、标准统一、数据完善的地理信息公共服务与应用体系，为建设“数字湖南”打下“数字化基础”。

（四）数字城市是建设“数字湖南”的重要抓手

随着“数字湖南”建设的推进，各市（州）数字城市的规划和建设相继启动，如“数字衡阳”、“数字株洲”、“数字湘潭”、“数字岳阳”等，数字城市的建设使“数字湖南”真正落到实处。数字城市是数字技术、信息技术、网络技术渗透到城市生活方方面面的表现，城市设施的数字化、城市管理的智能化、城市服务的网络化，使市民真正享受“数字湖南”的信息化成果。通过数字城市的建设，大大提升网上服务能力，享受网上流畅的视频，高速的数据，全地域、无缝隙、天地一体、无处不在的高速宽带接入和各种丰富精彩的网上应用，只需要点击手机图标就可以做到查水费、电费、公积金、社保、燃气、手机、固话、宽带、数字电视等多种日常账单甚至在线缴付钱款，实现“城市得到智慧管理，市民享受数字生活”。

（五）数字民生是建设“数字湖南”的重要内容

“数字湖南”在推进社会领域信息化时，应当把重点放在教育、医疗、社会

保障等涉及民生的领域。推进教育信息化，通过云计算、云平台的应用，开展优质教育资源数据库和名师精品课件、学生共享服务平台的集约化建设，提供每个学生免费使用的网上学习空间和终端，大大减少“数字鸿沟”，使无差异的信息化服务惠及到每个中小学生。推进医疗卫生信息化，为全省居民免费建立个人健康电子档案，记录居民从出生到死亡一个完整生命周期内所有健康信息及医疗、保健等过程中产生的信息，还有相关的父系、母系的遗传健康信息，为医疗保健提供完整的诊断依据，做到记录一生、管理一生、服务一生。推进社会保障信息化，建立全省社会保障综合性信息服务平台，为参保单位和个人实现异地办理、网上办理，实现就业和社会保障异地信息共享、异地续接和异地实时结算；建立异地就医医疗费即时结算的“大医保”信息平台，通过信息化的手段，解决异地就医人员“垫支医疗费”和“跑腿报销难”等突出问题。

（六）电子政务是建设“数字湖南”的典型示范

推进电子政务，在“数字湖南”建设中起到典型示范和引领作用。通过政府网站、网上办事服务、公共资源交易等信息系统建设，提升政府公共服务水平；通过市场管理、信用管理、食品安全监管、社会管理等政务信息化的建设，提升政府的监管能力；通过协同办公信息系统建设，提升政府的工作效率。

（七）资源整合与共享是实现“数字湖南”的重要保障

建设“数字湖南”，必须有效解决资源整合和共享这一信息化建设的难题。一是部省资源的整合。有效整合国家部委试点项目与省内现有信息化系统资源，如国家农业农村信息化示范工程与湖南农业信息化设施；国家电子病历试点数据中心建设与湖南超算中心云服务资源共享等。二是电子政务资源整合。有效整合纵向网络、政府网站、部门机房、对外服务呼叫中心等。三是电信、广电运营商的服务整合。有效推进省内管线资源、无线基站资源整合，实现资源共享和三网融合。

（八）数字内容产业是建设“数字湖南”的应用创新

数字内容产业是建设“数字湖南”的重要组成部分。“数字湖南”中的信息产业也已不再是单纯的信息技术产业，应当包含信息技术与文化内容的交融汇合。数字内容产业是指将图像、文字、影像、语音等内容，运用数字化高新技术手段进行整合运用的产品或服务。湖南是文化大省，数字内容产业的发展是“数字湖南”的亮点和创新。新型的数字内容产业，涉及移动内容、互联网服务、游戏、动画、影音、数字出版和数字化教育培训等多个领域，新型文化方式和数字内容产业将展示出强大生命力。

最后，用《支持型经济》作者肖沙娜·朱伯夫的一段话来结语：在每一个变革时代，那些作为新经济先锋的伟大突破无一例外的是这样一种进步，即以此前所无法想象的方式，以新技术为工具，来满足反映在新消费方式中的人类新梦想。

B.36

湖南与中部省份经济社会发展综合比较及对策研究

湖南省人民政府经济研究信息中心课题组*

“十一五”是我国正式实施中部崛起战略的起始时期，在短短5年的时间里，中部各省运筹帷幄，抢抓机遇，你追我赶，竞相发展，使中部塌陷的窘境得到较大改观。这一时期，湖南也紧紧抓住中部崛起、长株潭城市群“两型社会”建设综合改革试验、国内外产业转移等重大机遇，推进“一化三基”，建设“四化两型”，打造“富民强省”，经济总量进入全国十强。但前有标兵，后有追兵，湖南只有知己知彼，才能百战不殆；也只有扬长补短，才能实现科学发展、率先崛起。

一　湖南与中部省份经济社会发展现状及趋势比较

“十一五”时期是实施中部崛起战略的重要起步期，中部地区6省经济总量占全国比重明显提高，由2005年的20.23%上升到2010年的21.46%，其中河南、湖南、湖北、安徽4省GDP超过万亿元，江西、山西2省也达到9000多亿元。从发展速度看，“十一五”时期中部6省GDP年均增速均高出全国平均水平。而6省产业结构由2005年的16.12∶46.78∶37.1调整为2010年的13.03∶52.41∶34.56，其中第二产业占比由2005年比全国低0.59个百分点，提高到2010年比全国高5.65个百分点，表明中部地区工业化进程明显加速。在实施中部崛起战略的进程中，湖南一改以往的劣势，呈现出良好的发展态势。

---

* 2011年湖南省哲学社会科学基金重大委托项目《湖南与中部省份经济社会发展综合比较及对策研究》（11WTA15）的总报告；课题组组长：唐宇文；课题组成员：谢坚持、李银霞、李学文、黄玮。

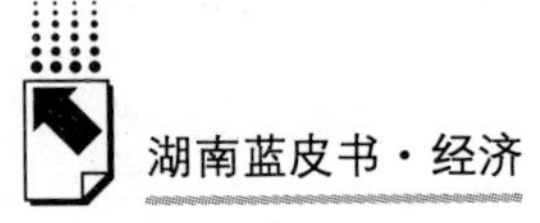

（一）经济总量位次前移

“十一五”时期，是湖南 GDP 增长最快的时期，年均增长达到 14.0%，比全国高 2.79 个百分点，占全国 GDP 的比重由 2005 年的 3.57% 上升到 2010 年的 4.0%。2008 年，GDP 突破 1 万亿元，首次进入全国 10 强并连续 3 年保持不变。GDP 年均增速居中部第 1 位，总量仅次于河南居中部第 2 位，占中部 6 省的比重 5 年提高 1 个百分点。在 GDP 中，湖南第一产业增加值长期居全国第 7 位，2010 年超过广东居全国第 6 位、中部第 2 位；第二产业增加值 2010 年居全国第 11 位、中部第 3 位；第三产业增加值居全国第 10 位、中部第 2 位。2005 ~ 2010 年，湖南人均 GDP 由居全国第 21 位前移至第 20 位，居中部第 4 位前移至第 3 位。

（二）内需地位优于外需

“十一五”时期，湖南全社会固定资产投资年均增长 30.81%，比全国平均增速高 5.15 个百分点，比中部 6 省平均低 0.68 个百分点，投资规模 2006 年被安徽超越后一直居中部第 4 位。社会消费品零售总额年均增长 18.74%，比全国平均高 0.65 个百分点，总额一直居全国第 12 位、中部第 3 位。进出口总额年均增长 19.59%，比全国高 3.69 个百分点，但比中部 6 省平均低 3.38 个百分点，进出口总额仅高于山西，居中部第 5 位。分析 2010 年三大需求结构可以发现：投资结构中湖南三次产业投资比重分别居中部第 4 位、第 5 位和第 2 位；消费结构中居民消费率、政府消费率分别居中部第 3 位和第 4 位；贸易结构中加工贸易、高新技术产品进出口比重分别居中部第 6 位和第 5 位。

（三）财政金融处于中游状态

“十一五”时期，湖南财政总收入年均增长 20.25%，低于全国 1.05 个百分点，低于中部 6 省平均 0.93 个百分点。2010 年，湖南财政总收入居中部第 4 位，分别比河南、安徽、湖北少 414.69 亿元、185.11 亿元、40.23 亿元；地方财政收入居中部第 3 位，分别比河南、安徽少 299.32 亿元、67.71 亿元。湖南地方财政支出年均增长 25.35%，比全国财政支出增速高 3.84 个百分店，比全国地方财政支出高 1.3 个百分点。地方财政支出总额排在河南之后居中部第 2 位。湖南金融机构本外币存款年末余额年均增长 20.36%，高于全国 0.8 个百分点，但低于

中部6省平均0.14个百分点；贷款年末余额年均增长20.21%，高于全国0.47个百分点，高于中部6省平均1.09个百分点。2010年，湖南本外币存款年末余额仍居全国第14位、中部第4位，本外币贷款年末余额被安徽超越居全国第15位、中部第4位。

（四）人民生活处于中上游位置

“十一五”时期，湖南城镇居民人均可支配收入年均增长11.71%，农民人均纯收入年均增长12.51%。2010年，城镇居民人均可支配收入居全国第13位、中部第1位；农民人均纯收入居全国第15位、中部第3位。城镇居民人均消费性支出年均增长9.52%，农民人均生活消费支出年均增长9.35%。城镇居民人均消费性支出由2005年位居全国第10位后退至2010年的全国第13位，农民人均生活消费支出由居全国第9位后退至2010年的居全国第12位。城镇居民人均消费性支出、农民人均生活消费支出一直排在中部第1位，但中部各省与湖南的相对差距逐步缩小。

（五）产业结构层次居中部末位

“十一五”时期，湖南三次产业结构由16.7∶39.6∶43.7调整为14.5∶45.8∶39.7，呈现出工业化特征较为明显的“二、三、一”结构。但横向比较，湖南第一产业比重偏高，第二产业比重偏低，产业结构层次仍然较低。2010年，湖南第一产业比重比全国高4.4个百分点，居全国第6位，比中部6省平均高出1.5个百分点；第二产业比重比全国低1.0个百分点，居全国第25位，比中部6省平均低6.6个百分点，分别比河南、山西、江西、安徽、湖北低11.5个、11.1个、8.4个、6.3个、2.8个百分点。

（六）农业产值较大，但产业化程度不及湖北

湖南是农业大省，主要农产品如水稻、生猪、柑橘、烤烟、棉花、油料和淡水产品产量位居全国前列，但湖南出售的粮食、生猪、油料等主要农产品以初级产品为主，农产品精深加工不够，农业产业化程度不高。2010年，湖南规模以上农产品加工业总产值与农林牧渔业总产值的比值为1.212∶1，而全国达到2.044∶1，江西达到1.46∶1，湖北达到1.386∶1，安徽达到1.287∶1。2010年，

湖南农林牧渔业总产值比湖北多285.17亿元，但规模以上农产品加工业总产值比湖北少264.36亿元，仅相当于湖北的94.6%，其中作为湖南支柱产业的农副食品加工业总产值仅相当于湖北的91.8%，销售产值仅相当于湖北的93.4%。

（七）工业化程度处垫底位置，但支柱产业渐显特色

“十一五”湖南工业增加值年均增长18.73%，2010年工业化率（工业增加值占GDP的比重）达到39.31%，比2005年提高6.03个百分点。但横向比较，湖南工业化率仍然不高。2010年，湖南工业化率比全国低0.79个百分点，比中部6省平均低6.37个百分点，居全国第23位、中部第6位。全省机械、食品、石化、有色、轻工、建材、冶金等7个行业产值超过千亿元，工程机械成为全省首个过千亿元的子产业。2010年湖南工业总产值中占比超过5%的工业支柱产业有：有色冶金（8.86%）、专用设备制造业（8.37%）、化学工业（8.18%）、农副食品加工业（7.42%）、黑色冶金（6.36%）、非金属矿物制品业（6.16%）、交通运输设备制造业（5.29%）、电热生产和供应业（5%）。湖北的支柱产业比湖南少了有色冶金和专用设备制造业。而江西的支柱产业则比湖南少了专用设备制造业、农副食品加工业、电热生产和供应业，但多了一个电气机械及器材制造业。以工业总产值在地区中的相对比重高于全国平均水平0.5个百分点的行业为标准，2010年湖南有11个行业在全国具有相对聚集优势，湖北和江西分别有8个行业在全国具有相对聚集优势。湖南的优势产业主要集中在专用设备制造、有色冶金、化工、食品加工、烟草、木材加工等方面。

（八）工业企业数量、质量及规模处于中下游位置

2010年，湖南规模以上工业企业数量为1.38万个，占中部总数的17.8%，仅高于江西、山西居中部第4位；规模以上企业产值、利税、从业人员占全部工业的比重，均居中部第3位；企业总资产收益率达23.19%，排中部第1位；企业资产利润率达11.13%，列中部第2位，高于中部平均1.4个百分点；单位企业产值规模和从业人员数量规模位列中部第4位；单位企业人均缴纳增值税3.04万元，仅次于山西的3.25万元。横向比较，湖南工业企业规模小、聚集水平低。2010年，规模工业企业户均资产总额仅相当于全国平均的71.9%，中部6省平均的73%，居全国第29位、中部第6位；户均主营业务收入仅相当于全国

平均的87.5%，中部6省平均的86.8%，居全国第24位、中部第4位；户均利润总额仅相当于全国平均的89.5%，中部6省平均的83.9%，居全国第24位、中部第4位。

（九）进入国家队的企业仅多于江西

大企业是打造经济强省的重要标志。根据中国企业联合会的评价结果，2010年度，中部6省进入中国企业500强的企业共56家，占全国总数的11.2%。其中以河南（15家）、安徽（12家）上榜企业最多，山西（9家）、湖北（8家）次之，湖南（7家）仅多于江西（5家）。纵向比较，2005～2010年，湖南进入全国500强的企业数由6家增加到7家，企业平均经营规模从149.5亿元增加到445.3亿元。但湖南上榜企业平均经营规模仅为全国500强企业平均经营规模的61.3%，而湖北、山西上榜企业的平均经营规模则分别为全国500强企业平均规模的133.3%、101.8%。居湖南之首的华菱钢铁营业收入居第124位，只相当于湖北东风汽车的17.8%、河南煤化的44.8%、山西太钢的56.4%、江西铜业的76.2%、安徽马钢的96.7%。2005～2010年，中部进入500强的企业也发生了较大的结构性变化。湖南进入全国500强的华菱钢铁、建工集团等传统企业排位下降，湖南有色、长沙卷烟、常德卷烟等因吸收合并等原因跌出500强，重组后的湖南中烟和中烟湖南公司上榜，此外还有晟通科技进入国家队行列。而与此同时，湖北的东风汽车排位前移9位，武钢前移12位，葛洲坝前移104位。安徽汽车企业异军突起，有色、矿业等企业位次均有所前移。河南的上榜企业以能源及煤化工企业最多，江西上榜企业主要集中在冶金、有色、汽车和商业领域，新上榜企业有钢铁、商业和新能源科技企业，山西的9家上榜企业主要集中在传统的煤炭能源和钢铁领域，其中能源7家，钢铁1家。

（十）上市公司数量及市值保持中游

上市公司也是一个区域企业发展市场化的重要标志。“十一五”时期，中部省份A股上市公司发展较快，行业类型进一步丰富，战略性新兴产业加速发展，在此过程中湖南保持在中游地位。截至2011年8月底，湖南累计上市公司64家，总市值5167.40亿元，均居中部第3位，这些上市公司主要分布于机械设备、农林牧渔、化工、生物医药、信息服务、有色金属、交通运输等17个行业。

湖北的上市公司共74家，居中部第2位，但总市值仅为5011.40亿元，居中部地区第4位。安徽是中部上市公司数量最多的省份，共有上市公司77家，总市值6046.53亿元，基本与山西省持平，居中部地区前列。河南上市公司共59家，居中部第4位，总市值4279.23亿元，居中部第5位。江西上市公司共32家，总市值3106.72亿元，均处中部末位。山西上市公司数与江西相同，但总市值高达6047.98亿元，居中部第1位。

（十一）现代服务业发展不足

2010年，湖南生产性服务业增加值占GDP的比重达到17.6%，比2005年提高0.4个百分点；文化产业增加值占GDP的比重达到5.2%，比2005年提高1.0个百分点；旅游总收入占GDP的比重达到8.9%，比2005年提高2个百分点。2008年湖南文化产业总产出突破千亿元，2009年旅游总收入突破千亿元，成为产值过千亿元的两大支柱产业。2009年，湖南文化产业增加值总量居全国第7位，占GDP比重居全国第4位、中部第1位，人均劳动生产率居全国第2位。但湖南服务业结构中传统服务业比重较高，金融等现代服务业发展不足。2010年，湖南交通运输仓储和邮政业、批发和零售业、住宿和餐饮业三大传统行业增加值占服务业的比重高达41.16%，比2005年提高1.98个百分点，比全国高4.89个百分点，居全国第14位、中部第4位，分别比安徽、湖北高2.81个、1.01个百分点；金融业增加值占服务业的比重仅为7.27%，比全国低4.85个百分点，居全国第29位、中部第6位；信息传输、计算机服务和软件业占服务业增加值的比重约为5%，比全国平均水平低1个百分点以上。旅游总收入占GDP的比重仅为8.9%，居中部第5位，仅比江西高0.2个百分点。

（十二）城市化率居中游水平

“十一五”时期，湖南加速推进城镇化。2010年城镇化率达到43.3%，比2005年提高6.3个百分点，年均提高1.26个百分点。但城镇化水平仍比全国低6.65个百分点，居中部第4位，分别比湖北、山西、江西低6.4个、4.75个、0.76个百分点，与全国城镇化率的差距由2005年的5.99个百分点扩大到2010年的6.65个百分点。与此同时，湖南城市群核心增长极作用有所加强。2010年，长株潭城市群GDP占全省的比重达到41.9%，其中长沙市GDP占全省的比

重达到28.4%，经济总量在全国省会城市排名中上升到第7位，综合竞争力位居第6位。但长株潭城市群增长极作用仍不突出，省会长沙的极核地位仍有待提高。2010年，长株潭城市群GDP占全省GDP的比重，比武汉城市圈GDP占全省的比重、中原城市群GDP占全省的比重、皖江城市承接产业转移示范区GDP占全省的比重、鄱阳湖生态经济圈GDP占全省的比重都低了近20个百分点。中部6省省会城市中，2010年长沙市GDP虽仅次于武汉市，但只相当于武汉市的81.7%，占全省的比重比武汉低6.5个百分点，投资、消费、进出口、利用外资、地方财政收入仅相当于武汉的34%~97%。

（十三）县域经济处中游位置

2010年，湖南省GDP过100亿元的县达到42个，过200亿元的县达到9个，分别比2005年增加36个和9个；财政收入过10亿元的县达到13个，过5亿元的县达到40个，分别比2005年增加11个和32个。长沙、浏阳、宁乡、醴陵进入2010年度全国县域经济百强县行列，其中长沙县的排名由2005年的第53位大幅上升到第18位，在中部地区居第1位。但2010年度全国县域经济百强县（市）中，河南有6个，比湖南多2个；2010年度中部县域经济百强县（市）中，湖南有14个，比河南少23个，比山西少2个，比湖北、安徽、江西仅多1~2个。与2005年比较，2010年度湖南中部县域百强县（市）减少6个，而湖北、山西均增加4个，安徽、江西均增加3个。

（十四）非公经济处中下游水平

非公经济的活跃程度，是区域发展活力的重要标志。2010年，湖南非公经济增加值占GDP的比重达到56.3%，比2005年提高6.1个百分点。但这一占比低于河南4.5个百分点，低于安徽0.8个百分点。私营企业户数仅占全国的2.19%，居中部第4位，分别为河南、湖北、安徽的61.4%、69.5%、80.9%；登记注册的个体工商户数仅占全国的3.99%，居中部第3位，分别为河南、湖北的87.5%、95.1%。私营企业户均注册资本为243.8万元，仅相当于山西的85.4%，注册资本在亿元以上的只有214家，100万元以下的占77.8%，而山西、湖北注册在亿元以上的企业分别达到351家和349家；私营规模工业企业户均资产总额仅相当于全国的78.3%，中部6省平均的84.8%，居全国第30位、中部第5位；户均利税总额居全国第12位、中部第4位。2010年度中国民营企业500强中，湖南只有6家，湖北达到17家，河南、山西分别有9家和7家。湖南非公经济主要集中在房地产、住宿餐饮、批发零售领域，行业占比均超过80%。非公经济外向度不高，其进出口占全省的份额仅为61.7%，比全国平均水平低17.4个百分点。

（十五）基础设施硬实力处中上游水平

“十一五”时期，通过实施“一化三基”战略，湖南基础设施建设步伐加快，总体处在中部中上游水平。2010年，高速公路通车里程达到2386公里，虽然高速公路总里程和人均里程均居中部末位，但湖南目前在建高速公路较多，未来几年通车里程将后来居上。铁路营业里程3695公里，居中部第3位，铁路客运量及旅客周转量均仅次于河南居中部第2位，铁路货运量仅高于江西排第5位，铁路货运周转量居中部第3位。内河航道里程居中部第1位。已通航民用机场湖南、江西各有5个，并列中部第1位；2010年长沙黄花机场旅客吞吐量1262万人，居中部第1位，全国第12位，民航货运吞吐量11.9万吨，仅比武汉少1555吨，居中部第2位。供电量仅高于江西居中部第5位。邮电业务总量仅次于河南居中部第2位，固定电话、移动电话用户数、互联网上网人数均居中部第3位，电话普及率、移动电话普及率、互联网普及率均居中部第3位，但开通互联网宽带业务的行政村比重仅为65%，在中部地区垫底，其他5省的这一比率为83%~100%。农用机械总动力、有效灌溉面积均低于河南、安徽居中部第3位，乡村办水电站个数及装机容量均居中部第1位；农村用电量仅高于山西、江西居中部第4位，农村水电发电量居中部第1位；水库数居中部第1位，水库总库容量居中部第2位。城市供水能力、供水管长均居中部第4位，供水总量仅次于湖北居第2位，人均日生活用水量居中部第1位；城市污水日处理能力居中部第1位，城市用水普及率、燃气普及率仅高于河南居中部第5位。每万人拥有公共交通车辆居中部第1位，人均城市道路面积仅高于山西、河南居中部第4位。人均公园绿地面积仅高于河南居中部第5位，每万人拥有公共厕所仅高于江西居中部第5位。

（十六）人力资源与公民素质处中上游水平

人力资源与公民素质是衡量区域软实力的重要指标之一，是区域发展重要基

础。人力资源方面，每十万人口中高等教育在校生数，湖北远高于中部其他省份和全国平均水平，而湖南进步较快，在中部排位从2005年的第4位上升到2010年的第2位，但仍略低于全国平均水平；每十万人口中等职业教育在校生数，湖南2005年排中部第4位，与全国平均水平差距不大，但2010年跌至中部最后一位，与全国平均水平差距十分明显，与中部其他省份的差距也不断拉大。公民素质方面，湖南省整体水平排在中部前列，其中两个重要指标：全国道德模范数量排在中部第1位，全国文明村镇数量排在中部第2位。

（十七）技术创新能力弱于湖北和安徽

2010年，湖南研究与开发投入占GDP比重从2005年中部第4位上升到第3位，但与全国平均水平的差距仍为0.6个百分点。每亿元GDP产出国内当年专利申请量和专利授权量均落后于安徽和湖北，列中部第3位，但不管是总量还是发展速度都落后于全国平均水平。“十一五”期间，每亿元GDP产出国内当年专利申请量与全国的差距从期初的0.74个百分点拉大到期末的1.3个百分点；每亿元GDP产出国内当年专利授权量与全国的差距从期初的0.38个百分点拉大到期末的0.94个百分点。技术交易方面，与中部其他省份不断提高的趋势相反，2010年湖南人均技术合同成交额不到全国的1/4，低于湖北、安徽居中部第3位，与全国水平的差距也从2005年的49.56元拉大到230元。

（十八）文化产业地位强于文化事业

湖南文化产业优势明显，但在文化传播和文化场地建设方面处中部下游，与全国平均水平仍有一定差距。湖南文化产业占GDP的比重排中部第1位，是全国少数几个达到5%以上的省份；但电视综合人口覆盖率仅列中部第6位；互联网普及率与全国的差距从2005年的3.3个百分点扩大到2010年的7个百分点；每人每天拥有报纸份数居中部第5位，不到全国平均水平的一半；每十万人口拥有的文化馆、博物馆和公共图书馆数量列中部第4位，与全国有一定的差距。

（十九）社会保障能力居中游水平

山西省每十万人口所拥有卫生技术人员和医院床位数均领先于中部其他省份，且远高于全国水平；湖南处于中部中游，远低于山西、略低于湖北、河南排中部第4位，两个指标值都略低于全国平均水平。中部地区各种社会保险参与人数占总人口的比例较低，仅湖北省基本医疗保险参与人数比例与全国水平相当，其他各省全部低于全国平均水平，湖南处于中等位置；养老、医疗和失业保险参保人数占总人口的比例分列中部第3位、第2位和第4位，与全国水平仍有一定差距。

（二十）对外吸引力处中等位置

我们用人均实际利用外资来反映区域整体商务环境的好坏和吸引力，用人均旅游收入来反映区域的对外知名度。2010年，湖南人均实际利用外资居中部第3位，“十一五”期间取得的进步非常明显，2005年湖南低于全国9.2美元，2010年已超过全国水平。中部各省旅游资源都十分丰富，人均旅游收入近年来增长较快，2010年湖南旅游总收入排在中部第2位，但人均量仅列中部第4位。

（二十一）生态环境竞争力仅弱于江西

生态环境竞争力成为“软实力”越来越重要的内容。在森林覆盖率方面，2010年江西与福建并列全国第1位，湖南居全国第5位、中部第2位。中部各省自然保护区占国土面积的比例明显低于全国，湖南这一比例在中部列第4位。生活垃圾无害化处理率江西在中部最高，湖南从中部第4位上升到第3位，2005年落后全国12个百分点，2010年超过全国1.1个百分点。化学需氧量排放量湖南在中部最高，但减排力度较大，年均减排2万吨左右。省会城市空气质量提高最快的是湖南，全年空气质量Ⅱ级以上天数占比在中部排名从最后一位上升到第2位，仅次于江西南昌。

（二十二）获取国家政策扶持的力度及效果处于中上游水平

“十一五”时期，随着中部崛起战略的实施，中部获得国家政策支持的力度明显增强。除共有政策支持外，2007年底国家批准设立了长株潭城市群和武汉城市圈“两型社会”建设综合改革试验区，2010年底批准设立了山西省国家资源型经济转型综合改革试验区。此外，2010年国家还先后批复了《皖江城市带承接产业转移示范区规划》、《鄱阳湖生态经济区规划》、《中原经济区规划》。反观湖南，除综合改革试验区外，尚未有由国务院直接批复的国家级区域规划。各省获批国家级开发区的数量，也从另一侧面反映了获得国家政策支持的程度及效

果。“十一五”江西和河南国家级开发区分别增加了9个和6个，国家级开发区总数达到12个和10个，分列中部第1位、2位；湖南和安徽分别增加了5个和4个，总数达到9个和8个，居中部第3位、4位；湖北增加3个，总数达到7个，居中部第5位；山西仅增加1个，总数为3个。从国家经济开发区主要经济指标来看，湖南仅处于中游水平。2010年，湖南国家级经济开发区数量达到4个，但2010年参加国家级开发区统计培训的湖南长沙、常德和岳阳经济开发区，安徽合肥、芜湖、安庆、马鞍山经济开发区，湖北武汉、黄石、襄樊经济开发区，江西南昌、九江、赣州、井冈山经济开发区，湖南这三家经济开发区的工业总产值、工业增加值、税收、出口总额均低于安徽、湖北、江西居第4位，实际利用外资低于安徽、江西居第3位，进口总额低于湖北、安徽居第3位。2011年，湖南湘南地区获批国家级承接产业转移示范区，大湘西地区31个县（市）列入国家武陵山片区区域发展与扶贫攻坚试点，湘东6个县（市）列入国家罗霄山片区扶贫开发规划，湖南三大区域全部纳入国家区域发展战略层面。

（二十三）未来发展各具特色，湖南在整体上可望保持中上游水平

面向“十二五”，中部6省提出了具有本地特点的发展战略思路。如山西提出实施“大县域”战略；安徽提出“全面转型、加速崛起、兴皖富民”发展战略；江西提出实施重大项目带动、大开放的主战略；河南以建设中原经济区、加快中原崛起为总体战略；湖北全面实施“两圈一带”总体战略；湖南提出大力推进“四化两型”建设。在发展总目标上，山西提出要成为中部地区经济强省和文化强省，河南谋求实现中原崛起，湖北提出加快构建促进中部地区崛起的重要战略支点，湖南提出率先建成“两型社会”，江西提出努力实现科学发展、进位赶超、绿色崛起的宏伟目标。中部6省设定的“十二五”GDP年均增长速度均明显高出全国平均水平。如河南提出GDP年均增长9%以上；湖南、湖北规划增速均在10%以上；江西提出GDP年均增长11%以上；山西、安徽则提出GDP要翻一番，年均增速接近15%。按照中部各省公布的“十二五”规划纲要测算，到2015年中部六省GDP总量的排序变化不大，河南仍然排在中部第1，湖南、湖北将争抢第2、第3的位置，安徽稳居第4位，江西和山西排名第5位、第6位。

二 湖南经济社会发展中的不足与隐忧

通过以上比较可以看出，“十一五”时期湖南多项指标有所改善。但与中部其他省份相比，区域经济社会发展中还存在一些差距、不足与隐忧。

（一）经济总量排位的基础不稳固

2010 年，湖南 GDP 比居全国第 5、中部第 1 的河南少 2945.6 亿元，比居全国第 8 位、9 位的四川、上海分别少 1147.52 亿元、1128.02 亿元，比居全国第 11 位、中部第 3 位的湖北仅多 70.35 亿元，比居全国第 12 位的福建多 1300.84 亿元。近年来，湖北经济发展加快，2010 年 GDP 增长 14.8%，高出湖南 0.2 个百分点；2011 年增长 13.8%，高出湖南 1 个百分点。湖南经济总量要保持在中部的排位压力较大。

（二）投资不足

一是投资增长相对较慢，工业投资相对乏力。“十一五”湖南全社会固定资产投资年均增速比中部 6 省平均低 0.68 个百分点，比安徽、江西分别低 5.47 个、1.43 个百分点。三次产业投资中，湖南第二产业特别是工业投资增速与安徽、江西差距较为明显。“十一五”湖南工业投资年均增速分别比安徽、江西低 6.84 个、11.01 个百分点，2010 年湖南工业投资比安徽少 1388.68 亿元。二是人均投资偏低。“十一五”时期，湖南人均投资（按年中常住人口计算）不仅低于全国平均水平，而且还低于中部其他 5 省人均投资，同时绝对差距也在不断扩大。

（三）经济外向度偏低

2010 年湖南外贸依存度只有 6.2%，比全国低 43.98 个百分点，比中部 6 省平均低 2.99 个百分点，居全国第 27 位、中部第 5 位，与 2005 年相比外贸依存度下降了 1.26 个百分点。究其原因，主要是进出口增长偏慢，总量偏小。“十一五”湖南进出口总额年均增速比中部 6 省平均低 3.38 个百分点，2010 年进出口总额仅为湖北的 56.7%、安徽的 60.5%、江西的 68.0%、河南的 82.6%。“十

一五”时期，湖南实际利用外资年均增长20.13%，虽比全国平均高8.25个百分点，但比中部6省平均低4.15个百分点，居中部第4位，占中部6省实际利用外资的比重由2005年的23.36%下降到2010年的19.7%。

（四）经济增长的质量不高

主要表现在：一是财政收入增速较低，占GDP的比重较小。“十一五”湖南财政总收入年均增速比中部6省平均低0.93个百分点，地方财政收入年均增速比中部6省平均低0.69个百分点。2010年，湖南财政总收入占GDP的比重为11.71%，比全国低9.0个百分点，比中部6省平均低1.29个百分点；地方财政收入占GDP的比重为6.74%，比全国31个省（市、自治区）平均低2.55个百分点，比中部6省平均低0.66个百分点。二是城乡居民收入增长较慢，GDP的含金量不高。“十一五”湖南城镇居民人均可支配收入年均增速为11.71%，比全国、中部6省平均低1.03个、0.92个百分点；农民人均纯收入年均增速为12.51%，低于全国、中部6省平均0.19个、0.75个百分点。而从GDP的含金量（单位GDP人均可支配收入）排序来看，湖南虽然仅次于安徽、江西居中部第3位，但却排到了全国的第15位。三是城乡居民生活水平不高。2010年湖南城镇居民恩格尔系数由2005年的35.8%上升到36.5%，而全国由36.7%下降到35.7%，在全国的排位由2005年的第11位后退到2010年的第17位；农村居民恩格尔系数由52%下降到48.4%，全国由45.5%下降到41.1%，在全国的排位由第25位后退到第28位。湖南城镇居民恩格尔系数比中部6省高0.4个百分点，农村居民恩格尔系数比中部6省高5.9个百分点。

（五）金融对区域发展支持力度仍显不够

2010年，湖南金融相关比率（金融机构存贷款余额之和/GDP）为1.756，仅为全国平均水平的56.7%、中部6省平均的83.9%，居全国第29位、中部第5位，分别比山西、安徽、湖北、江西低1.327、0.527、0.525、0.334；信贷比率（金融机构贷款余额/GDP）为0.718，仅为全国平均水平的56.6%、中部6省平均的86.5%，居全国第27位、中部第5位；金融活跃指数（存贷差/GDP）为0.319，仅为全国平均水平的57.1%、中部6省平均的73.8%，居全国第22位、中部第5位。

（六）大企业数量较少和规模偏小，产业竞争优势需进一步强化

在中国企业500强中，2010年度湖南企业上榜数居中部倒数第2位，只比2005年增加1家，表现出大企业增长缓慢的特征。而与此同时，湖南企业平均规模位居中部中下游水平，且与山西、河南等地区企业的经营规模差距还在不断拉大。湖南上市公司的平均市值不到80亿元，而山西上市公司的平均规模为189亿元。因此，湖南企业平均规模亟待提升。此外，湖南虽然有14个行业相比全国平均水平具有一定的产业聚集优势，但是各行业在国际上具有较高知名度的行业龙头企业不多，能够代表我国行业最高水平和具有较强国际竞争力的企业也不多，产业的核心竞争优势尚未形成。

（七）湖南大企业和上市公司的重化工业特征比较鲜明，产业两型化和结构升级的任务较重

湖南工业的优势主要在重化工业领域，从中国500强湖南上榜企业看，除烟草、建工行业以外，其他企业均分布在以冶金、机械制造等重化工业领域，上市公司中，轻工业企业的数量比重较小，行业占比高于5%的行业中，绝大部分属重化工业行业。湖南工业领域中的七大千亿元产业中，一半以上都属重化工业。在资源瓶颈的硬约束和走环境友好的新型工业化道路的要求下，湖南产业升级的任务和产业两型化的压力仍然较重。

（八）基础设施欠账较多，资金不足仍是制约基础设施全面发展的重要瓶颈

富民强省，必须基础先行。“十一五”时期，湖南基础设施建设虽然取得重大突破，但由于基础设施底子薄，人均水平相对落后，未来基础设施建设的任务仍然十分繁重。特别是公路建设任务重，建设资金严重不足，加上道路养护问题多，交通设施质量差，运营管理水平低。这些问题的存在，严重影响了交通基础设施综合效能的发挥。与此同时，农村基础设施相对薄弱，建设力度相对滞后，尤其与河南和湖北等农业大省相比，湖南农村基础设施建设的投入力度相对较小，人均投资量偏低，城乡差距仍在拉大。未来需要统筹协调农村和城市的基础设施建设投入，促进城乡基础设施统筹规划、协调发展。

（九）人力资源软实力亟待提升

2010 年湖南每十万人口中高等教育在校生数仅为 1594 人，与全国平均水平（1666 人）、中部第 1 的湖北（2446 人）和全国领先的北京（2947 人）相比，差距明显，接受高等教育的人数相对人口总量来说明显不足。中等职业教育发展过于缓慢，2005～2010 年间湖南每十万人口中等职业教育在校生数仅增加 47 人，同期全国平均增加 473 人，中部地区平均增加 422 人，中部发展最快的河南增加 667 人，湖南职业技术人才培养急需加快。

（十）科技创新基础不牢

在科技投入方面，全社会研究与开发经费支出占 GDP 比重，湖南 2005 年基期水平仅为全国平均水平的一半，比全国和中部领先的北京与湖北分别低 4.66 个、0.49 个百分点；2010 年虽达到 1.16%，但仍大大低于全国 1.76% 的平均水平。专利申请和授权总量虽然在中部名列前茅，但每亿元 GDP 产出国内当年授权专利量 2010 年仅有 0.87 个，不到全国平均水平的一半，与中部第 1 的安徽和全国领先的浙江分别相差 0.43 个、3.33 个。人均技术合同成交额更是不到湖北的一半和全国的 1/3，仅为北京的 3.62%。

（十一）文化集聚力与传播力弱

湖南文化产业在取得长足进步的同时，和发达省、市比差距仍较大，2010 年北京文化创意产业占 GDP 比重达 12.3%，超过湖南 2 倍，广东省文化产业增加值超过 2000 亿元，占 GDP 比重达 6.67%。2010 年，湖南电视人口综合覆盖率仅为 96.43%，居中部最后一位，低于同期全国平均水平和中部各省超过 1 个百分点；互联网上网用户覆盖率和每天每人拥有的报纸份数都在中部居后，而中部整体又低于全国平均水平，文化传播渠道有待进一步畅通，覆盖率有待继续提升。

（十二）民生保障水平不高

2010 年湖南每十万人口中卫生技术人员拥有量和医院床位数与全国平均水平分别相差 45 人和 9 张，与全国领先的北京分别相差 445 人和 162 张，基本养老保险、基本医疗保险、失业保险参保人数占总人口的比例全部低于全国平均水平，近期内加大民生保障投入力度、缩小差距的压力仍然较大。

三　湖南与中部各省经济社会发展的综合评价

为了弥补单一指标比较的缺陷，避免将“发展水平”简单地等同于“GDP增长”，按照科学发展观的要求，参考国内外区域评价指标体系与办法，从经济发展、教育科技、人民生活、基础设施与资源环境、对外开放等5个方面，选择了35个具体指标来衡量中部各省综合发展水平。通过采取主客观赋权、利用Eviews统计软件进行量化计算，得出以下评价结论。

（一）综合发展水平：湖南得分略有提升，人民生活进步明显，但教育科技与对外开放是短板

2010年湖南省综合发展水平得分较2005年略有提升，得分值在中部仅次于湖北、河南仍列第3位。其中，人民生活进步最为明显，经济发展、基础设施与资源环境得分也在逐步提高，但教育科技和对外开放方面得分降低拖累综合得分。中部综合发展水平得分进步最快的是安徽，其在经济发展、人民生活、教育科技和对外开放方面得分都有显著提高，但在基础设施与资源环境方面得分略有下降。湖北综合发展得分仍然保持中部第1位，其在人民生活和经济发展方面的得分提升较大，对外开放得分基本持平，而教育科技、基础设施与资源环境方面得分出现下降。中部唯一综合得分下降的省份是山西，除在教育科技方面得分有显著提高外，其他四个方面得分都在下降。

（二）经济发展水平：湖南得分稳定增长，总量进步明显，结构调整仍需加快

湖南经济发展水平得分仅高于安徽、江西仍列中部第4位，与中部得分最低的江西之间的差距在拉大，但与中部领先的湖北之间的分差也在增加。湖南在GDP总量和金融机构人民币贷款年末余额方面得分增量较大，人均GDP得分也有小幅增加，表明“十一五”期间湖南省在经济规模上进步明显，但财政总收入得分出现一定程度下降，意味着财源还有待进一步增强和优化。在经济结构优

化方面，湖南规模工业增加值占GDP的比重大幅提高，指标得分值增加显著，而社会消费品零售总额与GDP之比得分则出现小幅下降，消费需求对GDP的拉动作用有待进一步提高，城镇化率尽管也有较大提高，但与中部其他省份相比差距有所拉大，导致城镇化率得分值与2005年相比有较大下降。

（三）教育科技水平：湖南得分下降幅度较大，职业教育发展、研发成果数量增长和技术交易得分下降是主因

与中部其他省份相比，湖南在教育科技方面的发展不够理想，得分值出现较大程度下降，得分排名从2005年仅次于湖北排第2位，下降到2010年仅高于江西、山西排第4位，与中部领先省份的差距在拉大。具体来看，湖南高等教育在校生数增加量落后于中部领先的湖北，但幅度不大；而中等职业教育得分出现较大程度下降，与2005年相比，2010年中等职业在校生数仅增加不到6万人，除江西外，同期其他中部省份增加在20万～60万人不等。湖南全社会研究与开发经费支出占GDP比重提高显著，指标得分增加，但国内当年专利授权量和人均技术合同成交额得分回落明显，虽然专利授权量增长较快，但总量在中部仅列第4位，与湖北的差距从200件扩大到3500件；人均技术合同成交额比2005年减少6元，在中部其他省都有较大增长的情况下，该指标得分值降低尤为显著。

（四）人民生活水平：湖南得分显著增加，居民收入、医疗、社会保障和安全生产得分全面提高，但城乡居民家庭恩格尔系数偏高

过去5年湖南人民生活明显改善，该指标综合得分从中部第3位上升到仅次于湖北排在第2位，但与中部领先省份的差距在增大，与中部落后省份间的差距在缩小。居民收入方面，湖南城镇居民可支配收入在中部领先，农民人均纯收入指标得分较高且在增长，城乡收入比进一步缩小，指标得分值增长明显。在生活质量方面，湖南是中部6省中城镇居民家庭恩格尔系数唯一升高的省份，农村居民家庭恩格尔系数在中部也是最高，导致这两项指标得分值很低，互联网普及率提高较快推动得分值有较大幅度上涨。医疗、社会保障和安全生产方面，每十万人拥有卫生机构床位数得分虽有小幅上涨，但总体得分依然不高，与领先的山西差距较为明显；养老、医疗和失业保险参保人数占总人口的比例提升较快，三项

指标得分值都有较大程度提高；安全生产成效显著，亿元 GDP 安全生产事故死亡人数较低，指标得分列中部第 2 位。

（五）基础设施与资源环境水平：湖南得分和增量在中部居前，基础设施进一步夯实，节能降耗和环境保护稳步推进

湖南基础设施与资源环境方面得分值仅次于河南列中部第 2 位，尽管与其后的湖北、江西、安徽的分差在拉大，但与中部第 1 位的河南之间的分值差距也略有增加。具体分析，湖南省会机场旅客吞吐量排在中部第 1 位，铁路营业里程大幅增长使得指标得分值显著增加，公路建设的加快使得区域内公路密度指标得分增加，全社会固定资产投资和自然保护区面积占国土面积的比例指标得分都有小幅提升，但区域内有效灌溉面积占耕地面积比重、单位 GDP 能耗降低和森林覆盖率提高速度不及中部其他省份，指标得分皆出现小幅下降。

（六）对外开放水平：湖南得分值大幅降低，旅游业发展是亮点，进出口和实际利用外资得分降低成为制约因素

过去 5 年，湖南在对外开放方面的得分值出现大幅下降，得分在中部由第 3 位下降到仅高于山西排第 5 位，与湖北、安徽、河南等省的差距拉大。具体来看，湖南除旅游总收入增长较快，指标得分出现小幅提高外，其他各项指标得分都在下降，其中，进口总额降至中部最低，出口总额列中部倒数第 2 位，实际利用外资和得分皆从中部第 2 位降至第 3 位。对外开放水平总得分方面，湖北列中部第 1 位，其出口总额得分领先中部，进口总额和旅游总收入得分也较高。

四　促进湖南经济社会持续快速发展的对策建议

“十一五”时期，湖南经济社会实现了快速发展。但必须清醒地看到，湖南作为内陆欠发达省份，基础仍然薄弱，特别是人均水平仍然偏低，发展不充分的问题仍很突出。环顾当今世界，区域经济竞争日趋激烈，强者抓住机遇，弱者失去机遇，智者创造机遇，愚者等待机遇。静思湖南发展，面临前有标兵、后有追兵、不进则退、慢进亦退的逼人形势。因此，全省上下必须保持清醒头脑，进一步增强发展的紧迫感、危机感和责任感，充分抓住中部崛起、“两型”社会建设

综合改革试验、国内外产业转移等重大历史机遇，“宜将剩勇追穷寇”，扬长补短谋发展，夯实基础增后劲，转变方式调结构，继续保持总量优势，不断提高人均水平，稳定中部先进地位，力争实现率先崛起。

（一）进一步加大投资力度

要保持 GDP 总量的稳定增长，缩小与河南及东部沿海先进省份的差距，拉大与湖北、安徽等追赶省份的距离，必须加大投资力度。“十一五”湖南投资年均增速不仅低于中部平均水平，更低于安徽、江西两省的增长速度。当前湖南正处于工业化、城镇化加速发展时期，正处于打基础、增后劲发展阶段，投资需求和增长潜力巨大，要采取积极措施，进一步加大投资力度。一是努力争取国家资金。充分抓住国家大力促进中部崛起、加快发展战略性新兴产业、长株潭“两型”社会建设综合改革试验等战略机遇，积极争取国债资金、产业发展专项资金、国家财政专项资金等国家资金投入。二是积极承接产业转移。要紧紧抓住国内外产业转移的重大机遇，创新承接模式，按照优势企业—重大项目—产业链—产业集群—产业基地的发展思路，大力推进以优势企业为主体的联合兼并重组，加强与跨国公司、央企、大型民企的合资合作，鼓励优势企业整合生产要素、上下游产品和市场渠道，增强其辐射带动力，促进产业集聚发展。三是加快吸纳民间投资。要切实落实国家和湖南关于鼓励和促进民间投资、大力发展非公有制经济的政策措施，进一步优化发展环境，放宽市场准入，鼓励民间资本参与国企改革和国有经济的战略性调整，吸引民间资本投资铁路、民航、能源以及市政公用事业等领域。四是谋划布局重大项目。重大项目建设是集聚生产要素、突破瓶颈制约、确保经济增长、推进结构优化、增强发展后劲的重要载体。“十一五”湖南重大项目投资占比低，亿元以上项目投资占全部项目投资的比重比全国平均低 14.8 个百分点，比中部 6 省平均低 7.9 个百分点。“十二五”时期要继续实施重大项目带动战略，积极争取国家重大项目布局。要加强与国家衔接和对接，优先启动和建设一批重大基础设施项目、重大产业项目、重大民生项目，提高其对扩大投资的战略带动作用和经济社会发展的支撑作用。要善于抓住政策机遇，争取将省级项目升级成为国家级重大项目，获取国家更大的支持。五是优化投资结构。继续加强交通基础设施建设，推进铁路、公路、水运、机场、城乡公共交通全面发展，形成高效便捷、安全可靠、多式联运的综合运输体系；努力建设一批支撑湖南重点区域发展的水利基础设施和重要水源工程；进一步加大战略性新兴产业、高新技术产业、传统优势产业的投资力度，提高工业投资比重，促进实体经济发展。六是创新投融资战略。加快发展金融产业，构建多层次资本市场，提高其对扩大投资和促进经济发展能力。大力引进境外、省外商业银行，加快发展地方性中小银行，探索组建政策性中小企业发展银行，扩大小额贷款公司试点，稳步发展担保机构，拓宽间接融资渠道。积极推动“险资入湘”，探索利用保险资金投入项目建设。鼓励金融创新，发展信托、租赁融资、资产证券化等产品。积极发展创业投资、风险投资和私募股权基金，着力推动股权投资，设立区域性场外交易市场。规范政府投融资平台，提高其自我发展能力和抗风险能力。扩大企业债券发行规模，大力支持企业上市融资和再融资，扩大直接融资比重。深化农村信用社改革，组建农村商业银行，扩大村镇银行试点，发展农业保险，创新农村金融产品，完善农村金融体系，为“三农”发展提供现代金融服务。

（二）努力拉长外向型经济“短腿”

一是努力扩大进出口规模。要坚持“市场多元化”战略，进一步挖掘欧美日等发达国家出口市场，深度开发中东、东盟、东欧、拉美、非洲等新兴市场。转变外贸发展方式，大力扶持机电产品、深加工农产品和高新技术产品出口，充分发挥民营企业和外商投资企业对推动进出口的巨大作用。要拉长加工贸易短腿，大力发展加工贸易，实现由一般贸易独大到一般贸易与加工贸易均衡发展的转变。积极承接劳动密集型产品加工贸易产业转移，积极引导机械装备、钢铁、有色、电子信息、动力机车等优势产业发展来料加工装配业务，扩大加工贸易出口，提高加工贸易出口的比重。要积极承接服务外包，扩大服务贸易出口规模。二是扩大招商引资规模。要创新引资方式，突出重点项目、重点产业、重点领域，发挥产业链招商、产业集群招商的优势，积极采取BOT、项目融资、经营权转让、有偿委托招商等方式，广泛运用现代网络技术招商，实行委托、代理和联合招商。加强与跨国公司合资合作，加强与泛珠三角、长三角等区域协作，大力引进战略投资者，扩大招商引资规模。三是加快“走出去”步伐。抓住国际经济不景气及中国东盟自贸区建立的历史机遇，加大企业“走出去”的政策支持力度，鼓励和引导省内优势企业在国外建立生产基地、营销中心、研发机构和经贸合作区。

（三）突出重点加快财源建设

湖南财政收入占 GDP 的比重、税收收入占财政收入的比重偏低，未来应通过调整经济结构来优化财源结构。一是加快发展工业经济。湖南工业企业缴纳的税收占全省财政收入的一半以上，要始终坚持以新型工业化为第一推动力，做大做强工业财源。加快培育大产业大企业大集团，壮大骨干财源。扶持有潜力的中小企业通过并购重组、IPO 等方式发展壮大，成为新的骨干财源。加快培育发展战略性新兴产业，营造新的财源增长点。二是大力发展县域经济。2010 年湖南县域财政总收入仅占全省的 33.2%，加强县域财源建设潜力巨大。要加快推进省直管县改革，加大对县域经济的政策扶持力度，加快县域经济的发展。大力发展品牌经济，走“专、精、特、新”的路子，培育县域特色支柱产业和龙头企业，增强县域生财能力。加快发展县城，把县城打造成为县域产业集聚区、人口集中区、物流集散区，提高其对县域经济的集聚和辐射作用，增强县域聚财能力。三是加快发展园区经济。目前，湖南开发区面临优惠政策弱化、发展空间不足、产业配套不强、资金投入不够等问题。因此，要进一步完善园区发展的政策体制环境；加强园区用地制度创新，科学规划空间布局，根据发展需要实施扩大区域调整规划；大力完善园区产业配套，鼓励骨干核心企业延伸产业链条，构建围绕核心企业的加工配套协作体系；进一步提高引资质量，保证园区资源的有效利用；鼓励和支持园区通过发行企业债券、信托计划、资产证券化、融资租赁等多种方式进行融资。四是积极发展楼宇经济总部经济。楼宇经济是现代服务业发展的重要载体，也是符合两型要求、有效聚集税源的经济形态。各中心城市应超前谋划、科学布局，借鉴上海等先进省（市、自治区）的成功经验，完善激励政策体系，加快建设专业及特色楼宇。总部经济是现代经济要素的控制中心和产业链的制高点，总部经济企业的税收率高，连锁税收效应广，增加财源的作用显著。要加快制定引进总部经济项目的相关政策，设立总部经济区，吸引国内外名牌企业、跨国公司来湖南设立区域性总部、研发总部、商务总部，聚集税源，拉动财政收入超常发展。

（四）大力推进产业强省实业兴湘

横向比较，湖南第一产业比重高，但产业化程度低；工业比重偏低，工业化进程缓慢；现代服务业发展不足。今后，一是要积极发展现代农业。大力推进农业专业化、标准化生产，规模化、集约化经营；大力发展休闲农业和特色农业，加大农产品生产基地建设；努力发展农产品加工业，提高农业综合生产能力和农产品加工转化能力。大力推进农业科技创新，健全农业技术推广服务体系，提高农业科技贡献率。加快发展农产品期货市场、电子商务等现代流通方式。加大对农民专业合作组织的扶持力度，充分发挥其促进生产、搞活流通的重要作用。二是要进一步强化工业的主导地位。加快运用高新技术和先进适用技术改造提升传统产业，促进传统产业向价值链高端集聚发展，向高端化、高新化、“两型”化、规模化方向发展。大力发展先进装备制造、新材料、文化创意、生物、新能源、信息、节能环保等战略性新兴产业发展，努力将其打造成为湖南的先导产业和支柱产业。加强产业链整合和产业集群，打造一批千亿元产业、千亿元集群、千亿元园区。三是大力发展现代服务业。运用新技术、新理念、新业态，全面改造提升商贸流通、住宿餐饮、交通运输等传统服务业，实现传统服务业的高质化和现代化。大力发展金融保险、现代物流、工业设计、信息服务等生产性服务业，鼓励有条件的生产性服务企业兼并重组，促进生产性服务业向集中化、大型化、专业化方向发展。加快发展旅游、文化等新兴服务业，促进文化大发展大繁荣，加快发展文化事业和文化产业，加强文化、旅游产业的融合，做大做强文化、旅游产业。四是实施大中型企业成长计划和小企业培育计划，把大的做大、小的做多。大的不大、小的不多，是湖南企业规模结构的典型特征。要研究实施湖南大中型企业成长计划，健全完善扶持政策体系，支持企业跨地区、跨行业发展，协助企业走出省门国门，大力开拓省内外、国内外资源和市场，促进一批大中型企业发展壮大，特别是要帮助一批进入发展平台期的企业实现突破，积极引导大中型非公企业从家族式管理向现代企业管理转变，力争“十二五”时期有更多的湖南企业进入国家队行列。同时，要研究实施小企业和微型企业培育计划，放宽政策限制，为创业者提供更多的融资服务和免费创业培训、管理咨询、经营帮助，鼓励小企业、微型企业围绕大中型企业开展配套协作，扶持高科技、高成长性的小企业迅速发展壮大。

（五）做大做强中心城市

与全国及中部相比，湖南城镇化水平较低，城市群增长极作用不强，必

须加快推进新型城镇化，做大做强中心城市，增强其加快经济结构调整、统筹城乡发展的能力。一是加快长株潭城市群发展，充分发挥其核心增长极作用。要加快推进长株潭“两型社会”试验区第二阶段的改革和建设，推进体制机制创新，加强重大基础设施建设，加快发展“两型”产业，把长株潭城市群打造成全省乃至全国体制机制的创新区、“两型”产业的聚集区、“两型社会”建设的示范区和具有国际竞争力的特大城市群。特别是长沙市，要不断创新发展模式，不断提升发展水平，力争成为中西部地区重要的核心增长极。二是做大做强区域中心城市，增强其带动区域经济发展的能力。要强化“内功”，不断完善城市基础设施，提高城市产业发展能级，提升城市品质品位，增强城市综合承载能力和辐射带动能力，将常德、郴州、怀化、永州4市打造成省际边界中心城市，将衡阳、岳阳、益阳、娄底、邵阳、张家界、吉首7市打造成区域性中心城市。三是壮大发展县城和特色小城镇，发挥其统筹城乡发展的桥梁纽带作用。加强县城工业园区、生活居住区、交通枢纽和生态环境建设，进一步强化聚集能力，支持一批县城做大做强，发展成为中小城市。要结合历史文化名镇、旅游名镇的创建，积极实施县域中心镇和次中心镇提质扩容，打造一批高品质、功能型、特色型精品小城镇，成为向周边农村提供生产生活服务的功能中心。

（六）多措并举增加城乡居民收入，全面改善人民生活

湖南城乡居民的恩格尔系数相对偏高，说明人民的富裕程度仍然较低。今后，要继续重视增加居民收入，努力提高GDP增长的含金量。一是应深化收入分配改革，提高居民收入比重。加快健全有利于提高劳动报酬、平等协商的工资增长决定机制，逐步提高最低工资标准，努力使城乡居民收入增长不低于经济增长、劳动报酬增长不低于经济增长和企业收入增长，逐步提高劳动者报酬占GDP的比重。二是应进一步增加农民收入。完善落实各项惠农政策，提高农业比较效益。要多予、少取、放活，大力发展农村多种经营，拓宽农民增收渠道。加快农业产业化步伐，大力发展农产品精深加工，拉长产业链条，实现多层次、多环节增值。健全劳务输出服务体系，加强农村劳动力的职业技能培训，建立城乡统一的劳动力市场，加强对农民工收入的法律保护，建立健全工资支付保障机制，增加农民工资性收入。三是要实现有就业的经济增长。探索建立政府投资和

重大项目带动就业机制。采取税费减免、小额担保贷款、财政贴息补贴等办法，支持发展就业容量大的服务业和劳动密集型产业，鼓励城乡居民投资创业，不断提高城乡居民可支配收入。四是通过加强公共服务和健全社会保障，提高人民生活水平。加快促进建设型财政向公共财政的转变，建立城乡统一的公共财政体系，进一步加大转移支付力度，加大政府对教育、医疗、住房、社会保障等方面的支出，减少居民对公共产品和服务支出，增强公共医疗服务供给，健全养老、医疗、失业、工伤、生育等保险制度，完善社会救助体系，以较高社会保障水平来间接提高居民的收入水平。加强居民生活公共设施建设与配套，创造良好的生活居住条件，提高人民生活质量。

（七）从战略高度重视增强软实力，进一步提升湖南知名度和吸引力

一是继续扩大湖湘文化影响力，做大做强湘字号文化品牌。努力探索向产业链两端拓展延伸广电、出版、动漫等优势文化品牌，进一步打造以毛泽东、刘少奇、彭德怀、贺龙等伟人故居为代表的红色旅游名片，打造以屈原、曾国藩、左宗棠、黄兴等为代表的湖湘历史人物名片，打造以岳麓书院、岳阳楼、南岳衡山、马王堆汉墓为代表的湖湘历史文化名片，打造以八百里洞庭、张家界天门山、邵阳崀山、湘西凤凰等为代表的湖湘山水旅游名片，打造以湘菜、美食、歌厅、酒吧文化等为代表的湖湘消费文化名片，打造以“快乐女声”、“快乐男声”等节目为代表的湖湘电视娱乐名片，把品牌优势转化为产业经济优势。二是创新发展教育事业，全面提高公民文化素质和道德修养。加快推进9年制义务教育向12年制义务教育转变，推动公共教育资源向落后地区、弱势群体倾斜。全面推进职业教育与产业深度融合。引导与鼓励高等学校大胆探索人才培养新模式，努力提升高等教育质量与创新能力。加大定向培养农村教师力度，加强职业院校教师队伍建设，加大高校学术带头人和青年骨干教师培养力度。在全社会大力弘扬坚忍执著、百折不挠的进取精神，思变求新、敢为人先的创新精神，艰苦奋斗、吃苦耐劳的创业精神，诚实守信、爱岗敬业的道德品质，讲文明、树正气的和谐文化氛围，使之成为推动湖南加快发展的精神动力。三是大力推进区域创新体系建设，加快形成鼓励创新、容忍失败的创新创业文化氛围。要下大力气普及创新创业教育，加强创新创业型人才培养。大力

实施“科技领军人才”、“芙蓉学者”、“121 人才工程”、“百人计划”等高端人才培养和引进计划，培养造就一批高层次科技创新创业人才和团队。依托高校和科研院所，重点构建科技共享服务平台、科研院所创新平台、工业设计创新平台、重点实验室和工程技术研究中心；着力强化企业的自主创新地位，推动企业研发机构建设，支持有条件的企业实施重大科技专项、产学研专项和重点科技项目。加强创新孵化体制机制建设，筑巢引凤吸引各地创新人才到湖南创新创业，把湖南打造成为中部地区创新创业活动的聚集区。四是加快法治湖南建设，构建政府廉洁高效、人民安居乐业、市场公平竞争、社会安定有序的新湖南。严格按照《法治湖南建设实施纲要》推进依法治省，切实落实依法行政、公正司法和严格执法，逐步将全省经济、社会、文化等各项事业的活动和管理纳入法制化轨道。努力建设廉洁高效透明的政府，提高为民服务水平。大力推进政务公开，进一步加快电子政务建设，开展网上办公和网上服务。努力规范市场主体行为，加强社会信用建设，打破行业垄断和地区封锁，促进公平竞争。严厉打击违法犯罪活动，下大力气维护治安，形成路不拾遗、夜不闭户的社会氛围。五是加快推进“两型社会”综合改革试验，着力打造绿色湖南、世外桃源。加快推广“两型社会”建设改革试验的成功经验，把资源节约、环境友好的要求贯彻到社会生产、生活、建设、流通和消费的各个领域，注重节能环保，推进生态环境建设，使“两型”名片成为湖南最有特色的标志、最为公众接受的湖南形象。

（八）争取获批由国务院直接批复的国家级区域规划，谋求更多更好的政策支持

当前，应采取积极措施，借鉴江西建设鄱阳湖生态经济区的经验，加快开发和发展环洞庭湖旅游经济区，建设洞庭湖现代农业示范区，打造洞庭湖生态经济圈，积极争取国家支持，研究编制洞庭湖区域规划，并使之获批为国家级区域规划。同时，长株潭城市群、武汉城市圈和鄱阳湖生态经济区可联合起来，共同打造“中部三角经济区”。以长沙、武汉、南昌三个中心城市为核心，以浙赣线、长江中游交通走廊为主轴，成为连接成渝、长三角、珠三角和黄河中游经济带的纽带。“中部三角”统一向国家要政策，一方面有利放大中部地区的经济总量，另一方面也可避免中部被边缘化和中部各经济区同质竞争导致的经济联系弱化。

而国家发改委也明确提出要把长江中游城市捆绑起来发展，因此建议湖南牢牢抓住这一契机，和湖北、江西两省合力建设以长沙—武汉—南昌为核心三角的大都市圈，并争取将此战略上升为国家战略，类似《成渝经济区区域规划》一样，取得由国务院直接批复的国家级“中三角区域规划”，以此推动三省区域经济的更快发展。

B.37
以科学发展观为统领 加快湖南发展方式转变

康锦贵*

加快转变发展方式是中央和湖南省委省政府应对国际金融危机，开创建设中国特色社会主义事业新局面的重大举措。如何将中央和省委的精神与本地的实际相结合，尽快实现发展方式转变，夺取转变发展方式的阶段性胜利，无疑是摆在各级面前的最新课题。转变湖南经济发展方式，核心就是要坚持以科学发展观为统领，在加快上下工夫，在转变上动真格，在发展上见成效。

一 紧扣经济建设瞄准重点转变发展方式

1. 向自主创新转变

自主创新是实现经济转型的基础，是经济发展方式由粗放型向集约型转变的根本举措。形成全社会共同参与自主创新局面，必须充分发挥各类组织的攻关作用。一是公共研究机构要主动攻关，充分发挥骨干引领作用，努力造就一流的成果、一流的效益，面向国家战略需求，更加注重核心与前瞻性技术研究。二是经济体要强力攻关，企业作为自主创新的直接受益者，同时又是创新的主体，必须把自主创新定位到发展的战略高度。发达国家70%的发明专利来自中小企业，中小企业的发明创造要与龙头企业的转化能力结合起来，争取早日多出成果。深圳是我国自主创新的典型地区，取得了“四个90%”的优异成绩，即90%以上的研发机构、研发人员、研发经费和专利都是在企业或由企业申请。政府完善鼓励自主创新的金融财税投资政策，改善对高新技术企业特别是科技型中小企业的

* 康锦贵，湖南省人民政府经济研究信息中心副主任。

信贷服务和融资环境，强化自主创新的激励机制，加强知识产权保护，健全有关的法律法规，形成有利于自主创新的政策、法律、市场环境。三是院校要配合攻关，从根本意义上讲，知识的创新、分配、使用都需要高素质人才，而具有这些综合素质和创新能力的人才培养主要通过不同层次的大学教育来实现。当前，高校要加快重点学科建设，努力培养高质量创新人才；加强优秀创新团队建设，充分发挥创新人才作用；适应市场形势，积极推进产学研联盟发展。

2. 向科技含量转变

一是坚持科技统领。各级党委政府在制定经济发展考核指标时，要坚持以发展科技为统领，注重增加科技含量考核内容，不仅要经济发展速度，更要科技含量纯度；企业在增加产值的同时，始终要注重提高生产的科学技术水平。二是坚持不断革新。要健全科技攻关组织，政府要组成专门的科技领导小组，企业等社会经济体要有分管技术革新的领导，下设攻关小组，专门负责攻关课题的设置、研究和管理，要大力提倡人人参与科技革新，形成一种浓厚而持续不断的科技创新氛围。三是核心科技要掌握自主权。科学技术是第一生产力，而核心科技又是科学技术的重中之重。当前，湖南许多产业效益不佳、利润不高，很重要的一个原因是因为没有掌握核心技术，产品是“湖南制造”，但不是“湖南创造”。

3. 向品牌效益转变

一是产品能主导消费。当前要在发展第一、二产业的基础上，大力发展第三产业，抓住人民物质文化生活需要与社会生产不足之间的矛盾，解决广大人民群众的消费需求，打造属于自己品牌的产品。二是产品能主导市场。针对瞬息万变的市场，企业要始终能够立足并壮大，必须在保证质量的基础上，努力提高生产效益，提升产品的性价比，不断抢占市场份额，提高产品的知名度。三是产品能主导产业。产品能否在本类产业中占有一席之地，是衡量一个企业实力的标志。企业要积极引进先进的管理经验和生产技术，不断扩大规模，增强在本产业内部的影响力，不断增加效益。

4. 向市场需要转变

市场需要是市场经济发展的重要动力，自加入世贸组织以来，湖南外贸出口总量有了很大的提高，但随着贸易的不断深入，越来越多的问题和矛盾日益凸显，调整外需产品结构是努力适应海外市场的一个重要举措。要针对不同的对象输送不同的产品，一是向大众市场转变。湖南在某些尖端技术产品上，并不处于

领先水平，但在很多日常大众产品的资源配置和生产加工上，占有一定优势，扩大贸易出口量，就要进一步充分发挥这一优势，尤其在第三世界市场，要努力扩大大众产品的影响力和知名度。二是向发达市场转变。其关键在于抓紧落实一揽子稳定外需的政策，诸如扩大出口信用保险，改善出口企业融资环境，提高出口退税率，降低出口企业成本，完善加工贸易政策，支持企业“走出去”带动出口等，尽快将稳定外需的政策不打折扣地落到实处，使产品适应全世界不同消费层次的需求，有效打入国际发达市场。

二　紧扣社会建设瞄准重点转变发展方式

1. 向公益性基础设施建设转变

除国家和省集中财力建设的一批大型公共基础设施项目外，重点要转向解决关乎人民群众生活质量提高的一些基础设施的建设。当前，精神文化需求的提高使兴建体育场、文化馆、敬老院、福利院等社会公益场馆变得更为紧迫。湖南在水、电、路、气、信等基础设施建设方面还有很大的发展空间，部分城市存在饮水安全问题；城市机动车增多，道路拥堵，市民出行难的问题日益突出；农村“村村通”工程任务仍然很重；农村沼气、城市天然气建设达标任务繁重，普及率较低；通信设施虽较为完善，但一些偏远山区由于地形复杂，有线网络和无线信号仍然尚未覆盖。

2. 向现代教育、卫生转变

教育卫生事业是关系国计民生的大事，当前还有相当一部分人上不起学、看不起病，因学致贫、因病返贫的现象仍然存在。要大抓义务教育，提高整体国民素质。要大抓职业教育，满足社会各行各业的人才需求。要大抓医疗保障机制，把医疗资金投入重点向农村倾斜，进一步扩大医疗保障的范围和对象，简化购保手续，增强保险信用，提高报销比例，使更多的老百姓能够共享惠民政策，共享发展成果。

3. 向安居工程转变

湖南城市化进程的加快使大量进城人员面临居住问题，解决当前城镇居民的住房问题，要针对不同的收入群体，采取不同的保障方法。对于低收入者，政府提供廉租房（大约20%）；对于中等收入（偏下）者，政府提供廉价经济适用房

（大约50%）；对于中等收入（偏上）者，购买限价房（大约10%）；对于高收入者，购买商品房（大约20%）。加强在房地产开发过程中各个环节的监管，严格控制开发成本，对于一些违反党纪国法的腐败行为要严厉查处，对于一些不顾民生牟取暴利的开发商要严厉打击，对于一些哄抬房价制造混乱的不法分子要严厉处罚，切实维护广大人民群众的根本利益。

4. 向社会保障保险转变

以人为本，实现好、维护好、发展好人民群众的根本利益，就要坚定不移地做好社会保障保险工作。进一步扩大社保范围，不断扩充社保的覆盖面。建立多渠道筹集社保资金的机制，并使之制度化、规范化，以保证社保资金有稳定可靠的来源，最大限度地弥补社保基金的缺口，为完善我国社保制度奠定坚实基础。加快建立农村养老保险、医疗保险和最低生活保障制度，加快农村“三保”建设，改善农民生活，缩小城乡差别。

5. 向分配均等转变

古人云：不患寡而患不均。公平分配是实现公平正义的必然要求，是社会充满活力的必要条件，也是构建和谐社会的基本前提。抓好分配起点的均等，每个人不管他的出身、地位、背景如何，社会应为他的发展提供同样的机会。抓好分配过程的均等，把按劳分配与按生产要素分配有机结合起来，更加充分地调动广大劳动者的积极性、创造性，使社会更加充满活力。调节收入差距，完善税收调节制度和财政转移支付制度，使分配倾向贫困地区、贫困群体，实现城乡、区域之间协调发展，逐步建立健全社会保险、救助、福利、慈善等事业相衔接的覆盖城乡居民的社会保障体系，确保低收入群体的基本生活需求。

三　紧扣文化建设瞄准重点转变发展方式

1. 转变信息文化发展方式

互联网的迅猛发展是经济社会发展中最引人注目的亮点之一，在互联网的发展过程中，要趋利避害，网络文化的技术与内容互为支撑、相互融合。充分利用互联网新技术拓展新业务，支持重点新闻网站，大力发展网络杂志、网络视听新业务，积极进入即时通信、博客播客、搜索聚合等新领域。努力提高现代信息技术自主创新能力。加强对网络文化的监管，使网络成为传播先进文化的重要载

体。

2. 转变产业文化发展方式

现阶段从地方到中央，大大小小共有3万多个文艺团体，他们为我国的文化事业繁荣发展作出了很大贡献，然而在面向群众、面向社会、面向生活、面向世界等方面，仍然还有很大的发展空间。面向群众就是在文化消费层次上要倾向于普通大众，使他们成为文化建设的最大受益者和消费者。面向社会就是要使文化建设渗透到社会建设的每个方面和每个环节，与社会建设相得益彰、齐头并进。面向生活就是要创造出人民群众喜闻乐见，源于生活、高于生活的精品之作。面向世界就是要敢于走向世界，与不同肤色的民族文化交融，努力增强文化产业在世界市场经济大潮中的生命力。

3. 转变大众文化发展方式

大众文化强调的是“人民”自己创造，它是以娱乐消遣为主要功能价值，以通俗易懂为主要艺术特征的与民众存在着千丝万缕联系的文化现象，如通俗诗词、书刊、流行音乐、电视剧、电影和广告等无疑都属于大众文化，近年来通过手机、互联网广泛传播的各种形式的信息也属于这一范畴。建设健康向上的大众文化，一要进一步完善大众文化传播的基础设施，尤其是要注重公共传播设施的投入和建设，如农村的公共阅报栏、公共广播等，要有专项的经费保障，使大众文化传播具备必需的物质载体；二要通俗易懂，能很快为广大人民群众所接受，报刊、杂志、影视艺术的语言和台词要符合大众口味，电视、电影的镜头要更多地对准基层，多反映一些普通人平凡人的真实生活，这样才容易引起大众的共鸣；三要与基本知识的普及结合起来，大众文化一个重要的特点是寓教于乐，一种健康向上的大众文化，容易使人在不知不觉和潜移默化中受到教育、学到知识。因此，要利用各种形式的大众文化，大力宣传和普及有益于促进人的素质提高的一些基本技能知识。

4. 转变行业文化发展方式

当今时代的竞争，不仅是经济实力和技术实力的竞争，也是精神状态、思维理念和凝聚力的竞争。行业文化是行业综合竞争力的重要体现，是行业凝聚力和创造力的重要源泉，哪个行业占据了文化发展的制高点，哪个行业就拥有了强大的文化软实力，就能在激烈的市场竞争中赢得主动。积极提升行业核心竞争力，加强行业文化建设，要通过行业协会等机构，多组织一些行业内部的文体、联欢和学术交流等活动，通过反复密切的交流，逐步形成一种共同认可的行业文化，通过这种文化，反过来促进整个行业内部的和谐共处。

四　紧扣生态建设瞄准重点转变发展方式

1. 向再生产业转变

生态文明是建设社会主义和谐社会的必然要求，是科学发展观的重要内容。建设生态文明，不同于传统意义上的污染控制和生态恢复，而是克服工业文明弊端，探索资源节约型、环境友好型发展道路的过程。生态文明建设的经济层面，包含所有经济活动都要符合人与自然和谐的要求，主要包括第一、二、三产业和其他经济活动的绿化、美化、亮化、无害化以及生态环境保护产业化。要满足人类可持续发展的需要，就必须在全社会倡导节约资源的观念，努力形成有利于节约资源、减少污染的生产模式、产业结构和消费方式。应大力开发和推广节约、替代、循环利用资源和治理污染的先进适用技术，发展清洁能源和再生能源，建设科学合理的能源资源利用体系，提高能源资源利用效率，把建设资源节约型、环境友好型社会放在现代化发展战略的重要位置，并具体落实到单位、企业、家庭、个人。

2. 向大江大河、水利污染治理转变

我国水环境问题产生的原因是多方面的，但主要是人类主观因素的影响。加强对大江大河、水利污染的治理，重点要在三个方面下工夫：一是湖南各级政府在决策中要注重控制新的水环境污染产生。区域经济发展要充分考虑水资源保护，严格控制高耗水、高耗能和水资源重污染的建设项目，加快城镇污水处理厂建设，大力发展环保产业。二是创新现行城市污水处理体制，实现污水处理厂建设和运营的社会化、市场化、企业化。污水处理厂的建设要引入竞争机制，按照“谁投资谁所有，谁管理谁受益”的原则，建立多元化投资建设、企业化运营管理、社会共同负担费用、政府给予必要的政策扶持等模式。积极探索城镇给排水建设和运营一体化的管理体制。逐步使政府从直接管理污水处理设施的建设和运行中解脱出来，让污水处理真正走向市场化。三是加强湖南农村面源污染的防治。农村要推行以改善农业生态环境，加快农村经济发展为主要内容的生态农业生产体系；全面推广种植业、养殖业、加工业合理配置的“大农业”生产模式，

注重农、林、牧、副、渔各业全面发展，农、工、商综合经营；把现代化科学技术和传统农业精华有机结合起来，逐步增加有机肥料的使用，开发生物农药技术，推广以菌治虫、以虫治虫的生物技术替代农药；县、乡两级政府要制定生态农业建设规划，培养一批技术骨干，指导农民发展生态农业。

3. 向低碳绿色经济转变

低碳绿色经济是以低能耗、低污染、低排放为基础的经济模式，是人类社会继农业文明、工业文明之后的又一次重大进步，低碳绿色经济实质是能源高效利用和清洁能源开发，核心是能源技术和减排技术创新、产业结构和制度创新以及人类生存发展观念的根本性转变。实现向低碳绿色经济发展转变，应注重解决好3个方面的矛盾。一是现有资源条件与发展低碳绿色经济的矛盾。“富煤、少气、缺油”的资源条件，决定了能源结构以煤为主，低碳绿色能源资源的选择有限。电力中，水电占比只有20%左右，火电占比达77%以上，“高碳”占绝对的统治地位。二是工业耗能过高与发展低碳绿色经济的矛盾。当今经济的主体是第二产业，这决定了能源消费的主要部门是工业，而工业生产技术水平落后，又加重了经济的高碳特征。资料显示，1993～2005年，中国工业能源消费年均增长5.8%，工业能源消费占能源消费总量约70%。采掘、钢铁、建材水泥、电力等高耗能工业，2005年能源消费量占了工业能源消费的64.4%。调整经济结构，提升工业生产技术和能源利用水平，是一个重大课题。

4. 向专业养护转变

环境保护是一项专业性、技术性很强的工作，实行由政府监管、由环境服务业养护的工作机制，是做好这项工作的重要举措。环境服务业主要包括环境技术服务、环境咨询服务、污染治理设施运营管理、废旧资源回收处置、环境贸易与金融服务、环境功能及其他环境服务六类。环境服务业是环境保护产业中的重要组成部分，环境服务业的发展水平反映了一个国家环保产业的发展水平。要注重培育环境服务的专业化经营主体，逐步把环境服务的技术工作推向企业，实行政企分开，利用市场机制来降低运营成本，提高运营效率，调动经营主体的积极性、创造性。技术进步是环境服务业专业化发展的重要动力，环境服务业应建立以企业为主体、市场为导向、产学研相结合的技术创新体系，政府实施支持环境服务企业自主技术创新的财税政策，各类科研机构应加强环境服务技术的研发。要发挥环境保护行业协会的作用，利用协会促进有关主管部门和环境服务企业之间的交流合作，开展环境服务业的统计和信息收集，制订环境服务业的相关标准，最大限度发挥专业化组织的特有作用。

五　在加快转变发展方式中要突出政府行政方式的转变

1. 向服务型转变

要坚持从公共利益出发，寻求社会多元利益关系的均衡点，变主动干预为主动服务，在调查了解的基础上掌握广大人民群众的需求，形成过硬的服务措施。要进一步牢固树立为民服务的思想，推行和完善政府行政服务中心，建立“政府管理、政务服务、监察监督”三位一体的工作运行机制，简化行政审批程序，提高行政审批效能。

2. 向监管转变

目前，政府监管职能的缺位是导致公共服务发展过程中出现诸多矛盾的重要原因之一，必须提高政府管理社会服务事业的能力，其中包括完善监管组织体系，规范透明监管程序，以及建立以现代信息技术为支撑的高效监管服务平台。政府对公共服务的有效监管应该遵从现代监管体系的一些基本原则，这些原则反映了现代市场经济和法治社会的一些本质特征：第一，公平对待参与市场交易的各种市场主体；第二，监管内容清楚，监管程序完善，监管过程透明；第三，建立一支包括行业专家、经济学家、律师、会计师、财务分析师等组成的稳定的专家队伍；第四，及时并公平地进行监管执法；第五，监管机构必须独立于被监管主体，保证不被监管对象俘获；第六，通过立法建立相关的制度对监管者实施监管和考核，追究相关责任。其中，建立严格的问责机制是政府管理体制改革和监管体系建设的核心任务，也是建立依法行政的现代行政管理体制的基本要求。

3. 向调控转变

为适应社会主义市场经济，政府调控行为必须进行转变。一要弱化强制性行为。政府依靠强制性行为实现其职能的程度应逐步弱化，政府运用指令性计划这一行政命令调控微观经济活动的行为要减少。二要强化奖酬性行为。政府宏观调控行为是否有效，取决于所含利益在多大程度上被经济主体吸收，如果利益所产生的诱因足以吸引经济主体自觉接受政府宏观调控行为，这表明政府宏观调控行为产生了效力。三要强化舆论性行为。政府有关部门要开展一系列精神文明活

动，授予一些经济主体荣誉称号，通过实施舆论性行为，使经济主体意识到荣获这些荣誉称号对于提高自己的知名度，开拓市场具有重大意义。

4. 向投入转变

随着社会主义市场经济体制的逐步深入和完善，公共财政框架与模式的提出主要是满足公共需要。然而，目前政府投资的基本建设项目仍存在投融资体制改革进程缓慢、项目决策审批不科学、政府投资预算机制不完善和项目业主运作不规范等问题，要进一步解决政府投资工作存在的这些问题。

（1）要深化投融资体制改革。首先，要强化投资责任机制和投资鼓励机制，大力推行项目法人责任制，建立严格的投资决策责任制和投资风险机制，谁决策、谁负责。其次，要合理划分政府和社会的投资范围，凡是市场能够有效调节且不会导致长期资源配置失误的领域，应由企业来投资；政府应进入公益性、基础性、保障性等市场调节“失灵”以及企业不愿意或难以进入的领域。再次，要对不同的投资类型实行不同的管理方式，将竞争性投资推向市场；基础性投资政府积极支持，重点是帮助其拓宽投融资渠道；公益性投资由政府提供保障，同时也应鼓励个人捐赠、社会集资和企业投资兴办等方式。

（2）建立科学的项目决策审批制度。加快建立投资项目储备库，执行严格的审批制度，将审批合格的储备项目上升为年度执行项目，列入预算，报同级人大批准，并逐步取消非国家性投资项目的审批，实行报备案制度，把决策审批的重心转移到政府投资的项目上来。

（3）进一步完善政府投资的预算管理机制。按照《中华人民共和国预算法》的要求，着眼于满足社会公共需要、立足于非营利性、收支行为规范化这三个特征，进一步完善政府投资的预算管理，强化预算约束力，建立完整统一的公共支出预算。

B.38

把湘江治理成“中国莱茵河”的对策建议

欧阳峣*

湘江是湖南人民的母亲河，它流经长沙、株洲、湘潭、衡阳、郴州、娄底、岳阳、永州8市，干流全长856公里，其丰富的水资源担负着饮用、能源、渔业、旅游、工业生产、农田灌溉和航运等多种功能。然而，随着城市化、工业化的加速推进和畜禽养殖业规模化发展，工业、生活、畜禽养殖业污染和历史遗留污染叠加，湘江流域生态环境已被严重破坏。为此，应该采取积极的对策和措施，治理和恢复湘江流域生态环境。

一 湘江流域综合治理现状

湖南较早重视湘江流域治理，1979年发布《湘江水系保护暂行条例》，1998年省人大常委会通过《湘江流域水污染防治保护条例》。面对湘江流域水体、土壤严重污染和生态极度恶化的严峻形势，以长株潭城市群“两型社会”为契机，2007年省政府制定《“十一五”湘江流域水污染防治规划》（简称《防治规划》），2008年省政府出台《湘江流域水污染综合整治实施方案》（简称《实施方案》），相继启动为期3年的“千里湘江碧水行动”，投资174亿元加强湘江流域水污染综合整治，着力打造“中国莱茵河”。

根据《实施方案》，湖南省重点实施全省城镇污水治理三年行动计划，落实湘江流域水污染综合整治目标责任制，实施“区域审批”、“企业限批”等措施，从制度上保证治理目标的实现，确保湘江水质保持在Ⅲ类，打造“中国莱茵

* 欧阳峣，湖南商学院党委书记、教授。

河”。具体措施主要有三个方面：一是在全省所有县区建113个生活污水处理厂，城镇污水处理设施县城以上全覆盖；二是对湘江沿岸的高污染企业进行严格治理；三是加大对农业面源污染的治理力度。从2008年至今，共完成环境污染整治项目1377个，以冶金、化工、轻工、畜禽养殖业和生活废水污染治理为重点，以株洲清水塘、衡阳水口山（含松江）、湘潭岳塘和竹埠港工业区及郴州有色采选集中地区等4个地区为重点整治地区，综合治理水污染，取缔关停一批违法企业，淘汰退出一批落后企业，停产治理一批污染严重企业，限期治理一批重点污染源，搬迁一批布局不合理企业，湘江流域水环境质量基本达到功能目标，饮用水源地主要污染指标稳定达标，湘江水污染治理取得明显的成效。

二　湘江流域综合治理存在的突出问题

“十一五”期间，湖南省在《防治规划》和《实施方案》制定的基础上，通过取缔关停污染严重企业，淘汰落后产能，实施循环经济和工业废水处理示范，城镇生活污水和垃圾处理设施建设，畜禽养殖业集中治污，减少农药化肥使用等多种途径治污，湘江水质明显好转，但是对全流域综合治理和开发而言，仍然存在水质安全、生态脆弱、固体废物危险、土壤重金属污染、航运制约和体制机制不畅等突出问题。

（一）水质安全威胁

在湘江流域所设的40个省控断面中，2010年1月份Ⅰ~Ⅲ类水质仅为72.5%，断面功能区达标率为72.5%，出现轻度污染，主要污染物为氨氮、总磷、汞和镉。2~3月份Ⅰ~Ⅲ类水质大约占81%左右，断面功能区达标率为87.5%，主要污染物为氨氮、总磷、化学需氧量；而4月份Ⅰ~Ⅲ类水质仅为80%，断面功能区达标率为87.5%；5~9月份Ⅰ~Ⅲ类水质大约占90%左右，断面功能区达标率为95.0%~97.5%。总体来看，在株洲、衡阳以及城市群、工业群集中区域仍存在镉、汞等重金属潜在污染的威胁，氨氮、总磷、化学需氧量等有机污染物均有超标，生活污染源和面源污染未能得到有效控制，特别是在春夏梅雨季节和冬季枯水季节，很容易造成重金属污染的饮水安全隐患。

（二）河道底泥和土壤的重金属污染严重

一是河道底泥和沿岸农田重金属污染累积多，富集程度高，存在严重的潜在水污染和生态风险危机。湘江干流主要超标重金属按污染程度大小依次为镉、汞、砷、铅、铬，其中镉超标高达422倍，主要淤积在湘江干流中游，支流集中采选区和河湾、河道交汇口，集中排污口附近，重点区域为郴州三十六湾、株洲清水塘、衡阳水口山、娄底锡矿山等，对当地居民饮水安全造成严重威胁。二是工矿区土壤重金属污染严重，极大地影响了农产品的产量和品质，进而影响当地居民的身体健康。根据湖南省土壤污染调查的结果，湘江流域重金属污染土壤总面积是4820平方公里，为流域总面积的5%，其中超过土壤环境质量标准二级的污染土壤中耕地面积为2177平方公里，占流域耕地面积的12.5%，土壤污染的主要重金属为镉、砷、铅、汞和铬，镉最高超标390倍，砷最高超标275倍，铅最大超标50倍，汞最大超标43倍，铬最大超标6倍。土壤中的重金属不仅会通过农作物—农产品的食物链富集影响人体健康，还会通过降雨产生径流的方式进入水体，造成严重的水污染事件，威胁沿岸居民的饮水安全。

（三）工业固体废弃物潜在危险较大

湘江流域号称“有色金属之乡”，固体废物产生量和贮存量都相当大。2008年全省工业固体废物产生量4519.6万吨，工业固体废物排放量29.0万吨，全省危险废物产生量54.9万吨，其中大多来自湘江流域内分布的以郴州三十六湾、衡阳水口山、株洲清水塘、湘潭竹埠港、长沙坪塘及岳阳汨罗循环经济工业园为代表的有色、冶金、化工、建材建筑、包装、矿产等重点工业区。如株洲霞湾关山寺粉煤灰坝、硅钙废渣目前堆放量已经达到1000多万吨，1956~1991年，株洲冶炼集团冶炼过程中产生的渣土形成了三四百亩的一座“大山”，郴州市初步估计矿业废渣累计堆存量已近1亿吨。工业固体废弃物长期堆放，容易随降雨径流进入水体引发水污染和中毒事件，沉积在土壤中的污染潜伏期长，治理难度大，并通过食物链富集，危害较大。因此历史遗留下的大量固体危险废弃物如果得不到妥善综合利用和安置，就像定时炸弹一样随时有可能引发环境污染事件。

（四）生态环境恶化和生态功能减弱

一是陆生生境破坏，涵养水土功能减弱。近年来，湘江流域水土流失严重，每年流失土壤约1.7亿吨，造成河床抬升、河堤滑坡坍塌，对湘江流域的生态安全构成了威胁。湘江流域水土流失主要集中在湘中红壤丘陵区、湘北环湖丘岗区和湘东南工矿区，如长沙市现有水土流失面积占全市国土总面积的11.19%，湘潭市占15%，衡阳市占25.46%，郴州市占30%。随着水土流失的加剧，陆生动植物资源逐渐减少，森林覆盖率降低，涵养水土功能退化。二是水生生境脆弱退化，生物资源与多样性减少，流域湿地生态破坏，珍稀物种减少。全省9处重要湿地位于湘江流域，近年来湿地生态系统遭到破坏较严重，湿地被占用、淤积，面积愈来愈小，湿地生态系统呈萎缩趋势。湿地野生动植物被猎捕、采集，数量越来越少，生物多样性下降。流域鱼类资源破坏，鱼类数量减少，衍生环境退化。随着湘江流域特别是湘江干流的梯级开发，鱼类洄游通道建设不足；酷渔滥捕现象影响鱼类资源的再生产能力，工矿企业的废水直排破坏水域生态平衡，影响鱼类生长、繁殖。三是河道生态需水和生态景观功能退化。湘江水位近年枯水频率增多，湘江长沙站水位枯水位连创历史新低，个别城市河道礁石、险滩、桥墩裸露，沿江城市的供水、航运交通、工农业生产等均受到了较大的不利影响，河道生态需水和景观功能严重退化。

（五）湘江流域航运制约

一是航道状况和技术质量偏低，衡阳以上河段航道技术等级依然偏低，限制了大型船舶的直达运输范围；株洲以下航道枯水季节部分河段碍航、船舶搁浅、短途两程中转和减载运输时有发生，限制了湘江水运江海直达等优势的发挥。二是湘江枢纽通航能力偏低，上游枢纽未相互衔接，航道基本处于自然状态，中、下游航道以渠化和疏浚相结合，主要支流不能与干流形成匹配的航道网，水运优势不能有效发挥。三是港口设施功能较差，湘江流域共有港口31个，2009年完成货物吞吐量14140万吨、集装箱吞吐量18.8万标准箱，但是湘江流域港口总体情况不容乐观，多数港口码头设备简陋、装卸工艺落后；港口集约化程度和服务水平仍然较低，服务功能单一；港口集疏运条件差，大部分港口没有建设完善的水陆联运体系和配套的现代化物流设施。四是枯水期制约湘江船型升级，湘江流域共有各类船舶8489艘，但250总吨以下的船舶占77.9%，1000总吨以上船舶总计才356艘，因受枯水期影响，小型船舶不能淘汰，船舶吨位普遍偏小。

（六）流域水污染防治体制机制存在不足

湘江流域分属若干行政区域，目前的管理体制是以行政区域管理为主，体制安排上存在流域管理体制与区域管理体制的矛盾，以及各区域之间的利益矛盾。同时，法制手段和市场手段都还存在不完善的地方，导致地区合作缺乏动力，污染治理主要依靠省政府的重视，长效机制尚未确立。

三　建立湘江流域治理长效机制的政策建议

发达国家流域水污染治理主要有三种不同的模式，即以美国、加拿大、澳大利亚为代表的行政区域分层治理和流域一体化治理相结合模式，以英、法等欧洲国家为代表的流域一体化治理模式和以日本为代表的多部门共同治理模式。尽管各国模式存在差异，但基于流域的自然特性和经济特性的相似性，各国在流域水污染治理中都形成了五种机制：一是建立了符合流域特性的水污染治理机构和协调机制；二是构建了流域综合开发机制，实行流域水污染的有效防治；三是建立了有效的资金和技术保障机制；四是坚持了科学论证与公众参与的社会共同治理机制；五是具备健全的法治机制。借鉴发达国家经验，应建立湘江流域治理的长效机制。

（一）树立生态湘江的理念，完善湘江治理的顶层设计机制

思想理念的转变对湘江治理的顶层设计有着极其重要的影响，因而应该学习莱茵河治理的经验，把顶层设计的目标确定为湘江流域生态系统的修复和改善。同莱茵河一样，湘江污染的重点也是工业污染，治理工业污染是当务之急，应该提到最重要的位置。但是，在湘江治理在顶层设计上，必须涵盖工业污染治理、城镇生活污染治理和农业面源污染等治理内容，必须涵盖污染治理、生态修复和航运改善等内容。要将治标和治本相结合，整体设计和分步实施相结合，近期目标和长远目标相结合。在2008年省政府出台的《实施方案》中，主要制定了近期整治目标；2011年4月，国务院正式批准《湘江流域重金属污染治理方案》，

提出了民生应急保障、工业污染源控制和历史遗留污染治理三大重点任务。这两个方案的实施将使湘江水质得到改善，保障人民的生活用水安全。但是要实现把湘江治理成“中国莱茵河”的目标，还需要进行具有整体性和长期性的顶层设计。因此，建议省政府出台《湘江流域综合治理中长期方案》，将水质改善、生态修复及航运开发的目标和内容进行设计，进一步提出中长期治理的整体方案，并报省人大常委会审议通过，使之成为保证湘江治理长期性和整体性的法规依据。

（二）加强政府部门和区域合作，完善湘江治理的合作协调机制

莱茵河的治理涉及欧洲 9 个国家，湘江治理涉及湖南的 8 个市，协同合作的难度相对较小，关键是要建立有效的区域协作机制。目前，湖南省政府成立了由省长任主任、常务副省长为常务主任、分管环境保护的副省长为执行主任，省政府办公厅、发改委、环保厅、水利厅等部门负责人参加的“湘江流域水污染综合整治委员会”，但在实际运行中还存在政府部门之间和区域之间不够协调的问题，特别是环保部门和地方政府的博弈，影响了工作的效率和效果，急需加强湘江流域内各级政府和部门的协作。一是成立高规格的流域综合治理领导协调机制。省政府成立湘江流域生态环境综合治理领导小组，负责研究解决湘江流域规划项目建设过程中的重大问题，部署项目建设的工作和任务，协调各地方、各部门的关系，监督、检查有关部门和下级人民政府履行湘江流域综合治理职责、开展流域综合治理工作的情况，并负责日常工作调度。长株潭“两型办”应考虑设立相应的专职机构，统筹长株潭湘江区的生态建设，落实规划项目和建设资金，分解目标，协调各行业和部门之间的关系，督办各项生态建设工程。国土资源厅、林业厅、建设厅、农业厅、环保厅、水利厅等部门，要明确相应的处室负责统筹协调本行业不同行政区的关系，实施行业有关的重大生态建设工程。各市、县（区）成立相应的领导协调机构。最终形成省、市、县（区）分级管理，部门相互协调，上下一体，良性互动的生态建设推进机制。二是建立健全综合治理与地方发展综合决策机制。各级政府要树立以保护环境优化经济发展的观念，切实做到环境保护与经济发展的“并重”与“同步”。各地区在制定国民经济和社会发展规划，各部门在制定行业发展规划、产业政策、产业结构调整规划、区域开发规划时，要落实湘江流域生态综合治理规划目标要求。三是建立环保联席

会议制度。建立湘江流域环境保护联席会议机制，并赋予相应的规划和调控权，由它来处理、解决各地方无力解决的难点问题，这是实现湘江流域环境合作的重要途径。四是健全环境监测协调机制。建立与完善覆盖湘江流域的环境监测网络，实现湘江流域环境监测信息化；建立生态监测系统，对各种生态类型的典型区域，进行定点连续监测，并根据结果建立各类监测数据、报告和环境质量报告数据库，掌握生态环境变化的趋势，为发展决策和确定生态环境保护措施提供依据。五是建立环保联合执法机制，由各市环保部门组成联合检查队，按照统一的执法标准，对可能造成污染的企业进行执法检查，促使排污企业达标排放，及时妥善处置污染事故，切实加强对环境的监管。建立环境安全预警机制，以及跨行政区污染事故应急协调处理机制，对突发性的环境污染事故，上下游地区联合调查处理。

（三）将行政、法律和经济手段结合，完善湘江治理利益导向机制

莱茵河的治理主要依靠法律和经济手段而不是行政手段。目前，湘江治理主要是依靠行政手段，虽然三年的治理行动已见成效，但这并不是一种长效机制。为了使湘江治理更加稳定和有效，建议在使用行政手段的同时，更好地运用法律手段和经济手段。

1. 有效利用行政手段

一要建立和完善监管机制。各级政府要大力支持职能部门开展生态环境监管执法工作，加大部门行政执法和部门间联合执法力度，强化对建设项目、资源开发利用和生态环境保护等方面的法规执行情况的监督，全面提升湘江流域生态环境监管队伍依法行政的能力，加强生态环境监测能力建设。强化节能减排监管，加强对各地区节能减排工作的监督检查，督促各项节能减排优惠政策的落实。加强对排污企业的监管，通过严格的环保执法和处罚，使排污企业主动推行污染治理的市场化运营。加强对流域内治污企业的监管，提高准入门槛，保证污染治理设施的高效稳定运行。二要健全突发环境污染事件应急机制。进一步修改完善《湖南省突发环境事件应急预案》，强化环境监察应急中心的职责，优化突发环境事件的处置原则。三要创新监督考核机制。建立和完善各级政府的政绩考核机制，将湘江流域治理工作完成情况纳入各地经济社会发展综合评价体系。建立和完善目标考核和责任追究制度，将考核情况作为干部选拔任用和奖惩的依据之

一。建立科学的环保问责指标体系，包括水污染物总量控制指标、节水指标、跨区断面和行政区域内重点水功能区断面水质指标（氨氮、总磷、COD 等）、工业污染物排放稳定达标率、城市污水处理率、城市污水处理厂排放稳定达标率、规模化畜禽养殖和水产养殖规模、农村生活垃圾收集率、城镇生活污水处理率等指标。

2. 充分利用法律手段

一要加快环保立法理念的转变。树立可持续发展的价值理念，在水污染治理方面坚决反对先污染后治理的做法，法律的制定要确立预防为主的理念，在资源法律保护方面，应树立整体环境资源观，用整体的观点去看待自然资源各个要素之间的关系。在制定地方法规和规章时，应充分考虑可持续发展的客观需要，强调对生态环境的保护，突出经济、社会与环境之间的联系等。二要进一步完善地方环境立法。解决湘江流域环境污染问题，遏制生态环境恶化，必须牢固树立和全面落实科学发展观。而通过经济、资源、环境协调发展的立法是将可持续发展由思想变为现实的根本途径，为此，应当进一步加强湖南环境立法，将可持续发展的战略贯彻到修改环境与资源法规与规章过程的始终；在环境立法的地方化、具体化上下工夫；采用具有前瞻性的立法措施，制定一些湘江治理的法规，如重金属污染治理条例、化学污染治理条例、城镇生活污水治理条例等，使湘江治理在各个领域有法可依。

3. 大力使用经济手段

通过一定的经济激励方式让污染主体自发地减少污染物的排放，从而达到解决水污染、大气污染等环境问题。一要建立和完善市场化的投入机制。对于工业企业污水治理，其环境治理由企业出资解决；对于环境公益性污染治理、生态建设项目，由各级政府作为公共财政投入，并纳入同级财政预算。要以推进湘江流域污水处理、垃圾处理产业市场化为突破口，加快环保投融资体制改革，积极引进国外政府贷款、国际金融组织和社会资本投入环境保护事业，健全环保投入的市场机制。二要完善经济激励机制。为鼓励流域内专业化治污企业加快发展，研究制定低税率、零规费的污染治理市场化税收优惠政策。要建立和完善资金补助政策，政府应设立污染治理专项资金，以补助方式投资污染治理重大项目，特别是城市污水、垃圾处理工程项目，以弥补污染治理工程的建设资金，并吸引社会、公众投资。要进一步落实和完善收费政策，全面实施城市污水、生活垃圾处理收费制度，收费标准要达到保本微利水平，凡收费不到位的地方，当地财政要对运营成本给予补助，保证污染治理设施的建设和运行费用。要研究制定合理的收费标准，既能保证治污企业的合理利润，使治污企业得到发展壮大，又不能加大排污企业的负担，降低排污企业竞争力。三要推进排污权有偿取得制度建设。完善出台交易规则，组建交易机构，明确环境保护部门的职责、参与排污权交易双方的责任和义务，使企业在遵守排污权交易规则的前提下，通过交易中心就能方便地形成交易。要规范排污权交易的市场秩序，运用法律的、经济的和行政的手段，通过平等竞争，实现环境目标，提高经济效益。环保行政管理部门要把精力主要放在监督管理上，减少行政干预，保证市场竞争的公平性，合理分配配额，将主要污染物总量控制指标层层分解，与各市（州）及主要排放企业签订主要污染物削减指标责任状。加强质量管理，提高污染物排放总量监测的准确性和可靠性。要逐步完善相应的污染物排放权交易的技术支持系统，包括软件、硬件的配备，增加监测频次，确保排污权交易真实、公平、公正。四要健全补偿机制。完善生态补偿机制，按照“谁受益、谁支付，谁污染、谁治理，谁保护、谁受补”的原则，建立生态受益地区对生态受损地区的生态环境补偿机制。政府通过进行系统规划，因时制宜，制定相应的补偿标准和手段。要通过财政资金支持、税收政策优惠等多重方式提供支持；为补偿机制的主体提供资金等物质方面的奖励，充分调动各主体的积极性与参与性；作为参与主体的企业必须认识到补偿制度建立的重要性，自发地、积极地配合机制的建立与实施。要转换企业管理体制，充分利用现有资源，提高生产效率；重视企业技术改造，减少污染排放量，发展高科技产业和循环经济。健全政府补偿机制。结合当前湘江流域主体功能区的规划建设，对湘江流域不同功能区实行分区管理。对限制和禁止开放的区域，应加大转移支付的力度，从而弥补这一地区为支持生态建设和环境保护而做出的经济牺牲。要通过流域内各地方政府之间的协商谈判，实现流域上下游地区政府之间部分财政收入的再分配，使整个流域能够发挥出整体的最佳效益。五要形成企业降低污染排放的长效机制。增强流域内相关企业的环境责任。加强企业对湘江流域污染严重性的认识，促使企业树立正确的生态观念，促使企业认识到其与环境的共存关系，改变以往以环境换取经济利益的发展观念，全面改变经济发展模式，大力发展循环经济，建设环境友好型企业；加强对企业环境责任的监督，减少企业生产经营过程中对环境的污染，从而实现环境和企业自身的可持续

发展。加强完善企业退出机制。确定重污染企业退出范围，重点淘汰国家相关环境保护政策法规明确规定取缔、关闭或停产淘汰的企业，以及国家《产业结构调整指导目录》中限制、淘汰类产业，不符合国家相关行业清洁生产标准的企业；有针对性地选择退出方式，根据不同情况采取关闭、迁移、促进企业技术升级与转型、企业赎买与重组等手段；增强产业结构调整和区域发展规划的作用，以结构调整为主线，实行流域内门槛统一的产业结构调整政策，从源头上形成企业减少污染排放的长效机制。建立清洁生产促进机制。鼓励建立和完善生态工艺，不断淘汰旧工艺，开发新工艺；改造城市资源利用方法，在尽量节约资源的原则下，努力探索资源替代路径；建立“废物”回收和净化工程，通过采用新工艺，回收和净化企业排放废物，鼓励在城市群范围内建立大范围的可利用废弃物流动体系。

（四）加强信息网络平台建设，完善湘江治理的公众参与机制

莱茵河的治理特别重视吸收公众的参与，建立了观察员制度。湘江治理是关系广大群众生活的大事，更需要吸收公众参与，从而拓展治理的渠道，实行有效的监督。

1. 建立完善信息披露机制

由国务院批准、国家环保总局制定的《环境信息公开办法（试行）》（简称《办法》）是政府部门发布的首部有关信息公开的规范性文件，也是我国第一部有关环境信息公开的综合性部门规章。《办法》要求各级环保部门要向社会主动公开环保法律法规、政策、标准、行政许可与行政审批等17类政府环境信息。而被列入超标、超总量排污黑名单的企业必须公开四大类环境信息，即企业名称、地址、法定代表人；主要污染物的名称、排放方式、排放浓度和总量、超标、超总情况；企业环保设施的建设和运行情况；环境污染事故应急预案等，不得以保守商业秘密为由拒绝公开。湖南可加大信息沟通和资源共建共享，建立统一的信息监测和发布机制。环保、水利、发改委等部门通力合作，建立统一的湘江流域水环境监测的方法和评价标准体系。构建省级断面、县（市）断面的两级断面监测体系。建立信息公开和发布制度。搭建信息共享平台，建立工作例会制度、流域水量水质信息共享制度以及水污染事故通报制度。通过媒体、网站和公报等形式向社会发布，使公众能及时监督政府和企业的环境行为。流域管理机

构、省市行政主管部门统一发布水文、水功能区水质信息，环境保护部门统一发布水环境状况信息。

2. 全面提高公民环保意识

目前湖南省公众的环境意识普遍淡薄，地方政府的环保意识难以让人满意。尽管各地方政府都出台了一系列环境保护法规和政策，并进行了一些投资，但日益恶化的环境显然与各地方政府治理环境政策的“滞后”直接相关，其背后则是地方政府淡薄的环境意识。因此，各级政府及工作人员首先要自觉树立环保意识。其次，地方政府相关部门要加大宣传环境资源保护法律、法规的力度，提高公民的环境资源保护法制观念和意识。

3. 完善公众参与的激励机制

目前，湘江流域的环境监督是以政府的力量为主。事实上，政府自身是有局限性的。特别是在市场经济条件下，随着环境问题的形势发生变化，仅靠政府，有些问题是无法解决的。政府与公众力量的良性互动，是推动环境保护的重要条件。因此，建立和完善公众参与环境监督的激励机制是必要之举。要在湘江流域内建立公众对污染事件的有奖举报制度，鼓励公众参与环境监督。有关湘江流域内一些重大的环境保护工作，比如制订重大的保护生态环境的法规政策、确定重大的环境保护工程等，要举行听证会，广泛听取社会各界的意见，鼓励公众参与生态环境监督。

B.39

湖南“两型社会”建设标准体系的探索、实践与展望

陈晓红*

2007年12月，长株潭城市群获批全国资源节约型、环境友好型社会（以下简称“两型社会”）建设综合配套改革试验区，人们朦朦胧胧勾画和探索湖南未来。4年来，长株潭城市群“两型社会”建设，“抓得主动，抓出了效果，走出了一条自己的路子”。核心增长极作用凸显，长株潭3市GDP占全省的比重从2007年的37.6%上升到2011年的42.3%；潇湘热土“两型”理念深入人心，三湘四水步入科学发展的快车道；三湘儿女众志成城，争做科学发展的排头兵。

建设“两型社会”，需要明确什么是“两型社会”、怎样建设“两型社会”、如何评价“两型社会”建设成效等问题。这些问题归结起来，就是“两型社会”建设应以什么为标准。最近，湖南省长株潭城市群在全国率先探索构建“两型社会”标准体系，积累了一些有益经验。以湖南省的实践和经验为案例，不断深化构建“两型社会”标准体系的规律性认识，对于推进“两型社会”建设具有积极意义。

一 “两型”标准体系的作用与意义

以充分贯彻“两型”理念，系统描绘发展愿景，具体阐述“两型”路径，全面体现建设目标为要求，构建科学、规范、适用的“两型”标准体系，实现不同主体“两型”建设目标、重点内容与关键环节的标准化、规范化和科学化，有利于在制度和机制层面确保长株潭试验区“两型社会”建设高起点、大手笔、

* 陈晓红，湖南省两型办副主任，中南大学商学院名誉院长、博士生导师、教授。

全方位推进。

一是明确目标。以定量和定性相结合的方式概括描绘“两型社会”目标，阐述“两型社会”未来，有利于“两型”理念宣传与推广。

二是指明路径。一方面对比现状与标准能找出差距，发现问题，引导政府部门综合运用市场和政策手段，调节和影响市场主体行为，实现科学发展；另一方面将“两型”标准作为产业、行业、技术等的进入门槛，有利于加快经济发展方式转变，创新资源节约和环境友好的体制机制。

三是统一认识。构建标准体系能统一公众对“两型社会”建设目标、发展方向和建设途径的认识，促进各级领导干部树立正确政绩观，合力推进“两型社会”建设。

总之，构建“两型”标准体系可以为“两型社会”建设直接提供监测、评估技术和管理决策支撑，推动从制度、政策、法规、技术等层面进行体制机制创新，对促进试验区“两型社会”建设，形成示范带头作用，具有十分重要的意义。

二　构建“两型”标准体系的理论基础

“两型”是一种发展理念、一种发展方式和一种发展目标。建设“两型社会”要求坚持物质文明、政治文明、精神文明、生态文明共同发展的道路，统筹经济社会发展、城乡发展、区域发展、人与自然发展和国内国际发展；要求实现速度和结构质量效益相统一、经济发展与人口资源环境相协调，实现经济社会和谐发展。建设“两型社会”是中国特色社会主义理论与可持续发展、绿色经济、循环经济和低碳经济等理念相结合的具体体现，是科学发展观在国民经济和社会发展过程中的具体实践，是探索区域经济科学发展的重要尝试。

我国历来重视“两型社会”建设，党的十六大将“节约资源”与“保护环境”作为基本国策写入国民经济和社会发展“十一五”规划，十七大进一步强调“必须把建设资源节约型和环境友好型社会放在深入贯彻落实科学发展观及实施工业化、现代化发展战略的突出重要位置”，随后国务院批准武汉城市圈和长株潭城市群建设“两型社会”综合配套改革试验区。“两型社会”建设上升为国家战略层面推动中央机关及各级政府部门围绕“两型社会”建设出台了大量

的政策法规、发展规划和考核标准等文件，统一构成了“两型社会”建设标准体系的基础。

（一）标准体系框架的构成：各级政府关于“两型社会”建设的政策、法规和规划

党的十七届五中全会强调坚持把建设资源节约型、环境友好型社会作为加快转变经济发展方式的重要着力点。《国民经济和社会发展第十二个五年规划纲要》明确了单位工业增加值用水量降低30%，单位国内生产总值能源消耗降低16%，单位国内生产总值二氧化碳排放降低17%，化学需氧量、二氧化硫排放分别减少8%，氨氮、氮氧化物排放分别减少10%等一系列资源环境约束指标。此外，《节能减排综合性工作方案》、《关于组织开展资源节约型和环境友好型企业创建工作的通知》等国务院及其各部委发布的有关政策文件也对资源节约、环境保护和“两型社会”建设的具体环节提出了要求。

经国务院批准的《长株潭城市群“两型社会”建设综合配套改革试验方案》及《长株潭城市群区域规划》更为细致地划分了“两型社会”建设综合配套改革的各个阶段，规定了各阶段应当达到的主要目标。湖南省委、省政府《关于加快经济发展方式转变推进“两型社会”建设的决定》和《长株潭城市群区域规划条例》确立了“两型社会”建设在区域发展中的战略引领地位，明确了“两型社会”建设的实施路径，为全面推进“两型”建设构建了保障体系。

此外，相关科研单位和政府机构也制定和出台了关于资源节约和环境友好、可持续发展、低碳经济等评价指标体系，可以分为考核评价型、目标导向型和标准约束型三类。具体应用在“两型社会”领域，考核评价型重在评估“两型社会”的建设水平，能对现状进行较好的描述；目标导向型将“两型社会”建设指标分为资源节约、环境友好两大类，并提出相应目标值，宏观上有良好的调控作用；标准约束型则根据细分领域差异设定不同的指标约束值，特点是内容全面且带有强制性。

（二）标准维度内容的选择：资源节约与综合利用标准体系和环境保护标准体系

2006年起，国家标准化管理委员会与国家发展改革委等部委及有关行业协

会、龙头企业联合制定了《资源节约与综合利用标准发展规划》，根据规划，资源节约与综合利用标准体系框架包括：节能、节水、节材、节地、新能源与可再生能源、矿产资源综合利用、废旧产品及废弃物综合利用、清洁生产等8个标准分体系，各个标准分体系又各自包含了若干标准子体系，每个子体系则由若干方面的标准组成（见图1）。

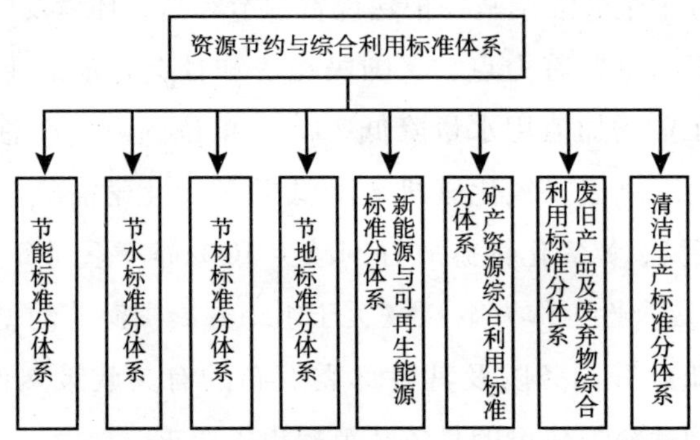

图1　资源节约与综合利用标准体系结构

我国环境保护标准于1973年创立。经过近40年的发展，已逐步形成了以环境质量标准、污染物排放（控制）标准、环境监测规范为核心，包含环境基础标准与标准制（修）订规范、管理规范类环境保护标准等类别的标准体系。标准的适用范围已涵盖水、气、土壤、声与振动、固体废物与化学品、生态、核与辐射等环境要素（见图2）。

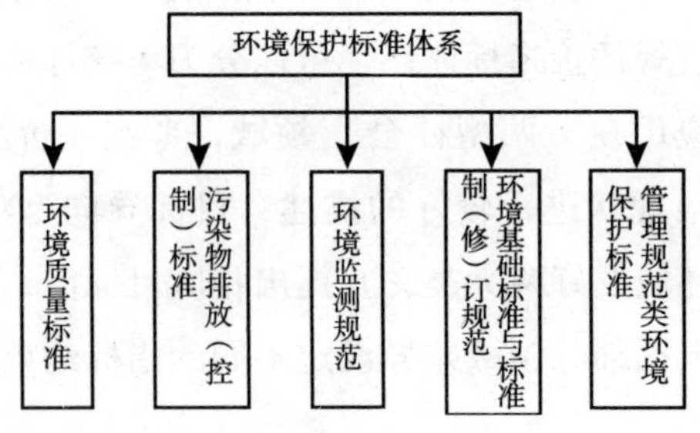

图2　环境保护标准体系

资源节约与综合利用和环境保护两大标准体系覆盖了资源利用和环境保护领域的主要环节与要素，吸收了国际相关标准的最新经验，既是构建“两型社会”标准体系必须遵循的上位规划，也是其重要的理论依据。首先，两大标准体系指

明了衡量资源节约和环境友好的基本维度和要素，如节约资源主要从节能、节水、节材、节地四个维度来衡量。其次，两大标准体系为构建“两型社会”标准体系提供了丰富的指标库，衡量不同行业、不同环节资源节约和环境保护现状的指标基本已包含在两大指标体系中，在构建“两型社会”指标体系的过程中，可以根据推进“两型社会”建设的具体要求，按照科学性和实用性原则进行挑选，结合实际情况做相关调整后参与构建“两型社会”指标体系。

三　长株潭“两型”标准体系总体框架与主要内容

“两型社会”建设是一项系统工程，涉及经济、社会、文化、生态等众多方面。“两型”标准体系要全面体现“两型社会”建设的要求和内涵。当前长株潭城市群的重点是按照“四化两型”的总体要求，把建设“两型社会”与转方式、调结构结合起来，构建两型化的经济发展模式；与促进城乡区域协调发展结合起来，推动“两型”城乡建设；与建设创新型湖南结合起来，打造两型化的科技支撑体系；与优化社会管理结合起来，发展两型化的公共服务平台；与转变发展理念结合起来，树立“两型”理念，营造共建共享“两型社会”的浓厚氛围。根据上述要求，长株潭“两型”标准体系分为四大领域。

一是“两型”经济发展模式。以构建“两型”产业体系为着重点，积极推进传统产业的两型化改造和“两型”产业的规模化发展，积极发展清洁生产和循环经济，特别重视引导和扶持两型化战略性新兴产业加快发展，促进经济结构由低端向高端转型、发展方式由粗放向集约转变，形成低投入、低消耗、低排放和高效率的节约型增长方式。

二是“两型”城乡建设。以推进新型城镇化带动区域协调发展，优化城镇空间布局。积极发展城镇现代产业体系，推动城乡互补，促进城乡一体化建设。统筹城乡建设，加快推进“两型”社区、城镇、乡村建设，构建布局合理、土地节约、功能完善的城乡规划体系。

三是“两型”科技创新体系。以加快创新型湖南建设为落脚点，注重提升自主创新能力，大力发展高新技术，推进科技进步。优化生产方式，提高生产要素利用效率和科技进步对经济增长的贡献率，以大胆探索、改革创新的精神促进创新型湖南建设。

四是“两型”公共服务。注重改善民生，推进公共服务均等化、优质化。积极推进交通等基础设施建设，优化教育、文化、卫生等各项社会事业。加快社会管理创新，积极打造服务型政府，让广大人民群众最大限度享受“两型社会”建设带来的实惠。

经过长期的研究、论证与试行，2010 年 7 月湖南省两型办发布试行了第一批 6 个标准，主要侧重经济产业发展，涉及产业分类核算、企业、园区、县、镇、农村等方面。其中，《“两型”产业分类核算标准》适用于“两型”产业分类与核算，也可用于指导各个城市、各类产业园区发展“两型”产业及衡量“两型”产业发展成果。《“两型”县建设标准》、《“两型”镇建设标准》、《“两型”村庄建设标准》则从县、镇、村三个不同层次的行政区域规范了在资源节约、环境友好、经济发展及社会和谐四个方面应达到的要求。2011 年 5 月，《湖南省“两型社会”建设评价指标体系（暂行办法）》以及第二批 6 项标准正式公布。这批标准则侧重社会民生，对机关、家庭、学校、医院、社区等应达到的要求作出了规定。如“两型”社区建设主要体现在倡导低碳生活方式、注重提高居民生活质量、改善社区生活环境、提升居民“两型”意识。目前，第三批“两型”标准，包括“两型”城市、“两型”建筑、“两型”交通以及“两型”旅游景区也已编制完成，即将发布推广。后续还将有多批“两型”标准发布和实施，进一步完善长株潭试验区“两型”标准体系（见图 3）。

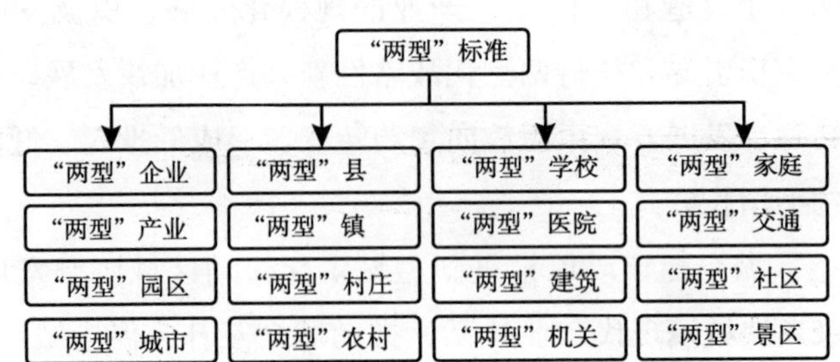

图 3　长株潭试验区“两型”标准体系

四　长株潭“两型”标准体系构建过程

“两型”标准既要体现“两型社会”的核心与本质，做到在发展中实现资源

节约、环境友好，也要保证指标的科学性和可操作性，做到定性指标与定量指标相结合，在标准值上体现出现实性和前瞻性的统一，还要具有国际视野。笔者以《“两型”企业建设标准》为例，介绍制定的详细过程。

（一）明确概念特征

“两型”企业是指遵循可持续发展理念，以清洁生产、循环经济为基础，以先进的生产技术和经营管理方式为手段，在追求持续创新与绩效增长的同时，促进资源节约与生态环境保护，实现与自然、社会和谐发展的企业。做到资源清洁循环，废弃物安全处理，产品优质节能，生产平稳高效，研发创新出色，绩效稳步增长，管理制度完善。

（二）搭建标准框架

“两型”企业从企业的本质上要追求经济利益，从“两型社会”建设上要满足低排放、低消耗，从可持续发展上要注重提升创新能力，三者缺一不可。以国务院批复的《长株潭城市群资源节约型和环境友好型社会建设综合配套改革试验总体方案》为指导，参照《创建“国家环境友好企业”实施方案》等文件，按照“两型”企业建设的实际要求，确定了包含资源节约、环境友好、企业绩效和创新能力四个维度。

（三）挑选指标内容

一是与国家要求对接，参考《节能减排综合性工作方案》等政策文件以及《工业企业厂界环境噪声排放标准》等环境标准，搜集指标。二是将归类后的指标制作成问卷，对湖南省内部分高校在校 MBA 学员及长沙经济开发区等重点园区企业进行问卷调查。三是以国家要求为基准，根据频度分析结果，提取具有共性的指标，得到初步的指标框架。

（四）试行选定指标

实地考察不同行业中有代表性的企业，对企业的管理者、一线生产者与企业周边居民等进行问卷调查。一是检测指标体系的全面性与可行性；二是对指标标准值的准确性进行检测，如部分标准值要求行业前 10% 的水平，根据样本企业指标值的分布对标准值进行调整，保证标准值的合理性与前瞻性。综合试行结果，最终确定“两型”企业建设标准包括20项指标。其中，资源节约用万元工业总产值能耗、工业用水重复利用率等资源消耗指标，工业固体废物综合利用率等资源利用指标以及资源管理体系建设和节能技术使用等指标来描述。环境友好包括万元工业总产值化学需氧量（COD）排放量、二氧化硫（SO_2）排放量、固体废弃物排放量、危险废弃物排放量、企业厂界噪音、放射性物质污染处理率等定量指标和环境管理体系等定性指标。企业绩效方面的指标有净资产收益率、纳税总额等。研究与开发（R&D）经费占销售收入比重等指标则体现企业的创新能力。

（五）论证发布标准

2009年12月，湖南省两型办邀请中国标准化研究院、湖南标准化研究院等科研机构和政府部门的专家对“两型”企业建设标准进行了初次评审。随后，将修改后的标准体系在宁乡等地试行。2010年4月，经试行完善后的“两型”企业标准通过了第二次专家论证评审会。2010年7月，该标准正式由湖南省两型办发布并在试验区试行。

（六）实施推广标准

2011年6月，湖南省政府新闻办举行新闻发布会，正式对外发布12项“两型社会”建设标准，长株潭城市群在全国率先实现“两型社会”建设标准化。湖南省经信委、长沙市等都设立专项经费，以标准体系为依据，开展“两型”企业、园区等创建与评选活动，加快推进“两型”标准实施。2011年底，试验区“两型”工委以标准体系为重点依据，大力开展“两型”示范创建工程建设，进一步提升了社会各界参与“两型”创建的积极性和主动性。

五　体会与建议

经过两年多的探索，“两型”标准体系基本形成，系列标准建设有序推进，初步回答了什么是“两型社会”、如何建设“两型社会”的问题，“两型社会”建设从抽象走向具体。作为长株潭“两型社会”建设的亮点，“两型”标准体系

得到了党中央、国务院的认可和人民群众的认同，为进一步形成合力、纵深推进“两型社会”建设奠定了基础。两年来的探索让我们深深认识到：

一是要充分利用先行先试的政策机遇。先行先试是长株潭城市群“两型社会”综合配套改革试验区获得的最大政策支持。长株潭城市群是全国第三批试验区，却在全国率先展开建设标准的探索，就在于充分利用先行先试的机遇，大胆创新。下一步，还将继续加快步伐，扩展标准体系涵盖的社会主体，完善标准体系，形成更明显的示范带动效应，力争做到全国“两型社会”建设看湖南。

二是要牢牢把握顶层设计的引领作用。建设“两型社会”，湖南人由朦朦胧胧到信心十足，关键在于顶层设计的引领。由以“两型”标准体系为亮点之一的推进机制和规划体系共同构成的顶层设计，既阐述了什么是“两型社会”，也回答了如何建设“两型社会”，更明确了“两型社会”建设的方向和路径。下一步，将着重推动顶层设计落实，做好“两型”标准的跟踪修订和完善升级，努力将已经成熟的“两型”标准升级为地方标准乃至国家标准，为“两型社会”建设提供更强有力的制度保障。

三是要形成各方协作的整体合力。“两型社会”建设不单是政府的事，也需要企事业单位的大力支持与密切配合；不单是经济领域内产业部门的事，也涉及生活领域的社会单元。“两型社会”建设的主体应该是我们每一个组织、社会团体和个体。下一步，将加强对“两型”标准的宣传，加强部门联动，围绕标准体系出台一系列支持政策，推动各行各业积极向标准要求靠拢，进一步提高社会各界对标准的认知度、认可度和执行度。

在湖南“两型社会”建设步入纵深推进的第二阶段，进一步完善“两型”标准体系的内容，扩大标准体系的覆盖面，推进标准体系的认证实施，真正发挥“两型”标准体系的科学指引作用，还要做到：

一是加强“两型”标准的试行和认证工作。应加大试行“两型”建设标准的推广力度，通过宣传推介、考核奖励等方式进一步扩大标准试行的广度和深度。同时，对于条件成熟的地方和单位，积极开展认证工作，探索“两型”建设标准认证的机制与方法，命名一批“两型”单位。

二是做好“两型社会”标准体系的跟踪修订和完善升级。“两型社会”建设的实践在不断发展，“两型社会”标准体系的主管机关也应及时跟踪反馈，不断修订、完善。通过一个时期的试行完善，可以将已经成熟的“两型”标准升级

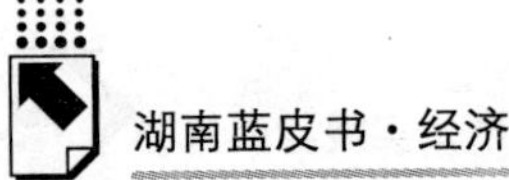

为地方标准，赋予相应的法律地位，为“两型社会”建设提供更强有力的制度保障。

三是出台深入推动“两型社会”标准体系实施的配套政策措施。应出台配套的产业、财税、金融等方面政策措施，推动“两型社会”标准体系的实施走向深入。如为已认证的“两型”企业简化新项目审批程序，实施税收返还，提供贷款贴息及其他融资优惠措施等。

四年来，湖南省委、省政府按照中央要求，结合湖南实际，精心部署，全力推进，“两型社会”建设取得了实质性进展，试验区步入率先发展、科学发展的轨道。第二阶段将深入落实党和国家领导人的指示，纵深推进“两型社会”建设，继续探索，在潇湘大地上谱写出更炫丽的“两型社会”建设新篇章，为全国提供可以借鉴的经验。

B.40

论湖南经济结构创新增长模式

——防范“中等收入陷阱”的战略与对策

刘茂松*

基于后危机时代的发展趋势，同质化的总量增长模式面临巨大挑战，与此相应，旨在研究一般均衡的理论经济学范式也势必要进行转换。美国科技哲学家库恩认为范式是体现科技发展阶段特有结构的模型，范式转换的实质是科技革命。美国经济学家斯蒂格利茨认为只要信息不完全（或市场不完全），市场本身就不再是一般均衡的帕累托有效，于是他的结论是信息经济会导致经济范式的变化。总的来看，现阶段国内外经济发展的实践已到了由总量增长转向结构增长的新时期，经济学范式也必定由同质化均衡转向异质化均衡，这对于目前我国转方式、调结构来说，就是要研究和建立结构经济学，以解决经济发展方式调整中的现实矛盾和问题，全面防范“中等收入陷阱”，实现国民经济可持续的创新发展、跨越发展和高效发展。湖南是一个正处于后发赶超的发展中地区，工业化发展已进入中后期，结构创新显得更为迫切和必要。

一　湖南进入重化工业为主导的中等收入发展阶段

根据罗斯托经济增长阶段理论，2006～2015年为湖南工业化起飞阶段，属于常规制造技术为主的集约式发展方式；2016～2020年为湖南工业化的成熟阶段，以信息化技术为主体，实现工业化的持续发展；2021年以后湖南有希望进入以服务产业为主体的后工业化阶段，由工业化社会进化到后工业化社会。湖南工业化的完成如果从改革开放的1978年算起，大概要经历40余年，如果从新中国建国算起则要经历70来年。这也大体符合罗斯托从传统社会到现代社会一般

* 刘茂松，湖南省经济学学会理事长，湖南师范大学商学院原院长、教授、博士生导师。

要经历60年的论点。一般来说，工业化起飞阶段是经济社会结构发生革命性变化的关键时期。2006年湖南实施新型工业化带动战略以来，到2011年全省地区生产总值达到19635.19亿元，人均GDP达到4618美元；工业增加值占GDP比重突破40%，达到了41.2%，比2005年提高8.9个百分点，工业对经济增长的贡献率达到56.1%，比2005年提高18.9个百分点；重化工业比值（霍夫曼比值）0.48，重化工业产值为消费品工业产值的2.08倍。特别是产业集群的水平提升，支柱产业贡献突出，工业千亿元产业数量和总量再上新台阶，由2010年的7个增加到8个，电子信息产业成为新的千亿元产业。同时，城市群大发展，经济核心增长极基本形成。以上这些充分说明湖南已由传统农业社会进入到工业社会，湖南已全面进入工业化起飞中期并开始向后期转化的阶段，即中等收入的发展阶段，这在经济总量和经济结构上都是一个历史性大跨越。

按照经济发展阶段性规律，经济起飞进入到中后期阶段即中等收入阶段的主要矛盾，是要防范因资源、资本、技术和制度瓶颈，经济增长方式转变受阻而出现经济不稳定甚至停滞的“中等收入陷阱”，要以集约化可持续的方式继续保持经济快速发展。一般来说发展中国家和地区的经济发展在突破人均GDP为1000美元的“贫困陷阱”后，会很快奔向人均GDP为1000～3000美元的“起飞阶段”；到人均GDP超过3000美元以后，快速发展中积聚的结构性矛盾将集中爆发，自身体制与机制的更新进入到了一个临界点，这时有很多发展中国家和地区在这一阶段由于经济发展自身矛盾难以克服，发展战略失误或受外部冲击，陷入所谓“中等收入陷阱”。其主要特征是粗放式的经济增长不可持续而出现回落或停滞，社会矛盾极为突出如贫富分化、腐败多发、社会公共服务短缺、就业困难、社会动荡、信仰缺失等。世界上曾有拉美地区和东南亚一些国家陷入“中等收入陷阱”而长期不能自拔。因此，仅从经济发展的层面来看，解决这个问题的关键是深度推进经济结构调整，彻底改变传统的高投资、高消耗拉动方式，实现由数量型的粗放经济向质量（或结构）型的集约经济转变，以适应消费多元化、个性化、高质化而立足于新技术进行需求创造。

二　湖南经济持续发展将面临“中等收入陷阱”挑战

目前，湖南经济发展存在总量上较快而质量水平低的问题，结构性的矛盾十

分突出。一方面发展速度上去了，经济规模扩大了，并进入了全国十强；但另一方面经济发展方式比较粗放，产业结构低端化问题突出，劳动生产率偏低，经济效益不高。以2010年的情况为例，湖南人均GDP为3652美元，在全国排名第20位，比全国平均水平4382美元少730美元。另外GDP质量在全国排位也较低，2011年7月中国科学院发布的《中国科学发展报告（2011）》，采用“经济质量、社会质量、环境质量、生活质量、管理质量”五大子系统指标对我国GDP质量进行评价，湖南得分仅0.388，排在全国的第22位，为全国GDP质量的后十位。这里，经济发展总量进入全国前十位与经济发展质量为全国后十位，前后相差12位，可见湖南经济结构问题的严峻性。问题还更在于湖南这种粗放式的数量经济对资源高投入具有很强的惯性，在“十二五”期间已经难以为继，处于“中等收入陷阱”的边缘。

第一，从推动湖南经济发展的三大因素（总消费、总投资、净出口）来看，权重最大的依然是总投资，占2010年湖南GDP的56.8%；总消费只占2010年湖南GDP的46.3%；而净出口对经济呈现负向拉动，占2010年湖南GDP为-3.1%。消费贡献率比投资低了近11个百分点，比全国平均消费贡献率的52.5%也低了6.2个百分点。消费贡献率过低造成一味依赖高投资拉动，这在“十二五”期间就极有可能同时出现消费需求瓶颈和资本供给瓶颈，影响湖南经济持续快速发展，严重时甚至可能出现经济停滞状态。

第二，湖南经济发展中的高耗能高排放问题相当突出，这是湖南在工业化中后期实现经济可持续快速发展的主要矛盾。据湖南省统计局资料，2009年湖南单位GDP能耗为1.202吨标准煤/万元，在全国31个省市区中居第15位，在中部六省居第4位，比全国单位GDP能耗1.077吨标准煤/万元高出0.125吨标准煤/万元。工业生产中的高耗能产业和高耗能规模企业所占比重很高，全省39个工业行业大类中，综合能源消费量超过60万吨标准煤以上的有9个行业，占到全省规模工业综合能源消费总量的90%。2010年，规模工业六大高耗能行业增长20.7%，比全国六大高耗能行业增速快7.2个百分点。工业增长对高耗能行业的依赖度依然较高，高耗能行业对规模工业增长的贡献率高达30.5%，拉动规模工业增长7.1个百分点。高耗能行业个数占全部大类行业的15.8%，但高耗能行业规模工业增加值占全部规模工业的比重达34.9%，比全国平均水平高4.6个百分点。同时，国外大宗资源性商品如石油、有色金属等产品进口价格高位运行，加大了湖南相关资源加工型企业生产成本，食品制造业，纺织服装、鞋、帽制造业，医药制造业，有色金属冶炼及压延加工业，黑色金属冶炼及压延加工业等多个行业主营业务成本增速超过主营业务收入增速，压缩了企业的赢利空间，企业降耗增利的压力越来越大。

第三，从湖南能源的生产消费结构分析看，“十一五”以来，湖南大力提倡使用清洁、高效的优质能源，全省能源消费结构进行了调整，能源消费中天然气、液化天然气、水电、风电等新型清洁能源消费量比2005年增长53.2%，高于同期全省能源消费增幅15.9个百分点。但总的来看，目前湖南的能源消费结构还是以煤品燃料、油品燃料等高污染、高排放的化石能源消费为主，其比重高达77%。在能源生产总量中火电占70%以上，电力工业的二氧化碳排放量占总排放量的41%，而水电开发量已占可供开发量的90%以上，已逼近开发的限值。目前和今后相当长一个时期，湖南能源供需缺口巨大。全省能源消耗总量一般每年在1亿吨标煤以上，而全省能源年产量则只有6000万吨，能源自给能力不到60%。据有关专家分析，仅从能源投入来看，湖南“十二五”期间地区生产总值如按10%增长，其煤炭缺口达6000万吨左右，石油缺口达2600万吨左右。

三 防范“中等收入陷阱”必须走结构创新增长之路

上述情况表明，湖南在新的发展时期其资源、资本、人才、技术和市场等方面都存在很大缺口，可能严重影响湖南经济的可持续快速发展。因此，湖南经济要实现可持续快速发展，防范“中等收入陷阱”，应从高投入、高消耗、高排放的“总量增长模式”，转向以经济结构转型、技术与制度创新、企业管理创新以及企业家创新精神等为特征的“结构创新增长模式”。

我们知道，结构是物质的一种运动状态，即不同类别或相同类别的不同层次按程度多少的顺序进行有机排列，而且彼此相互依赖、相互作用、相互制约，构成一个复杂的有机系统。经济结构包括产业结构、产品结构、就业结构、投资结构、消费结构、技术结构、需求结构、分配结构和生产力空间结构等。经济结构是生产力水平同生产关系结构的综合反映，构成了人类社会发展的物质基础，因此经济结构的演进是人类社会系统和自然物质系统相互作用的结果，其内涵、外延和变化规律就是经济学所要研究的重要内容。

国内外主流经济学界虽然对经济结构问题进行了较长时期的研究，其研究视角也比较多，但通常都是基于同质化均衡这个视角进行的，因而对结构经济始终未能作出符合实际的科学解释。一般来说，主流经济学的假设前提归纳起来是信息对称、完全竞争、零交易成本和理性经济人这四大要素。古典经济学是在这四大假设前提下强调通过组织和市场来使稀缺资源合理配置，实现财富的最大产出；而新古典经济学则是在这四大假设前提下通过边际的价格均衡作用来达到稀缺资源的合理配置，实现福利的最大化。前者的组织是内生的，所以强调研究分工问题；而后者的组织是事先给定的，只单纯研究价格均衡问题。由于它们有共同的假设前提，于是它们的共同特点都是：偏好稳定，最大化，均衡。正是基于这些假设及其特点，主流经济学实质上研究的是同质性均衡，即单一产品数量均衡。也就是价格等于边际成本（P = MC），实现生产要素充分就业，产品供给最大化，提供数量型的社会福利。这样一来，异质化的结构（质量）分析在主流经济学的研究视野中就基本消失了。包括著名的库兹涅茨经济增长理论和钱纳里多国模型的研究，尽管最初也涉及新技术等结构因素与总量产出关系的讨论，但由于主流经济学范式的局限，且经济结构分析所需要的统计数据在搜集、处理和地区比较上的难度又极大，最终都落入了将要素投入同总量产出相联系的同质化均衡分析的框架，从总体上仍是以总量增长为主体的发展模式。长期以来，正是这种同质化均衡理论的实践，在国内外经济发展过程中大多形成了重数量规模和增长速度、轻质量结构和技术进步，重外延扩张、轻内涵提质的总量经济增长模式，这在发展中国家和地区表现得尤为突出。

很显然，总量经济增长模式只适应短缺经济时代解决人们的基本生存需要。随着生产力的发展，个人收入水平提高，人们的需求出现多元化、高质化、个性化的趋势，这个时候社会福利就不只是数量的满足，更包括质量、品种、服务的满足，后者就是异质性的均衡，是结构经济。在多品种和不同质量结构的情况下，是不可能形成单一边际成本的，因而，一般不存在 P = MC 的单质数量竞争均衡。市场竞争主要体现在质量差异、品种差异、服务差异上。另外，资本也不只是物质资本，还有知识资本、人力资本和技术资本，也异质化了，出现了边际报酬递增，而不是新古典经济学的边际报酬递减。在这种情况下，创新便成为异质化经济发展的主流，也是结构经济的根本。对此，美国经济学家约瑟夫·熊彼特教授在《经济发展理论》一书中提出“创造性破坏理论”，认为结构创新是指

"生产要素的重新组合"，是对旧的结构的破坏，即把一种从来没有的关于生产要素和生产条件的"新组合"引进生产体系中去，以全面打破旧结构，实现对生产要素或生产条件的"新组合"，而这种"新组合"创新的目的是获得潜在的利润（包括企业和社会的效益）。熊彼特明确提出了五种"创新"路径：一是采用一种新的产品或产品的一种新特性；二是采用一种新的生产方法；三是开辟一个新的市场；四是控制原材料或半制成品的一种新的供应来源；五是实现任何一种工业的新的组织。以上这五个创新路径都是经济结构优化的异质化均衡。熊彼特认为周期性的经济波动正是起因于创新过程的非连续性和非均衡性，不同的创新对经济发展产生不同的影响，由此形成时间各异的经济周期。因此，"创新"是结构经济增长的内在动力，没有"创新"就没有经济结构的优化升级，也没有经济的可持续快速发展。对于湖南来说，只有通过结构创新，才能真正解决阻碍经济健康发展的各种瓶颈，从根本上防止经济滑入"中等收入陷阱"，这是后危机时代湖南经济发展的基本趋势，也是工业化中后期湖南经济实现又好又快发展的主攻方向。

四　实现结构创新增长要着力建设低碳绿色发展方式

如何实现湖南经济的结构创新增长？根据后金融危机时代世界经济低碳绿色发展的主流趋势，其总的战略思路应该是真正围绕"两型社会"建设，以体制改革为动力，立足于低碳技术及其制度创新，下最大决心走内涵式绿色发展道路，切实提高最终消费率和资源环境承载力，着力建设具有自身优势的低碳技术产业体系及其发展模式。

历史经验表明，经济危机发生时往往是催生新技术、加快结构调整的有利时机。总的看来，世界经济在经历了金融危机的冲击后，目前制约经济全面复苏和快速发展的主要矛盾是需求创造，即由以往的资本创造转化为消费需求创造。这种需求创造受制于消费者潜在的、多元化的消费欲望，只有大量地更高层次地运用先进的科技知识去创造新产品、新产业和新的消费模式，才能刺激消费者的消费欲望，以增加消费、增加就业、增加收入，进而带动产业结构的现代化和高度化。因此，后金融危机时代整个世界经济正在出现以低碳化为代表的新一轮科技革命和虚拟资本主导向实业资本主导转化的两大发展趋势。鉴于湖南在工业化中

后期“两型社会”建设的主要任务是改变高能耗、高排放、低效率的落后生产方式，实现可持续快速发展，因此技术创新的使命就是要以人为本，创立相对完整的低碳化“两型技术”体系。按照目前人类的共识，低碳技术是人类为实现经济社会可持续发展而创立的温室气体低排放的手段、方法和技术的总和，也是生产和消费共同参与的创新过程，因此，低碳技术创新的实质是人类高质量生活需求的绿色技术创新。它要综合考虑人的需要、环境影响和能源效率，系统组织清洁生产、源头控制、全程控制和总量控制，使产品从设计、制造、包装、运输、消费使用到报废处理的整个过程中，二氧化碳和工业废弃物排放极少，能源效率和其他资源利用率最高，企业和社会效益双重协调和优化。这个绿色技术系统包括高新技术、工艺技巧、信息知识、生产及管理经验、实体性工艺设备和消费使用模式的综合运用，最终从根本上解决能源高效利用、清洁能源开发、增加绿色 GDP 等实现经济可持续发展的重大问题。而且低碳技术的辐射面很广，既涉及对电力、交通、建筑、冶金、化工等传统产业改造，又涉及新能源、可再生能源、油气资源等许多新领域技术研发，基本涵盖了国民经济的所有产业和部门。

目前，湖南从事研究与开发（R&D）活动的人员有 9.38 万人，按实际工作时间计算的 R&D 人员全时当量 6.38 万人年，其中研究人员 3.5 万人年，占 54.8%。R&D 人员全时当量是 2000 年湖南省第一次全国 R&D 资源清查时的 2.25 倍，年均增长 9.4%。按活动类型分，基础研究人员全时当量 0.52 万人年，占 8.1%；应用研究人员 0.99 万人年，占 15.5%；试验发展人员 4.88 万人年，占 76.4%，分别是 2000 年的 2.06 倍、1.34 倍和 2.64 倍。2009 年，湖南 R&D 经费支出 153.5 亿元，是 2000 年的 7.97 倍，年平均增长 25.9%，比全国高 2.9 个百分点。R&D 经费支出与当年生产总值（GDP）之比为 1.18%，比 2000 年提高 0.66 个百分点，R&D 经费支出及其与 GDP 之比均为湖南历史最高水平。2009 年，湖南规模以上工业企业共投入新产品开发经费 133.34 亿元、开展新产品开发项目研究 6134 项，分别比 2000 年增长 11.04 倍和 1.77 倍；工业企业完成新产品产值 2325.5 亿元，是 2000 年的 14.7 倍。全年实现新产品销售收入 2318.77 亿元，是 2000 年的 15.5 倍；新产品销售收入占主营业务收入的比重为 17.7%，比 2000 年提高 5.5 个百分点。但总的来看，湖南 R&D 投入总量偏少，R&D 经费支出占 GDP 的比重在全国列第 15 位，在中部六省均列第 3 位。产学研结合不紧密，低于全国平均水平。目前湖南限额以上 R&D 项目（课题）按合作形式划分，近九成是独立完成的，高出全国水平4.6个百分点，合作完成的仅占10.6%，比全国水平低4个百分点。科技发展与创新是实施“四化两型”战略的重要引擎。特别是“十二五”期间湖南经济发展的资源紧张十分突出，最大矛盾是能源自给率低，能源缺口巨大，这将严重制约湖南新型工业化和整个湖南经济持续快速的发展。对此，全省必须狠抓低碳技术的研发，实施以绿色技术为主导的低碳经济赶超战略，重点是实现经济增量的低碳化，并逐步改造经济存量，全面实现节能减排，有步骤地建立低碳化的技术和产业体系。

总的来看，湖南低碳技术新兴产业的亮点是电动车辆、混合动力客车、风电技术、生物质能技术、太阳能应用技术、电气牵引技术、绿色煤电技术和核电用泵技术等。因此，湖南应继续做大做强工程机械产业，大力提高其高端先进制造的水平，并在此基础上抓节能汽车和新能源汽车产业集群，实现电动汽车产业化，发挥湖南电动汽车动力电池控制系统等技术优势，发展电动汽车及关键零部件的产业链。同时，着力发展低碳化的新兴配套产业，包括生产性服务业。湖南制造业现在一个很大的障碍就是本地配套率太低，通常只有20%多一点，很大部分零部件特别是关键零部件要从国外进口或省外购进。因此，湖南战略性新兴产业的发展要高度关注新兴配套产业特别是低碳化核心零部件的发展，如高档液压元器件、低速大扭矩发动机、变速箱、混合动力系统总成、驱动电机及控制系统、高性能电池等，力争本地配套率提高到40%甚至50%，使产业链延长拓宽，既增加附加值又增加就业岗位。此外，还要大力发展物流、信息、金融、商务和科技等生产服务业，提高支柱产业集群的带动力和影响力。除了绿色装备制造业外，湖南的生物农业技术、有机农业技术、节水工程技术、农副产品保鲜及深加工技术和低碳物流技术也有一定的基础和优势，同发达国家和地区的差距并不是很大，具备突破的基础和大发展的条件。应该集中资源，充分发挥这些技术优势，加快向新兴产业的转化，并把其做大做强，成为湖南“两型社会”建设的主导性产业。

湖南实现结构创新增长，还要在发展低碳技术新兴产业的同时尽快形成多点支撑的产业发展新格局，加速构建多元化发展的现代低碳产业体系，实现产业经济发展的稳中求进。要在继续做大做强绿色机械装备制造业，努力打造湖南第一个万亿元产业的同时，想方设法再做大做强一批绿色优势产业。首先要在传统产业的技术改造升级中打造新的支撑点，如食品工业相对重化工业是能耗较低和就

业率高的中低碳产业，而且湖南资源又十分丰富，应该大力推进集群式发展，力争在“十二五”时期产值突破6000亿元，成为湖南工业的第二大支撑点。其次要在特色产业中挖潜新的支撑点，通过扶优扶强一批特色企业、特色产品和特色品牌，挖掘出湖南工业发展新的支撑点。如湖南轻工产业中烟花爆竹、陶瓷业地方特色明显，造纸、塑料制品业具有相对的比较优势，通过技术创新将其打造成湖南工业的支撑点具备较好的条件。其三要在多点支撑的产业发展新格局中发展低碳化的现代文化创意产业。湖南作为一个文化大省，文化产业颇具发展潜力。2010年全省文化产业总产值规模接近两千亿元，是湖南九大千亿元级的产业之一，其增加值占GDP的比重达到5.2%。党的十七届六中全会把文化产业的发展提高到打造国家文化软实力，增强综合国力和文化强国的高度，这对湖南文化产业的又好又快发展是一个大机遇、大动力、大方向，湖南应乘势大上，全面实施“大文化、软实力；大创意、高智慧；大平台、活组织；大品牌、新市场；大产业、好效益；大改革、强动力”等六大战略，高标准建成包括创意设计、数字媒体、数字出版、动漫游戏、文化旅游、会展物流、戏剧演艺和电视电影等为主要内容的、具有湖南特色和优势的现代文化创意产业体系，力争在“十二五”末全省文化产业总产值达到4500亿元，占GDP的比重达到8%~10%，成为湖南国民经济重要的超级支柱产业。总之，这种多点支撑的低碳化产业发展新格局具有较高的科技含量和产业关联强度，产业之间技术结构和产品需求结构的扩散程度相互依存、相互推动，引导其他产业部门发展的伸展能力很强，产生的扩散效应很大，特别有利于防范产业结构调整重组出现的风险，促进劳动力充分就业和推进湖南经济的可持续快速发展。

B.41

加快推进湖南城镇化若干问题的思考

柳思维*

当前全球城乡人口各半，专家预计至2025年将有2/3的人口居住在城市，城市人口中将有80%是在发展中国家。学术界普遍认为发展中国家的政府需加速城镇化进程，为经济持续增长提供不竭的动力。胡锦涛同志在党的十七大报告中明确指出，“走中国特色城镇化道路，按照统筹城乡、布局合理、节约土地、功能完善、以大带小的原则，促进大中小城市和小城镇协调发展。以增强综合承载能力为重点，以特大城市为依托，形成辐射作用大的城市群，培育新的经济增长极”。十七届五中全会《中共中央关于制定国民经济和社会发展第十二个五年规划的建议》中再次明确指出，“坚持走中国特色城镇化道路，科学制定城镇化发展规划，促进城镇化健康发展”。这是党在深刻总结几十年来解决“三农”问题实践经验的基础上，根据中国经济社会发展的阶段性特点而提出的一个全新的思路和方针，是党中央在新世纪、新阶段做出的重大战略部署，是在“三农”问题认识上的一个升华和飞跃。加速推进城镇化是中国经济走可持续发展道路的题中必有之义，国内外许多学者针对农村城镇化进行了深入系统的研究，并提出了城镇化的重要性、动力来源、实现途径以及评价指标体系等许多理论观点。

一　进一步强化加快城镇化的战略意识

自2007年党的十七大提出走中国特色城镇化道路以来，历年中央经济工作会议都强调：要积极稳妥推进城镇化，提升城镇发展质量和水平，着力提高城镇综合承载能力，发挥好城市对农村的辐射带动作用，壮大县域经济，等等。湖南新型

---

* 柳思维，湖南商学院经济与贸易研究院院长、教授，中南大学博士生导师，湖南省人民政府参事。

工业化的快速发展以及城镇化与工业化互动，也是近几年湖南经济崛起的主要经验。2000~2008年，湖南城镇人口年均增速为5.00%，高于全国城镇人口年均增长3.55%的速度；城市化率年均上升1.55个百分点，高于全国年均上升1.19个百分点的速度。2008年，湖南城市化率与全国平均水平的差距，由2002年的7.07个百分点，缩小为2008年的3.25个百分点。

虽然湖南城市化率的上升速度高于全国的上升速度，但湖南城镇化与全国还有一定差距。一是全省中心城市规模不尽合理，平均规模偏小。全省各地级市中，中心城市人口超过100万的只有长沙1个，而且中心城市非农人口在城市总人口中所占比例普遍偏低，全省各地级市平均不到60%，省会长沙也只有78.9%。中心城市人口所占比例偏低，中心城市的发展规模和对城市群的发展带动作用明显不足，将制约中心城市对周边区域的带动作用。二是省内各区域城市化率不平衡。14个市（州）的城市化率超过全省平均水平的只有长沙、湘潭、株洲、岳阳、衡阳5市，其他9个市（州）城市化率均不到40%，最低的邵阳市仅为29.85%，比平均水平低12.3个百分点。本省城镇不发达，对本地农民吸引力弱，湖南外出农民工多达1400万，其中到省外城市就业的近80%。

按照国际惯例，当一国人均GDP超过3000美元后，即进入城镇化快速发展期。2011年湖南人均GDP超过4000美元，但湖南目前的城镇化仍滞后于工业化，滞后于全国平均水平，这与湖南建成经济强省的目标不相适应。因此“十二五”期间湖南应进一步从战略上谋划加快全省城镇化，要把加快城镇化与农民市民化作为从根本上解决三农问题的战略路径，作为调结构、扩内需的战略对策，作为建设经济强省的主要任务。“十二五”期间全省各级党委、政府应进一步从战略上谋划加快全省城镇化，为此应进一步强化城镇化的战略意识，在继续加大新型工业化发展力度的同时，努力实现全省工业化与城镇化的互动与同步发展。各地在推进“四化两型”战略和建设“四个湖南”的过程中更加重视新型城镇化的发展，以防止只注重工业化的经济指标攀比而忽视城镇化的社会发展目标协调的倾向。尤其在认识上应当明确强化城镇化与推进工业化具有内在的一致性，可以更好地推进工业化。其一，工业化若不和城镇化相结合必然会走弯路，如改革开放前的中国工业化以牺牲城镇化为代价，结果进一步加剧城乡二元结构的差别。其二，城镇化是工业化的载体与动力，城镇化形成大量的人口聚集，既为工业化提供巨大的市场动力，又为工业集聚和工业集群提供条件，基础设施完善和要素流动便利的城镇有利于吸引工业企业在空间上集群与集聚。其三，湖南的现实是城镇化落后于工业化，而不是工业化落后于城镇化。其四，城镇化除带动工业化外，还可促进农业现代化和新农村建设，而农业与农村的发展又可反过来促进工业化。

二 科学制定完善全省城镇化规划及实施细则

科学规划是保证城镇化健康发展的重要前提，要防止推进城镇化过程一哄而起搞形象工程、面子工程，防止长官意志的瞎指挥与形式主义，因此必须坚持科学论证，民主决策，规划先行。

第一，制定好全省“十二五”城镇化规划。城镇化关系整个社会的转型与社会事业的全面发展，关系经济与社会、人与自然的协调发展，远比工业化的任务艰巨。因此建议在省政府统一安排下，由省发改委、省建设厅牵头，会同省财政厅、省民政厅等有关部门制定全省城镇化的总体规划，规划内容包括总体思路、基本原则、主要目标、实施步骤、重点项目与单项规划、资金投入、保证措施等。全省城镇化总体规划制定后应由省人大常委会审议批准后，以地方性法规形势发布。

第二，分解总体规划，制定分年度分地区实施细则。为了保证规划的有效实施，避免流于形式，应分年度制定各地实施细则。由于全省各地经济社会发展状况、自然地理条件、人口分布状况的差异，因此应从各地实际出发制定不同的实施细则，将全省推进城镇化的总体规划具体落实到每个市县，实行一年一小结，及时反馈，及时完善规划。

第三，进一步加强小城镇建设与发展的规划。一方面要转变规划编制理念，从小城镇实际出发，高水平编制规划，防止小城镇规划以简单手法复制城市的错误倾向；另一方面积极开展规划的执法检查，确立小城镇规划的权威性。目前，建制镇总体规划已基本普及。在进一步提高总体规划质量的同时，建制镇规划应向两头发展。一是向薄弱的城镇体系规划发展，编制县（市）城镇体系规划。二是向详细规划发展。

要改变传统的城市规划思路，从农村社区规划做起，建议在区域城镇化制定总体规划前要先做好农村居民新社区建设与发展规划，将农业耕作成片地区与生

态保护带结合起来，设立限制或禁止开发地带，或规划为农业生态隔离带，在保护好农业永久性耕地基础上再安排好城镇体系建设规划，真正做到城镇规划以农业为基础和城乡规划一体化。因此各县（市、区）在确定新一轮城镇规划或规划修编中，应增设农村居民新社区建设发展规划，与城镇总体规划、新一轮土地利用总体规划、县域及镇村体系规划、农村住房建设和危房改造规划紧密结合，与农田保护、生态涵养、基础设施、产业发展等空间布局有机衔接，做到同步规划、系统安排。其中对“城中村”、“城郊村”合村并点建社区的，纳入城市规划；“镇中村”、“镇边村”、“园中村”合村并点建社区的，纳入小城镇规划；对未纳入城市规划与小城镇规划的大量农村自然村与行政村的居民新社区建设发展要重点制定规划。

三　进一步完善全省城市网络体系，实行以市带镇的发展模式

从“长三角”、“珠三角”地区的经验来看，强大而完善的城市体系是加快城市化的基础，如江苏省分别形成了“苏锡常金三角”、“宁镇扬银三角”、“徐连盐铜三角”等几个城市群体系并由此带动了周边卫星城镇的发展。而湖南由于大城市少，形不成大中小城市有机联系的城市体系，难以带动周边农村的城镇化，因此“十二五”期间应注重完善湖南的城市体系。

第一，除长株潭外，应着力打造一批人口达100万人的大城市。湖南百万人口城市只有长沙一个，这与湖南人口大省的地位不相称，因此除了坚定不移地加快建设长株潭城市群这个最大的增长极外，同时应将长株潭城市群周边的岳阳、衡阳、常德、益阳、娄底等城市打造成城区人口规模过百万的大城市，形成几个次级区域型城市中心，以带动周边市、县、镇的发展，使湖南形成几个网络状的区域城市群（圈、带），即包括以“岳常益”为核心的“环洞庭湖城市圈”，“以怀凤吉张”为重点的湘西城市带，以“衡郴永”为轴心的湘南城市圈，以“娄邵冷”为中心的湘中城市圈，并连接所有县城和重点城镇，带动整个湖南经济的发展

第二，尽快形成一批连城接乡的中小城市。湖南的城镇化还需要有一批人口30万～50万的中小城市。县改市不能长期停滞不动，需要选择资源环境承载力

较强、经济聚集程度较高、人口相对集中、公共基础设施较为完善的地区，适度发展中小城市。从目前现状和未来发展趋势看，首先，将已有的建制市如浏阳、醴陵、湘乡、沅江、汨罗、临湘、冷水江、资兴等市扩容提质建成为人口在30万~50万左右的中等城市。其次，将现有县城常住人口规模较大的县撤县改市，努力建设一批新的中小城市，如洞庭湖地区的澧县、石门、桃源、华容、湘阴等县，湘西的花垣县、龙山县，湘南湘中的邵东、宁远、蓝山等县都具备改县为市的条件，县城可发展为常住人口达30万左右的城区。再次，可以考虑将一批旅游产业特色突出的县撤县建市，如凤凰、炎陵、宁远、衡山等县，改为特色鲜明的中小城市。

第三，将一批县城扩容提质，并发展农村重点小城镇。一方面通过对现有的县城扩容提质，将全省一大批县的城关镇建设成人口在15万左右的县城，并创造条件使一批县城逐步成为中心城区，为今后演变升格成为小型城市打好基础。另一方面积极实施重点镇培育工程。小城镇发展不能一哄而起，而是要突出重点。通过综合考虑小城镇的区位优势、产业基础等因素，选择部分条件优越、发展潜力大、发展基础好的中心镇进行重点培育，将其发展成为区域经济中心、城乡基本公共服务平台，作为推进农村城镇化和城乡一体化建设的重点示范乡镇。对这部分重点镇，政府除加大投入外，还要尽快出台有针对性且行之有效的全方位的鼓励扶持政策，以建立职能明确、结构合理、精干高效的镇政府为目标，扩大小城镇的管理权限；采取税费优惠政策，改善小城镇投资环境，促进小城镇经济发展；对小城镇的建设用地指标，土地管理部门应适度倾斜并优先安排。

四　强化城镇的商贸流通功能，重视发展大商品市场和现代商业都市

加快湖南城镇化应与加快新型工业化有机结合，应与加快城镇商贸流通业发展有机协调起来。历史与现实都已证明，城与市是不能分离的。正如马克思指出的：“城市工业的产品作为商品，它的出售需要有商业作媒介，这是理所当然的。因此，商业依赖于城市的发展，而城市的发展要以商业为条件，这是不言而喻的。”商贸流通对城市化的促进，主要是通过发达的商贸流通业，增强了城市的经济功能，特别是城市吸纳大量农村剩余劳动力扩大就业的功能，也扩大了城

市对常住居民和流动人口的生活服务功能。没有发达的商贸业就没有城市经济的繁荣，城市也可能变成“一片孤城”或“死城”。当代国际著名的大都市都是以其发达的现代化商贸流通业著称于世的，如美国纽约、英国伦敦、法国巴黎、日本东京等，国内的北京、上海、广州、武汉、重庆等城市。城市商贸业的发达既支持城市工业生产的发展，又带动了相关服务产业的发展，增强了城市经济活力。

现代市场经济本质上是一种大流通的交换经济，必须重视流通与市场在城市化、工业化、农业现代化中的导向作用与动力作用。浙江之所以由一个地域小省、人口小省、经济弱省迅速崛起为中国经济强省，其中一个重要原因是重视商品流通的发展，特别是重视大商品市场建设，成为名副其实的市场大省，连续多年浙江省年交易额过50亿元的大商品市场的数量一直位居全国前列，并孕育了一大批名牌产品的崛起。

浙江的经验说明，在现代市场经济下，一个省域拥有大商品市场，可以加快农村剩余劳动力转化，促进城乡居民的大创业与广就业；增强城市的活力与竞争力；培育和发展一大批名牌产品，带动产业集聚与集群，提升工业化的专业化水平和规模效益；形成强大的人流、物流、资金流、信息流，优化招商引资环境。为了突出发展以大商品市场为主导的城市商贸流通产业，发展一批现代商业都市，特提出如下建议。

第一，将大商品市场建设与商贸流通产业发展纳入长株潭城市群及全省城市的产业规划中，并适当超前于城市化发展。目前，长株潭城市群的产业规划对商品流通产业及大商品市场的发展重视不够。城市商贸业发展必须适当超前于城市化进程，才能适应城市人口的迅速增多。2011年湖南人均GDP已超过4000美元，正处于城市化加速期，目前“3+5”城市群城镇人口达1780万人，占全省城镇人口64.7%，今后这一比重还会扩大。城市的商贸流通产业发展及市场建设应适度超前，以适应城市人流的聚集、消费的集中和交换的频繁。尤其新一轮城市规划中要适当留出最适宜商贸流通产业集聚的街区空间，不宜笼统地将高速公路大道模式的街道延伸到城区各个角落。

第二，突出抓好区位优势明显、辐射面广、发展潜力大、产业带动性强的大型商品市场及大型物流园区建设，发挥其带动现代流通产业发展的主导作用。一是注重扶持一批区域性大商品市场做大做强。以株洲芦淞服饰市场为例，由于株洲市、区两级政府重视支持，目前该市场营业面积达到85万平方米，共有2.2万个摊位，汇聚了国内外4000多个服饰品牌，集中了2.8万个个体业主经营，吸纳10多万人就业，年成交额200多亿元，居全国同类市场第2位，已成为中南地区、中部地区最大的服装市场。相反，过去曾闻名遐迩的“湘潭布市”却在“一分为四”后，逐渐衰落下去。建议省政府在调查研究的基础上，对类似于株洲芦淞市场等一批大商品市场应重点扶持，在提高专业化水平、集聚能力以及产业带动能力上下工夫，不能任其自生自灭。二是抓好几个重要节点的大型物流园区建设。要从全国性物流统一市场的全局来谋划湖南物流园区的发展，切忌画地为牢、占地为王、盲目重复建物流园区。要选择交通区位优势明显、货物吞吐量大、产业集中与消费集中、具有区域性物流辐射与集聚能力的地方建设几个全省最大的物流园区，如长沙金霞物流园区，既有水运港口，又临近黄花机场空港，特别是新建的长沙火车货运枢纽站就近全面营运，该物流园区完全可打造成一个水、陆、空多种运输方式协调配套的复合物流中心。使几个大型物流园区发展成为全国重要的物流节点，成为带动全省产业集聚和产业集群的重要枢纽。

第三，高起点谋划一批现代商业都市。一是按现代商业都市群要求将长株潭三市的商业体系打造成中部地区最大的区域性城市商业中心，并使长株潭逐步发展为国际性的商业都市。高起点按现代区域性商业中心的要求，首先将长株潭三市建成湖南省内商贸集聚度最高、现代化水平最高、辐射能力最强的省域一级商业中心城市，努力使主要商业建筑物标准、商业设施质量、各类商业会展水平、经营管理质量和工作人员的服务质量进入全国特大城市前列，真正体现现代商业都市风采。现代化商贸中心的战略定位有两个层次的含义，一个层次是长沙应建成现代零售业态及湘楚文化特色鲜明的现代零售中心，成为区域性现代购物名城；另一个层次是建成具有强大的吸纳力、集散力和辐射力的现代批发中心和物流中心，使长沙成为东连上海，北达武汉，南接广州，西射渝、川、黔、桂的商流、物流、人流、信息流的区域性中心，形成“连南接北，承东启西”的内陆型商贸中心城市。要使这一目标尽早实现，必须使长沙成为先进流通生产力的中心和代表。综观国际上著名城市，如纽约、香港、新加坡、阿姆斯特丹等之所以成为世界性、国际性的贸易中心、商业中心和物流中心，其最根本的原因是这些城市的流通生产力都是整体最先进的和现代化的。如香港的货物转运装卸，如果不实现物流技术的机械化、信息化、自动化，还靠传统手工人力及半机械技术，

香港就不可能成为世界转口贸易的中心城市和“购物天堂”。推进和加快长沙商贸流通现代化，就是要逐步实现长沙市的商贸设施、交易手段、交易方式、管理体制的现代化，形成区域性大市场、大商贸、大流通的商流、物流、资金流和信息流网络中心，使长沙市的商贸流通业具有越来越大的区域吸引力、区域辐射力、区域带动力，提高长沙在中南地区的跨市、跨省的市场辐射半径，吸引省内、国内、国外更多的先进生产力要素。二是建设一批有个性特色的现代明星商业都市，充分展示湖南的城市形象。不但要谋划长株潭商业的发展，还必须建设一批影响及作用力次于长株潭、人口聚居在100万以上的有个性特色的商业都市，主要是将港口物流优势明显的岳阳市建成湖南北部最大的商业门户城市，将濒临珠三角的郴州市建成湖南南部最大的商业都市，将常德市、张家界市建设成具有国际旅游品质的湘西北商业城市群，将交通区位优势明显的山区新城怀化市建设成湖南西南部边境极具个性的商业城市，将娄底市建设成湘中商业名都。三是将一批省际毗邻边界的县级市或县城及重点小城镇打造成商业名镇。湖南与粤、赣、鄂、桂、黔、渝六省市交界，应将省境毗邻交界处的一批县城或市镇建设成商业名镇，如浏阳市、临湘市、华容县城、澧县县城、津市市、石门县城、龙山县城、花垣县城、凤凰县城、炎陵县城、醴陵市、宜章县城、东安县城、通道县城、新晃县城、新宁县城等，逐步使这些省边境县城或城市的人口增加到15万~30万左右，改变其商贸市场网点原始粗放简陋的状况，成为当地城镇化的中心和小商业中心。

第四，大力加强城市商贸流通基础设施建设，并纳入公共财政范围。建议湖南省政府将城市某些非企业所能及的商业基础设施纳入公共产品范畴，用公共财政专项基金予以支持。如长沙市要建设成全省最大的商业都市中心，必须对五一路商圈中心的基础设施进行第二次升级。目前，五一路商业中心圈十多栋商业大楼之间缺乏互相连接的空中人行走廊，消费者穿行各个商业大楼之间十分不便，且造成交通拥堵，可考虑修建一条连接各个商业大楼之间的空中人行走廊，类似于郑州市二七广场商业中心连接各主要商业大楼之间的人行走廊，以供消费者购物、旅游观光、休闲之用，其投资应当纳入公共财政投入范围。诸如城乡商品市场及农贸市场的信息、电力、物流、安全等基础设施建设均应纳入公共财政、民生财政的范畴。要将五一广场商圈中心的CBD建设成具有国际影响的CBD，必须对五一广场至火车站五一大道两旁的现有建筑格局进行大的调整，将路边的原省政府大院、长沙十二中等政府机关大院、学校转迁，将路两边宝贵的商业用地用作高端商业经营项目开发，建设成国际先进、国内一流的五一大道商业走廊，与黄兴路商业步行街及东牌楼连片商业区纵横连接，进一步提高该商业中心各种商业消费服务网点的聚集度、集中度、高品质度，从而将长沙市中央 CBD 打造成具有国际品质和国际竞争力的商业购物中心、消费中心、商务活动中心。

五　加大制度创新，推进湖南城镇化进程

制度创新是城镇化的重要动力，要加快湖南城镇化必须重视制度层面的变革与创新，为此应注意以下几个方面的制度改革。

第一，打破行政区划限制，推进乡镇合村并点，突出发展重点小城镇。随着交通网络的完善，应考虑改变目前全省小城镇数量多，重点小城镇不突出的问题，在城镇化过程中推进乡镇合村并点，减少小城镇数量，提高单个城镇的人口规模，提升其发展质量，这既有利于扩大小城镇的市场规模与产业集聚的能力，也有利于大大提高小城镇基础设施的利用效率及吸纳当地农村人口转化的能力，也可促进城乡一体化发展，便于农村土地规模经营和生态治理。日本在城市化过程中的50 年内（1920～1970 年）将12161 个村镇合并为2631 个，村镇数量减少4/5，但村镇规模平均扩大了6.5 倍，5 万人口以上的村镇增加了8 倍，从而大大加快城乡一体化过程。浙江省 20 世纪 90 年代初将全省 3170 个镇合并为 1975 个，平均每个乡镇规模由 1.2 万人增至2 万人以上，由此促进农村工业化及块状经济、集群经济及乡镇专业市场的发展。因此，为了改变目前单个建制小城镇功能薄弱、产业集群度低、人口吸纳力弱的现状，应实行“小市大镇”战略，即发展各地级市的郊区重点镇、各个县的城关镇以及次于县城关镇的重点镇，小城镇发展可打破原有行政区划布局的限制，将镇区常住人口较少、缺乏产业基础及人口吸纳能力的小城镇，合并到周边的大镇去，或与邻近的小城镇合二为一。

第二，加快农村土地流转制度创新，加快农民向小城镇集聚及就地转化。要给农民发放永久性的土地使用权证，实行“一地一证”制，农民凭借土地使用权证和承包合同，可自主对土地实行转让、出租、入股和抵押等土地流转活动。尤其是在农民进城中要维护其留在农村的承包土地和宅基地的合法权益，在平等协商自愿有偿的原则下，可以多种经营方式流转承包经营权，加大土地流转改革，以发展农业规模经营和吸引产业资本介入农业，加大土地使用权规模经营的

力度。要进一步扩大农民依法对承包土地、宅基地、农房的处置权，提高其资产的流动性。应进一步加大改革力度，加快全省农村土地流转制度改革，包括养殖水面（湖面）经营权与林地经营权的流转，采取多种方式发展规模经营，让更多的农民离土进镇，加快农业人口的非农化。

第三，改革户籍管理制度以及实行城乡社会保障制度一体化的改革，加快农民市民化的进程。应放开县城及县城以下小城镇户籍管理，改变城乡分开的户籍管理，实行居民一体化的户籍管理，进一步降低农民进入城镇的户籍门槛，鼓励农民进镇落户，各地农民进镇落户可打破行政区划就近方便选择落户镇，各地应一视同仁。更为重要的是在“十二五”期间，各地应尽快建立和完善城乡一体化的社会保障制度，使农村居民和城镇居民一样能享受到养老、医疗及贫困方面的社会保障，为进入城镇落户的农民解除后顾之忧，改变目前普遍存在的农民进城后的待遇不公，解决“伪城镇化”过程中所派生出城镇“新二元结构”，加快农民市民化的进程，提高城镇化的质量。根据湖南各地情况差异，可选择不同的农民市民化模式，在自愿的前提下，既可让农民“以土地换城市社保”，也可让“农民带着土地变市民”。但要注意不能简单以改变农民土地经营权关系作为农民分享社会保障的代价和市民化的代价。

第四，加快农村小城镇投融资体制改革，努力解决小城镇建设的资金短缺。一方面鼓励民营企业、民间资本直接向小城镇投资基础建设及经营兴办公用事业；另一方面可推行“地滚地、地换钱”等方式，利用小城镇土地批租收入筹集基础建设资金，探索发展项目融资、工程融资等通行的融资方式。此外，可建立小城镇发展基金，基金可从城镇建设维护税、市县政府安排的城镇建设资金、土地出让金的留成部分、房地产开发上缴的利润、城镇基础建设配套费及管理费中按一定比例提取。同时，政府应出台有关支持小城镇建设投融资政策，鼓励建设银行等金融机构提供贷款支持，有条件的重点小城镇基础建设可实行项目债券的办法筹措资金。

六　统筹城乡公共资源配置，加大政府对小城镇基础设施和公共设施建设投入

基础设施和公共服务设施作为小城镇发展的硬件支撑系统，不仅关系到小城

镇的运行效率，而且对小城镇规模经济效益有着重要影响。湖南重点小城镇基础设施和公共设施短缺、落后仍然是制约城镇化发展进程与发展质量的瓶颈。公共财政长期忽视对农村小城镇的投入是造成设施短缺的最主要原因，在每年的政府预算安排中，农村小城镇的基础设施和公共设施建设都未纳入计划，或虽纳入，占的比重太小，如2008年全国城市市政公用设施投资总额为7368亿元，单位城市建成区面积的平均投资密度为2254万元/平方公里，而建制镇则为726亿元，平均投资密度为240万元/平方公里，不足城市的1/9；乡为99.5亿元，平均投资密度为123万元/平方公里，仅是城市的1/18。湖南2011年固定资产投资达12000多亿元，创历史最高水平，但用于小城镇基础设施和公共设施建设的却很少。由于小城镇基础设施建设长期不足，公共物品和公共服务供给失衡，如湖南小城镇的环境污染十分突出，“室内现代化，室外脏乱差”的现象非常普遍，缺乏对当地农村居民的吸引力，长期出现要素净外流。

因此应有计划改变公共资源配备方式，对公共社会资源由过去偏重城市逐步向农村重点小城镇转移。建议在“十二五”期间全省应注意统筹城乡公共资源配置，加强农村重点小城镇及农村水、电、路、气、房建设，加大农村饮水安全工程投入，实施新一轮农村电网改造升级工程，推进以重点城镇为中心的农村电信和互联网基础设施建设，加大政府对全省建制镇特别是重点小城镇基础设施和公共设施建设投入，并在每年的财政预算中切块安排，尤其要加强对重点小城镇环境基础设施这一最薄弱环节的投入。凡具备纳入中心城区污水网体系的小城镇，应充分依托城区，纳入城区基础设施建设规划一并解决。一定区域内分布较为密集的小城镇，应以重点镇为中心，积极协调共建、共享环境基础设施。下决心建设好一批基础设施与公共设施齐全、各种服务网点配套、环境优美、生活便利的符合两型社会要求的重点小城镇，真正成为吸引当地农村居民就地转化的中心，就能大大加快湖南城镇化进程。

中国皮书网

发布皮书研创资讯，传播皮书精彩内容
引领皮书出版潮流，打造皮书服务平台

栏目设置：

- □ 资讯：皮书动态、皮书观点、皮书数据、 皮书报道、皮书新书发布会、电子期刊
- □ 标准：皮书评价、皮书研究、皮书规范、皮书专家、编撰团队
- □ 服务：最新皮书、皮书书目、重点推荐、在线购书
- □ 链接：皮书数据库、皮书博客、皮书微博、出版社首页、在线书城
- □ 搜索：资讯、图书、研究动态
- □ 互动：皮书论坛

www.pishu.cn

中国皮书网依托皮书系列“权威、前沿、原创”的优质内容资源，通过文字、图片、音频、视频等多种元素，在皮书研创者、使用者之间搭建了一个成果展示、资源共享的互动平台。

自2005年12月正式上线以来，中国皮书网的IP访问量、PV浏览量与日俱增，受到海内外研究者、公务人员、商务人士以及专业读者的广泛关注。

2008年10月，中国皮书网获得“最具商业价值网站”称号。

“皮书”起源于十七八世纪的英国，主要指官方或社会组织正式发表的重要文件或报告，并多以白皮书命名。在中国，“皮书”这一概念被社会广泛接受，并被成功运作、发展成为一种全新的出版形态，则源于中国社会科学院社会科学文献出版社。

皮书是对中国与世界发展状况和热点问题进行年度监测，以专家和学术的视角，针对某一领域或区域现状与发展态势展开分析和预测，具备权威性、前沿性、原创性、实证性、时效性等特点的连续性公开出版物，由一系列权威研究报告组成。皮书系列是社会科学文献出版社编辑出版的蓝皮书、绿皮书、黄皮书等的统称。

皮书系列的作者以中国社会科学院、著名高校、地方社会科学院的研究人员为主，多为国内一流研究机构的权威专家学者，他们的看法和观点代表了学界对中国与世界的现实和未来最高水平的解读与分析。

自20世纪90年代末推出以经济蓝皮书为开端的皮书系列以来，至今已出版皮书近800部，内容涵盖经济、社会、政法、文化传媒、行业、地方发展、国际形势等领域。皮书系列已成为社会科学文献出版社的著名图书品牌和中国社会科学院的知名学术品牌。

皮书系列在数字出版和国际出版方面也是成就斐然。皮书数据库被评为“2008～2009年度数字出版知名品牌”；经济蓝皮书、社会蓝皮书等十几种皮书每年还由国外知名学术出版机构出版英文版、俄文版、韩文版和日文版，面向全球发行。

法律声明

“皮书系列”（含蓝皮书、绿皮书、黄皮书）由社会科学文献出版社最早使用并对外推广，现已成为中国图书市场上流行的品牌，是社会科学文献出版社的品牌图书。社会科学文献出版社拥有该系列图书的专有出版权和网络传播权，其 LOGO（ ）与“经济蓝皮书”、“社会蓝皮书”等皮书名称已在中华人民共和国工商行政管理总局商标局登记注册，社会科学文献出版社合法拥有其商标专用权。

未经社会科学文献出版社的授权和许可，任何复制、模仿或以其他方式侵害“皮书系列”和（ ）、“经济蓝皮书”、“社会蓝皮书”等皮书名称商标专用权的行为均属于侵权行为，社会科学文献出版社将采取法律手段追究其法律责任，维护合法权益。

欢迎社会各界人士对侵犯社会科学文献出版社上述权利的违法行为进行举报。电话：010－59367121，电子邮箱：fawubu@ ssap. cn。

社会科学文献出版社